《民法典担保制度新规则案例适用》

编委会

主　编

孙晓勇

副主编

胡田野

执行副主编

吴光荣　刘　畅

主编助理

赵文轩

编审分工

第一部分：刘　畅　马　龙

第二部分：朱　琳　周艳辉

第三部分：杨晓琰　王崇宇

第四部分：刘　畅　夏月恒

以案说法 · 以案释法 · 以案析法

民法典担保制度新规则案例适用

最高人民法院司法案例研究院 / 编

中国法制出版社
CHINA LEGAL PUBLISHING HOUSE

《民法典担保制度新规则案例适用》通讯编辑名单

序　言

Preface

《中华人民共和国民法典》（以下简称《民法典》）在中国特色社会主义法律体系中具有重要地位。对于担保规范，《民法典》根据担保类型分置于不同编、章、节，但是通过法典化解决了原有规范存在冲突的问题，同时通过“具有担保功能的合同”扩张了担保制度的范围、通过统一公示方式完善了动产和权利担保规则、通过修改原有法律完善了诸多有关担保的法律规则，如保证方式推定规则、抵押财产转让规则等，使担保制度发生重大变革，对发展社会主义市场经济、巩固社会主义基本经济制度，依法维护各类民事主体在民商事活动中的权益，具有重大意义。为切实贯彻实施《民法典》，正确适用《民法典》担保制度的有关规定、适应担保制度的深刻变化，最高人民法院坚持以习近平法治思想为指导，在吸收《全国法院民商事审判工作会议纪要》有关担保规定的基础上，制定了《关于适用〈中华人民共和国民法典〉有关担保制度的解释》（以下简称《担保制度解释》）。《担保制度解释》旨在规范担保交易秩序，保障债权实现，缓解中小企业融资难、融资贵问题；坚持以维护人民权益为中心，将平等保护当事人合法权益作为出发点与落脚点；坚持以优化我国营商环境为重要着力点，通过法治保障经济社会发展，不断提升市场主体活力。

司法案例作为人民法院适用和解释法律的鲜活载体，不仅是立法发展的源泉活水，也是广大法律工作者精准把握法条要义和人民群众理解法条知识点的生动教材。《担保制度解释》细化了《民法典》的担保规范内容，包括一般规定、保证、担保物权、非典型担保、时间效力五个方面。精准把握《担保制度解释》新修订内容的条文要义，是衔接《民法典》担保制度与司法实践的核心任务，也是正确适用《民法典》有关担保规范的关键环节。为帮助读者尽快掌握《民法典》担保制度蕴含的新规则，体系化理解和运用《民法典》担保制度，最高人民法院司法案例研究院在各高级人民法院和部分中级人民法院案例工作部门的大力支持下，在国家法官学院民商事审判教研部等有关部门的配合下，与全国法院案例通讯编辑共同组织一线法官，立足司法实践，重点围绕《担保制度解释》的理解与适用问题，对适用或参照适用《民法典》担保制度新规则及其基本原理裁判并审结的案例进行了研判，选取其中对于精准理解、统一适用《民法典》担保制度具有指导、参考价值的典型案例，主要由承办法官以《民法典》担保制度新规则为基本依据撰写案例分析，从司法实务视角重点解析《民法典》及《担保制度解释》新修订内容及其价值功能、基本法理、适用规则、适用难点、新旧法衔接处理等内容，编写《民法典担保制度新规则案例适用》一书，为《民法典》担保制度的适用提供可操作性参考与指引。

《民法典担保制度新规则案例适用》的编写，要求案例选择准确把握新规则要义，符合法律效果、政治效果和社会效果有机统一的宗旨。据此，对于全国法院选送的稿件，最高人民法院司法案例研究院和国家法官学院的专业教师共同组成编审组，根据案例的典型性、裁判思路的合规性、案例分析的精准性进行精心选编，最终选取45篇案例分析。其中一般规定14篇，保证10篇，担保物权12篇，非典型担保9篇。所选案例多为最高人民法院或部分高级人民法院裁判的典型案例，凸显了案例的权威性。

《民法典担保制度新规则案例适用》一书采用由国家法官学院和最高人民法院司法案例研究院共同编写的《中国法院年度案例系列丛书》的案例体例，保持简洁明快的风格，追求“好读有用”，坚持以下编辑方法：一是高度提炼案例内容，控制案例篇幅，每篇案例控制在8000字左右，基本案情和裁判要旨控制在3000字以内；二是突出与《民法典》担保制度新规则相关的争议焦点、审判难点，剔除无效消息，尽可能在有限的篇幅内为读者提供有益信息；三是注重案例的指导价值，每篇案例的分析内容不少于5000字，通过深度解读条文要义、指明司法适用路径，突出其司法适用的指导价值。同时，本书的体例设计以读者为本，方便检索。首先，本书以《担保制度解释》主要内容为序设有四部分，每部分以最高人民法院承担《担保制度解释》起草工作的业务庭领导和执笔人的相关解读为导言；其次，每部分内容按照所涉规则条文为序，将案例进行编排；最后，每篇案例之首列明所涉规则的条文要旨，之后用一句话概括裁判规则、裁判思路或焦点问题作为主标题。此种编排可使读者一目了然，迅速定位目标法条和案例。

《民法典担保制度新规则案例适用》一书旨在以案例为载体向读者解读《民法

典》担保制度新修订条款及其他重要条款的基本要义，提供新规在司法适用中的指引与参考，使法官及时获得新规适用中的新型、疑难问题的解决思路，既有利于涉担保类案裁判标准的统一，促进《民法典》担保制度的统一适用，对于《民法典》的贯彻实施与推广宣传也具有积极意义。

担保制度横跨债权与物权两大制度，理论深厚，内涵丰富，本书难免存在不足或错漏，观点和建议还有待司法实践的检验和法学理论的探讨，欢迎广大读者批评指正。同时，我们也期待关于案例编辑的相关建议，以便不断改进案例研究方式！

周强院长指出："要立足审判职能，在实施民法典的过程中及时制定完善司法政策，多做精品判决，多出精品案例，加强司法建议，为创新和繁荣民事司法理论研究提供新素材新经验。"我们将坚持以习近平新时代中国特色社会主义思想为指导，持续加强学习、贯彻实施《民法典》及配套法律法规的案例宣传，不断以司法案例深入研究《民法典》施行后的新情况、新问题，为切实实施《民法典》贡献力量和智慧，助力实现人民法院案例工作、案例研究事业新发展！

中国法制出版社为本书的出版给予了大力支持，在此谨表谢忱，并希望通过共同努力，不断探索编著案例书籍、挖掘案例价值的新路径，更好地服务于学习、研究法律的读者，服务于司法审判，服务于全面深化依法治国的伟大实践！

最高人民法院司法案例研究院《民法典担保制度新规则案例适用》编委会

2022年6月1日

目　录

Contents

第一部分　一般规定

第二部分　保证合同

第三部分　担保物权

第四部分　非典型担保

《最高人民法院关于适用〈中华人民共和国民法典〉有关担保制度的解释》（以下简称《担保制度解释》）于2020年12月25日最高人民法院审判委员会第1824次会议通过，2020年12月31日公告发布，自2021年1月1日起实行。《担保制度解释》共计71个条文，主要包括一般规定、保证、担保物权和非典型担保四个部分。

第一部分　一般规定

【导言】①

1. 关于《担保制度解释》的适用范围

本解释主要适用于典型担保和非典型担保。典型担保是指《中华人民共和国民法典》（以下简称《民法典》）定的保证和担保物权。因保证发生的纠纷主要是保证合同纠纷，因担保物权发生的纠纷则既包括抵押合同、质押合同等合同纠纷，也包括抵押权、质权、留置权等物权纠纷。在所有权保留买卖、融资租赁中，出卖人或者出租人享有的所有权具有担保功能。此外，有追索权的保理亦具有担保功能。这类合同在涉及担保功能发生纠纷时也应适用本解释的相关规定，主要包括：一是有关登记对抗的规则；二是有关担保物权的顺位规则；三是有关担保物权的实现规则；四是与价款优先权等有关的担保制度。需要特别说明的是，尽管《民法典》第586条规定了定金也是债权的担保方式，但鉴于其和违约责任联系更密切，本解释未对其作出规定，留待民法典合同编相关司法解释统一处理。有关行业协会建议本解释对典当中的“死当”“绝当”等作出规定，考虑到民法典对此并未作出规定，笔者对这些问题的认识也还不成熟，故本解释亦未对典当作相应的规定。

---

① 林文学、杨永清、麻锦亮、吴光荣：《〈关于适用民法典有关担保制度的解释〉的理解和适用》，载《人民司法》2021年第4期。

2. 关于担保的从属性

考虑到《民法典》已对担保在变更、转让以及消灭上的从属性等作出规定，本解释坚持问题导向，仅对效力、范围上的从属性作出规定。具体包括以下两个方面的内容：

一是关于效力上的从属性。实践中，当事人往往会在担保合同中约定，即便主合同无效，担保人也应承担相当于担保合同有效的责任，或者即便担保合同无效，担保人也应对合同无效的后果提供担保。本解释规定，此类有关排除担保从属性的约定无效，但其无效并不当然导致整个担保合同无效。判断担保合同的效力还要依据主合同是否有效：主合同有效，则有关担保独立性的约定无效不影响担保合同的效力；主合同无效，则当然导致担保合同无效，担保人依法承担缔约过失责任。

二是关于担保范围的从属性。担保责任本质上系担保人替债务人承担责任，担保人承担担保责任后可以向债务人追偿。如果担保人承担的责任范围大于债务人所应承担责任的范围，或者针对担保责任约定专门的违约责任，那么担保人在承担责任后，对于超出部分将无法向债务人追偿，从而违反担保的从属性。鉴于此，本解释规定，担保责任超出主债务范围的，担保人对超出部分不承担责任。

3. 关于担保的资格

总体而言，只有市场化的主体才具有担保资格，才能成为保证人。根据《民法典》第683条的规定，机关法人原则上不得为保证人，以公益为目的的非营利法人、非法人组织亦不能为保证人，但是《民法典》并未对不具有保证资格的主体能否提供物保作出规定。笔者认为，此类主体之所以不具有保证资格，是因为其只能从事与法定职责相关的活动，不得从事民商事经营活动，因而不能为他人债务提供担保，当然也包括不能为他人债务提供物保，故本解释规定不具有保证资格的主体也不能提供物保。此外，《民法典》也没有对其他非营利法人或者特别法人能否提供保证作出规定。考虑到实践中常常讨论的村民委员会、居民委员会等民事主体是否具有担保资格的问题，本解释规定村民委员会、居民委员会不具有担保资格，但是依法代行村集体经济组织职能的村民委员会，依照村民委员会组织法规定的讨论决定程序对外提供担保的除外。之所以如此规定，是因为村民委员会、居民委员会作为基层群众自治组织，应参照同样作为特别法人的机关法人处理，但村集体经济组织有自己的财产，也有提供担保的现实需求，应具有担保资格，因此，代行村集体经济组织职能的村民委员会亦应作相同处理。需要注意的是，《中华人民共和国村民委员会组织法》对村民委员会处分集体所有财产的民主决策程序作出了明确规定，村民委员会代行村集体经济组织职能对外提供担保属于对集体所有财产的重大处分行为，应严格依照该法规定的讨论决定程序进行民主决策。

关于学校、幼儿园、医疗机构、养老机构等提供担保的效力问题一直是热烈讨论的问题。实践中，此类机构既有公办的，也有民办的。即便是民办机构，多数也是以公益为目的的非营利法人、非法人组织，故原则上不具有担保资格，不能对外提供担保，但登记为营利法人的民办学校、幼儿园、医疗机构、养老机构等，性质上属于企业法人，当然具有担保资格，其提供的担保应当认定有效。需要注意的是，《民法典》第 399 条第 3 项规定，学校、幼儿园、医疗机构等为公益目的成立的非营利法人的教育设施、医疗卫生设施和其他公益设施不能设定抵押。这意味着上述机构的公益设施不能用于为自身债务提供担保。考虑到此类主体也有融资需求，本解释规定了两种例外情形：一是在购入或者以融资租赁方式承租教育设施、医疗卫生设施、养老服务设施和其他公益设施时，出卖人、出租人为担保价款或者租金实现而在该公益设施上保留所有权；二是以教育设施、医疗卫生设施、养老设施和其他公益设施以外的不动产、动产或者财产权利设定的担保物权。

4. 关于公司对外担保

《全国法院民商事审判工作会议纪要》（以下简称《纪要》）就公司对外担保问题作了全面规定。在《纪要》确定的裁判思路基础上，本解释进一步完善了相关规定，主要体现在以下 4 点：

一是关于越权担保的效力与责任。法定代表人未经法律规定的决议程序，超越代表权限以公司名义提供担保，要根据《民法典》第 61 条、第 504 条等规定确定越权担保的效力与责任：相对人善意的，构成表见代表，担保合同对公司发生效力，公司承担担保责任；相对人非善意的，不构成表见代表，担保合同对公司不发生效力，公司不承担担保责任。实践中，对于在相对人非善意时，公司是否仍须对相对人的损失承担缔约过失责任，有不同观点。一种观点认为，法定代表人越权代表的后果亦应参照《民法典》关于无权代理的规定处理，在不构成表见代表的情形下，法定代表人的代表行为虽然对公司不发生效力，但是对法定代表人发生效力，应由法定代表人对相对人的损失承担相应的责任。笔者认为，《民法典》关于越权代表和表见代表的规定不同于民法典关于无权代理和表见代理的规定，参照《民法典》关于无权代理的规定认定公司不承担责任，仅由法定代表人承担责任的依据不足。考虑到公司也存在过错，此时公司对合同无效给相对人造成的损失也应当承担一定的赔偿责任。当然，在法定代表人越权担保的情形下，无论是公司因承担担保责任还是赔偿责任而受到损失，都有权向有过错的法定代表人追偿。

二是关于无须决议的例外情形。在我国现阶段，基于公司治理的现状，法定代表人未经公司决议径行对外提供担保的情况仍普遍存在。为避免裁判思路的变化给社会经济生活产生过大的冲击，《纪要》第 19 条规定："存在下列情形的，即便债权人知道或者应当知道没有公司机关决议，也应当认定担保合同符合公司的真实意思表示，合同有效：（1）公司是以为他人提供担保为主营业务的担保公司，或者是开展保函业务的银行或者非银行金融机构；（2）公司为其直接或者间接控制的公司开展经营活动向债权人提供担保；（3）公司与主债务人之间存在相互担保等商业合作关系；（4）担保合同系由单独或者共同持有公司三分之二以上有表决权的股东签字同意。"结合司法实践，笔者认为，《纪要》关于无须公司决议的规定确有必要，但也需要防止因范围过大而影响到公司的运营安全的问题，特别是防止出现上市公司的法定代表人利用公司对外提供担保输送利益的现象。为此，本解释修改了上述《纪要》关于无须公司决议的规定，主要表现在以下 3 个方面：一是删除了《纪要》第 19 条第 3 项有关"公司与主债务人之间存在互联互保等商业合作关系"的规定；二是将该条第 2 项"公司为其直接或者间接控制的公司开展经营活动向债权人提供担保"修改为"公司为其全资子公司开展经营活动向债权人提供担保"；三是明确规定上市公司对外提供担保，不适用本解释关于"公司为其全资子公司开展经营活动向债权人提供担保"和"担保合同系由单独或者共同持有公司三分之二以上对担保事项有表决权的股东签字同意"均无须公司决议的规定。

三是关于上市公司对外提供担保。上市公司属于公众公司，涉及众多中小投资者利益。法律为保护投资者的利益，明确规定上市公司有信息披露的义务，其中担保事项也是必须披露的内容。为全面落实关于上市公司信息披露的相关法律规定，本解释对于上市公司对外提供担保作出了特别规定：一方面，上市公司对外担保，不仅须依据《中华人民共和国公司法》第 16 条由董事会或股东大会决议，而且还要对决议公开披露，但如果债权人仅仅是根据披露的信息与上市公司签订担保合同，人民法院也认定担保有效，上市公司应承担担保责任；另一方面，即使上市公司已根据《公司法》第 16 条由董事会或股东大会对担保事项进行决议，但如果债权人不是根据上市公司公开披露的对外担保的信息签订担保合同，人民法院也应认为担保合同对上市公司不发生效力，此时公司既不承担担保责任，也不承担其他赔偿责任。由此，可以看出，上市公司对外担保，不仅在效力认定上比一般封闭性公司要严格得多，在责任承担方面也有所不同：一般封闭性公司在担保合同对公司不发生效力情况下，虽不承担担保责任，但要承担一定的赔偿责任；而上市公司在担保合同对其不发生效力的情况下，不承担任何责任。

需要指出的是，《纪要》第 22 条规定："债权人根据上市公司公开披露的关于担保事项已经董事会或者股东大会决议通过的信息订立的担保合同，人民法院应当认定有效。"根据反面解释规则，债权人没有根据上市公司公开披露的信息与上市公司订立的担保合同，应当认定为无效。在无效的后果上，上市公司与一般封闭性公司承担的责任没有区别。笔者认为，上市公司的所有担保事项都必须披露，如果相对人没有根据上市公司公开披露的信息与上市公司订立担保合同，就会损害证券市场上广大股民的权利，该合同应当认定对上市公司不发生效力，上市公司不应承担任何民事责任。本解释的这一规定，与《纪要》第 22 条规定的无效后果不同，根据《最高人民法院关于适用〈中华人民共和国民法典〉时间效力的若干规定》第 2 条的规定，这一规定不具有溯及力。换言之，《民法典》施行之前债权人与上市公司订立的担保合同被认定无效的，上市公司应当视情况承担不超过二分之一或者三分之一的民事责任。《民法典》施行之后债权人与上市公司订立的担保合同被认定对上市公司不发生效力的，上市公司不承担任何民事责任。

四是关于公司的分支机构提供担保。公司的分支机构虽然不是独立的民事主体，但是可以自己的名义从事民事活动，后果则由公司承担。笔者认为，除金融机构开立保函以及担保公司提供担保外，既然公司对外提供担保原则上须有公司决议，那么公司的分支机构对外提供担保自然更是如此。由于金融机构对外提供担保无须公司决议，因此金融机构的分支机构对外提供担保自然也无须公司决议，但考虑到担保行为的高风险性，从防范化解金融风险的角度出发，仍有必要规定金融机构的分支机构在提供担保时须取得金融机构的授权。为此，本解释区分开立保函与提供保函之外的担保规定如下：对于标准化的保函业务，金融机构的分支机构既可以在其营业执照记载的经营范围内根据金融机构的概括授权开展，也可以经有权从事担保业务的上级机构个别授权开展，但是，如果提供保函之外的个别担保，则应取得金融机构（如商业银行总行）授权。至于担保公司的分支机构对外提供担保，虽然类似于金融机构的分支机构开立保函，但金融机构分支机构的营业执照可以不记载保函业务，而担保公司分支机构的营业执照则必然都会记载担保业务，因此不能简单地将担保公司分支机构营业执照记载的经营范围理解为担保公司对其分支机构的概括授权。为了便于担保公司加强风险控制，防止其设立的分支机构在未经公司授权时擅自对外提供担保，本解释规定担保公司的分支机构以自己的名义对外提供担保，仍须获得公司的个别授权。

5. 关于共同担保

同一债务存在两个以上第三人提供的担保时，尽管《民法典》并未明确规定担保人之间不能相互追偿，但通过与原《中华人民共和国担保法》及《最高人民法院关于适用〈中华人民共和国担保法〉若干问题的解释》（以下简称《担保法解释》）进行比较，不难看出《民法典》删除了担保人之间相互追偿的规定，立法机构不允许担保人之间相互追偿的用意却不言自明。不过，担保人之间相互追偿问题属于私法自治的范围，即使《民法典》未规定担保人之间相互追偿，如果担保人之间约定可以相互追偿，自应基于尊重当事人的意思，允许已经承担担保责任的担保人依据其与其他担保人之间的约定进行追偿。此外，即使担保人没有明确约定可以相互追偿，但如果各担保人在提供担保时约定相互之间构成连带共同担保，则已经承担担保责任的担保人也有权根据《民法典》第 519 条的规定，向其他担保人请求分担其应当承担的份额。

值得注意的是，实践中数个担保人为同一债务提供担保有两种情形：一是同时提供担保，即数个担保人在同一份合同书上签字、盖章或者按指印；二是分别提供担保，即数个担保人分别在不同的合同书上签字、盖章或者按指印。笔者认为，如果数个担保人在同一份合同书上签字、盖章或者按指印，亦应构成连带共同担保，已经承担担保责任的担保人可根据《民法典》第 519 条的规定，向其他担保人请求分担其应当承担的份额。

值得探讨的是，在担保人之间可以相互追偿的情形下，已承担担保责任的担保人是否应先向主债务人追偿，再就债务人不能清偿的部分请求其他担保人分担其应当承担的份额，笔者认为，如果当事人对追偿问题有明确约定的，则按照其约定处理；未约定或者约定不明的，已经承担担保责任的担保人应当先向主债务人追偿，只有主债务人不能清偿的部分才能在担保人之间进行分担。此种做法有利于避免循环追偿，同时也便于人民法院在担保纠纷案件的判决主文中就担保人之间的追偿问题直接作出裁判，从而减少诉累。

此外，在数个担保人为同一债务提供担保的情况下，如果担保人之间不能相互追偿，就可能会出现某一担保人通过与债权人签订债权转让协议的方式取得被担保的债权，再以债权人的身份向其他担保人主张担保权利，从而达到自己不再承担担保责任的目的。笔者认为，与一般情形下的债权转让不同，担保人本身对债权人负有担保债务，担保人受让债权的行为，其性质属于承担担保责任的行为。因此，如果受让的债权未超过其应当承担的担保责任，则受让债权的担保人作为债权人请求其他担保人承担担保责任的，人民法院不予支持；该担保人请求其他担保人分担相应份额的，则取决于担保人之间是否有相互追偿的权利，故依照前述思路处理。

6. 关于担保合同无效的法律后果

首先，根据原《担保法解释》第 7 条的规定，如果主合同有效而担保合同无效，则推定担保人有过错，因而仅须根据债权人有无过错来确定担保人的责任：债权人无过错的，担保人与债务人对主合同债权人的经济损失承担连带赔偿责任；债权人有过错的，担保人承担的责任不超过债务人不能清偿部分的二分之一。笔者认为，原《担保法解释》第 7 条的规定存在以下不妥之处：一是在过错形态上，原解释推定担保人必定有过错与实际情况不符，如在债权人与债务人恶意串通骗取担保人提供担保的场合，就存在仅债权人一方有过错而担保人无过错的情形。二是在债权人无过错而担保人有过错的情况下，让担保人与债务人对主合同债权人的经济损失承担连带赔偿责任，缺乏理论和法律依据，因为在担保合同有效的情形下，担保人可能仅对债务人不能清偿的部分承担担保责任（如一般保证），而在担保合同无效的情形下，却要与债务人承担连带赔偿责任，从而可能导致轻重失衡，且在法律没有明确规定的情况下，让担保人承担连带责任也缺乏依据。基于以上考虑，本解释在原解释基础上作了如下修改：一是增加规定了债权人有过错担保人无过错时，担保人不承担责任的规定；二是担保人有过错而债权人无过错时，担保人对债务人不能清偿的部分承担赔偿责任，其性质属于补充责任而非原解释规定的连带赔偿责任。同时，为了保持既有裁判规则的连续性，同时限制法官的自由裁量权，本解释沿袭了原解释对赔偿责任的上限进行控制的做法，规定了担保人承担的责任不超过债务人不能清偿部分的二分之一或者三分之一。

其次，关于担保人承担赔偿责任后对债务人的追偿问题。担保人在承担责任后向债务人的追偿，主要包括两种情形：一是承担了担保责任后的追偿，《民法典》第700条已经作出了明确规定；二是承担了赔偿责任后的追偿，《民法典》并无明确规定，但原《担保法解释》第9条对此有规定，本解释沿袭了该规定。

最后，关于担保合同无效时反担保人的责任。在担保合同无效的情况下，反担保人应否以及如何承担责任？一种观点认为，担保合同是反担保合同的主合同，担保合同无效，反担保合同随之无效，反担保人应根据其过错承担相应的赔偿责任。笔者认为，反担保合同担保的是担保人对主债务人的追偿权，并非担保合同的从合同，因此，即便担保合同无效，担保人在承担赔偿责任的范围内也享有对债务人的追偿权，因而反担保合同并不因担保合同的无效而无效，反担保人仍应对担保人的损失承担全部担保责任。当然，反担保合同虽然不因担保合同无效而无效，但也可能因其他理由被认定为无效，在反担保合同因自身原因被认定无效时，则应依据本解释关于主合同有效而担保合同无效时法律后果的规定来确定反担保人的赔偿责任。

7. 关于担保与破产程序的衔接

本解释在沿袭《全国法院破产审判工作会议纪要》第31条的基础上，就担保与破产程序的衔接问题作了进一步规定。一是根据《民法典》第700条关于担保人代位行使债权人的权利不得损害债权人利益的规定，本解释增加规定：一是不管担保人是否全部履行了担保责任，在债权人的债权未获全部清偿前，担保人不得代替债权人在破产程序中受偿，但是有权就债权人通过破产分配和实现担保债权等方式获得清偿总额中超出债权的部分，在其承担担保责任的范围内请求债权人返还。二是为了避免债权人和担保人重复行使权利，尤其是为了防止和解协议或者重整计划执行完毕的债务人的利益受到损害，增加规定了债权人在债务人破产程序中未获全部清偿，请求担保人继续承担担保责任的，人民法院应予支持。但在担保人承担担保责任后，向和解协议或者重整计划执行完毕后的债务人追偿的，人民法院不予支持。

【第3条　担保范围的从属性】

1

对担保责任约定违约条款的效力认定

——Z担保公司诉S糖业公司等追偿权案

【基本信息】

1. 裁判书字号

北京市高级人民法院（2019）京民终326号民事判决书

2. 案由：追偿权纠纷

3. 当事人

原告（上诉人）：Z担保公司

被告（被上诉人）：S糖业公司、D科技公司

被告：Q糖业公司、孙某、S商贸公司、J淀粉公司

【基本案情】

2014年1月15日、2月7日，Q糖业公司与J银行唐山分行分别签订两份《固定资产贷款合同》。

2014年1月15日，Q糖业公司（甲方）与Z担保公司（乙方）签订《授信追偿合同》，乙方授予甲方最高不超过2.2亿元的担保授信额度；乙方为甲方向J银行唐山分行贷款提供保证担保，乙方在按照保证合同的约定履行全部或部分保证责任后，即有权要求甲方立即归还乙方为履行保证责任支付的全部款项和自支付之日起的利息以及乙方的其他费用和损失。同日，Z担保公司（保证人）、J淀粉公司（保证人）分别与J银行唐山分行（债权人）签订《最高额保证合同》，保证人愿意为债权人基于该等授信对Q糖业公司享有的债权提供最高额保证担保。同日，D

科技公司、S糖业公司分别与Z担保公司签署《反担保保证合同（最高额）》，S糖业公司、D科技公司就《授信追偿合同》项下Q糖业公司对Z担保公司的债务向Z担保公司提供连带责任保证担保。《反担保保证合同》均约定，如果反担保保证人未履行或未完全履行本合同约定的义务，应按照Z担保公司已支出的代偿款总额的5%向Z担保公司支付违约金。此外，同日，孙某向Z担保公司出具《无限连带责任担保函（最高额）》，为Q糖业公司向Z担保公司提供最高额反担保保证。孙某（甲方）与Z担保公司（乙方）签订《个人质押反担保合同（最高额）》，约定甲方以其股权向乙方提供最高额质押反担保。Q糖业公司与Z担保公司签订两份《抵押反担保合同（最高额）》，S商贸公司（甲方）与Z担保公司（乙方）签订《质押反担保合同（最高额）》，约定甲方以其股权向乙方提供最高额质押反担保。

J银行唐山分行向Q糖业公司发放1.1亿元贷款后，Q糖业公司未按约定支付贷款利息及本金。Z担保公司在其担保范围内先后为Q糖业公司代偿了未付利息、复利及本金共计102082303.13元，J银行唐山分行向Z担保公司出具了《代偿确认函》。

Z担保公司在承担保证责任后，向Q糖业公司、S糖业公司、D科技公司分别发送了《履行债务通知书》及《代偿通知书》，要求依法承担责任。Z担保公司请求法院判令Q糖业公司清偿代偿款102082303.13元；S糖业公司、D科技公司对上述债务承担连带清偿责任；S糖业公司、D科技公司因未及时向Z担保公司履行反担保保证责任，分别按债务总和的5%向Z担保公司支付违约金。

【案件焦点】

债权人可否要求保证人承担保证合同约定的违约责任，保证人违约责任条款是否有效。

【裁判要旨】

北京市第一中级人民法院经审理认为：保证合同具有从属性，即保证合同是主合同的从合同，保证债务是主债务的从债务，主要表现为保证的范围从属于主债务，不得大于主债务，债权人虽可以与保证人协商保证担保的范围，但若保证合同约定的保证债务的范围大于主债务的，应减到主债务的限度。如果保证债务的范围不受主债务的限制，允许当事人自由约定，债权人将从保证人处获得从债务人处无法获得的额外利益，且保证人承担该部分额外责任后无法向主债务人进行追偿，损害保证人利益，不符合公平原则。Z 担保公司与 S 糖业公司、Z 担保公司与 D 科技公司之间《反担保保证合同（最高额）》关于违约金的约定均超过了主债务的范围，应减到主债务的限度，故 Z 担保公司要求 S 糖业公司、D 科技公司支付因未及时向其履行反担保保证责任的违约金缺乏依据，法院不予采信。

北京市第一中级人民法院判决如下：

一至四、Q 糖业公司于判决生效后十日内给付 Z 担保公司代偿款 102082303. 13 元、利息 21918623. 24 元及违约金 6905867. 6 元；利息（以 102082303. 13 元为本金，自 2018 年 4 月 28 日起至实际付清之日止，按照日万分之五计算）及违约金（以 102082303. 13 元为本金，自 2018 年 4 月 28 日起至实际付清之日止，按照年 5. 75%计算，以 37094132. 4 元为限）；担保费 4739883. 52 元及违约金 947976. 7 元；

五、孙某、D 科技公司就判决第一项至第四项 Q 糖业公司所负债务向 Z 担保公司承担连带保证责任；

六、孙某、D 科技公司在承担判决第五项连带保证责任后，有权向 Q 糖业公司追偿；

七、确认 S 糖业公司就代偿款 102082303. 13 元及利息 10169886. 84 元、违约金 3204210. 92 元，担保费 4739883. 52 元及违约金 885276. 7 元，以及 Q 糖业公司所负债务向 Z 担保公司承担连带保证责任；

八、S 糖业公司在承担判决第七项连带保证责任后，有权向 Q 糖业公司追偿；

九至十一、Z 担保公司有权就判决第一项至第四项 Q 糖业公司所负债务对 Q 糖业公司用于抵押的涉案国有土地使用权、40 万吨果糖生产线设备折价、拍卖、变卖的价款享有优先受偿权；

十二、Z 担保公司有权就判决第一项至第四项 Q 糖业公司所负债务对孙某用于质押的涉案股权折价、拍卖、变卖的价款享有优先受偿权；

十三、Z 担保公司有权就判决第一项至第四项 Q 糖业公司所负债务对 S 商贸公司用于质押的涉案股权折价、拍卖、变卖的价款享有优先受偿权；

十四、J 淀粉公司对代偿款 102082303. 13 元、利息 21918623. 24 元及利息（以 102082303. 13 元为本金，自 2018 年 4 月 28 日起至实际付清之日止，按照日万分之五计算）承担对Q糖业公司不能向Z担保公司偿还部分的三分之一的清偿责任；

十五、驳回Z担保公司的其他诉讼请求。

Z担保公司不服一审判决，提起上诉。

北京市高级人民法院经审理认为：担保人承担的担保责任范围不应当大于主债务，是担保从属性的必然要求。当事人约定的担保责任的范围大于主债务的，如针对担保责任约定专门的违约责任、担保责任的数额高于主债务等，均应当认定大于主债务部分的约定无效，从而使担保责任缩减至主债务的范围。S糖业公司、D科技公司分别与Z担保公司签订《反担保保证合同（最高额）》，S糖业公司、D科技公司作为反担保人，其担保的“主债务”为Z担保公司的保证债务，即Z担保公司基于《最高额保证合同》应当向J银行唐山分行支付的代偿款项，S糖业公司、D科技公司应当仅限于该“主债务”的范围承担反担保责任，Z担保公司关于该部分的主张已经获得一审法院的支持。S糖业公司、D科技公司分别与Z担保公司签订的《反担保保证合同（最高额）》中针对反担保人的担保责任，均专门约定了关于“5%违约金”的违约责任，已经超出了该“主债务”的范围，额外增加了反担保人的负担。若对该违约金再予以支持，则S糖业公司、D科技公司承担的反担保责任范围将大于Z担保公司已代偿款项范围，与担保的从属性不符。故超出部分的约定条款均应属无效，S糖业公司、D科技公司的反担保责任均应当缩减至Z担保公司基于《最高额保证合同》应当向J银行唐山分行支付的代偿款项的范围之内，故作出如下判决：

驳回上诉，维持原判。

【适用解析】

一、保证人违约责任条款效力认定的实践之争

保证责任的范围，又称保证的范围、保证担保的范围、保证债务的范围，是指保证人在主债务人不履行债务时，向债权人承担的履行义务的限度。[①]《中华人民共和国民法典》（以下简称《民法典》）第691条规定：“保证的范围包括主债权

---

① 高圣平：《担保法论》，法律出版社2009年版，第164页。虽然债务与责任在民法理论上有区分之意义与必要，但因二者的区分对于本文并无实意，故本文为行文方便，对保证债务、保证责任作相同含义处理。

及利息、违约金、损害赔偿金和实现债权的费用。当事人另有约定的，按照其约定。”该条是对保证人承担保证责任范围的规定。

传统民法理论认为，“保证债务成立之目的，在于确保主债务之效力，故而，保证债务具有从属性”。[①] 保证债务的从属性又可进一步被分解为发生（成立）的从属性、范围及强度的从属性、处分（移转）之从属性及消灭之从属性等。其中，所谓范围上的从属性，是指“保证责任的范围取决于主合同债务，并应当从属于主债务的范围”[②]。“保证人承担的债务范围超过了主合同债务的范围，应当将保证责任的范围缩减至主合同债务的范围。”[③]

但是，在目前的信贷、交易和司法实践中，在债权人与保证人签订的保证合同中，出现了并不符合前述理论的交易模式，双方既约定了保证人在符合约定条件时承担的保证责任，又约定了特定的违约责任条款，本案即为典型。

保证合同为保证人的保证责任设置了违约责任，间接的效果是保证人承担的责任范围（仅指债务数额）超出了主债务的范围。由此导致的问题是保证合同中的违约责任条款是否有效。对此，司法实践中曾经存在三种裁判观点。

第一种观点认为，此条款违反保证从属性，为无效条款。主要理由为：首先，保证合同对保证责任范围的约定，虽实行意思自治，但因保证合同是主合同的从合同，保证责任是主债务的从债务，基于从属性原则，保证责任的范围及强度不能超过主债务的范围及强度；其次，如果允许保证责任超过主债务的范围，将违反保证责任的从属性规则，可能会产生滥用权利的后果；最后，保证责任超过主债务的部分，使债权人获得从主债务人处不能获得的利益，保证人承担该部分后无法向主债务人追偿，对保证人产生不公平的结果。[④]

第二种观点认为，此条款有效。第一，保证责任的范围属于债权人与保证人意思自治的范畴，只要不违反法律的禁止性规定，则合法有效。第二，保证范围具有从属性，但是保证担保的范围条款与保证人违约责任条款其实是不同的概念，各自

---

① 邱聪智：《新订债法各论》（下），中国人民大学出版社 2006 年版，第 362 页。

② 田土城、宁金成主编：《担保制度法律研究》，河南大学出版社 2001 年版，第 84 页。

③ 王利明：《合同法分则研究》（下卷），中国人民大学出版社 2013 年版，第 258 页。

④ 胡建萍、王长军：《保证人承担保证责任的范围应以主债务为限》，载《人民司法·案例》2015 年第 24 期。

独立。第三，保证合同中保证人违约责任条款并不构成显失公平。第四，保证合同中违约责任条款具有正当性。保证人之所以自愿承担违约责任在很大程度上可能是因为保证人、债权人、债务人基于订立合同之时情势的考虑而作出的理性选择。对于债权人而言，该条款使得债权担保得以加强，其债权被清偿的可能性提高；对于保证人而言，该违约责任对保证人形成压迫，使其在符合清偿条件时应立即清偿主合同债务，以免违约责任条款的生效致其不利；对于债务人而言，由于保证人违约责任的承诺与增信，提高了债务人融资的能力，融资交易达成概率更高。此一市场需求与订约情势是保证合同中担保人违约责任条款产生的内在机理。

第三种观点认为，该条款应属有效，并无无效事由，亦无可撤销事由，在此基础上，应以违约金酌减规则来调整过高的违约金，不对意思自治的底线造成冲击。以违约金酌减规则来规制保证合同中保证人违约责任条款，在尊重意思自治的前提下，能够兼顾保护保证人利益；不破坏当事人在交易实践中达成的约定，不对意思自治的底线造成冲击；同时，将平衡当事人利益的价值判断以及无法直接作为裁判依据的公平原则通过酌减因素注入裁判之中。

二、保证人违约责任条款效力规则的立法考量

最高人民法院于2019年发布《全国法院民商事审判工作会议纪要》（以下简称《九民会议纪要》），其第55条明确规定，当事人约定的担保责任的范围大于主债务的，均应当认定大于主债务部分的约定无效，从而使担保责任缩减至主债务的范围。即采取了前述第一种观点。

《最高人民法院关于适用〈中华人民共和国民法典〉有关担保制度的解释》（以下简称《担保制度解释》）第3条延续《九民会议纪要》第55条的精神，明确当事人对担保责任的承担约定专门的违约责任，或者约定的担保责任范围超出债务人应当承担的责任范围，担保人有权主张仅在债务人应当承担的责任范围内承担责任，理由在于“担保责任本质上系担保人替债务人承担责任”。[①] 同时，《担保制度解释》第3条在《九民会议纪要》第55条的基础上予以细化。一方面，明确当担保人承担的担保责任范围大于主债务范围，担保人向主债务人追偿时，主债务人享有抗辩权；另一方面，明确担保人在此时可以向主债权人主张不当得利返还请求

---

① 林文学、杨永清、麻锦亮、吴光荣：《〈关于适用民法典有关担保制度的解释〉的理解和适用》，载《人民司法》2021年第4期。

权。该规定的主要理由在于：

第一，就保证责任而言，虽然《民法典》规定了保证人“履行债务或者承担责任”两种形式，但如果主债务属于金钱债务，保证人的保证责任仅为代主债务人履行债务。在此前提之下，只要保证人没有代为履行主债务，主债务不履行的违约责任就一直在计算和累积之中，且属于保证范围。如承认保证合同中单独约定的违约责任条款的效力，保证人就将承担主债务和保证债务不履行的双重违约责任。①

第二，基于保护保证人的法政策考量，保证人的责任不宜过重。从原《中华人民共和国担保法》到《九民会议纪要》中有关担保的相关规定，再到《担保制度解释》，能够明显地看到其中有关担保问题价值判断的变化。原担保法注重于保护债权人利益，而《九民会议纪要》和《民法典》则更注重保护保证人利益，突出体现了严守担保从属性，基于这一政策目标导向，在保证人不及时应债权人的请求代为履行主债务的情形之下，主债权债务合同的违约责任条款已经达到了惩罚保证人的目的，不应再使保证人承担单独的违约责任。

第三，就保证人追偿权的限制有明确的法律规定。保证人代为履行债务之后，可向主债务人行使追偿权。如果承认保证合同中单独的违约责任条款的效力，且保证人不能就此部分责任向主债务人追偿，将加重保证人的责任。对追偿权的放弃或剥夺，应以当事人明确约定或法律直接规定为前提。

第四，担保范围的从属性与违约金酌减是两个独立的问题。保证范围从属性是指保证责任与主债务的关系，保证责任不能超出主债务的范围，而违约金是否过高是相对于违约造成的损失来说的，因此二者不能等同视之。② 前述第三种观点采用违约金酌减的思路处理，其结果只是限制了保证责任的范围，但仍然违背了担保范围的从属性。

三、本案关于保证人违约责任条款的司法审查和法律适用

首先，本案当事人系在反担保合同中为反担保人设定了“5%违约金”的违约责任条款，《民法典》第 387 条第 2 款规定：“第三人为债务人向债权人提供担保的，可以要求债务人提供反担保。反担保适用本法和其他法律的规定。”第 689 条

---

① 高圣平：《民法典担保从属性规则的适用及其限度》，载《法学》2020 年第 7 期。

② 最高人民法院民事审判第二庭：《最高人民法院民法典担保制度司法解释理解与适用》，人民法院出版社 2021 年版，第 102 页。

规定："保证人可以要求债务人提供反担保。"反担保是对保证人承担保证责任的担保，反担保人也应当在保证人实际承担的责任范围内承担担保责任。

其次，反担保人承担的担保责任范围不应当大于担保人因承担担保责任产生的主债务，是担保从属性的必然要求。当事人约定的担保责任的范围大于主债务的，如针对担保责任约定专门的违约责任、担保责任的数额高于主债务等，均应当认定大于主债务部分的约定无效，从而使担保责任缩减至主债务的范围。本案中，S糖业公司、D科技公司分别与Z担保公司签订《反担保保证合同（最高额）》，S糖业公司、D科技公司作为反担保人，其担保的"主债务"为Z担保公司的保证债务，即Z担保公司基于《最高额保证合同》应当向J银行唐山分行支付的代偿款项，S糖业公司、D科技公司应当仅限于该"主债务"的范围承担反担保责任，"5%违约金"的违约责任与担保从属性不符，不应获得支持。

最后，关于法院是否应主动审查保证人违约责任条款效力的问题。《担保制度解释》第3条与《九民会议纪要》第55条在措辞上有所不同，后者明确，超出主债务部分的约定"无效"，对于无效条款人民法院可依职权主动审查。因此，《担保制度解释》第3条实施后，对于该类条款人民法院是否可以主动审查或将产生疑问。本案中，S糖业公司作为反担保人在一审、二审中均提出了保证责任从属性的抗辩，而与S糖业公司同为反担保人的D科技公司，在一审、二审并未提出此项抗辩，本案最终也将D科技公司的责任限缩在主债务范围之内。笔者倾向认为，人民法院对此类条款可以依职权审查。第一，担保的从属性应理解为法律的强制性规定，违反担保从属性的约定因违反法律强制性规定而无效；第二，基于法律的体系解释，《担保制度解释》第3条第2款规定，担保人超范围承担责任的可以向主债权人主张返还不当得利，这意味着债权人无权获得该部分利益，隐含着该类条款无效的价值判断；第三，《九民会议纪要》并未废除，且与《担保制度解释》第3条并不矛盾，其相关内容可以作为人民法院裁判说理的理由。故对于该无效事由，法院可以主动进行审查。

编写人：北京市第一中级人民法院　曹明哲

【第 4 条　担保物权代持】

2

公司债券持有人有权处置登记于受托管理人名下的担保物权并就所得价款优先受偿

——Z 信托公司诉 J 商城等公司债券交易案

【基本信息】

1. 裁判书字号

上海市静安区人民法院（2019）沪 0106 民初 2755 号民事判决书

2. 案由：公司债券交易纠纷

3. 当事人

原告：Z 信托公司

被告：J 商城、王某某、白某某

第三人：G 证券公司

【基本案情】

2017 年 10 月，J 商城发行债券，起息日为 2017 年 10 月 12 日，兑付日为 2021 年 10 月 12 日，年利率为 7.3%，实际发行金额共计 3.15 亿元，按年计息，不计复利，每年付息一次，到期一次还本，最后一期利随本清，G 证券公司系受托管理人，《募集说明书》有交叉违约及提前到期条款的约定。2017 年 11 月 20 日，Z 信托公司从二级市场买入涉案债券，券面总额为 3000 万元。2018 年 10 月 12 日（第一次兑付日日终），J 商城未能按约支付系争债券利息。后 G 证券公司召开债券持有人会议，通过《关于宣布债券本息立即到期应付的议案》等议案，该期全体债券持有人授权 G 证券公司代表其行使担保权，同时说明任何债券持有人对债券受托管理人的授权，不影响其他债券持有人以自身名义采取相关行动。后G证券公司与J商城及王某某签订《股权质押合同》，J商城、王某某为J商城发行的包括案涉证券在内的6个债券（发行总额共计20亿元）提供股权质押担保，质押权人为G证券公司。同时，王某某（其妻白某某）承诺承担连带保证责任。后J商城未按约支付到期利息，且其发行的其他债券也已全部违约，信用评级接连下降。

Z信托公司诉请解约，主张系争债券提前到期，J商城支付债券本金3000万元及其利息、逾期利息损失，并要求依法处置涉案质押股权，以Z信托公司持有的债券本金占J商城发行的6个债券本金比例1.5%优先受偿，王某某承担连带清偿责任，白某某对王某某因承担保证责任所产生的债务承担连带清偿责任。

J商城、王某某、白某某辩称：本案质押权人为G证券公司，Z信托公司无权直接主张质权；王某某的担保责任不属于法律规定的夫妻共同债务，白某某不应承担责任。

G证券公司述称：涉案质押权应由G证券公司统一处置后按比例向债券持有人支付。

【案件焦点】

委托“代持”情形下的质押权如何实现。

【裁判要旨】

上海市静安区人民法院经审理认为：关于Z信托公司要求J商城支付债券本金、利息及迟延履行金的主张是否成立。J商城在约定的第一次付息日未能按期足额支付利息，待约定的1个月宽限期期满仍无法如期偿还相关债务。依据《募集说明书》的约定，应立即启动投资者保护机制。为此，G证券公司两次召开债券持有人会议，并在2019年3月11日召开的2019年第一次债券持有人会议通过了《关于宣布债券本息立即到期应付的议案》，该议案宣布全部债券本息自议案通过之日起立即到期，要求J商城清偿本息。该议案是全体债券持有人共同向J商城主张权利，系要求构成违约的债券发行人J商城提前履行还本付息义务，不违反法律的规定。基于此，J商城应向债券持有人清偿全部债券本息，Z信托公司作为债券持有人之一，无须单独要求解除与J商城签订的合同，且该主张亦不符合《募集说明书》的约定。在涉案债券提前到期后，对于因J商城不能清偿本息而继续占用资金造成的损失，债券持有人可以向J商城主张。现Z信托公司以债券本金为基数按票面利率主张赔偿到期后的占用资金造成的损失，应予支持。自2017年10月12日至2019年3月11日，以本金3000万元为基数，按票面利率7.3%计算的利息为309万元。

关于质押权的实现。按照《股权质押合同》的约定，J商城未能按约偿还债券本息，作为质押权人的G证券公司或债券持有人有权依法处分质押股权及其他派生权益，所得款项及权益用于清偿案涉债券持有人的债券本金、利息及其他应付款项，该约定符合法律规定。涉案股权出质登记的质权人均为G证券公司，故G证券公司有权依法处置质权，以所得款项及权益按比例优先清偿案涉证券持有人的债券本金、利息及其他应付款项。现Z信托公司以其所持有的债券占J商城发行的债券的1.5%为比例，要求在处置质权所得款项及权益中以该比例优先清偿债券本息，应予支持。

关于白某某是否需要对王某某因担保责任所产生的债务承担连带清偿责任。依据《募集说明书》的约定，王某某应对J商城的债务承担连带清偿责任。现Z信托公司主张王某某及白某某系夫妻关系，白某某亦为J商城的股东，对王某某担保的事实知情，且享受着债券发行所带来的收益，属于共同生产经营范畴，为夫妻共同债务，白某某应对此债务承担连带清偿责任。王某某因担保J商城的债务并非夫妻共同债务，Z信托公司的主张无法律依据，不予支持。

关于王某某承担连带保证责任与本案质押担保的关系。依据《中华人民共和国物权法》第176条之规定，被担保的债权既有物的担保又有人的担保的，债务人不履行到期债务或者发生当事人约定的实现担保物权的情形，债权人应当按照约定实现债权；没有约定或者约定不明确，债务人自己提供物的担保的，债权人应当先就该物的担保实现债权；第三人提供物的担保的，债权人可以就物的担保实现债权，也可以要求保证人承担保证责任。提供担保的第三人承担担保责任后，有权向债务人追偿。《募集说明书》《股权质押合同》并未就质押担保与人的保证并存时各自如何行使进行约定，J商城将其持有的股权及其派生权益出质，王某某在将其持有的股权及其派生权益出质的同时，还承诺承担连带保证责任。故就王某某所应承担的保证责任，应仅就依法处分J商城提供的股权质押后不足以清偿的部分承担连带保证责任。

综上所述，因J商城违约，Z信托公司作为债券持有人依据债券持有人会议决议，有权要求J商城清偿全部债券本金及利息，并支付逾期利息，有权就G证券公司处置的质权按比例优先受偿，并有权要求王某某依约承担相应的保证责任。

综上，依照《中华人民共和国合同法》[①] 第60条第1款、第113条第1款，《中华人民共和国担保法》第18条、第31条，《中华人民共和国物权法》第176条、第219条第2款、第226条第1款、第229条之规定，作出如下判决：

一、J商城应于本判决生效之日起十日内偿还Z信托公司案涉债券本金3000万元；

二、J商城应于本判决生效之日起十日内支付Z信托公司上述债券截至2019年3月11日止的利息为309万元；

三、J商城应于本判决生效之日起十日内赔偿Z信托公司自2019年3月12日起至实际清偿之日止以案涉债券本金3000万元为基数按票面利率7.3%计算的占用资金的利息损失；

四、J商城届期不履行上述第一、二、三项付款义务的，G证券公司可与J商城、王某某协议，以其持有的质押股权及其派生权利折价，或者申请以拍卖、变卖该质押物，G证券公司以所得价款的1.5%优先向Z信托公司清偿J商城上述第一、二、三项应付款项，质押物折价或者拍卖、变卖后，其价款超过债权数额的部分归质押股权持有人所有，不足部分由J商城继续清偿；

五、王某某对J商城前述第一、二、三项应付款项就依法处置J商城出质股权所得价款的1.5%仍不足以清偿的部分，承担连带清偿责任，王某某承担保证责任后，有权向J商城追偿；

六、驳回Z信托公司的其余诉讼请求。

【适用解析】

《最高人民法院关于适用〈中华人民共和国民法典〉有关担保制度的解释》（以下简称《担保制度解释》）第4条规定了担保物权登记人与担保权人不一致的

---

① 《中华人民共和国民法典》于2021年1月1日起实施，《中华人民共和国合同法》《中华人民共和国民法总则》等同时废止。本书收录的部分案例裁判于《中华人民共和国民法典》生效前，适用的是当时有效的法律规定，下文将不再对此进行提示。

三种情形，首次明确规定担保权人可以自行起诉并就担保财产优先受偿，确认了担保物权受托持有的合法有效性。

一、担保物权受托持有的含义、影响及法律规制

担保物权的受托持有，是指担保物权并未登记在债权人名下，而是依债权人的委托，登记在受托人名下，当债务人不履行到期债务或者发生当事人约定的实现担保物权的情形时，债权人或其受托人主张就该财产优先受偿。与一般的担保物权相比，担保物权受托持有的最大特点在于担保物权人并非债权人，而是债权人的受托人。

在《担保制度解释》施行之前，理论界及审判实践中对于是否支持担保物权的受托持有均存在争议，部分观点认为担保物权的受托持有不具备担保物权的从属性特征，违反了物权法定原则、物权公示公信原则，损害了第三人的合法权益，据此不予支持担保物权的行使。部分观点则持反对意见，认为担保物权受托持有的行使，有利无害，应当予以支持。

法院是否支持担保物权的受托持有，对委托贷款制度和债券托管制度影响最为深远。对于前者，委托贷款制度之所以会成为银行中间业务，是因为登记机构登记制度的规定，非金融机构在登记持有较大数额或特定财产类型的担保物权时存在一定障碍，在委托贷款制度下，商业银行作为受托人，接受非金融机构的委托，向借款人发放贷款，同时，也作为名义担保物权人，持有相应的担保物权，而担保物权人和债权人不一致的情形系委托贷款制度下的常态，对担保物权受托持有的否定，将不利于非金融机构作为债权人保护自身合法权益，也将损害企业安排其商事活动的自主性。对于后者，因为登记制度的相关规定、债券投资人众多等原因导致担保物权无法登记在债券投资人名下，同时又因为受托管理人作为重要的投资者保护机制之一，其职责就在于维护债券持有人的合法权益，故将担保物权登记于受托管理人名下系公司债券交易行业的一种常见商业模式，对此类商业模式的否定，将导致债券投资人不敢选择投资以此类担保模式作为增信措施的公司债券，同时，在公司债券发行人构成违约时，债券投资人也不敢选择此类增信措施以保障自己的权益，长此以往，将不利于公司债券行业的发展。

为规范公司债券交易纠纷案件的审理，2020 年 7 月 15 日，最高人民法院发布《全国法院审理债券纠纷案件座谈会纪要》（以下简称《债券纪要》），其中第 18

条明确规定了为债券设定的担保物权可登记在受托管理人名下，受托管理人据此主张担保物权的，人民法院应当予以支持，但应在裁判文书主文中明确由此所得权益归属于全体债券持有人。该纪要的出台，拓宽了债券持有人对于增信措施的选择权，有利于对债券持有人合法权益的保护。但该纪要仅明确了受托管理人（名义担保物权人、担保物权登记人）作为原告起诉时，有权要求处分其名下的担保物权，所得权益归属于全体债券持有人，但对于债券持有人（实际担保物权人、债权人）自行起诉时如何行使担保物权，并未予以规定。若仅将行使担保物权的权利赋予受托管理人，一旦受托管理人未能勤勉尽责、公正履行受托管理职责造成债券持有人的利益受损，债券持有人虽可起诉要求受托管理人赔偿其相应损失，但毕竟具有较大的被动性，不如直接赋予债券持有人独立行使担保物权的权利更为便利。

《担保制度解释》第 4 条规定："有下列情形之一，当事人将担保物权登记在他人名下，债务人不履行到期债务或者发生当事人约定的实现担保物权的情形，债权人或者其受托人主张就该财产优先受偿的，人民法院依法予以支持：（一）为债券持有人提供的担保物权登记在债券受托管理人名下；（二）为委托贷款人提供的担保物权登记在受托人名下；（三）担保人知道债权人与他人之间存在委托关系的其他情形。"相较于《债券纪要》，《担保制度解释》将担保物权受托持有的适用范围予以扩大，除债券托管制度外，还包括委托贷款制度，另外还设立了兜底条款，以期更好地保护债权人的合法权益。同时明确，在债权人（实际担保物权人）自行起诉时，其亦有权依法主张担保物权，并就所得价款优先受偿，将直接行使担保物权的权利主体扩大至债权人，更具主动性，更有利于债权人权益的保护。

二、担保物权受托持有的法理基础

（一）担保物权的受托持有是间接代理制度在物权领域的应用

间接代理制度是指受托人以自己的名义，在委托人的授权范围内与第三人订立的合同，第三人在订立合同时知道受托人与委托人之间的代理关系的，该合同直接约束委托人与第三人，但是，有确切证据证明该合同只约束受托人和第三人的除外。《担保制度解释》第 4 条第 3 项作为兜底条款，可以很明显地体现出上述内容。《担保制度解释》将担保物权受托持有的适用范围予以缩限，即"担保人知道债权人与他人之间存在委托关系的其他情形”，债权人或受托人可以行使担保物权，该规定除与第一、二项内容更具同一性外（委托贷款制度及债券受托制度下，担保人必然知道债权人与受托人之间存在委托关系），也使得其更符合担保物权应当具有的特征。

《担保制度解释》第4条对于担保物权受托持有适用范围的缩限，使得担保物权的受托持有并未突破担保物权的从属性特征，受托人所从事的民事法律行为后果归属于委托人，名义担保物权人行使担保物权的行为后果归属于债权人，真实债权债务关系的存在，使得担保物权人与债权人的不一致仅为形式上的“分离”，该等“分离”不应影响担保物权的行使。相反，若将兜底条款确定为“担保人知道担保物权未登记在债权人名下的其他情形”，可能将突破担保物权的从属性特征。《担保制度解释》表述为“担保人知道债权人与他人之间存在委托关系的其他情形”具有双重含义，首先，要求债权人与他人之间必须存在委托关系，若不存在委托关系，担保物权人与债权人的不一致，就是实质的“分离”，没有所依附的主债权债务关系，担保物权能否设立存疑；其次，要求担保人必须知道债权人与他人之间存在委托关系，若担保人不知道委托关系的存在，除从属性的问题外，还存在诸如，担保人是否知道其所担保的主债权包含了债权人的债权，以及担保人是否愿意为债权人的债权提供担保的问题（间接代理制度中“有确切证据证明该合同只约束受托人和第三人的除外”的情形）等，故可能违背担保人的真实意思表示，担保物权能否设立依然存疑。

（二）担保物权的受托持有不违反物权法定原则

物权法定原则，是指物权的种类和内容，由法律规定。担保物权的受托持有，并未创设新的担保物权的种类，也未改变担保物权的实质内容，即担保物权人所享有的权利及担保人所负有的义务均未发生实质改变。学术界存在的物权法定缓和主义认为，《中华人民共和国民法典》有“处理民事纠纷，应当依照法律；法律没有规定的，可以适用习惯，但是不得违背公序良俗”的规定，即我国实际已经承认了民法的渊源包含了法律和习惯，那么物权法定原则的“法律”，也不仅应当包括“制定法”，还应当包括“习惯法”，而委托贷款制度和债券受托制度下，在长期的实践中，早已形成了承认担保物权受托持有的“习惯法”，故担保物权的受托持有不违反物权法定原则。

（三）担保物权的受托持有不损害第三人的利益

无论担保物权登记在何人名下，在担保物权所担保的主债权数额及履行期限确定的情况下，对于其他顺位的担保物权人来说，其并不关心担保物权人的真实身份，登记主体与权利主体的不一致，并不影响第三人设立担保物权时的合理预期，也不会损害第三人基于公示公信所产生的信赖利益。

（四）担保物权的受托持有不违反物权的公示公信原则

物权的公示公信原则，是指不动产物权的设立、变更、转让和消灭，应当依照法律规定登记，动产物权的设立和转让，应当依照法律规定交付。《担保制度解释》第 4 条所规制的情形是担保物权已经登记于受托人名下的情形，并不规制担保物权的设立未经登记的情形，也不规制担保物权变更、转让等情形。登记的担保物权人与实际担保物权人不一致的情形，如上所述，并不会损害第三人基于公示公信所产生的信赖利益，形式上的不一致并不能损害真实的权利，《全国法院民商事审判工作会议纪要》即持相同观点，其第 62 条规定："抵押权是从属于主合同的从权利，根据'从随主'规则，债权转让的，除法律另有规定或者当事人另有约定外，担保该债权的抵押权一并转让。受让人向抵押人主张行使抵押权，抵押人以受让人不是抵押合同的当事人、未办理变更登记等为由提出抗辩的，人民法院不予支持。"

综上所述，担保物权的受托持有，仍然具有担保应当具有的从属性特征，未违反物权法定原则，未损害第三人利益，未违反物权公示公信原则，也未影响市场交易安全，相反，担保物权的受托持有促进了金融业务形式的多样化，《担保制度解释》第 4 条对于担保物权受托持有的肯定，特别是对于担保物权受托持有权利行使主体的扩大，有利于债权人保护自身合法权益。

三、担保物权受托持有的法律规则在本案中的适用

本案虽然生效于《债券纪要》及《担保制度解释》实施之前，但是审理思路及处理方式均与该纪要和司法解释的精神、内容相吻合。

本案系公司债券纠纷类案件，债券发行时仅有发行人的法定代表人提供的保证，后发行人无法按约兑付利息，为保障债券持有人的合法权益，受托管理人召集召开债券持有人会议并通过议案，授权受托管理人代表该期债券全体持有人行使担保权及处理其他与办理、实现增信措施有关的事项，受托管理人据此与担保人签订担保合同，并作为担保物权人，办理了相关登记。后发生了债券发行人未能按期兑

付利息的情形，债券持有人作为原告，起诉要求债券发行人支付本金、利息，同时要求处分担保物权并优先受偿。

由于本案在审理时并无直接的法律依据可以引用，法院依据间接代理制度的法理认为，受托管理人以自己的名义，在债券持有人（委托人）的授权范围内与担保人订立担保合同，债券发行人及其法定代表人作为担保人，在订立合同时必然知道受托管理人与债券持有人之间的委托关系，故该合同直接约束债券持有人与担保人，债券持有人有权行使担保物权，并就所得价款优先受偿。当然，受托管理人在授权范围内亦有权要求行使担保物权，只是所得权益应当归属于全体债券持有人。

债券纠纷类案件的一个特殊点就在于债券持有人众多，因债券持有人均为实际担保物权人，在处分担保物权并就所得价款优先受偿时，还应当考虑各债券持有人所能获得的优先清偿的比例问题。本案原告起诉要求依法处分担保物权，并按照其所持有的债券本金占担保物权所担保的全部债券本金的比例优先受偿，考虑到该种比例计算方式的便利性及合理性，且并未违反法律法规的强制性规定，故法院对原告的诉讼请求予以了支持。

另外，与受托管理人起诉要求处分担保物权不同，本案系债券持有人自行起诉，考虑到受托管理人毕竟是名义担保物权人，法院需要直接处分登记于其名下的担保物权，在操作上仍存在一定的难度。为避免讼累，也因受托管理人与案件的处理结果存在法律上的利害关系，本案在审理过程中，通过依法追加受托管理人为第三人的方式，灵活实现了担保物权。

本案的处理方式为《担保制度解释》第 4 条的具体适用提供了操作指引，为担保物权受托持有情形下，广大债权人自行起诉主张担保物权、实现合法权益提供了司法保障路径。

编写人：上海市静安区人民法院　陆晓峰　郑珂

【第 7 条　公司法定代表人越权担保】

3

农民专业合作社法定代表人越权订立担保合同的效力认定

——曾某诉李某等民间借贷案

【基本信息】

1. 裁判书字号

江苏省无锡市锡山区人民法院（2019）苏 0205 民初 5236 号民事判决书

2. 案由：民间借贷纠纷

3. 当事人

原告：曾某

被告：李某、顾某、C 种植合作社

【基本案情】

李某与顾某系夫妻关系。C 种植合作社系于 2015 年 7 月成立的农民专业合作经济组织，共有 5 名成员，总注册资本为 300 万元，其中李某认缴出资 100 万元，持股比例为三分之一，且为该社法定代表人。曾某于 2016 年之前在 C 种植合作社担任会计。

李某于 2014 年、2017 年向曾某借款累计 17 万元并出具两份借条，曾某于 2019 年 6 月 21 日向李某转账 1 万元。2019 年 7 月 24 日，曾某、李某、C 种植合作社签订协议，确认李某结欠曾某借款本金 18 万元、利息 7.2 万元，合计 25.2 万元，约定于 2019 年 9 月 30 日前归还，协议中明确 C 种植合作社对李某的付款义务“承担连带清偿责任”，期限至“款项全部清偿完毕之日止”。协议由曾某、李某签字，C 种植合作社加盖公章。同日，李某、顾某还出具承诺书，承诺对曾某及案外两人的债务由其夫妻共同偿还。

后李某未按约还款，曾某诉至法院，请求判令李某、顾某归还借款及逾期利息，C种植合作社对李某、顾某的还款义务承担连带责任。

【案件焦点】

李某代表C种植合作社订立为李某债务提供连带责任保证的合同，效力应当如何认定。

【裁判要旨】

江苏省无锡市锡山区人民法院认为：曾某向李某出借借款本金18万元，因李某与顾某为夫妻关系，顾某已明确表示同意对李某的案涉付款义务承担共同还款责任，故案涉借款应由李某、顾某共同承担还款责任。

关于C种植合作社的保证责任。根据《中华人民共和国农民专业合作社法》（以下简称《农民专业合作社法》）第36条之规定，农民专业合作社的理事长、理事和管理人员不得违反章程规定或者未经成员大会同意，将本社资金借贷给他人或者以本社资产为他人提供担保。C种植合作社系农民专业合作经济组织，现为其法定代表人李某提供连带责任保证，债权人曾某应当提供证据证明其在2019年7月24日订立协议书时，对成员大会决议进行了审查。现曾某已明确未对成员大会决议进行审查，故认定C种植合作社提供连带保证的条款无效。担保条款无效后，有过错的一方应当赔偿对方因此所受到的损失，双方均有过错的，应当各自承担相应的责任。现债权人曾某未尽审慎注意义务，负有主要过错；C种植合作社在公章保管等内控制度的建设和落实方面亦存在疏忽，负有次要过错。债权人、担保人均有过错的，担保人承担民事责任的部分，不应超过债务人不能清偿部分的二分之一，同时考虑到行为人李某在C种植合作社的占股比例，认定C种植合作社应当对李某的案涉付款义务（含诉讼费用的负担）承担李某、顾某不能清偿部分的三分之一的赔偿责任。C种植合作社承担赔偿责任后，有权在承担赔偿责任的范围内向李某、顾某追偿。

江苏省无锡市锡山区人民法院依照《中华人民共和国合同法》第52条、第58条、第107条、第205条、第206条、第207条，《农民专业合作社法》第36条，

《最高人民法院关于适用〈中华人民共和国担保法〉若干问题的解释》[①] 第7条、第9条，《中华人民共和国民事诉讼法》[②] 第144条规定，作出如下判决：

一、李某、顾某于本判决生效后10日内向曾某支付本金18万元、截至2019年6月20日的利息54447.38元、逾期还款利息（以18万元为基数，自2019年6月21日至实际给付之日，按年利率24%计算）；

二、C种植合作社对李某、顾某的案涉付款义务（含诉讼费用）承担李某、顾某不能清偿部分的三分之一的赔偿责任；

三、C种植合作社承担赔偿责任后，可在其承担赔偿责任的范围内向李某、顾某进行追偿；

四、驳回曾某的其他诉讼请求。

双方当事人未上诉，判决已发生法律效力。

【适用解析】

本案的重点是合作社法定代表人违反规定对外担保的效力认定。《最高人民法院关于适用〈中华人民共和国民法典〉有关担保制度的解释》（以下简称《担保制度解释》）第7条规定了公司的法定代表人违反公司对外担保决议程序，超越权限代表公司与相对人订立担保合同的处理规则。现结合本案分析该条款的主旨和适用问题。

一、《担保制度解释》第7条之功用

由于公司对外提供担保属于高风险的经营活动，对公司运营安全性影响甚巨。《中华人民共和国公司法》（以下简称《公司法》）第16条是公司对外担保的限制性规定，[③] 该规定一方面赋予公司提供担保的权利能力，另一方面又对其担保权利

---

① 配合《中华人民共和国民法典》的施行，最高人民法院对大量司法解释进行了修正。本书收录的部分案例裁判于相关司法解释修正之前，适用的是当时有效的司法解释。下文将不再对此进行提示。

② 《中华人民共和国民事诉讼法》已于2021年12月24日修改，2022年1月1日实施。本书收录案例均裁判于该法修改之前，适用的是当时有效的条文，下文将不再对此进行提示。

③ 《公司法》第16条：公司向其他企业投资或者为他人提供担保，依照公司章程的规定，由董事会或者股东会、股东大会决议；公司章程对投资或者担保的总额及单项投资或者担保的数额有限额规定的，不得超过规定的限额。公司为公司股东或者实际控制人提供担保的，必须经股东会或者股东大会决议。前款规定的股东或者受前款规定的实际控制人支配的股东，不得参加前款规定事项的表决。该项表决由出席会议的其他股东所持表决权的过半数通过。

能力进行了限制。综合而言，公司对外提供担保应当符合公司章程规定并满足特定决议程序。

在理想状态下，按照法律规定的治理结构，农民专业合作社的理事长即法定代表人向农民专业合作社成员大会负责，董事会向股东会负责。法定代表人应忠实、勤勉地执行法人组织的意志。然而实践中，法定代表人往往由出资额较大的股东或成员担任，事务由法定代表人决定，治理结构形同虚设。法定代表人很容易为了自身利益，损害该法人、其他股东或出资人、债权人利益，提供担保即为典型行为。《农民专业合作社法》第 29 条第 2 项规定，农民专业合作社的理事长、理事和管理人员不得违反章程规定或者未经成员大会同意，将本社资金借贷给他人或者以本社资产为他人提供担保。该规定与《公司法》第 16 条之规定功能相同，即为限制法定代表人、实际控制人以及其他高级管理人员对外提供担保，以防止损害法人、其他股东（出资人）、债权人的利益。但是，如果一概认定法定代表人越权订立的担保合同对法人组织不发生效力，就会损害善意相对人的信赖利益，不利于交易安全，有时也不符合法人组织自身利益。法人组织章程及机关对内部管理人员的权限限制，不应对抗善意相对人。

《担保制度解释》第 7 条明确规定，相对人善意的，担保合同对公司发生效力，相对人请求公司承担担保责任的，人民法院应予支持；相对人非善意的，担保合同对公司不发生效力，相对人请求公司承担赔偿责任的，参照适用本解释第 17 条的有关规定。该规定对相对人和公司利益进行了平衡，为公司法定代表人超越权限订立担保合同时的效力判断及责任承担提供了规范，既利于鼓励交易，又可促使行为人在交易时谨慎履行注意义务。

二、农民专业合作社提供担保的现行法律规制

农民专业合作社是在农村家庭承包经营的基础上，农产品的生产经营者或者农业生产经营服务的提供者、利用者，自愿联合、民主管理的互助性经济组织。首先要明确的是，农民专业合作社系经济组织，以营利为目的从事经济活动，不属于《担保制度解释》第 5 条、第 6 条所规范的禁止提供担保的基层群众自治组织或以公益为目的的非营利性机构，具备提供担保的资格。其次结合本案原告诉讼请求，以及案涉协议约定 C 种植合作社对李某付款义务“承担连带清偿责任”，能够认定各方订立合同系约定由 C 种植合作社为李某的债务提供连带责任保证。

但是，根据《农民专业合作社法》第29条第2项的规定，农民专业合作社为他人提供担保应当符合合作社章程并经成员大会决议。法人组织在经营实践中存在的由实际控制人主导弊端如前所述，该规定之立意也是在于保护农民专业合作社本社及成员、债权人的利益。但是，《农民专业合作社法》未对违反第29条第2项的法律后果予以明确规定。笔者分析，该规定虽表述为“不得”，但限制的主体系农民专业合作社的理事长、理事和管理人员，意为规范合作社实际控制人或高级管理人员的行为，不应界定为对担保合同的效力性强制规范，如将该规定解读为一旦违反则担保合同无效，不利于维护合同稳定和交易安全。

李某作为C种植合作社的法定代表人，以本社资产为自己的借款提供担保，原、被告双方均未提供该担保行为符合该社章程或经过成员大会决议的相应证据。李某之行为明显超越权限，可适用《中华人民共和国民法典》（以下简称《民法典》）第504条规定：“法人的法定代表人或者非法人组织的负责人超越权限订立的合同，除相对人知道或者应当知道其超越权限外，该代表行为有效，订立的合同对法人或者非法人组织发生效力。”同时，因同为法定代表人超越权限对外订立担保合同情形，可参照适用《担保制度解释》第7条之规定，即对相对人是否善意进行判断后，认定担保合同条款是否对C种植合作社发生效力。

三、《担保制度解释》第7条之具体适用

（一）相对人“善意”的判断

该条款与《民法典》规定相一致，明确善意，是指相对人在订立担保合同时不知道且不应当知道法定代表人超越权限。“不知道且不应当知道”系相对人的主观状态，在案件审理中，不能简单依据当事人陈述而定，而要从其行为推知善意与否，审查相对人在订立担保合同时是否履行了相关注意义务。关于相对人应负何种程度的注意义务《全国法院民商事审判工作会议纪要》（以下简称《九民会议纪要》）第18条的要求是“形式审查”。形式审查的对象是董事会决议或股东（大）会决议和公司章程，形式审查的标准是同意决议的人数及签字人员是否符合公司章程，并对关联担保和非关联担保的善意判断标准予以区分。《担保制度解释》第7条则明确为“合理审查”，并将举证责任明确分配给相对人，需要相对人提供证明已对公司决议进行了合理审查的证据。虽然本条款与《九民会议纪要》的文字表述有所区别，但笔者认为《九民会议纪要》的精神仍具有参考价值，一般情况下，

“合理”的标准也限于形式审查的标准，不应过于严苛。

判断相对人善意分为两个层次：一是审查决议的有无；二是审查决议的效力。[①]回归到本案，C 种植合作社系为法定代表人提供担保，属关联担保。曾某陈述其在该合作社工作多年，故法官认定其应当明知该社的性质、运营方式，更应当明知李某的身份。即便曾某不清楚法律的相应规定，但“作为法律，一经公布，任何人均不得以不知法律有规定或宣称对法律有不同理解而免予适用该法律”。[②] 故应当推定曾某明知该限制，明知法定代表人李某超越权限，但因其在与 C 种植合作社订立合同时未审查相关决议，构成非善意相对人。由此，法院认定 C 种植合作社提供连带责任保证的条款无效。当然，按照《民法典》以及本条款规定，表述为“对 C 种植合作社不发生效力”更为妥当。

进一步来讲，如果曾某在签订协议时存在审查合作社成员大会决议的行为，那么对决议效力审查的合理标准如何确定?《九民会议纪要》第 18 条第 2 款规定，债权人对公司机关决议内容的审查一般应限于形式审查，只要求尽到必要的注意义务即可，公司如以法定代表人伪造或变造、决议程序违法、签章不实等事由抗辩债权人非善意的，人民法院一般不予支持。但在本案中，考虑到曾某作为 C 种植合作社原工作人员，对 C 种植合作社运营情况了解，且案涉担保为关联担保，故对其“合理审查”的注意义务要求应当相对提高。假设其对决议进行了审查，后确认成员大会决议上存在成员签章明显不符的情形，考虑曾某对合作社成员的熟悉程度，亦可以根据实际情况判断曾某非善意。此外，在案件审理过程中，还应结合案情，分析债权人、债务人是否存在恶意串通的情况。

（二）相对人非善意情形下的责任承担

虽然案涉担保条款对 C 种植合作社不发生效力，但并非排除承担责任。《担保制度解释》第 7 条也明确，在此种情况下，相对人请求公司承担赔偿责任的，参照适用该解释第 17 条的有关规定。第 17 条在区分是否因主合同无效导致担保合同无效基础上，对债务人、保证人、债权人存在不同过错时的处理作出了规定——主合

---

① 程啸、高圣平、谢鸿飞：《最高人民法院新担保司法解释理解与适用》，法律出版社 2021 年版，第 53 页。

② 曹士兵：《中国担保制度与担保方法——根据物权法修订》，中国法制出版社 2008 年版，第 102 页。

同有效而第三人提供的担保合同无效，债权人与担保人均有过错的，担保人承担的赔偿责任不应超过债务人不能清偿部分的二分之一；担保人有过错而债权人无过错的，担保人对债务人不能清偿的部分承担赔偿责任；债权人有过错而担保人无过错的，担保人不承担赔偿责任。本案亦可参照适用。案涉担保条款并非因主合同无效而不发生效力，而是因担保条款欠缺生效条件。此时，债务人和担保人的义务层次和性质并不相同，债务人仍然承担履行主合同债务的责任，而担保人承担的是担保合同的缔约过失责任，故法律规定担保人有过错时承担的为补充责任，责任范围的基准为“债务人不能清偿的部分”。分析本案中各方过错，债权人曾某签订协议时未尽审慎注意义务，C 种植合作社在公章保管等内控制度的建设、落实方面亦存在过失，同时，考虑到债务人李某在 C 种植合作社的占股比例为三分之一，根据案情也可排除李某与曾某恶意串通的情节，最终认定 C 种植合作社应当对李某的案涉义务承担李某、顾某不能清偿部分的三分之一的赔偿责任，具有合理性。

本案之审理思路、裁判结果合乎现行审判理念：（1）法定代表人违反相应规定订立担保合同构成越权代表；（2）当相对人善意时，担保合同对被代表之法人组织产生效力，否则不产生效力；（3）不产生效力后，各方可根据过错承担责任。

农民专业合作社为他人提供担保，法律规定应符合章程规定并满足特定程序，法定代表人越权代表农民专业合作社订立担保合同，类似于公司法定代表人越权代表订立担保合同之情形。本案对《担保制度解释》第 7 条的参照适用，为非公司类型的法人组织法定代表人越权订立担保合同的情形，提供了案例范本，即判断相对人是否善意后对担保合同的效力进行认定。对相对人善意的判断，可从相对人的身份、与债务人的关系、对担保人的熟悉程度等角度出发，并区分关联担保与非关联担保的合理审查标准。担保合同被确认不发生效力后，参照适用该解释第 17 条之规定，根据债务人、担保人、债权人各自过错确定应承担的民事责任。

编写人：江苏省无锡市锡山区人民法院　骆文文

【第9条　上市公司对外担保效力】

4

上市公司提供担保合同的效力认定及民事责任承担

——邵某云诉W建设公司等民间借贷案

【基本信息】

1. 裁判书字号

浙江省宁波市中级人民法院（2019）浙02民终5428号民事判决书

2. 案由：民间借贷纠纷

3. 当事人

原告（上诉人）：邵某云

被告（被上诉人）：W建设公司

被告：W控股公司、W清洁公司、冯某宏、张某智

【基本案情】

2019年4月15日，邵某云与W控股公司签订借款协议，约定因短期资金周转需要，W控股公司向邵某云借款700万元，利息为月利率3%，并约定20天内返还。W建设公司、W清洁公司、冯某宏、张某智对该笔借款本金、利息以及为实现债权的费用提供连带担保。同日，邵某云将借款本金汇入W控股公司的银行账户。后W控股公司返还本金20万元，支付利息81.9万元，剩余本金及利息未予归还。

W建设公司系上市公司，W控股公司系该公司控股股东，时任W建设公司法定代表人的冯某宏未按照公司章程经过股东大会决议，持公司印章私自为上述债务提供担保。

【案件焦点】

1. W 建设公司为 W 控股公司提供担保的效力如何认定；2. 如何承担民事责任。

【裁判要旨】

浙江省宁波市鄞州区人民法院经审理认为：对邵某云与 W 控股公司之间的借贷关系应予以保护，并基于借贷关系确认应当返还的本息金额。对于 W 建设公司的担保问题，依据《中华人民共和国公司法》（以下简称《公司法》）第 16 条第 2 款之规定，公司为公司股东或者实际控制人提供担保的，必须经股东会或者股东大会决议，W 建设公司章程亦有相应规定。邵某云作为债权人，对 W 建设公司章程、决议等与担保相关的文件亦负有审查义务。W 建设公司原法定代表人冯某宏持公司印章对上述债务提供担保，并未按照公司章程经过股东大会决议，故 W 建设公司的担保并未生效，邵某云要求 W 建设公司承担担保责任，不予支持。判决如下：

一、W 控股公司返还邵某云借款 680 万元，并以 680 万元为基数按月利率 2% 支付自 2019 年 8 月 13 日起至实际履行之日止的逾期付款利息；

二、W 控股公司支付邵某云律师代理费 2 万元；

三、W 清洁公司、冯某宏、张某智对上述第一、二项承担连带保证责任，W 清洁公司、冯某宏、张某智在承担保证责任后，有权向 W 控股公司追偿；

四、驳回邵某云的其他诉讼请求。

邵某云不服一审判决，提起上诉。

浙江省宁波市中级人民法院经审理认为：W 建设公司系上市公司，在为其控股股东 W 控股公司提供担保时，理应经股东会或者股东大会决议。借款协议中借款保证人及借款保证人法定代表人处虽由时任 W 建设公司法定代表人冯某宏盖具 W 建设公司公章并签名，但是冯某宏的担保行为并无公司股东会、董事会等公司权力机关的决议授权，属于越权代表，而债权人邵某云在签订借款协议时也并未主动审查股东会决议或者董事会决议，故邵某云的行为并不构成善意，为此，邵某云与 W 建设公司之间的担保合同应认定无效，邵某云要求 W 建设公司承担担保责任理由并不充分，不予支持。

同时，虽然 W 建设公司与邵某云担保合同关系无效，但根据《中华人民共和国担保法》第 5 条第 2 款及《最高人民法院关于适用〈中华人民共和国担保法〉若干问题的解释》（以下简称《担保法司法解释》）第 7 条之规定，W 建设公司仍应根据其与邵某云的过错程度承担相应的民事赔偿责任。就 W 建设公司与邵某云之间过错责任分配问题，一方面，W 建设公司时任法定代表人冯某宏在涉案借款协议借款保证人处签署自己的名字并加盖公司公章，系在未经公司权力机关授权情况下作出，可知 W 建设公司内部管理松散，公章使用监管不力，存在内部管理不当的过错责任，致使债权人邵某云的信赖利益受损。另一方面，W 建设公司作为上市公司，其为公司股东提供担保，会对公司的资产、负债、权益和经营成果产生重要影响，按照 W 建设公司章程及相关法律规定应该经公司股东大会决议，且决议内容须公开披露，但邵某云在未审查 W 建设公司公开披露信息中是否有对外担保事项的情况下即签订涉案借款担保协议，其对双方之间担保关系无效亦负有审查不严的责任。两种过错相比较，邵某云的审慎审查义务履行不到位过错程度显然重于 W 建设公司的内部管理不当过错程度，同时考虑到健全上市公司担保行为的司法导向，酌情认定 W 建设公司承担赔偿责任的范围为 W 控股公司不能清偿部分的三分之一，故判决如下：

一、维持宁波市鄞州区人民法院（2019）浙 0212 民初 11073 号民事判决第一、二、三项；

二、W 控股公司应于本判决生效之日起七日内履行完毕宁波市鄞州区人民法院（2019）浙 0212 民初 11073 号民事判决第一、二项；

三、撤销宁波市鄞州区人民法院（2019）浙 0212 民初 11073 号民事判决第四项；

四、W 控股公司对宁波市鄞州区人民法院（2019）浙 0212 民初 11073 号民事判决第一、二项确定的债务不能向邵某云清偿的部分，由 W 建设公司承担三分之一的赔偿责任。W 建设公司承担赔偿责任后，有权向 W 控股公司追偿；

五、驳回邵某云的其他诉讼请求。

【适用解析】

本案涉上市公司对外提供担保行为的效力认定问题。过往司法实践中，关于公司担保效力最常适用的法律条文是《公司法》第 16 条[①]。但实际上，该条是关于

---

① 《公司法》第 16 条第 2 款、第 3 款：公司为公司股东或者实际控制人提供担保的，必须经股东会或者股东大会决议。前款规定的股东或者受前款规定的实际控制人支配的股东，不得参加前款规定事项的表决。该项表决由出席会议的其他股东所持表决权的过半数通过。

公司担保代表权限制的规定，《公司法》并未明确违反第16条担保行为的效力有无，也未在担保对象上对上市公司与非上市公司作出区分。司法实践中，各地法院存在确认此类担保有效[①]、担保无效[②]及担保效力待定[③]的三种判决方向。裁判尺度不统一，严重影响了司法公信力。为统一裁判思路，解决资本市场上市公司违规担保的"顽疾"，最高人民法院在《全国法院民商事审判工作会议纪要》（以下简称《九民会议纪要》）中首次对该问题进行了回应，相对人根据上市公司公开披露的关于担保已经董事会或股东大会决议通过的信息订立的担保合同，应当认定有效。但该纪要并未反向规定上市公司对外提供担保的无效情形。《最高人民法院关于适用〈中华人民共和国民法典〉有关担保制度的解释》（以下简称《担保制度解释》）继受了《九民会议纪要》的精神，强调了债权人在接受上市公司担保时审查相关公开披露信息的重要性，并以"相对人是否查阅公开披露信息"作为区分此类担保行为效力的标准，同时将适用范围扩张到上市公司及其已公开披露的控股子公司和股票在国务院批准的其他全国性证券交易场所交易的公司对外提供担保的效力认定上。本文结合案例，从审判实践的角度，对上市公司对外提供担保行为的效力认定及民事责任承担问题进行讨论。

一、对上市公司对外担保行为进行规制的立法背景

上市公司违规担保问题是资本市场的"顽疾"。与一般的有限公司具有的"人合性""封闭性"不同，上市公司因股东人数分布广泛，具有"资合性强""公开性强"等特点，同时，因上市公司涉及投资者利益保护、证券市场秩序维护等众多

---

① 参见"建材公司诉经贸公司、投资公司、A科技公司、B科技公司、工程公司进出口代理合同纠纷案"，载《最高人民法院公报》2011年第2期。

② 参见"周某与蔡某、重工公司民间借贷纠纷案"[（2015）肇四法民一初字第565号]，载中国裁判文书网，https：//wenshu. court. gov. cn/website/wenshu/181217BMTKHNT2W0/index. html？pageId=673382009f011fde5d44cb028b6505a0&s21=（2015）%E8%82%87%E5%9B%9B%E6%B3%95%E6%B0%91%E4%B8%80%E5%88%9D%E5%AD%97%E7%AC%AC565%E5%8F%B7，"陆某诉丁某等合同纠纷案"[（2015）台天商初字第1513号]，载中国裁判文书网，https：//wenshu. court. gov. cn/website/wenshu/181217BMTKHNT2W0/index. html？pageId=6774275cd5172dde6d4849fbdf499c39，2022年3月12日访问。

③ 参见胡旭东：《公司担保规则的司法续造——基于145份判决书的实证分析》，载万鄂湘主编：《探索社会主义司法规律与完善民商事法律制度研究——全国法院第23届学术讨论会获奖论文集（下）》，人民法院出版社2011年版，第1289页。

的公共利益问题，若其违规对外担保，将会给上市公司及其股东甚至整个证券市场带来冲击，一旦债务违约，上市公司作为担保人就要以其自身资产代为履行清偿义务，这不仅损害了已持有该上市公司股票的投资者的利益，也会对潜在的投资者的投资判断造成不良影响，更势必会损害基于信任且不知情的公司股东利益。这与上市公司对外担保纠纷中逐步倾向于保护股东特别是中小股东利益的公众性质不符。一系列的上市公司违规担保产生的不良后果，严重影响了上市公司的质量及证券市场的健康发展。

上市公司违规担保案例中，法定代表人越权担保现象尤甚。为防止法定代表人随意代表公司为他人提供担保给公司造成损失，《公司法》第16条对法定代表人的代表权予以了限制，根据该条规定，担保行为非法定代表人单独决定事项，而须以公司股东（大）会、董事会等公司机关的决议为授权基础与来源。但该条规定系规范一般公司对外担保决定的程序，并未区分上市公司与非上市公司类型。《中华人民共和国证券法》（以下简称《证券法》）第80条、第81条将公司提供重大担保作为可能对股票交易价格产生较大影响的“重大事件”，在投资者尚未得知时，要求公司立即将有关重大事件的情况向国务院证券监督机构和证券交易场所报送临时报告，并予以公告。同时，依据《上海证券交易所股票上市规则》（2022年）（以下简称《股票上市规则》）第6.1.10条的规定，上市公司发生“提供担保”交易事项，应当提交董事会或股东大会进行审议，并及时披露。换言之，根据监管部门的要求，上市公司特殊公众性质决定了其所有的“担保事项”均须公开，而并不仅限于《证券法》要求的“重大事件”。事项披露的强制性，也为《担保制度解释》关于上市公司对外担保规定的出台，提供了背景依据。

二、《担保制度解释》实施前上市公司对外担保效力的裁判方向：从实质审查到形式审查

在《九民会议纪要》出台前，涉及上市公司对外担保合同效力案件的裁判思路主要参照“Y股份公司、Y通信公司合同纠纷案”[①] 的裁判观点，即上市公司在对外担保信息没有披露的情况下，相对人是否善意的证明责任归于相对人一方，且仅

---

① （2019）最高法民终1603号，载中国裁判文书网，https：//wenshu. court. gov. cn/website/wenshu/181217BMTKHNT2W0/index. html? pageId = 6774275cd5172dde6d4849fbdf499c39，2022年3月12日访问。

证明已进行形式审查不足以达到证明标准，须达到证明要求极高的实质审查的程度，方可认定相对人善意。审查的内容包括但不限于担保行为是否有董事会或股东（大）会授权，行为人是否有权签字等。一旦相对人未经审慎注意义务，即可推定其签订担保合同并非善意，该担保行为也趋向于认定无效。

随着《九民会议纪要》的出台，最高人民法院首次对上市公司对外担保行为进行了规制。该纪要第22条规定："债权人根据上市公司公开披露的关于担保事项已经董事会或者股东大会决议通过的信息订立的担保合同，人民法院应当认定有效。"但该条并未对担保无效情形作相反规定，对此，最高人民法院在相关著作中认为"债权人应审查股东大会召开情况，在违规担保的情况下，股东大会肯定是没有召开的，债权人与签约代表签订担保合同，债权人显然不是善意，根据《中华人民共和国合同法》第50条的规定，上市公司不承担民事责任"。[①] 其背后的逻辑是，在《证券法》和《股票上市规则》等均规定了上市公司对外担保事项须及时披露的前提下，相对人查询披露信息的方式其实是便捷的，若相对人有条件查询而不予查询或疏于履行审查义务，就不应认定为善意，担保合同也应认定无效。但在司法实践中，运用反面解释的方法进行裁判，无疑增加了法官审理类似案件的难度。

三、《担保制度解释》确立了判断上市公司对外担保效力的标准为"相对人是否合理审查公开披露信息"

（一）相对人根据上市公司公开披露的担保事项信息订立的担保合同，应认定对上市公司发生法律效力，并承担担保责任

根据《担保制度解释》第9条第1款之规定，相对人审查了上市公司披露的关于担保决议的公告，并据此签订的担保合同，对上市公司发生法律效力，并由上市公司承担担保责任。该条款设定了上市公司对外担保的两个要件：一是担保事项已经董事会或股东大会决议通过。至于决议机关是董事会还是股东大会，取决于该上市公司的章程规定；二是上市公司须将董事会或股东大会有关对外担保的决议公开披露。该条款的立法精神与《九民会议纪要》第22条保持了一致，这就为上市公司对外担保行为的效力判定形成了统一的裁判导向，即为了保证担保合同的效力，

① 最高人民法院民事审判第二庭编著：《全国法院民商事审判工作纪要理解与适用》，人民法院出版社2019年版，第198页。

相对人只要审查上市公司公开披露的信息与担保内容是否一致即可。当然审查的内容除包括前述对外担保的两个要件外，还应包括主债务人相对人（债权人）信息及担保金额是否与担保合同一致两个问题。

需要指出的是，如前所述，《证券法》及《股票上市规则》均规定，上市公司对外担保事项属于必须披露事项，即上市公司只要合规担保，均会进行公告，故现实中要求相对人查询担保事项信息并不存在实质障碍。

（二）相对人未根据上市公司公开披露的担保事项信息订立的担保合同，对上市公司不发生法律效力，亦无须承担赔偿责任

《担保制度解释》第 17 条①规定了担保合同无效后的一般法律后果，即无论主合同效力如何，在担保合同无效的情形下，除非担保人无明显过错，否则担保人仍应根据过错程度承担相应的赔偿责任。但依据《担保制度解释》第 9 条第 2 款的规定，相对人与上市公司订立担保合同时，必须审查上市公司关于担保决议信息的披露公告，未予审查的后果是担保合同对公司不发生效力，上市公司亦无须承担担保责任或合同无效后因自身过错可能导致的赔偿责任。该规定针对的是对上市公司对外担保无效的情形，在确定担保合同无效的前提下，就作为担保人的上市公司的赔偿责任与非上市公司作出了区分。

之所以作如此规定，原因在于：第一，依据规定上市公司具有法定的信息披露平台，相对人也具有审查担保事项信息的义务，且随着信息化技术发展及数码设备的普及，相对人可查询担保事项的方式也趋于简便，若其疏于查询，最终导致上市公司承担了赔偿责任，无疑将相对人的未尽审查义务的过错责任转嫁于中小股东及众多的投资者；第二，从担保性质而言，上市公司的担保行为实际上系无对价的交易，即相对人在获得债务清偿时无须支付任何对价，而上市公司的其他债权成立大多是基于对等给付义务履行而形成的，因此不能仅强调相对人作为

---

① 《最高人民法院关于适用〈中华人民共和国民法典〉有关担保制度的解释》第 17 条：主合同有效而第三人提供的担保合同无效，人民法院应当区分不同情形确定担保人的赔偿责任：（一）债权人与担保人均有过错的，担保人承担的赔偿责任不应超过债务人不能清偿部分的二分之一；（二）担保人有过错而债权人无过错的，担保人对债务人不能清偿的部分承担赔偿责任；（三）债权人有过错而担保人无过错的，担保人不承担赔偿责任。主合同无效导致第三人提供的担保合同无效，担保人无过错的，不承担赔偿责任；担保人有过错的，其承担的赔偿责任不应超过债务人不能清偿部分的三分之一。

担保权人的利益，而在司法实践中忽视了对上市公司其他平行债权人合法利益的保护。

四、《担保制度解释》第 9 条的溯及力问题

关于《中华人民共和国民法典》（以下简称（《民法典》）溯及力问题，根据《最高人民法院关于适用〈中华人民共和国民法典〉时间效力的若干规定》第 2 条的规定，并未赋予《民法典》以溯及力，故作为《民法典》担保制度组成部分的《担保制度解释》，也不应具备溯及既往的效力。换言之，《担保制度解释》施行之前相对人与上市公司订立的担保合同被认定无效的，上市公司应根据原《担保法司法解释》第 7 条的规定，视其在担保事项中的过错程度承担不超过债务人不能履行部分二分之一或三分之一的赔偿责任。

联系本案，案涉担保事项发生在 2019 年 4 月，彼时主流裁判观点是，上市公司对外担保未经披露，相对人应承担实质审查义务，相对人未尽谨慎审查义务的，应承担与过错比例相对应的责任。[①] 本案中，时任 W 建设公司法定代表人的冯某宏擅自代表公司为控股股东提供担保，构成越权代表，同时债权人邵某云在签订合同时未尽到审慎注意义务，亦不构成善意相对方，由此导致了担保合同无效。债权人邵某云对上市公司的担保行为是否经公司权力机构决议，特别是对于关联担保行为的决议，应尽但未尽注意义务，其存在审慎审查义务履行不到位的过错责任，而担保人 W 建设公司自身亦存在内部管理不当的过错责任，但相较于担保人的内部管理不当责任，债权人邵某云的审慎审查义务履行不到位的过错程度更甚，遂作出担保人承担债务人不能清偿部分三分之一民事责任的判决。

当然，在《担保制度解释》施行后，相对人与上市公司订立的担保合同应适用该司法解释第 9 条的规定，当担保合同被认定对上市公司不发生效力后，上市公司不承担缔约过失责任，也无须进行民事赔偿。

编写人：浙江省宁波市奉化区人民法院　陈石磊

浙江省宁波市中级人民法院　毛姣

---

① 参见“Y 股份公司、Y 通信公司合同纠纷案”［（2019）最高法民终 1603 号］，载中国裁判文书网，https：//wenshu. court. gov. cn/website/wenshu/181217BMTKHNT2W0/index. html?pageId=6774275cd5172dde6d4849fbdf499c39，2022 年 3 月 12 日访问。

【第9条 上市公司对外担保效力】

5

上市公司控股子公司对外担保效力的认定

——YH新能源公司诉B银行上海分行等金融借款合同案

【基本信息】

1. 裁判书字号

上海市高级人民法院（2020）沪民终599号民事判决书

2. 案由：金融借款合同纠纷

3. 当事人

原告：YF纤维公司（以下简称YF公司）

原告（上诉人）：YH新能源公司（以下简称YH公司）

被告（被上诉人）：B银行上海分行（以下简称B银行）、X建筑工程有限公司（以下简称X公司）

【基本案情】

2017年12月14日，上市公司B银行作为贷款人与X公司作为借款人签订《借款合同》（以下简称主合同），约定：贷款金额为14550万元；贷款期限为自首次提款日起1年；贷款用于支付采购货款；保证人为Z公司、出质人为YH公司。同日，YH公司与B银行先后签订《单位大额存单协议》《质押合同》，分别约定YH公司以其在B银行开立的活期账户办理大额存单，存单金额为15000万元，存单期限为1年，年利率为1.95%；YH公司作为出质人以其名下的大额存单为X公司与B银行签订的主合同提供担保。次日，B银行根据X公司的贷款受托支付指令，将主合同项下的贷款14550万元发放至P公司的账户。

在贷款业务办理过程中，YH 公司向 B 银行提供股东决定，该决定载明 YF 公司作为 YH 公司唯一股东，同意对主合同项下的贷款由 YH 公司以其名下存单提供质押担保。YH 公司承诺该决定的作出符合相关法律法规与公司章程的规定与要求，股东签章真实、自愿，决定内容真实、合法。

2018 年 1 月 24 日，B 银行向 X 公司、YH 公司发出《宣布贷款全部提前到期函》，载明因 X 公司实际控制人颜某某控股的 YF 公司自 2018 年 1 月起被新闻媒体曝光涉嫌违规经营，且 X 公司至今未提供符合主合同约定的贷款用途的发票，已对 B 银行债权产生重大不利影响，已构成主合同项下的严重违约。B 银行根据主合同“违约及救济权利”的约定向 X 公司宣布贷款全部提前到期，请 X 公司清偿全部应付款项、YH 公司履行质押担保责任。同日，B 银行扣划 YH 公司质押的单位大额存单下的存款 146176878.13 元清偿 X 公司的借款。

YF 公司系一家上市公司，实际控制人为颜某某，YH 公司为 YF 公司的全资子公司。YH 公司的公司章程第 7 条规定，公司不设股东会，为公司股东或者实际控制人提供担保作出决议，由股东行使职权；股东作出决定时，应当采用书面形式，并由股东签名后置备于公司；第 8 条规定，公司向其他企业投资或者为他人提供担保，由股东作出决定。中国证券业监督管理委员会、原中国银行业监督管理委员会曾联合发布《关于规范上市公司对外担保行为的通知》[①]（证监发〔2005〕120 号，以下简称《通知》，现已失效），《通知》第 1 条第 7 项规定：“上市公司控股子公司的对外担保，比照上述规定执行。上市公司控股子公司应在其董事会或股东大会做出决议后及时通知上市公司履行有关信息披露义务。”现 YF 公司、YH 公司诉至法院，要求确认 YH 公司与 B 银行签订的《质押合同》无效。

【案件焦点】

《中华人民共和国民法典》（以下简称《民法典》）施行前上市公司控股子公司对外担保的效力审查，是否适用《最高人民法院关于适用〈中华人民共和国民法典〉有关担保制度的解释》（以下简称《担保制度解释》）第 9 条的规定。

---

① 参见《关于规范上市公司对外担保行为的通知》，载中华人民共和国中央人民政府网站，http：//www. gov. cn/gongbao/content/2006/content_ 421812. htm，2022 年 5 月 24 日访问。

【裁判要旨】

上海金融法院认为：1. 关于本案中是否存在B银行与X公司恶意串通损害YH公司利益的行为。YH公司和YF公司主张X公司与B银行之间签订的主合同无效，是基于该合同双方恶意串通损害其利益。即便YF公司、YH公司所主张的相关事实成立，亦仅表明B银行在主合同签订及贷款发放的过程中可能存在未严格依照《中华人民共和国商业银行法》等法律法规及监管要求履行审核义务的情形，该等审核义务系为实现规范金融市场行为、防范金融风险等目的制定的管理性规范，YF公司、YH公司主张由此可以推定B银行存在与X公司互相配合损害YH公司等合法利益的恶意串通行为，缺乏依据，不予采纳。

2. 关于YH公司对X公司的债务提供担保未经其母公司YF公司的股东大会决议是否导致《质押合同》无效的问题，即便颜某某同时为X公司的实际控制人，YH公司为X公司的涉案债务提供担保亦不属于为实际控制人提供担保，故本案不适用《中华人民共和国公司法》（以下简称《公司法》）第16条第2款、第3款的规定。

3. 关于《通知》对上市公司子公司对外担保的限制性规定是否影响《质押合同》的效力，应视该限制性规定能否对抗相对人B银行以及B银行是否善意而定。从效力等级看，上述监管规定并非法律，不适用法律一经公布推定所有人都应知道并遵守的规则，并不构成对上市公司控股子公司对外担保权的法定限制。同时，《通知》本身理解即存歧义，而对于证监会上市部的说明、股票上市规则等，B银行亦无知晓或应当知晓的注意义务；从规范对象看，相关监管规定系从规范上市公司治理、强化上市公司内部风险管控的角度对上市公司及其控股子公司对外担保行为的约束，相对方亦不能因此而承担不利后果；从利益平衡看，担保行为乃商业交易行为，要求债权人于每一笔担保交易中都穿透审查相对方是否为上市公司控股子公司、作为最终控股股东的上市公司是否作出决议，无疑会增加交易的成本，影响交易的效率。综上所述，《质押合同》上盖有YH公司印章及其法定代表人名章，B银行审查YH公司的股东决定与公司章程已尽到合理的担保审查义务；此外，相关监管规定并非法律，并不构成对上市公司控股子公司对外担保权的法定限制，不能对抗作为善意相对人的B银行。故认定《质押合同》为YH公司的真实意思表示，合法有效。

上海金融法院判决：驳回 YF 公司、YH 公司的全部诉讼请求。

YH 公司不服一审判决，提起上诉。

上海市高级人民法院认为：1. 关于本案是否涉及实际控制人套取上市公司资金的问题。首先，颜某某是否系 X 公司的实际控制人，应根据相关股权关系、合同关系以及公司经营的实际情况等事实予以认定。仅依据《宣布贷款全部提前到期函》和主合同相关记载，尚难以确定颜某某系 X 公司的实际控制人。其次，即使 YH 公司与 X 公司均受到同一主体实际控制，并不必然影响主合同及《质押合同》的效力。合同效力仍应根据合同法、担保法等相关法律规定进行判断。主合同及《质押合同》均由相关主体签章确认，符合合同成立生效的形式要求。YH 公司主张 B 银行与 X 公司存在以合法形式掩盖非法目的的行为，但并未提供充分证据予以证明。B 银行宣布提前收贷，具有相应的合同依据，系其合同权利的正当行使，并无不当。因此，YH 公司以本案涉及实际控制人套取上市公司资金为由主张《借款合同》和《质押合同》无效，缺乏事实和法律依据，不予采信。

2. 关于案涉《质押合同》是否因违反《公司法》以及《通知》的相关规定而无效的问题。首先，《中华人民共和国合同法》第 52 条规定，违反法律、行政法规的强制性规定的合同无效。从《通知》的规范性质和层级来看，其不属于法律或者行政法规，违反该通知的相关规定并不直接导致民事行为无效，其次，从规范内容看，该通知规范的主要是上市公司及其子公司的对外担保行为，其对于公司对外担保的程序要求高于《公司法》对于一般公司对外担保的相关规定，作为接受担保的外部债权人，如适用上述规定而导致相关担保无效，则对外部债权人过于严格。再次，YH 公司称“实际控制人”应扩张解释为包括实际控制人控制的其他关联人，此种主张已经超出法律条文通常的文义范围，不予采纳。又次，从本案担保的决议程序来看，《质押合同》由担保人即由 YH 公司的唯一股东 YF 公司通过盖章作出股东决定，同意该担保行为，符合《公司法》关于公司对外担保的程序要求，亦满足 YH 公司的章程规定。最后，本案系民法典施行前的法律事实引起的纠纷，根据《最高人民法院关于适用〈中华人民共和国民法典〉时间效力的若干规定》（以下简称《时间效力规定》）第 1 条的规定，本案应当适用当时法律、司法解释的规定；且本案如依据《担保制度解释》第 9 条的规定，认定《质押合同》无效，将明显增加 B 银行的法定义务，背离 B 银行的合理预期。YH 公司以此主张《质押合同》无效，依据不足，不予支持。

3. 关于本案借款过程中B银行是否尽到审核义务进而影响《质押合同》效力的问题。首先，从YH公司主张的B银行应尽的审核义务来看，其主要是监管部门为维护金融市场秩序、防范金融风险而提出的相关要求，对当事人之间的民事权利义务关系并不产生必然影响；其次，公司对外担保中，如存在法定代表人越权担保的情况，则需考虑B银行是否具有善意等情形进一步判断担保是否有效以及各方当事人应负的法律责任等问题。系争质押担保已依法履行股东决议程序，符合公司章程要求，并不存在越权担保的情况。在此种情况下，YH公司以B银行未尽审核义务、不具有善意为由主张《质押合同》无效，欠缺相应的事实和法律依据，不予采信。

综上所述，YH公司的上诉请求均不能成立，应予驳回。一审判决认定事实清楚，适用法律正确，应予维持。

上海市高级人民法院判决：驳回上诉，维持原判。

YH公司、YF公司不服二审判决，向最高人民法院申请再审。

最高人民法院认为：1. 关于本案是否涉及B银行配合案涉公司实际控制人颜某某套取上市公司资金的问题。首先，实际控制人是指虽不是公司的股东但通过投资关系、协议或者其他安排，能够实际支配公司行为的人。颜某某是否系X公司的实际控制人，应根据相关股权关系、合同关系以及公司实际经营情况等予以认定。YF公司及YH公司就上述事实均未能提供证据予以证明，故YF公司及YH公司的主张，依据不足，难以采信。其次，当事人对欺诈、胁迫、恶意串通事实的证明，人民法院确信该待证事实存在的可能性能够排除合理怀疑的，应认定该事实存在。B银行配合颜某某套取YF公司资金须以两者合谋串通为前提，但YF公司及YH公司对此并未提供证据加以证明，其种种质疑推测对B银行与颜某某存在合谋串通的证明远未达到排除合理怀疑的程度，对其主张，不予采信。综上，原审法院对YF公司及YH公司关于B银行配合案涉公司实际控制人颜某某套取上市公司资金的主张不予采信，并无不当。

2. 关于YH公司作为YF公司（上市公司）的全资子公司，其对外担保是否需要经YF公司的股东大会决议，B银行是否尽到审核义务，以及由此对《质押合同》效力影响的问题。《通知》主要是监管部门为维护金融市场秩序、防范金融风险而提出的相关要求，上市公司及其控股子公司违反相关规定要求的审议及披露义务的，则应承担相应的交易风险，由有关部门对其作出处理，对于当事人之间的民事权利义务关系并不产生必然影响。B银行作为接受担保的外部债权人，如要求其根据《通知》的相关规定进一步审核YF公司股东会决议，亦会增加市场交易成本，影响市场交易效率，B银行已审查YH公司唯一股东YF公司出具的股东决定，已尽到自身的审查义务。公司对外担保中，考察担保债权人是否善意的前提是存在法定代表人越权担保的情况，就本案而言这一前提并不存在，故YF公司及YH公司主张B银行非善意缺乏事实基础。此外，YF公司及YH公司主张《民法典》对本案具有溯及力，且本案应当适用《担保制度解释》第9条的规定认定案涉《质押合同》无效。对此，最高人民法院认为，根据《时间效力规定》第1条的规定，本案应当适用当时法律、司法解释的规定；《担保制度解释》第9条制定的依据虽是《公司法》第16条，且《公司法》并未修改或者废止，但由于《公司法》第16条并无关于上市公司提供担保的特别规定，因此《担保制度解释》关于上市公司对外提供担保的规定属带有规则创制性质的法律解释，不应赋予其溯及既往的效力，故《担保制度解释》第9条对本案亦不适用。YH公司对外担保是否经YF公司的股东大会决议以及B银行是否对该决议进行审查，对《质押合同》的效力不产生影响。

综上，YH公司及YF公司的再审申请不符合《民事诉讼法》第200条第2项、第6项规定的情形。

最高人民法院裁定：驳回YH公司、YF公司的再审申请。

【适用解析】

《担保制度解释》第9条是关于上市公司对外担保效力的规定，用三款分别规定：（1）相对人根据上市公司公开披露的关于担保事项已经董事会或者股东大会决议通过的信息，与上市公司订立担保合同，相对人主张担保合同对上市公司发生效力，并由上市公司承担担保责任的，人民法院应予支持。（2）相对人未根据上市公司公开披露的关于担保事项已经董事会或者股东大会决议通过的信息，与上市公司订立担保合同，上市公司主张担保合同对其不发生效力，且不承担担保责任或者赔偿责任的，人民法院应予支持。（3）相对人与上市公司已公开披露的控股子公司订立的担保合同，或者相对人与股票在国务院批准的其他全国性证券交易场所交易的公司订立的担保合同，适用前两款规定。本案争议事实虽发生在《民法典》施行之前，但YH公司在上诉时就系争质押担保的效力问题主张适用《担保制度解释》第9条规定。首先，关于《民法典》的溯及力问题，《时间效力规定》规定，《民法典》以不溯及既往为原则，同时为更好地保护民事主体的权益，严格遵循民法典的立法精神和核心要义，结合审判实践，对《民法典》的溯及力作出有限的例外情形规定，主要包括有利溯及和新增规定的溯及，并明确相应的适用规则。其次，关于《民法典》司法解释是否适用《时间效力规定》的问题，《全国法院贯彻实施民法典工作会议纪要》第14条规定，“根据《时间效力规定》应当适用民法典的，同时适用民法典相关司法解释，但是该司法解释另有规定的除外”。因此，《时间效力规定》所确立的法律适用规则，应适用于最高人民法院出台的《民法典》相关司法解释，其中就包括《担保制度解释》。最后，关于《担保制度解释》第9条规定对本案的溯及力问题，主要需要考虑两点：一是《担保制度解释》第9条是否属于法律规则层面的新增；二是溯及适用该规定是否会明显减损当事人合法权益、增加当事人法定义务或者背离当事人的合理预期。为此，应在分析《担保制度解释》第9条的立法精神、核心要义、价值功能、适用条件等要素后，确定该规定是否适用于民法典施行前上市公司控股子公司对外担保的效力审查。

一、《担保制度解释》第9条之制定依据

（一）上市公司担保规则的演进

《公司法》第16条规定；“公司向其他企业投资或者为他人提供担保，依照公司章程的规定，由董事会或者股东会、股东大会决议；公司章程对投资或者担保的总额及单项投资或者担保的数额有限额规定的，不得超过规定的限额。公司为公司股东或者实际控制人提供担保的，必须经股东会或者股东大会决议。前款规定的股东或者受前款规定的实际控制人支配的股东，不得参加前款规定事项的表决。该项表决由出席会议的其他股东所持表决权的过半数通过。”《中华人民共和国证券法》（以下简称《证券法》）第80条规定，上市公司提供重大担保可能对公司的资产、负债、权益与经营成果产生重要影响的，应进行信息披露。从法律层面观察，《公司法》第16条主要在公司担保的对象类型上作出差异化的表决规则，并未在公司担保的主体类型上进行区分，即该条规定重点区分公司为他人提供担保与为公司股东或实际控制人提供担保的表决规则，而未区分上市公司与非上市公司担保

事项的表决规则，因此不存在对上市公司担保规则的特别规定；《证券法》第80条虽对上市公司提供重大担保应进行强制性信息披露作出规定，却未在法律层面明确担保“重大”的判断标准以及上市公司不履行信息披露义务是否会影响担保合同的效力。

在司法解释以及司法机关颁布的其他规范性文件层面，《公司法》司法解释亦未结合《公司法》规定对上市公司担保规则作出进一步解释。随着我国资本市场不断向纵深发展以及上市公司在场外通过贷款等方式融资的高频操作，围绕上市公司对外担保的纠纷呈现专业化、复杂化的趋势，亟待司法机关发布规范性文件以统一法律适用。2019年7月，最高人民法院发布《全国法院民商事审判工作会议纪要》（以下简称《九民会议纪要》），不仅就《公司法》第16条的规范性质、相对人的审查义务及公司担保无效法律后果等予以阐明①，而且首次明确上市公司为他人提供担保的效力审查规则。《九民会议纪要》第22条规定：“债权人根据上市公司公开披露的关于担保事项已经董事会或者股东大会决议通过的信息订立的担保合同，人民法院应当认定有效。”根据该条规定，上市公司与非上市公司的担保规则自此有所区别，债权人根据上市公司公开披露的决议与上市公司订立担保合同才被认定为有效。随后，《担保制度解释》第9条在《九民会议纪要》第22条规定的基础上，进一步明确上市公司所作担保事项的决议是否对其发生法律效力取决于相关决议是否公开披露，同时还明确上市公司已公开披露的控股子公司参照适用该规则。

（二）《担保制度解释》第9条的规范属性

在法律层面，我国关于公司对外担保的规定主要系《公司法》第16条，上市公司对外担保事项的法律适用亦以该条为主要依据。鉴于上市公司作为公司的特殊类型，《公司法》第16条规定与《担保制度解释》第9条规定又存在担保事项上

---

① 《全国法院民商事审判工作会议纪要》第17条：为防止法定代表人随意代表公司为他人提供担保给公司造成损失，损害中小股东利益，《公司法》第16条对法定代表人的代表权进行了限制。根据该条规定，担保行为不是法定代表人所能单独决定的事项，而必须以公司股东（大）会、董事会等公司机关的决议作为授权的基础和来源。法定代表人未经授权擅自为他人提供担保的，构成越权代表，人民法院应当根据《合同法》第50条关于法定代表人越权代表的规定，区分订立合同时债权人是否善意分别认定合同效力：债权人善意的，合同有效；反之，合同无效。

的内容关联，《公司法》第16条规定虽未直接涉及公司决议的公开披露，可将公开披露决议这一特定条件理解为上市公司这一特殊公司类型下的特别规定时，则在两条规定的“属种”逻辑理解上，便可得出《担保制度解释》第9条规定与《公司法》第16条规定之间属于特别规定与一般规定关系的结论，即《公司法》第16条规定是《担保制度解释》第9条规定的制定依据。此外，《九民会议纪要》第17条与第22条被一同列在该纪要的“（六）关于公司为他人提供担保”项下，可见司法机关在确立相关规则的体例逻辑时一直将上市公司对外担保事项的司法政策和规则与《公司法》第16条关联。

值得注意的是，《担保制度解释》第9条虽以《公司法》第16条为依据，但两条规定的内容存在实质性差异。《公司法》第16条规定是将公司对外担保事项应由董事会或股东会作出决议予以法定化，而《担保制度解释》第9条规定则是对相关股东决议内容外部化提出更高的要求，即相关股东决议外部化的标准由向债权人这一特定相对人披露提高为通过资本市场的法定信息披露平台向包括投资者在内的社会不特定对象披露。换言之，《担保制度解释》第9条规定看似是增加公开披露决议这一程序事项，可已实质性地改变当事人之间的权利义务内容，因此，本案中二审法院申明该条规定属于“带有规则创制性质的法律解释”，亦获得再审法院审查认可。

二、《担保制度解释》第9条之价值功能

（一）为公众公司担保纠纷实现统一法律适用提供理据

与一般有限责任公司或未上市的股份公司具有“人合性”“封闭性”特征不同，包括上市公司在内的公众公司（是指上市公司以及“股票在国务院批准的其他全国性证券交易场所交易的公司”）股东人数分布广、资合性强，涉及中小投资者利益保护、证券市场秩序维护等公共利益问题。根据我国《证券法》等规定的信息披露规则，公众公司提供重大担保应及时披露，对此，最高人民法院民事审判第二庭亦倾向于认为“凡是上市公司没有公开披露的担保，债权人都不是善意的”①，在涉及上市公司担保时，债权人应审查上市公司是否已公告担保事项。相应地，在上市公司违规担保的情况下，债权人未审查上市公司公告便与上市公司签约代表签

① 最高人民法院民事审判第二庭编著：《〈全国法院民商事审判工作会议纪要〉理解与适用》，人民法院出版社2019年版，第199页。

署担保合同，债权人不构成善意便具备法理基础。有鉴于上市公司与其他类型的公众公司在此方面具有类同的特点，《担保制度解释》由此规定，债权人接受公众公司对外担保时承担公告审查义务，是否履行该义务是其善意与否的认定标准，为公众公司担保纠纷的统一法律适用提供了明确依据。

本案中，B 银行仅审查 YH 公司的唯一股东 YF 公司出具的关于同意质押行为的股东决定，未经 YF 公司股东大会讨论并形成决议，亦未经公告程序，此时质押合同是否有效，取决于本案是否适用《担保制度解释》第 9 条的规定。如适用《担保制度解释》第 9 条规定，鉴于 YF 公司属于上市公司，YH 公司作为 YF 公司的全资子公司，其对外担保不仅要获得其唯一股东 YF 公司的同意，还须经 YF 公司股东大会讨论形成决议并经公告程序，才被认定完成上市公司控股子公司对外担保的全部程序，而相对人（债权人、被担保人）B 银行亦应依据 YF 公司的公告与 YH 公司签订《质押合同》，其相关担保权益才受到法律保护。这亦是 YH 公司在二审中主张适用《担保制度解释》第 9 条的原因。

（二）为司法裁判与行政监管规则的有机协调提供支持

如前所述，公众公司担保规则的变化与其资合属性以及资本市场配套规范的发展息息相关。与非公众公司不同，公众公司的行为不仅适用《公司法》的规定，还要受到金融法律法规的约束与金融主管部门的规制，《担保制度解释》第 9 条规定将公众公司信息披露义务与公司担保合同效力相关联，显示出司法机关维护证券市场秩序与保护中小投资者利益的立场。实践中，许多上市公司的大部分资产在其控股子公司，如不参考企业会计准则与金融监管实践对上市公司及其控股子公司作合并财务报表处理并以此将与上市公司控股子公司订立的担保合同纳入调整范围，则《担保制度解释》第 9 条的规范效果难免有被架空之嫌①，因此，《担保制度解释》第 9 条第 3 款专门就上市公司控股子公司的参照适用作出明确规定。此外，在《担保制度解释》施行前，证监会等金融主管部门已对上市公司及其控股子公司对外担保行为制定监管规则予以规制，如本案中涉及的《通知》等，换言之，根据相关监管规则的要求，上市公司控股子公司对外担保亦需经上市公司控股子公司与上市公司的“双重决议程序”实现，并由后者履行信息披露义务。综上，《担保制度解

① 参见最高人民法院民事审判第二庭：《最高人民法院民法典担保制度司法解释理解与适用》，人民法院出版社 2021 年版，第 156 页。

释》第9条确定的担保规则，旨在与证监会等金融主管部门的规则实现统一，为司法裁判与行政监管规则的有机协调提供支持。

三、《担保制度解释》第9条适用之时间效力

（一）判定《担保制度解释》第9条适用之时间效力的一般依据

《时间效力规定》第1条规定：“民法典施行后的法律事实引起的民事纠纷案件，适用民法典的规定。民法典施行前的法律事实引起的民事纠纷案件，适用当时的法律、司法解释的规定，但是法律、司法解释另有规定的除外。民法典施行前的法律事实持续至民法典施行后，该法律事实引起的民事纠纷案件，适用民法典的规定，但是法律、司法解释另有规定的除外。”本案中，当事人之间签订主合同、《质押合同》以及《宣布贷款全部提前到期函》的发出、相关款项的划扣均发生于2017年至2018年，彼时《民法典》尚未施行。鉴于本案相关的法律事实均发生于《民法典》施行前，不存在“民法典施行前的法律事实持续至民法典施行后”的情形，根据《时间效力规定》第1条第2款的规定，在法律、司法解释并无其他特殊规定的情况下，本案不适用《担保制度解释》第9条规定。

（二）《担保制度解释》第9条不宜溯及适用的法理基础

《时间效力规定》第3条规定：“民法典施行前的法律事实引起的民事纠纷案件，当时的法律、司法解释没有规定而民法典有规定的，可以适用民法典的规定，但是明显减损当事人合法权益、增加当事人法定义务或者背离当事人合理预期的除外。”该条是对《民法典》新增规定溯及适用的特别规定。本案再审法院在二审法院裁判说理的基础上进一步补充说明：“虽然《担保制度解释》第9条制定的依据是《公司法》第16条，且《公司法》并未修改或者废止，但由于《公司法》第16条并无关于上市公司提供担保的特别规定，因此《担保制度解释》关于上市公司对外提供担保的规定属带有规则创制性质的法律解释，不应赋予其溯及既往的效力，故《担保制度解释》第9条对本案亦不适用。”这段说理是对新增规定溯及适用规则的具体阐释，是对本案不适用《担保制度解释》第9条的进一步证成。综合二审和再审法院的论证可以发现：首先，指出《担保制度解释》第9条制定依据是《公司法》第16条，目的在于明确本案法律事实发生时，当时的法律并无相应规定，《担保制度解释》第9条属于“带有规则创制性质的法律解释”，即属于新增规定；其次，如溯及适用该新增规定，存在“明显减损当事人合法权益、背离当事人合理预期”的情形，因此本案不适用《担保制度解释》第9条规定。

根据《时间效力规定》第3条所述的情形，对《担保制度解释》第9条规定不宜溯及适用的法理基础可作如下考察：第一，明显减损当事人合法权益、增加当事人法定义务。此处的“当事人”应理解为担保法律关系中的一方或双方当事人。由于《担保制度解释》第9条第2款规定侧重对中小投资者的保护，整体适用该条规定并不会明显减损上市公司的合法权益，可相对应地，债权人原本获得的担保利益将因《担保制度解释》第9条第2款规定的创设而明显遭到减损。此外，《担保制度解释》第9条规定，一方面强化公众公司的信息披露义务（规定涉及上市公司公开披露的控股子公司所有担保事项的效力取决于上市公司的信息披露情况）。另一方面亦增加相对人的审查义务，属于典型的增加双方当事人法定义务。第二，背离当事人合理预期。债权人与上市公司或其公开披露的控股子公司签订担保合同，相关担保合同效力受限于上市公司或其公开披露的控股子公司是否就担保事项作出决议并作公开披露，当担保人可能属于上市公司控股子公司时，债权人需进一步核查担保人是否为上市公司已公开披露的控股子公司，在担保人可能属于其他类型的公众公司时，债权人则要判定担保人是否属于“股票在国务院批准的其他全国性证券交易场所交易的公司”，此时债权人的审查义务较之非公众公司担保事项审查主体而言已显著加重。如《担保制度解释》第9条规定可溯及适用，对债权人而言便不仅是增加法定审查义务，还会背离其此前进行交易时的合理预期。

本案中，债权人B银行已从质押人YH公司的账户中扣划资金用于清偿，债权基本得以实现，如依据《担保制度解释》第9条规定（YH公司作为上市公司控股子公司亦适用）认定《质押合同》未经上市公司公告而无效，B银行约1.5亿元的债权将无法得到法律保障，既会明显减损B银行作为债权人的合法权益，亦已背离B银行的合理预期。

编写人：最高人民法院司法案例研究院与复旦大学联合培养实习生　任愿达

【第 9 条　上市公司对外担保效力】

6

担保事项未经上市公司决议，担保合同对上市公司不发生效力

——R 融资公司诉 S 环保公司、开某胜保证合同案

【基本信息】

1. 裁判书字号

北京市第三中级人民法院（2018）京 03 民初 571 号民事判决书

2. 案由：保证合同纠纷

3. 当事人

原告：R 融资公司

被告：S 环保公司、开某胜

第三人：S 重工公司、J 银行镇江分行

【基本案情】

2015 年 12 月 29 日，委托人 R 融资公司与受托人 J 银行镇江分行、借款人 S 重工公司签订《对公客户委托贷款合同（三方协议）》（以下简称《委托贷款合同》），约定 R 融资公司委托 J 银行镇江分行向 S 重工公司发放贷款 2 亿元用于补充流动资金，另对年利率、逾期利息及还款方式等内容作出约定。同日，R 融资公司、S 重工公司分别与 S 环保公司及其法定代表人开某胜签订《保证合同》（法人版）及《保证合同》（自然人版），约定 S 环保公司及开某胜作为保证人对以《委托贷款合同》及所有附件为主合同的项下 S 重工公司对 R 融资公司所负全部债务提供不可撤销的连带责任保证，另对保证期间、保证责任的范围等内容作出约定。

S 环保公司于 2010 年 6 月 25 日在深圳证券交易所创业板 A 股上市。该公司未

就案涉担保对外公告。

S 环保公司的《公司章程》第 39 条规定："股东大会是公司的权力机构，依法行使下列职权……（十二）审议批准本章程第四十条规定的担保事项……"第 40 条规定："公司下列对外担保行为，须经股东大会审议通过。（一）本公司及本公司控股子公司的对外担保总额，超过最近一期经审计净资产的 50%以后提供的任何担保；……（六）对股东、实际控制人及其关联方提供的担保；（七）证券交易所规定的应经股东大会审议的其他担保。"第 110 条第 2 款、第 3 款规定："董事会有权决定下列收购或出售资产、投资、借款、关联交易、对外担保等事项：……（五）本章程第四十条规定之外的对外担保事项。"

《S 环保公司关于深交所对公司及相关当事人给予纪律处分决定暨举行公开致歉会的公告》中处分决定的全文部分记载有："截至 2016 年年末，S 环保公司为实际控制人开某胜控制的 S 重工公司提供资金余额 97 745.12 万元。"

根据 S 重工公司的工商登记信息显示，S 环保公司仅持有 S 重工公司的股份在 2015 年 3 月 9 日由 59%变更为 30%，2016 年 9 月 30 日由 30%变更为 25.77%，2017 年 4 月 12 日，S 环保公司不再持有 S 重工公司的股份。

截至 2017 年 12 月 20 日即合同约定的借期内最后一个结息日，S 重工公司尚欠 R 融资公司本金 27260784.29 元，欠付利息 672183.72 元。后 S 重工公司分别于 2017 年 12 月 21 日和 2018 年 1 月 23 日还款 351151.66 元和 1155391.13 元。

【案件焦点】

上市公司法定代表人未经公司股东会和董事会决议对外签订的保证合同对上市公司是否发生效力。

【裁判要旨】

北京市第三中级人民法院经审理认为：无证据证明签订案涉《保证合同》（法人版）时 R 融资公司曾对 S 环保公司有无相关内部决议进行审查。在此情况下，认定 S 环保公司是否应在本案中承担保证责任时，应对 R 融资公司主张的 S 重工公司为 S 环保公司直接或间接控制的公司、S 环保公司与 S 重工公司之间存在相互担保的商业合作关系是否存在，以及 S 环保公司作为上市公司无决议对外担保是否适用一般公司对外担保无须机关决议的例外情形进行审查。即便在案证据显示 S 重工公司曾为S环保公司的全资子公司，但在签订案涉《保证合同》（法人版）时，S环保公司仅持有S重工公司30%的股份，S环保公司的法定代表人开某胜同为S环保公司和S重工公司的实际控制人，S重工公司和S环保公司存在相互担保的商业合作关系。考虑到上市公司属于公众公司，上市公司对外担保会影响到股东和潜在股东的利益，如果其违规担保，会影响到证券市场的健康发展，公司对外担保无须机关决议的例外情况并不能直接适用于上市公司这类公众公司。根据在案证据，案涉《保证合同》（法人版）中约定的担保内容未经S环保公司内部决议，S环保公司为实际控制人开某胜控制的S重工公司提供担保属于实际控制人非经营性占用上市公司资金的违规对外担保行为，违反了《中华人民共和国公司法》（以下简称《公司法》）第16条，《中华人民共和国证券法》（以下简称《证券法》）第80条等规定，且该行为已受到深圳证券交易所处罚，故案涉《保证合同》（法人版）并非S环保公司的真实意思表示，该保证合同不成立，不应对S环保公司发生法律效力。

北京市第三中级人民法院依照《中华人民共和国担保法》第18条、第21条、第31条，《中华人民共和国公司法》第16条，《最高人民法院关于适用〈中华人民共和国担保法〉若干问题的解释》第20条，《最高人民法院关于审理民间借贷适用法律若干问题的规定》第30条，《中华人民共和国民事诉讼法》第144条，《最高人民法院关于适用〈中华人民共和国民事诉讼法〉的解释》第90条之规定，判决如下：

一、被告开某盛于本判决生效之日起七日内向R融资公司支付27035871.79元及利息、逾期利息（利息、逾期利息以27035871.79元为基数，按照年利率24%自2018年1月24日起至实际支付之日止）；

二、被告开某盛向R融资公司支付律师费80000元、保全担保费105841.9元；

三、被告开某盛承担连带清偿责任后，有权向第三人S重工公司追偿；

四、驳回R融资公司的其他诉讼请求。

【适用解析】

《最高人民法院关于适用〈中华人民共和国民法典〉有关担保制度的解释》（以下简称《担保制度解释》）第9条规定了上市公司为他人提供债务担保与非上市公司不同的适用规则，在相对人非善意时，担保合同对上市公司不发生效力，上市公司既不承担担保责任，亦不承担赔偿责任。结合《担保制度解释》第 7 条对善意相对人判断标准的规定，相对人对公司决议的审查标准应为合理审查，债权人在接受上市公司提供担保时，应当审查上市公司的重大事项公告与担保合同的内容是否对应。至此，关于上市公司未依照法律规定和公司章程进行决议而签订保证合同的法律后果有了清晰明确的规定，对于规范资本市场——上市公司违规对外担保具有里程碑式的意义。

一、公司对外担保效力的认定

《公司法》第 16 条规定："公司向其他企业投资或者为他人提供担保，依照公司章程的规定，由董事会或者股东会、股东大会决议；公司章程对投资或者担保的总额及单项投资或者担保的数额有限额规定的，不得超过规定的限额。公司为公司股东或者实际控制人提供担保的，必须经股东会或者股东大会决议。前款规定的股东或者受前款规定的实际控制人支配的股东，不得参加前款规定事项的表决。该项表决由出席会议的其他股东所持表决权的过半数通过。"该条关于公司为他人提供担保应经公司决议前置的规定，是专门针对公司法定代表人提供担保的权限作出限制的强制规定，以公司财产为他人提供担保的行为不是法定代表人或其他公司人员能够单独决定的事项，必须经过公司股东会或者股东大会、董事会等公司机关决议。该条规定以公司意思作为代表权的基础和来源，相对人在接受担保时应当依法负有甄别法定代表人或公司代理人实施的担保行为是否符合公司真实意思的注意义务。

在判断担保合同效力时，公司决议无疑是证明公司对外担保系公司真实意思表示的直接证据，如果机械地仅因公司没有作出决议就认定公司无须承担保证责任，容易助长公司恶意逃避担保责任。基于此，《担保制度解释》第 8 条对于公司对外担保无须机关决议的例外情况作出规定。

此前，《全国法院民商事审判工作会议纪要》（以下简称《九民会议纪要》）第 19 条规定了四种无须机关决议的例外情况。与《九民会议纪要》第 19 条相比，《担保制度解释》第 8 条在规定无须机关决议的例外情形上，又作出了较大程度限缩，排除了"公司为其直接或间接控制的公司开展经营活动向债权人提供担保"和"公司与主债务人之间存在相互担保等商业合作关系"两种情形，明确无须机关决议的例外情形限于"金融机构开立保函或者担保公司提供担保""公司为其全资子公司开展经营活动提供担保"及"担保合同系由单独或者共同持有公司三分之二以上对担保事项由表决权的股东签字同意”三种情形。从这一变化，更能体会针对未经公司决议对外担保的保证合同效力认定，应持谨慎态度，严格把握担保是否为公司真实意思表示。

除《担保制度解释》第 8 条规定的无须机关决议的例外情形外，在公司对外担保方面，不存在任何例外，均应根据《公司法》第 16 条决议后方可对外担保。公司的法定代表人违反公司法关于公司对外担保的规定越权担保时，如相对人系善意，保证合同对公司发生效力，否则保证合同无效，公司仅承担缔约过失责任。

（一）对上市公司对外担保的特殊司法政策考量

《担保制度解释》第 8 条第 1 款在对无须机关决议的例外情形作出规定的同时，明确排除上市公司对前述规定中第 2 项和第 3 项规定的适用。在《担保制度解释》出台前，无法律法规对此作出规定，《九民会议纪要》第 19 条亦未明确该条是否适用于上市公司。《九民会议纪要》第 22 条规定了债权人根据上市公司公开披露的关于担保事项已经董事会或者股东大会决议通过的信息订立的担保合同有效，对于债权人未根据上市公司公开披露的关于担保事项已经董事会或者股东大会决议通过的信息订立的担保合同的效力没有作出规定。

考虑在为他人提供担保方面，上市公司与非上市公司存在明显的区别：一是违规签订担保合同的社会影响不一样，影响的利益主体不同。上市公司如违规对外担保，将影响广大股民的利益，阻碍我国证券市场的健康发展，上市公司中小投资者的权益保障将受到威胁。而非上市公司未经授权签订的担保合同，损害的主要还是单个公司的利益，一般不会对整个社会造成影响。二在担保合同是否需要公开披露方面规定不同，上市公司所有为他人提供担保的事项都必须公开披露。我国法律、行政法规对上市公司对外担保有单独规定。例如，《证券法》第 80 条规定：“发生可能对上市公司、股票在国务院批准的其他全国性证券交易场所交易的公司的股票交易价格产生较大影响的重大事件，投资者尚未得知时，公司应当立即将有关该重大事件的情况向国务院证券监督管理机构和证券交易场所报送临时报告，并予公告，说明事件的起因、目前的状态和可能产生的法律后果。前款所称重大事件包括……（三）公司订立重要合同、提供重大担保或者从事关联交易，可能对公司的资产、负债、权益和经营成果产生重要影响……”《上市公司信息披露管理办法》（中国证券监督管理委员会令第 182 号）第 22 条规定：“发生可能对上市公司证券及其衍生品种交易价格产生较大影响的重大事件，投资者尚未得知时，上市公司应当立即披露，说明事件的起因、目前的状态和可能产生的影响。前款所称重大事件包括：（一）《证券法》第八十条第二款规定的重大事件……”（《证券法》第80条第2款第3项规定，公司订立重要合同，可能对公司的资产、负债、权益和经营成果产生重要影响。）《深圳证券交易所股票上市规则》第6.1.10条规定：“上市公司提供担保，除应当经全体董事的过半数审议通过外，还应当经出席董事会会议的三分之二以上董事审议同意并作出决议，并及时对外披露……”而对非上市公司而言，鉴于合同具有相对性，非上市公司对外担保不影响其他人的利益，所以并无要求公开的规定。因此，考虑到上市公司属于公众公司，上市公司对外担保会影响到股东和潜在股东的利益，如果其违规担保，会影响到证券市场的健康发展，前文所述公司对外担保无须机关决议的例外情况并不能适用于上市公司这类公众公司。

需要注意的是，因为《担保制度解释》第9条是针对《公司法》第16条的解释，而《公司法》调整的是在中国境内设立的有限责任公司和股份有限公司，故前述上市公司仅指境内上市公司。对于在境内设立、境外上市的或在境内外同时设立的上市公司是否适用《担保制度解释》第9条的规定，尚不明确，仍需待最高院作出司法解释。笔者观点认为，鉴于广大中小投资者的利益属公共利益范畴，只要是在中国境内设立并在境内上市的公司即可能出现因违规对外担保损害股民利益的情形，故均应受《担保制度解释》第9条所调整。

（二）公司违规对外担保时，善意相对人的判断标准

在公司法定代表人违反公司法关于公司对外担保决议程序的规定，越权订立担保合同时，相对人是否善意的判断标准为何，《担保制度解释》对此作出规定。《担保制度解释》第7条要求，相对人需有证据证明已对公司决议进行了合理审查。这一判断标准与《九民会议纪要》第18条规定的“债权人对公司机关决议内容的审查一般限于形式审查”相比，更为严苛。在此前形式审查标准下，只要求债权人尽到必要的注意义务，除非公司有证据证明债权人明知决议是伪造的，否则公司以机关决议系法定代表人伪造或者变造、决议程序违法、签章（名）不实、担保金额超过法定限额等事由抗辩债权人非善意的，法院一般不予支持。而在合理审查标准下，相对人的注意义务和举证责任都更严格，相对人应当“善意地”主动对公司决

议进行合理审查，且应举证证明其确实不知道且不应当知道法定代表人超越权限与其订立担保合同。

当上市公司法定代表人违反公司对外担保决议程序的规定，越权订立担保合同时，相对人如何证明其系善意相对人，反而变得容易起来。上市公司违规担保包含上市公司违规为公司股东或者实际控制人提供担保和为前述主体之外的人提供担保两种情形，具体分析如下：

对于第一种情形，上市公司违规为公司股东或者实际控制人提供担保，《公司法》第16条第2款明确规定该类担保必须经股东大会决议，上市公司股东或者实际控制人接受该类型担保时不会不知道该担保未经股东会决议，显然其接受担保并非善意。《中华人民共和国民法典》第504条规定，法人的法定代表人或者非法人组织的负责人超越权限订立的合同，除相对人知道或者应当知道其超越权限外，该代表行为有效，订立的合同对法人或者非法人组织发生效力。该种情形下，上市公司股东或者实际控制人明知上市公司的法定代表人或签约代表超越权限订立担保合同，该代表行为无效，上市公司此时无须承担民事责任。

第二种情形，上市公司违规为公司股东或者实际控制人之外的人提供担保，本案中S环保公司为S重工公司提供担保即属于该种情形。根据前文所述的《证券法》第80条、《上市公司信息披露办法》第22条等规定可知，通过上市公司内部决议的合规担保都必须公告。实践中，经过董事会或股东大会审议的决议上市公司都会公开披露，如不进行公告将面临证券监管部门和交易所的督促及监管，经过决议但不公告的情形实践中并不会发生，由此反推，上市公司未公开披露的担保信息都是未经过合规决议的。作为理性商业主体，债权人与上市公司订立保证合同前有义务了解法律、行政法规、交易所规则及上市公司公开披露的公司章程。前述规定对于拟签订保证合同的上市公司作出担保所需的前置程序有明确表述，作为善意的相对人，债权人通过审查上市公司是否公开披露拟担保信息即可了解上市公司有无依照法律和公司章程的规定对该担保事项进行机关决议。关于审查内容，《担保制度解释》第9条要求相对人根据上市公司公开披露的关于担保事项已经董事会或者股东大会决议通过的信息与上市公司订立担保合同，即要求相对人审查上市公司的重大事项公告与担保合同的内容是否对应。笔者认为，实践中，上市公司形成董事会决议和股东会决议都会及时公告，债权人看到公告后再签订担保合同并不会对交易效率、交易便捷造成影响，还能促进交易安全，且要求相对人审查上市公司的重大事项公告与担保合同的内容是否对应并不会额外加重债权人负担，故课以债权人对上市公司公告事项内容进行合理审查的义务较为公平合理。

基于以上分析，上市公司只要进行了合规担保都会依规公开披露，而违规担保下相对人又无法证明其系善意相对人，该保证合同对上市公司不发生效力。债权人不是善意的，是否有权要求上市公司承担赔偿责任。对此笔者认为，同样基于前文所述的上市公司与非上市公司对外担保之不同，考虑促进公司治理结构的完善和保护中小投资者的利益，相对人未合理审查上市公司的重大事项公告与担保合同的内容是否对应，应认定为债权人有过错而担保人无过错，上市公司不承担赔偿责任。该思路亦与《担保制度解释》第9条中相对人未根据上市公司公开披露的关于担保事项已经董事会或者股东大会决议通过的信息订立的担保合同对上市公司不发生效力，上市公司无须承担保证责任和赔偿责任的规定内涵一致。

（三）本案审判思路的反思

本案判决结果即作出于《九民会议纪要》发布后、《担保制度解释》公布之前。《九民会议纪要》第19条规定了无须机关决议的四种例外情况，本案即存在该条规定的“公司为其直接或者间接控制的公司开展经营活动向债权人提供担保”和“公司与主债务人之间存在相互担保等商业合作关系”两种情形。而《九民会议纪要》第22条又单独对上市公司为他人提供担保作出规定，规定债权人根据上市公司公开披露的关于担保事项已经董事会或者股东大会决议通过的信息订立的担保合同，人民法院应当认定有效。在《担保制度解释》出台前，公司对外担保的法律规定见《公司法》第16条，该条规定的公司对外担保未区分上市公司和非上市公司，所有公司都统一适用。《九民会议纪要》第19条规定的公司对外担保无须机关决议的例外情形亦未指明是否区分上市公司和非上市公司，是否与《公司法》第16条一致对所有公司都适用存在不同理解。《九民会议纪要》第22条规定了债权人根据上市公司公开披露的关于担保事项已经董事会或者股东大会决议通过的信息订立的担保合同有效，而此规定是否能当然推导出债权人未根据上市公司公开披露的关于担保事项已经董事会或者股东大会决议通过的信息订立的担保合同即为无效存在认识分歧。于是，上市公司违规对外担保的保证合同效力陷入认定困难。

法院通过深入挖掘《公司法》第16条立法本意及《九民会议纪要》关于公司

对外担保的数条规定相互间关系，探究规范上市公司对外担保的要义，结合实践中资本市场遇到的问题，把握了对上市公司违规对外担保的保证合同效力这一问题的裁判方向。本案作出的判决结果与根据之后出台的《担保制度解释》第9条所得结论一致，能够反映新规的价值功能，对新规适用有一定参考意义。

编写人：北京市第三中级人民法院　蒙瑞　郭妍子

【第13条　共同担保人之间追偿权】

7

共同担保中担保人是否享有追偿权的认定

——H传媒公司诉赵某等追偿权案

【基本信息】

1. 裁判书字号

北京市第三中级人民法院（2020）京03民终1038号民事判决书

2. 案由：追偿权纠纷

3. 当事人

原告（被上诉人）：H传媒公司

被告（上诉人）：赵某

被告：A文化公司、徐某

【基本案情】

2017年12月1日，A文化公司（借款人）与贷款银行（贷款人）签订《借款合同》，约定：本合同项下贷款金额为1300万元，贷款期限为自首次提款日起一年；贷款期限内，第十个月偿还本金300万元，第十一个月偿还本金500万元，到期结清剩余本金；最后到期日须付清所有利息；资金回笼账户的户名为A文化公司。

2017年11月27日，为担保上述借款，B文化公司与A文化公司签订《委托保证合同》，约定：B文化公司根据A文化公司的申请，同意按照本协议约定条件为A文化公司向债权人提供保证担保，在合同约定的保证范围内为A文化公司在《借款合同》项下的义务向债权人提供连带责任保证；B文化公司提供保证担保的范围为《借款合同》项下的本金；保证期间为《借款合同》约定的主债务履行期限届满之日起两年。

同日，B文化公司、H传媒公司、A文化公司签订了《信用反担保合同》，约定：为确保B文化公司的合法权益，H传媒公司愿意以保证的方式为B文化公司担保提供信用连带责任保证反担保；信用反担保的范围包括《委托保证合同》中约定的B文化公司代A文化公司向债权人支付的全部款项，包括本金、利息、逾期利息等以及自B文化公司实际支付代偿之日起全部款项的利息等；H传媒公司的保证期间自本合同签订之日起至B文化公司在《委托保证合同》及本合同项下的债权被完全清偿之日止。同日，赵某、徐某分别向B文化公司出具《无限连带责任承诺函》，载明：以其所有的全部财产，以无限连带责任的方式，为B文化公司担保提供反担保；保证债务人能够按期足额清偿所有债务；对《委托保证合同》中债务人的所有债务承担无限连带清偿和无限连带赔偿责任；保证责任期间自本承诺函签订之日起至B文化公司在《委托保证合同》及本承诺函项下的债权被完全清偿之日止。

此后，贷款银行依约向A文化公司发放贷款。300万元还款期限届满后，H传媒公司于2018年10月17日将款项转账至B文化公司银行账户，摘要显示“系我司代A文化公司还银行借款，委托转交（贷款）银行”。此后，B文化公司将款项转账至A文化公司与贷款银行约定的资金回笼账户。另有谷某、刘某凤、冯某国、项某，均为B文化公司的连带责任反担保人，各反担保人对外未约定保证份额，对内未约定分担比例。

【案件焦点】

H传媒公司是否有权向其他担保方追偿。

【裁判要旨】

北京市朝阳区人民法院经审理后认为：涉案合同的签订均系相关当事人真实意思表示，内容未违反法律、行政法规的强制性规定，属合法有效。各方均应依约履行各自的合同义务。贷款银行按照约定发放了贷款，A 文化公司存在未依约还款情形，H 传媒公司作为反担保人在保证反担保范围内代保证人 B 文化公司为 A 文化公司的贷款债务向贷款银行承担了反担保责任，代偿了 A 文化公司应偿还的款项。H 传媒公司代偿后，有权就代偿部分向 A 文化公司追偿。H 传媒公司要求 A 文化公司偿还代偿款，有事实和法律依据，予以支持。A 文化公司逾期支付代偿款，应向 H 传媒公司支付利息。根据法律规定，两个以上保证人对同一债务同时或者分别提供保证时，各保证人与债权人没有约定保证份额的，应当认定为连带共同保证。连带共同保证的保证人承担保证责任后，向债务人不能追偿的部分，由各连带保证人按其内部约定的比例分担，没有约定的，平均分担。据此，赵某、徐某作为反担保人之一，各自应就 H 传媒公司所主张款项的七分之一承担清偿责任。H 传媒公司以赵某、徐某系 A 文化公司实际控制人为由要求二人与 A 文化公司承担共同还款责任，无证据证明亦无法律依据，不予支持。判决如下：

一、A 文化公司于判决生效之日起七日内向 H 传媒公司偿还代偿款 300 万元；

二、A 文化公司于判决生效之日起七日内向 H 传媒公司支付利息（以 300 万元，自 2018 年 11 月 16 日起至实际给付之日止，按年息 6%计算）；

三、赵某就上述第一、二项确定款项的七分之一份额向 H 传媒公司承担连带清偿责任；

四、徐某就上述第一、二项确定款项的七分之一份额向 H 传媒公司承担连带清偿责任；

五、驳回 H 传媒公司的其他诉讼请求。

赵某不服一审判决，遂提起上诉。

北京市第三中级人民法院经审理后认为：关于焦点一，H 传媒公司向 B 文化公司付款 300 万元的行为性质，其是否已经履行了担保义务。保证是指保证人和债权人约定，当债务人不履行债务时，保证人按照约定履行债务或者承担责任的行为。在第三人为债务人向债权人提供担保时，可以要求债务人提供反担保。反担保是指为保障债务人之外的担保人将来承担担保责任后对债务人的追偿权的实现而设定的担保。A 文化公司向贷款银行借款，由 B 文化公司承担担保责任，H 传媒公司及赵某、徐某等对 B 文化公司提供反担保。2018 年 10 月 17 日，在 A 文化公司逾期未还款及 B 文化公司未承担担保责任的情况下，H 传媒公司径自向 B 文化公司转款 300

万元。对此赵某、徐某称H传媒公司此举并非履行担保义务，故其从根本上不具备向其他担保方追偿的权利。法院认为：反担保人对担保人承担反担保责任的通行程序是先由担保人承担担保责任，然后由担保人向反担保人追偿。在担保人未承担担保责任时，如果担保人向反担保人追偿，则反担保人享有抗辩权。本案中，反担保人H传媒公司系应债权人及担保人B文化公司之要求直接清偿。H传媒公司直接放弃对B文化公司的抗辩权而打款的行为，应视为是放弃其对B文化公司应先行承担担保责任的抗辩而径自履行反担保义务？抑或其基于与债务人之间的其他关系进行付款？法院认为应认定H传媒公司的转款行为系为履行担保义务。

第一，从法律规定来看，反担保人承担反担保责任一般发生在担保人清偿主债务后向反担保人追偿时。但法律并未禁止在担保人尚未清偿主债务时，可以要求反担保人代其向债权人直接清偿。即反担保人对担保人未先予清偿主债务的事实可以行使抗辩权，也可以放弃抗辩权。如其放弃抗辩，但是履行的应该仍然是己方的反担保义务；第二，从商事活动经济和效率上来看，反担保人直接向债权人或担保方清偿的动线相较于由担保人向债权人偿还，再由担保人向反担保人追偿，减少了偿债环节；同时，还可能会减少因延期偿还主债务产生的利息负担或其他损失。故此举非但不会对其他反担保人利益造成损害，相反还可能减少债务的负担；第三，反担保人实际是债务人设立的为担保人提供担保的担保人。当债务人不能清偿债务时，反担保人应承担担保人之要求，积极地向债权人偿债的行为，也体现了诚信的意识。

综上所述，在H传媒公司与B文化公司签有反担保合同的前提下，H传媒公司向B文化公司转款并注明由其代交贷款银行的行为，应视为担保人向债权人履行了担保责任，并从反担保人处得到了追偿。

关于焦点二，H传媒公司是否有权向其他担保方追偿。《中华人民共和国物权法》（以下简称《物权法》）第176条规定，被担保的债权既有物的担保又有人的担保的，债务人不履行到期债务或者发生当事人约定的实现担保物权的情形，债权人应当按照约定实现债权；没有约定或者约定不明确，债务人自己提供物的担保的，债权人应当先就该物的担保实现债权；第三人提供物的担保的，债权人可以就物的担保实现债权，也可以要求保证人承担保证责任。提供担保的第三人承担担保责任后，有权向债务人追偿。可以看出，《物权法》赋予了混合担保中担保人承担担保责任后，有权向债务人追偿的权利，至于担保人能否向其他担保责任人追偿问题，《物权法》并未作明确规定，而对于相同性质的担保人之间的相互追偿问题，《物权法》其实并未作出规定，但各方当事人之间另有约定的除外。故 H 传媒公司在承担担保义务后，仅能向债务人追偿，而无权向其他担保方追偿。理由如下：

第一，从理论上讲，各反担保人之间无合同关系，要求其为债务人提供担保外，另为其他担保人亦提供担保，不符合法理。H 传媒公司、赵某、徐某等各方反担保人分别出具反担保协议及承诺函，各协议独立，并无各反担保方之间可相互追偿的相关约定，故 H 传媒公司承担担保责任后，向其他担保方追偿缺乏合同依据及理论基础；第二，违反诉讼经济原则。债务人是最终偿债义务人。在存在多个担保方时，如允许担保方承担担保责任后可相互追偿，可能会导致多个相互追偿的诉讼程序发生，最终亦导致更多向债务人追偿的诉讼。故从诉讼经济原则考虑，不应允许担保人之间享有追偿权；第三，如上所述，若有多个追偿权案件发生，在存在多个担保方，特别是在保证与担保物权并存的情况下，在确定追偿份额上缺乏可操作性；第四，基于公平原则考虑。各担保方在设立担保时，对于承担担保责任后只能向债务人进行追偿的规定明确、具体。若允许各担保方在没有约定相互追偿的情况下可以相互追偿，则降低了担保人在设立担保时可以预见的风险。

综上，H 传媒公司已经履行担保义务，其可向债务人 A 文化公司求偿，但其不享有对包括赵某、徐某在内的其他反担保方的追偿权，故其要求向赵某、徐某追偿的本金及利息的诉讼请求缺乏依据，不予支持。

综上所述，赵某的上诉请求成立，应予支持；一审判决认定事实清楚，适用法律有误，应予纠正。依照《中华人民共和国民事诉讼法》第 170 条第 1 款第 2 项之规定，判决如下：

一、维持北京市朝阳区人民法院（2019）京 0105 民初 1815 号民事判决第一、二项；

二、撤销北京市朝阳区人民法院（2019）京 0105 民初 1815 号民事判决第三、四、五项；

三、驳回 H 传媒公司的其他诉讼请求。

【适用解析】

本案提出的问题是，在共同担保的情形下，承担担保责任的担保人是否对其他担保人享有追偿权。一审法院认为承担担保责任的担保人可以向其他担保人追偿，而二审法院持相反的意见。在《最高人民法院关于适用〈中华人民共和国民法典〉有关担保制度的解释》（以下简称《担保制度解释》）公布之前，共同担保人之间是否享有追偿权这个问题，在立法层面一直没有给予明确的答案。从担保法及担保法司法解释、物权法、民法典到民法典担保制度司法解释的制定过程中，对此问题的争议从未间断，不同地区、不同层级法院之间同案不同判的现象屡见不鲜。大体存在如本案一、二审意见的两种观点。现《担保制度解释》第13条对共同担保人的追偿权问题予以明确规定，对不同类型的共同担保构建了统一的规则。尽管司法解释的态度已经十分明确，但静态的法律制度无法穷尽法律实施中产生的问题。因此，有必要根据《担保制度解释》第13条的要义，进一步提炼共同担保中允许相互追偿的判断方法，形成对实务有指导意义、可操作性较强的裁判指引。

一、已经履行担保义务是讨论担保人是否享有追偿权的前提

本案的特殊情形有二：一是所涉担保义务发生在反担保关系之中；二是担保义务是否已经履行存在争议。

首先，反担保与本担保虽然在担保的主体、方式、对象等方面存在明显区别，但是就当事人之间的权利义务关系，在法律评价上无异，都适用《中华人民共和国民法典》（以下简称《民法典》）物权编第四分编担保物权的规定以及担保制度解释的相关规定。所以，本案主体的特殊性不影响对担保人之间相互追偿权认定规则的讨论。

其次，在债务人逾期未还款及担保人未承担担保责任的情况下，反担保人在反担保范围内代担保人为债务人的债务向债权人清偿，反担保人的清偿是否属于反担保人履行了反担保义务。此问题的实质是反担保人代担保人为债务人的债务还款的行为究竟是什么性质。根据担保从属性原理，反担保系为了保证担保人追偿权的实现而设定，因此反担保合同应从属于此项追偿权，而不从属于担保合同。既然反担保合同从属于追偿权存在，在担保人未承担担保责任时，如果债权人及担保人要求反担保人承担担保责任，反担保人应当享有抗辩权。最高人民法院（2014）民申字第1298号民事裁定书[①]也认为，反担保人承担反担保责任应以担保人已经承担担保

---

① 载中国裁判文书网，https://wenshu.court.gov.cn/website/wenshu/181217BMTKHNT2W0/index.html?pageId=6774275cd5172dde6d4849fbdf499c39，2022年3月12日访问。

责任为前提。从法律规定来看，反担保人承担反担保责任一般发生在担保人清偿主债务后向反担保人追偿时。但法律并未禁止在担保人尚未清偿主债务时，可以要求反担保人代其向债权人直接清偿。即反担保人对担保人未先予清偿主债务的事实可以行使抗辩权，也可以放弃抗辩权。如其放弃抗辩，应认为反担保人履行的是己方的反担保义务。本案中，债务人A文化公司在债务到期后不履行债务，担保人B文化公司亦未承担担保责任，反担保人H传媒公司应债权人及担保人的要求代担保人为债务人的债务还款的行为应视为其放弃了对担保人先予清偿的抗辩权，故认定为履行反担保义务的行为。

二、立法关于共同担保人之间相互追偿规则的演变

关于共同担保人之间是否能够相互追偿的问题，在《担保制度解释》公布之前，实务界和理论界都存在较大争议。"肯定说"认为担保人之间可以相互追偿，"否定说"则认为担保人之间不可以相互追偿。

1995年出台的《中华人民共和国担保法》（以下简称《担保法》）第12条[①]反映出当时立法的基本立场支持"肯定说"。就共同保证而言，在无约定之情形下，共同保证人承担保证责任之后可以向其他保证人追偿。

2007年出台生效的《物权法》第176条[②]的规定，赋予了混合担保中担保人承担担保责任后向债务人追偿的权利，至于担保人能否向其他担保责任人追偿，《物权法》对此并未作明确规定。

比较而言，原《担保法》分别规定了共同保证与混合共同担保，原《担保法解释》亦分别就共同保证、混合共同担保及共同抵押进行了规定；《物权法》施行后，由于该法无法涉及合同性质的共同保证，故仅对混合共同担保进行了规定，两

---

① 《担保法》第12条：同一债务有两个以上保证人的，保证人应当按照保证合同约定的保证份额，承担保证责任。没有约定保证份额的，保证人承担连带责任，债权人可以要求任何一个保证人承担全部保证责任，保证人都负有担保全部债权实现的义务。已经承担保证责任的保证人，有权向债务人追偿，或者要求承担连带责任的其他保证人清偿其应当承担的份额。

② 《物权法》第176条：被担保的债权既有物的担保又有人的担保的，债务人不履行到期债务或者发生当事人约定的实现担保物权的情形，债权人应当按照约定实现债权；没有约定或者约定不明确，债务人自己提供物的担保的，债权人应当先就该物的担保实现债权；第三人提供物的担保的，债权人可以就物的担保实现债权，也可以要求保证人承担保证责任。提供担保的第三人承担担保责任后，有权向债务人追偿。

部法律规范的差异，一度给司法实务带来困惑。就法律规范冲突时的法律适用问题而言，共同保证的问题仍须适用原《担保法》及其司法解释的规定。但是也有观点认为，根据新法优于旧法的原理，《担保法》及其司法解释有关担保人之间可以相互追偿的规定因与《物权法》产生冲突，故不再适用。

2019年《全国法院民商事审判工作会议纪要》第56条支持“否定说”，但是从尊重意思自治的立场出发，认为担保人在担保合同中约定可以相互追偿的除外。

2020年出台的《民法典》第699条[①]相比《担保法》第12条，删去了允许相互追偿的规定，明确了在各类型共同担保中共同担保人不得相互追偿的态度，解决了原《担保法》和《物权法》中共同保证可以相互追偿，而混合共同担保却不能相互追偿的遗留问题。

《担保制度解释》在“否定说”立场上规定了三种例外情形，构建了共同担保制度的统一规则，关于相互追偿的规定适用于所有类型的共同担保。

三、共同担保人之间相互追偿规则的案例解读

就担保人之间的相互追偿的问题，《担保制度解释》明确了担保人之间原则上不能相互追偿，除非担保人之间存在相互分担担保责任的明确约定，或者通过其行为能够推定具有相互分担的意思联络。《担保制度解释》第13条规定：“同一债务有两个以上第三人提供担保，担保人之间约定相互追偿及分担份额，承担了担保责任的担保人请求其他担保人按照约定分担份额的，人民法院应予支持；担保人之间约定承担连带共同担保，或者约定相互追偿但是未约定分担份额的，各担保人按照比例分担向债务人不能追偿的部分。同一债务有两个以上第三人提供担保，担保人之间未对相互追偿作出约定且未约定承担连带共同担保，但是各担保人在同一份合同书上签字、盖章或者按指印，承担了担保责任的担保人请求其他担保人按照比例分担向债务人不能追偿部分的，人民法院应予支持。除前两款规定的情形外，承担了担保责任的担保人请求其他担保人分担向债务人不能追偿部分的，人民法院不予支持。”根据该条规定可知，在不允许相互追偿的大前提下有三种情况允许相互追偿：一是担保人之间约定相互追偿的；二是担保人之间约定是连带共同担保关系

---

① 《民法典》第699条：同一债务有两个以上保证人的，保证人应当按照保证合同约定的保证份额，承担保证责任；没有约定保证份额的，债权人可以请求任何一个保证人在其保证范围内承担保证责任。

的；三是担保人在同一份合同书上签字、盖章或者按指印的，此时应推定担保人之间具有相互分担责任的意思表示。本案的争议焦点为反担保人H传媒公司是否有权向其他反担保方追偿。根据《担保制度解释》第13条规定原则上反担保人H传媒公司无权向其他反担保人追偿，除非存在上述三种情况之一。具体分析如下：

（一）担保人之间是否约定相互追偿

担保人之间相互分担责任的问题属于私法自治的范畴，当担保人之间存在相互追偿的约定时，应尊重当事人的约定。即担保人关于相互追偿的约定能够排除不能相互追偿原则的适用。本案中，H传媒公司、赵某等反担保人之间未约定相互追偿及分担份额，故应认定反担保人之间不能相互追偿。

（二）担保人之间是否约定承担连带共同担保

一审法院认为H传媒公司、赵某等反担保人与债权人没有约定保证份额，应当认定为连带共同保证。其依据是原《最高人民法院关于适用〈中华人民共和国担保法〉若干问题的解释》（以下简称《担保法解释》）第19条①的规定。

《担保制度解释》第13条实际上把共同担保再类型化，将其区分为连带共同担保和非连带共同担保。从学理上看，连带债务②可以分为真正的连带债务与不真正的连带债务，真正连带债务不仅对外连带（债权人可以选择任一债务人承担债务），也包括对内连带（债务人之间也存在连带关系）。而不真正连带债务则仅指对外连带。《民法典》第518条规定的即为真正的连带债务。在共同担保的情形下，债权人可以任意选择某一担保人承担担保责任，但承担了担保责任的担保人是否有权向其他担保人进行追偿，《民法典》未明确规定。在此背景下，各担保人之间能否形

① 《最高人民法院关于适用〈中华人民共和国担保法〉若干问题的解释》第19条：两个以上保证人对同一债务同时或者分别提供保证时，各保证人与债权人没有约定保证份额的，应当认定为连带共同保证。连带共同保证的保证人以其相互之间约定各自承担的份额对抗债权人的，人民法院不予支持。

② 依目前学理上的主流观点，连带债务的构成须满足如下要件。其一，存在数个债务人。其二，每个债务人对同一给付之全部负担义务，债权人可以任选一个或者数个债务人清偿部分或者全部债务。其三，债权人就全部给付只能请求一次为给付，不能重复受偿，或者说数个债务人构成相互清偿共同体，一个债务人清偿债务的，对其他债务人亦产生清偿效力。其四，数个债务人的义务处于同一位阶，不仅是指在外部关系上数个债务人处于同一责任顺位，毋宁还指在内部关系上数个债务人也处于同一责任顺位。杨代雄：《民法典》共同担保人相互追偿权解释论，载《法学》2021年第5期。

成《民法典》第518条规定的连带债务就取决于担保人之间对内是否连带。一般认为，各担保人之间若构成连带债务关系，可基于《民法典》第178条或者第519条①进行相互追偿。判断共同担保人之间是否享有追偿权问题，实际上就是判断共同担保是否构成《民法典》规定的连带责任或者连带债务的问题。本案中，H传媒公司、赵某等均为连带责任反担保人，但此处的连带责任是指对外连带，各反担保人对内未约定相互追偿及分担比例，故不能认为各反担保人之间构成连带共同担保关系。

（三）担保人是否在同一份合同书上签字、盖章或者按指印

实践中确实存在大量担保人在同一份合同书上、甚至在主合同上直接以担保人的身份签字、盖章或者按指印的情形。《担保制度解释》积极回应了司法实践难题，直接以“在同一份合同书上签字、盖章或按指印”作为担保人之间是否成立连带责任的判断标准，在实务中清晰明确，操作方便。从平衡当事人利益的角度出发，在同一份合同书上签字、盖章或者按指印，不仅表达了自己同意担保的意思，也彼此明知共同担保的意思，应推定担保人之间具有互相分担责任的意思表示，符合“连带”的旨意，故确认其为连带共同担保。换言之，担保人之间原则上无相互追偿权，要想与其他担保人分担担保责任就必须要求担保人共同将内心同意分担的真实意思以一种方式表达出来。各担保人在同一份文件上签字、盖章或者按指印符合这种意思表示的要求，故构成连带共同担保，在不同文件上分别签字、盖章或者按指印的，不能推定其有共同担责的意思，不构成连带共同担保。本案中，H传媒公司、赵某等各反担保人分别出具反担保协议及承诺函，各协议独立，并无各反担保方之间可相互追偿的意思表示，不能认定为连带共同担保。

综上，根据《担保制度解释》第13条规定可以认定本案中不存在可以追偿的例外情形，反担保人H传媒公司无权向其他反担保方追偿。本案裁判于《担保制度解释》施行之前，但是生效裁判基于各反担保人之间无合同关系、诉讼经济原

---

① 《民法典》第519条：连带债务人之间的份额难以确定的，视为份额相同。实际承担债务超过自己份额的连带债务人，有权就超出部分在其他连带债务人未履行的份额范围内向其追偿，并相应地享有债权人的权利，但是不得损害债权人的利益。其他连带债务人对债权人的抗辩，可以向该债务人主张。被追偿的连带债务人不能履行其应分担份额的，其他连带债务人应当在相应范围内按比例分担。

则、追偿份额确定缺乏可操作性、公平原则等方面的综合评判，确立了“担保人之间不能相互追偿，但担保人之间另有约定的除外”这一裁判规则。经上述分析可知，该规则符合《民法典》及《担保制度解释》的基本精神。虽然《担保制度解释》以共同担保担保人之间不能相互追偿为原则，可以追偿为例外，实践中可能会出现某担保人承担责任后不能追偿的风险。但从意思自治的角度来讲，一旦法律明确规则之后，各担保方在设立担保时，对于承担担保责任后只能向债务人进行追偿的规定是明知的，是否承担此风险由其自行选择；既然担保人提供担保时没有分担担保责任的意思表示，就应当预料到各自会独立承担担保合同项下的全部责任。

（四）《担保制度解释》第 13 条规定的三种情形多项并列时的适用顺序

以担保人之间是否约定相互追偿、担保人之间是否约定承担连带共同担保以及担保人是否在同一份合同书上签字、盖章或者按指印这三种情况作为共同担保人之间是否享有追偿权的判断标准，个人认为是《担保制度解释》的一大亮点。《担保制度解释》第 13 条规定是以连带债务为逻辑起点，连带共同担保作为桥梁，探索出共同担保人之间是否享有追偿权问题的解决思路。构成连带共同担保要求共同担保人之间存在真正的连带债务，即要求担保人之间对外承担连带责任，对内也应承担连带责任。共同担保人之间对外是否承担连带责任在实践中容易判断，故第 13 条规定的侧重点就在于判断共同担保人之间对内是否承担连带责任。如果能够确定担保人之间对内承担连带责任则共同担保人之间就享有追偿权。而上述三种情况均能确定担保人之间具有对内承担连带责任的意思表示，构成连带共同担保。当上述三种情形多相并列出现时，在实践中为了操作方便，应当明确条款适用顺序。笔者认为应当按照递进关系进行审查。当三种情形多项并列出现时，首先可以审查担保人之间是否约定相互追偿以及是否约定承担连带共同担保。因为意思自治原则作为民法的基本原则之一，在民法中具有重要作用。从尊重意思自治的角度出发，担保人之间有约定应当优先从其约定。如果约定上述两种情况中的任一情形可直接认定担保人之间享有追偿权。其次再审查担保人是否在同一份合同书上签字、盖章或者按指印，如果存在此种情况可以推定担保人之间具有对内承担连带责任的意思表示，进而认定担保人之间享有追偿权。

四、“共签”构成连带债务的理论依据

连带责任是一种严苛的责任类型，依据《民法典》第518条[①]第2款的规定，连带债务只能由法律规定或当事人约定。所以仅在两种情况下担保人之间可以形成连带债务关系：第一种是担保人之间有约定；第二种是担保人依据法律规定所为的其他法律行为。从《担保制度解释》起草人的论述来看，此处的“其他法律行为”应当是债务加入。在同一份文件上签字、盖章或者按指印的情形构成连带共同担保的理论依据在理论界颇具争议。有学者认为“共签”构成连带共同担保的理论依据是意思联络。还有学者并不支持以意思联络作为理论依据，理由是“共签”中数个担保人之间不存在任何的意思联络，即便互为知晓，亦不存在愿意共同连带承担担保责任的意思表示。最多意味着各担保人相互知道对方的存在，而无法得出各担保人有相互追偿的意思表示。若再延伸到各担保人有相互追偿之意，有过度解读甚至臆测之嫌。[②] 有人甚至误认为《担保制度解释》就是采意思联络的观点。但依据《担保制度解释》起草人的论述，“共签”构成连带共同担保的法理依据不是当事人之间的意思联络，而应当是债务加入。将共同担保区分为连带共同担保和非连带共同担保后，认定连带共同担保的基础就不应是担保人之间是否存在简单的意思联络，而是担保人之间形成连带债务的意思表示。《担保制度解释》第36条第2款规定“第三人向债权人提供的承诺文件，具有加入债务或者与债务人共同承担债务等意思表示的，人民法院应当认定为民法典第五百五十二条规定的债务加入”。各担保人同时对同一债务提供担保，此种“共签”行为就表明行为人有加入担保债务的意思表示，行为人加入到担保人的债务中亦成为担保人，此时各担保人之间应形成连带债务关系。担保人分别对同一债务提供担保，则只有担保人之间有明确约定时，才能形成连带共同担保。[③]

编写人：最高人民法院司法案例研究院和湖南大学联合培养实习生　杜思媛

---

① 《民法典》第518条：债权人为二人以上，部分或者全部债权人均可以请求债务人履行债务的，为连带债权；债务人为二人以上，债权人可以请求部分或者全部债务人履行全部债务的，为连带债务。连带债权或者连带债务，由法律规定或者当事人约定。

② 参见彭诚信、吴越：《混合担保人内部追偿权否定论证成——兼评〈民法典担保制度解释〉第13条》，载《南京社会科学》2021年第7期。刘凯湘：《混合共同担保内部追偿权之否定》，载《兰州大学学报（社会科学版）》2021年第2期。

③ 吴光荣：《共同担保人之间的追偿问题——以共同担保的再类型化为中心》，载《法律适用》2021年第3期。

【第 16 条第 1 款　借新还旧情形下担保人责任承担】

8

新贷偿还旧贷情形下最高额保证人的责任承担

——B 酒店诉 S 酒店等金融不良债权转让合同案

【基本信息】

1. 裁判书字号

山东省烟台市中级人民法院（2021）鲁 06 民终 2200 号民事判决书

2. 案由：金融不良债权转让合同纠纷

3. 当事人

原告（被上诉人）：B 酒店

被告（上诉人）：S 管理公司、S 酒店、李某树、田某禾

被告：Q 工程公司、L 经贸公司

【基本案情】

2014 年 11 月 6 日，G 银行福山支行（甲方）与 L 经贸公司（乙方）签订《最高额保证合同》，约定乙方担保的主债权为自 2014 年 11 月 6 日起至 2017 年 11 月 5 日止，在 2000 万元的最高余额内为 Q 工程公司提供保证。

2015 年 11 月 5 日，Q 工程公司与 G 银行福山支行签订《小企业借款合同》，约定 Q 工程公司向 G 银行福山支行借款 1000 万元，借款期限为 12 个月。本合同项下担保为最高额担保，对应的最高额担保合同名称为《最高额保证合同》，担保人为 L 经贸公司。

2016 年 11 月 30 日，G 银行福山支行与 Q 工程公司、L 经贸公司签订《借款展期协议》，约定因借款人 Q 工程公司不能偿还前述《小企业借款合同》中借款，向贷款人提出借款展期申请；由原借款期限到期日延长至 2017 年 10 月 2

日，展期金额为950万元；担保人同意就借款人借款展期继续按照其与贷款人签订的原担保合同的约定提供担保。担保人承诺按照原担保合同的约定继续对借款人在原借款合同和本借款合同展期协议项下的全部义务承担担保责任，担保人提供的担保为保证担保的，保证期间变更为自本协议约定的借款展期到期之次日起两年。

2017年11月30日，G银行福山支行（甲方）与S酒店（乙方）签订《最高额保证合同》一份，约定乙方担保的主债权为自2016年9月18日起至2019年9月17日止，在2500万元的最高余额内为Q工程公司提供保证。该合同由S酒店加盖印章，法定代表人代某人签字。同日，G银行福山支行（甲方）与S管理公司（乙方）签订《最高额保证合同》一份，约定乙方担保的主债权为自2017年11月30日起至2020年11月29日止，在2500万元的最高余额内为Q工程公司提供保证。该合同由S管理公司加盖印章，法定代表人田某禾签字。G银行福山支行（甲方）还与王某正、李某树、田某禾（乙方）签订《最高额保证合同》一份，约定乙方担保的主债权为自2017年11月30日起至2020年11月29日止，在2500万元的最高余额内为Q工程公司提供保证。

2017年12月14日，G银行福山支行与Q工程公司签订《小企业借款合同》，约定本合同项下借款用途为归还编号为2015年（借）字00167号融资，借款金额为950万元，借款期限为267天。本合同项下担保为最高额担保，对应的最高额担保合同名称为《最高额保证合同》，担保人为L经贸公司。同日，G银行福山支行（甲方）与L经贸公司（乙方）又签订《最高额保证合同》一份，约定乙方担保的主债权为自2017年11月5日起至2020年11月4日止，在2500万元的最高余额内为Q工程公司提供保证。

2019年7月26日，G银行山东省分行将涉案债权转让，后又经多次转让，B酒店于2020年5月12日取得包含本金、利息及债权相关的其他权利在内的涉案债权。

现B酒店诉至法院要求Q工程公司偿还欠款，L经贸公司、S酒店、S管理公司、李某树、田某禾、王某正对上述债务在约定的最高余额限度内承担连带清偿责任。

【案件焦点】

S 管理公司、李某树、田某禾、王某正是否应承担保证责任。

【裁判要旨】

山东省烟台市福山区人民法院经审理认为：关于 S 管理公司、李某树、田某禾、王某正辩称涉案借款系借新偿旧，其不应承担保证责任的问题，法律规定主合同当事人协议以新贷偿还旧贷，除保证人知道或者应当知道的外，保证人不承担民事责任。S 管理公司、李某树、田某禾、王某正签订的是最高额保证合同，Q 工程公司与 G 银行福山支行签订的借款合同中明确约定了借款用途为借新偿旧，并且四人在保证合同中均明确表示完全了解主合同项下借款用途；王某正系 Q 工程公司法定代表人，S 管理公司向 G 银行福山支行出具的股东会决议中也表示知晓借款用途为再融资；王某正同时又为 S 管理公司职工，李某树在该公司 2017 年 10 月工资表中以董事长的身份签字，李某树又系 S 酒店股东，而 S 酒店曾系 S 管理公司的发起人之一，S 管理公司的股东之一李某东时任 L 经贸公司法定代表人，李某树与田某禾又系夫妻关系，该四人对于借款用途为借新偿旧应系明知，其抗辩主张不能成立，依法应当对涉案借款承担连带清偿责任。

故判决 Q 工程公司给付 B 酒店借款本金及利息，L 经贸公司、S 酒店、S 管理公司、李某树、王某正、田某禾对上述债务承担保证责任。

S 管理公司、李某树、田某禾不服一审判决，提起上诉。

山东省烟台市中级人民法院经审理认为：本案当事人的争议焦点为 S 酒店、S 管理公司、李某树、田某禾应否对 Q 工程公司 2017 年 12 月 14 日的 950 万元借款本息承担连带保证责任。涉案 950 万元债权最早的借款合同由 Q 工程公司与 G 银行福山支行签订于 2015 年 11 月 5 日，2016 年 11 月 30 日签订展期协议，2017 年 12 月 14 日签订借新还旧协议，而 S 酒店担保的主债权发生时间即 2016 年 9 月 18 日至 2019 年 9 月 18 日包含了后两份协议，应视为 S 酒店同意为该债权提供担保。虽然 S 管理公司、李某树、田某禾担保的主债权发生时间 2017 年 11 月 30 日至 2020 年 11 月 29 日仅包含了后一份借新还旧协议，但 S 管理公司、李某树、田某禾在《最高额保证合同》中均承诺完全了解主合同项下债务用途，且 S 管理公司 2017 年 12 月 14 日的股东会决议中也提到 950 万元再融资事宜，故一审法院认定 S 管理公司、李某树、田某禾提供担保时对以新贷偿还旧贷的事实知道或者应当知道并无不当。S

酒店、S管理公司、李某树、田某禾应依约对Q工程公司2017年12月14日的950万元借款本息承担连带保证责任。故判决：

驳回上诉，维持原判。

【适用解析】

新贷偿还旧贷，即“借新还旧”，指的是贷款人与借款人签订贷款后，贷款人在合同履行期间届至时因无法依约偿还债务，与借款人另行签订新的贷款合同，以新贷款合同项下款项偿还旧债的行为。以新贷偿还旧贷的行为常见于经济交往活动中，尤其是金融机构与企业间。企业生存与经营压力较大时，通过“借新还旧”的操作有利于缓解企业的流动性压力，对于发放贷款的金融机构而言，也有利于其降低坏账率。对于“借新还旧”的行为，只要当事人意思表示真实且并未违反法律法规的强制性规定，新的借款合同就不因旨在归还旧贷而无效。[①] 承认“借新还旧”的效力也是司法实践中较为一致的观点。关于“借新还旧”下担保责任的承担，根据《最高人民法院关于适用〈中华人民共和国民法典〉有关担保制度的解释》（以下简称《担保制度解释》）第16条第1款规定：“主合同当事人协议以新贷偿还旧贷，债权人请求旧贷的担保人承担担保责任的，人民法院不予支持；债权人请求新贷的担保人承担担保责任的，按照下列情形处理：（一）新贷与旧贷的担保人相同的，人民法院应予支持；（二）新贷与旧贷的担保人不同，或者旧贷无担保新贷有担保的，人民法院不予支持，但是债权人有证据证明新贷的担保人提供担保时对以新贷偿还旧贷的事实知道或者应当知道的除外。”

在新贷还旧贷中，债权人要求旧贷的担保人承担担保责任的，人民法院不予支持，这是由于旧贷已被新贷清偿，又基于担保的从属性，其上设定的担保责任当然也随之解除。而若债权人要求新贷的担保人承担担保责任，则需视具体情况处理。

一、“借新还旧”下担保责任规则的变化

在《担保制度解释》施行前，“借旧还新”情形下担保责任的规定可见于《最高人民法院关于适用〈中华人民共和国担保法〉若干问题的解释》（以下简称原

---

① 参见李国光等：《最高人民法院〈关于适用中华人民共和国担保法若干问题的解释〉理解与适用》，吉林人民出版社2000年版，第165页。单书名号

《担保法解释》）第 39 条[1]及《全国法院民商事审判工作会议纪要》（以下简称《九民会议纪要》）第 57 条[2]中。

原《担保法解释》第 39 条仅对人的担保作出了规定，却未阐明“借新还旧”对物的担保的影响，由此也在司法实践中产生了一系列争议，即该条是否可准用于物权担保的情形，法院裁判对此给出了不同的回答，有的认为物的担保可以参照原《担保法解释》关于保证人的规定，有的认为原《担保法解释》第 39 条只适用于担保人承担保证责任的情形。

为解决“借新还旧”下物的担保责任承担规则是否能参照适用保证责任规定的这一争议问题，《担保制度解释》第 16 条用“担保人”一词替代了原《担保法解释》第 39 条“保证人”的表述，将物的担保情形囊括进来，统一了借新还旧下担保责任的确定规则。

关于旧贷上尚未注销登记的物的担保的效力问题，《担保制度解释》第 16 条吸收了《九民会议纪要》第 57 条的规定，当事人约定继续为新贷提供担保的，未注销登记的抵押权或质权仍然可以担保新贷。此时标的物上的担保登记持续存在，足以公示标的物上的权利负担，因而不会危及与担保人就标的物进行交易的其他第三人的利益。[3] 在此基础上，第 16 条还确定了从旧贷延续到新贷上的担保物权的顺位，即新贷的担保物权登记时间点可追溯到为旧贷而为登记时，新贷的债权人优先于在此时间点之后设立担保物权的债权人而受偿。

简言之，《担保制度解释》第 16 条整合了此前关于“借新还旧”下担保责任的重要规则，回应了实务中的争议问题，且对担保物权的顺位作出进一步的细化规定，为“借新还旧”中担保责任纠纷的解决提供了较为体系化的法律依据。

---

① 《最高人民法院关于适用〈中华人民共和国担保法〉若干问题的解释》第 39 条：主合同当事人双方协议以新贷偿还旧贷，除保证人知道或者应当知道的外，保证人不承担民事责任。新贷与旧贷系同一保证人的，不适用前款的规定。

② 《全国法院民商事审判工作会议纪要》第 57 条：贷款到期后，借款人与贷款人订立新的借款合同，将新贷用于归还旧贷，旧贷因清偿而消灭，为旧贷设立的担保物权也随之消灭。贷款人以旧贷上的担保物权尚未进行涂销登记为由，主张对新贷行使担保物权的，人民法院不予支持，但当事人约定继续为新贷提供担保的除外。

③ 参见高圣平：《民法典担保制度及其配套司法解释理解与适用》，中国法制出版社 2021 年版，第 300 页。

二、《担保制度解释》第 16 条第 1 款的一般适用

以新贷偿还旧贷后，旧贷之上的担保责任因清偿而灭失，至于新贷之上的担保责任，第 16 条第 1 款根据旧贷担保人与新贷担保人是否一致，以及新贷担保人是否对新贷偿还旧贷的事实知道或应当知道而对新贷担保人的责任作出了划分。

（一）新贷担保人与旧贷担保人相同时

在新贷与旧贷担保人相同时，无论担保人对“借新还旧”的事实是否知情，担保人皆应承担担保责任。首先，在以新贷偿还旧贷的事实发生后，原先的债权债务关系及从属于该关系的担保法律关系因清偿而消灭，新的债权债务关系及相应的担保法律关系则随之产生，担保人理应对新贷承担责任。其次，即使担保人对新贷偿还旧贷的用途不知情，也可以认定为担保人在最初为旧贷提供担保时，就具有为新贷承担责任的意思表示。原因在于，如果担保人不知“借新还旧”的事实，以为新贷是用作普通的流动资金，在债务人无法偿还新贷时，其不仅应对新贷承担责任，还应对未被清偿的旧贷承担责任；而在“借新还旧”的事实下，如果债务人无法偿还新贷，担保人仅需对新贷承担责任，其负担未被加重。①

（二）新贷与旧贷担保人不同或旧贷无担保而新贷有担保

1. 一般情形

在该种情况下，新贷担保人原则上不承担担保责任。“借新还旧”源于债务人无法按时清偿贷款，只能通过此种方式消灭旧贷，因此基于此而产生的新贷无法清偿的风险远大于用于生产生活的一般贷款，对于新担保人来说，其未来承担担保责任的可能随之增大。新贷担保人不应在不知情的情况即被课以如此严苛的义务，所以在新贷担保人与旧贷担保人不同、旧贷无担保而新贷有担保的情形下，即使新贷担保人作出了提供担保的意思表示，也不应承担责任。担保人根据《中华人民共和国民法典》第 695 条关于主合同变更对保证责任影响的规定向法院主张不承担担保责任的，人民法院应予以支持。②

---

① 程啸、高圣平、谢鸿飞：《最高人民法院新担保司法解释理解与适用》，法律出版社 2021 年版，第 106 页。

② 最高人民法院民事审判第二庭：《最高人民法院民法典担保制度司法解释理解与适用》，人民法院出版社 2021 年版，第 204 页。

在C资产管理甘肃省分公司、Y建材公司等借款合同纠纷案中,[①] 法院认为，在保证人仅担保新贷且无其他证据可证明保证人对“借新还旧”知道或应当知道时，仅凭主合同列明借款用途不能认定保证人对“借新还旧”的事实知情，所以判决其不应承担担保责任。相似的还有郑某、张某借款合同纠纷案,[②] 法院认为抵押合同中虽然载明“完全了解主合同项下的债务的用途，为债务人提供抵押担保出于自愿”，但是该抵押合同为格式合同，且按照通常理解，流动资金贷款与借新还旧具有明显区别，因此无法仅从该条款认定抵押人知道或应当知道借款用途为借新还旧。

由此可见，法院在认定担保人对“借新还旧”知情时应保持颇为谨慎克制的态度，这是因为“借新还旧”的违约风险远大于流动资金的违约风险，存在对担保人进行特别保护的必要。但是，如债权人有证据证明新贷担保人对于以新贷偿还旧贷的事实知道或者应当知道，则为例外情形，不适用以上规则。

2. 例外情形：债权人有证据证明新贷的担保人提供担保时对以新贷偿还旧贷的事实知道或者应当知道

如上所述，在“借新还旧”的情形下，新贷担保人未来承担担保责任的风险高于一般贷款，“相当于直接承担了已不能归还的旧贷的担保责任”[③]。出于对民法公平原则的遵循，在新贷用途为偿还借款时，担保人应被告知其所担保主债权的真实用途，唯有如此，担保人所负的风险才与其预期相匹配。还需要指出的是，“知道或应当知道”这一要件应由债权人负举证责任，如果债权人无法证明该要件，则推定担保人不知情或不应当知情，担保人不承担担保责任。

在某银行香格里拉市支行、H养殖公司金融借款合同纠纷案中,[④] 云南省高级

---

① C资产管理公司甘肃省分公司、Y建材公司等借款合同纠纷案［（2020）甘04民终1150号］，载中国裁判文书网，https：//wenshu. court. gov. cn/website/wenshu/181217BMTKHNT2W0/index. html？pageId=6774275cd5172dde6d4849fbdf499c39，2022年5月13日访问。

② （2021）冀05民终161号，载中国裁判文书网，https：//wenshu. court. gov. cn/website/wenshu/181107ANFZ0BXSK4/index. html？docId=3068b1f9ef834990baa2ad17001d49c1，2022年5月13日访问。

③ 最高人民法院民事审判第二庭：《最高人民法院民法典担保制度司法解释理解与适用》，人民法院出版社2021年版，第108页。

④ （2020）云民终1407号，载中国裁判文书网，https：//wenshu. court. gov. cn/website/wenshu/181107ANFZ0BXSK4/index. html？docId=1746ddad9e61401a8d4bad36008eb864，2022年5月13日访问。

人民法院认为，债权人未举证证实担保人对新贷偿还旧贷的事实知道或应当知道，故对债权人要求担保人对案涉借款承担抵押担保责任的诉讼请求不予支持。

三、新贷偿还旧贷情形下，最高额保证人的责任承担

在“借新还旧”的一般规则中，判断新贷担保人是否承担责任的关键点在于其是否对旧贷曾经承担担保责任以及其对新贷的特定用途是否知情或应当知情。然而本案中的最高额保证具有不同于一般担保的特点，也即，最高额保证与债权确定期间内产生的债权并不存在一一对应的关系，那么第 16 条的一般规则又该如何具体适用呢？以下将以旧贷、新贷的产生时间点与最高额保证所担保的债权确定期间的关系为标准，分情况进行讨论。

（一）旧贷与新贷均发生在最高额保证所担保的主债权发生期间内

如果旧贷与新贷的发生时间点均处于当事人约定的主债权发生期间内，适用一般情形下新贷与旧贷担保人同一时的规则是否有疑问？疑问提出的原因在于：最高额保证人担保的是不特定的债权，其不会就每笔债权与债权人单独签订合同，债务人也无就每笔债权请求保证人同意的义务。从此方面看来，对一系列债权提供的最高额保证不如为个别旧贷与新贷提供的单独保证与债权对应得清晰且具体，这是否会影响一般规则的适用。

此问题的解决要回到新贷与旧贷担保人同一时，新贷担保人承担责任的原因，即无论担保人对新贷的特定用途是否知情，“借新还旧”的情况都未加重其风险责任，其利益未被损害。而该原因事实上同样存在于最高额保证中，通过知情及不知情的假设，都可以得出最高额保证人承担责任的风险未升高的结论。此外，最高额保证的对象是一段时间内连续发生的不特定债权，特定期间内的每笔债权之间具有关联性及同质性，① 新贷与旧贷之间的关系在此特点的概念范围内。所以若旧贷与新贷的发生时间点均处于主债权期间内，最高额保证人应对新贷承担担保责任。

在本案中，S 酒店与 G 银行福山支行签订最高额保证合同，对 Q 工程公司对 G 银行福山支行的债务承担保证责任，担保的主债权期间为 2016 年 9 月 18 日至 2019 年 9 月 17 日，而 2016 年 11 月 30 日 Q 工程公司与 G 银行福山支行签订的《借款展期协议》为旧贷，2017 年 12 月 14 日签订的《小企业借款合同》为偿还旧贷的新

① 史卫进：《论最高额保证》，载《烟台大学学报（哲学社会科学版）》2000 年第 3 期。

贷。旧贷与新贷均发生在保证合同所担保的债权期间内，且未超过约定的 2500 万元的最高债权额度。因此 S 酒店既是旧贷的保证人，也是新贷的保证人。S 酒店上诉称，基于最高额保证合同的特殊性，其难以知晓被担保债权的发生、用途等情况，客观上无法得知 2017 年 12 月 14 日的贷款用途为偿还旧贷，因此其不应承担保证责任。二审法院对此回应为："S 酒店担保的主债权发生时间包含了后两份协议，应视为 S 酒店同意为该债权提供担保。"旧贷与新贷均发生在 S 酒店预期的债权发生期间内，S 酒店原本就应对旧、新两次贷款承担保证责任，在此基础上的借新还旧行为未加重保证人责任，未超出保证人的"同意"范围，因此二审法院在无证据证明 S 酒店对"借新还旧"知情的情况下，也可认定"视为 S 酒店同意"而判决其应承担保证责任。

（二）仅新贷发生在最高额保证所担保的主债权发生期间内

如果在主债权发生期间内仅产生了新贷，旧贷产生于该期间之前，则属于第 16 条第 1 款第 2 项规定的情形，应根据最高额保证人对新贷用途的知情情况判断其责任。

在最高额保证人对新贷偿还旧贷的事实知情或应当知情的情况下，保证人应承担保证责任。反之，在债权人无法举证证明最高额保证人对"借新还旧"知情且应当知情的情况下，最高额保证人无须对新贷承担担保责任。

鉴于最高额保证的特殊性，保证人无从得知每笔债权的具体用途，所以不能仅因合同中存在保证人的"了解主合同借款用途"类似概括性的承诺就认定保证人对"借新还旧"知情，而应结合案件的特定证据具体判断保证人对"借新还旧"的特定用途是否知晓。

本案中，旧贷协议签订于 2016 年 11 月 30 日，借新还旧协议签订于 2017 年 12 月 14 日，而 S 管理公司、李某树、田某禾与 G 银行福山支行签订的《最高额保证合同》所担保的债权期间为 2017 年 11 月 30 日至 2020 年 11 月 29 日，该期间内仅包含借新还旧一份协议。对于新贷担保人而言，此时承担担保责任的前提是债权人提出担保人对以新还旧知情或应当知情的证据。虽然三个保证人已明确在保证合同中表明其了解借款用途，一审法院在说理部分通过对事实的分析也推定出保证人明知新贷的产生是用于偿还旧贷，进而才支持债权人的相关诉讼请求。

（三）小结

《担保制度解释》第 16 条在整合过往规则的基础上，增加担保物权的顺位规定，最终形成了“借新还旧”下关于担保责任的体系化规定。该条第一款的一般适用应注意新贷担保人与旧贷担保人是否一致以及新贷担保人对“借新还旧”的知情状况。在最高额保证下，则应将债权确定期间与旧贷及新贷的产生时间点进行比较，而后视需要判断保证人的知情状况从而确定其责任。此外，虽然第三部分讨论的对象是本案所涉的最高额保证，但相关规则及说理逻辑仍同样适用于最高额抵押担保中。

编写人：最高人民法院司法案例研究院与复旦大学联合培养实习生　杨心仪

【第 18 条　担保人向债务人追偿】

9

保证人对债务人行使追偿权的条件

——肖某花诉张某平追偿权案

【基本信息】

1. 裁判书字号

江西省万安县人民法院（2021）赣 0828 民初 210 号民事判决书

2. 案由：追偿权纠纷

3. 当事人

原告：肖某花

被告：张某平

【基本案情】

2014 年 2 月 17 日，万安县人民法院作出民事判决书，判决被告张某平返还某银行万安支行借款本金 30000 元及利息，肖某香、肖某花对以上款项承担连带保证责任，诉讼费 375 元由张某平负担，肖某香、肖某花对此费用承担连带保证责任。

后因张某平未在规定的履行期限内履行义务，某银行万安支行向万安县人民法院申请强制执行。2019年5月23日，肖某花代张某平向某银行万安支行清偿了借款30000元、利息7985.05元及诉讼费375元，并于2019年6月10日向万安县人民法院缴纳执行费360元。万安县人民法院于2019年6月10日出具执行结案通知书载明："被执行人肖某花已履行了上述民事判决书所确定的义务，并交纳执行费360元。"现肖某花要求张某平返还代为清偿的借款本息及诉讼费、执行费。

【案件焦点】

保证人对债务人行使追偿权的条件。

【裁判要旨】

江西省万安县人民法院认为：保证人承担保证责任后，有权在其承担保证责任的范围内向债务人追偿。肖某花作为保证人在张某平不履行还款义务时，代其履行了还款义务，故肖某花有权在其承担保证责任范围内向张某平追偿。虽其双方未约定代为清偿后的利息，但自肖某花代张某平承担保证责任之时，可视为双方之间存在事实上的借款关系，张某平应承担自肖某花代为还款之日起参照当时一年期贷款市场报价利率标准计算的相应利息。肖某花诉请的律师费未有证据证明，不予认定。综上，依据《中华人民共和国民法典》（以下简称《民法典》）第700条，《最高人民法院关于审理民间借贷纠纷案件适用法律若干问题的规定》第28条第2款第1项，《中华人民共和国民事诉讼法》第144条之规定，判决如下：

一、张某平于本判决生效之日起三日内偿还肖某花代为清偿的借款本息、诉讼费、执行费共计38720.05元并支付相应利息（利息自2019年5月24日起按一年期贷款市场报价利率标准计算至清偿之日止）；

二、驳回肖某花的其他诉讼请求。

【适用解析】

保证人对债务人的追偿权，是指保证人在履行全部或者部分保证责任后，有权向主债务人请求偿还的权利。其背后保护的法益是保证人因代为履行债务而遭受的利益损失，虽然从法理上说，保证人承担保证责任依据的是保证合同约定的义务，但就主债务人和保证人之间的关系而言，保证人承担保证责任，究其本质仍属于清偿他人

（主债务人）的债务，债务人因保证人的清偿而获益，故应当赋予保证人向主债务人追偿的权利。《民法典》第700条明确规定了保证人的追偿权，《最高人民法院关于适用〈中华人民共和国民法典〉有关担保制度的解释》（以下简称《担保制度解释》）第18条第1款吸收原《最高人民法院关于适用〈中华人民共和国担保法〉若干问题的解释》（以下简称《担保法解释》）第9条的规定，进一步明确承担了赔偿责任的担保人，亦可在其承担责任的范围内向债务人进行追偿①；同一债权债务人物的担保和第三人担保并存的，承担了担保责任或者赔偿责任的第三人，可以主张行使债权人对债务人享有的担保物权。根据该规定，保证人行使追偿权应当具备以下几个条件：

一、保证人已经承担保证责任

保证的本质含义，就是一种代偿行为，而保证人的追偿权，只有在保证人已经承担保证责任后才会产生。一般来说，保证人保证责任的承担，包括但不限于保证人向债权人的金钱给付、以物抵债（抵消、提存等）或承担损害赔偿责任等，即使保证人仅承担部分保证责任，但只要保证人已经因代为清偿而产生了实际损失，就可以此向债务人追偿。

实务中，有些保证人虽然实际上并未履行保证责任，却以生效的法律文书确定的义务来向债务人主张要求预先行使追偿权，这明显是对保证人追偿权的误解。预先行使追偿权的特殊状况与时间要求，必须是在人民法院受理债务人破产案件后，且即使是破产案件中“预先追偿权”的行使，也必须以保证人承担保证责任为前提。简言之，保证人真实地履行了保证责任，是其行使追偿权的首要条件。

二、债务人因保证人承担保证责任而免责

免责的法律意义是指相对人失去了请求权基础。保证人承担保证责任，虽然形式上是基于保证合同承担自己本应承担的义务，但是保证人的清偿使得债权人与债务人之间的债之关系消灭，债务人因此而免责，故而保证人当然有向债务人追偿之必要。

在担保法律关系中，保证人承担保证责任的形式一般有两种：一是在担保合同有效的情形下，保证人承担担保责任；二是在担保合同无效的情形下，保证人可能承担赔偿责任。担保合同有效时，保证人在承担保证责任后，债务人的债务因此而

① 如无特别说明，本文将担保人承担担保责任和赔偿责任的情形统称为担保责任。

消减，故其当然有权在其承担保证责任的范围内向债务人追偿。而当担保合同无效时，保证人可能因无效担保合同向债权人承担赔偿责任，依据《担保制度解释》第18条第1款的规定，承担赔偿责任的担保人仍然可以在其承担责任的范围内向债务人追偿。这是因为，此时保证人已承担的赔偿责任仍是原属于债务人应当承担的责任，债务人仍是最终责任人，保证人的代为赔偿同样使得债务人的债务因此而消减。

《担保制度解释》第18条第2款还特别明确，在同一债权中既有债务人自己提供的物的担保，又有第三人提供担保的情形下，承担了担保责任或者赔偿责任的第三人，可以主张行使债权人对债务人享有的担保物权。这一规定是从追偿权实现的层面，充分肯定和保障了保证人在承担保证责任后，对债务人享有的追偿权及其实现。也就是说，在保证人突破混合担保一般采取的“自物保优先”原则、承担责任提前代为清偿的情形下，就可以代位债权人行使债权人对债务人的担保物权，要求就债务人提供的自物保对自己进行提前清偿。

总体来说，保证人承担保证责任后，最直接的后果就是债务人的债务因此而减少或消灭，也就是说，只要保证人的行为导致债务人豁免部分或全部债务，保证人就当然对其享有追偿权；反之，若主债务人的免责缘由非因保证人承担保证责任而引起，那么保证人就不享有追偿权。

三、追偿权的范围应以保证人承担保证责任的范围为限

（一）《民法典》对原追偿权行使范围规范的修改

《担保法解释》第43条规定，保证人履行保证责任时，其实际清偿额大于主债权范围的，保证人只能在主债权范围内对债务人行使追偿权。该条款的本意是为了在最大限度保护债权人的基础上，一定程度地保护债务人不因保证人的清偿而增加无端的债务压力，但客观上却实实在在地加重了保证人的负担。① 因为实务中，保证人承担保证责任的范围往往都大于主债权，这一现象主要是因为保证人在清偿债务时，该债务通常已拖欠多时，由此不免产生利息、违约金等，而为了保障债权人的法益，这些因主债务而衍生的利息及违约金等，都需要保证人在代为清偿时一并还清，除非当事人另有约定。在这个过程中，原《中华人民共和国担保法》（以下简称《担保法》）及其司法解释偏重保护的是债权人的利益。

---

① 王利明：《合同法研究》（第四卷），中国人民大学出版社2018年版，第290页。

在保证合同中，如何平衡债权人和保证人利益保护一直是理论界与实务界争论的焦点问题，也是立法设计与司法实践的共同难题。立法目的的选择事关债权人与保证人利益保护孰先孰后，对债权人及保证人的权利影响可见一斑。而在当时社会的经济背景下，《担保法》及其司法解释在立法目的上则更侧重于对债权人利益的保护，但随着经济社会的迅猛发展，基于当时社会经济背景制定的法律规范俨然已不符合当今社会发展的需求。

《民法典》第700条及《担保制度解释》第18条改变了《担保法解释》第43条的规定，明确承担担保责任的保证人有权在其承担责任的范围内向债务人追偿。这一规定打破了之前处理该类案件的僵局，明确指出只要保证人承担的是债务人本应当履行的债务，其对债务人就应当享有追偿权。

（二）保证人对超范围履行的部分不享有追偿权

为主债务人担任保证人，本质上是一种委托关系，保证人受债务人的委托而履行保证义务，其作为受托人在办理债务人的委托清偿事务中，若因受托人自己的过错，履行了超过债务人本应履行的债务范围而造成自己损失的后果，属于超范围履行，是不能请求委托人（债务人）承担责任的。[①] 实务中，保证人超范围履行一般有以下两种情况：

（1）主债务未约定利息、违约金等，但保证人却支付了相应款项。若原债务合同在成立时并未约定利息、违约金、滞纳金等，而保证人在承担保证责任时支付了除原债务外的款项，此时的利息、违约金等款项，并不是因原债务合同的约定而产生的，是保证人自己因故意或过失多支付的，此时，多支付的款项就属于超范围履行，不享有追偿权。

（2）因保证人的故意或过失导致债务人未能行使依法享有的抵消权、撤销权。根据《民法典》第702条之规定，债务人对债权人享有抵消权或者撤销权的，保证人可以在相应范围内拒绝承担保证责任。但债权债务不具有典型公开性，主债务人是否对债权人享有撤销权或抵押权，保证人往往不得而知。故当主债务人对债权人享有撤销权或抵押权时，其应负有通知或告知保证人的义务，否则，因此导致的保证人超范围履行，债务人是否需要向保证人承担赔偿责任，需

① 李国光等：《最高人民法院〈关于适用《中华人民共和国担保法》若干问题的解释〉理解与适用》，吉林人民出版社1990年版，第175页。

择案分析。[1]

（三）主债务本身不成立

这一类型的状况较为复杂，有多种情形：（1）原债务已过诉讼时效，保证人因故意或过失未能行使主债务人的时效抗辩权；（2）主合同无效，债务人亦不需履行该合同确定的义务，但保证人却因故意或过失承担了合同约定的保证责任；（3）主债务已履行完毕，保证人因故意或过失重复履行，此时的保证人只能向原债权人主张不当得利返还请求权。

由此可见，保证责任的范围虽不以主债务为限，但也应当是债务人本应履行的债务。保证人在履行自己的保证义务时，首先要明确的就是债务人的权利、义务及具体的债务范围，若其盲目担责，很可能导致超范围履行，根据自己责任原则，保证人对超范围的履行不享有追偿权。

四、保证人无放弃追偿权的意思表示

这是保证人追偿权的消极要件，虽然实践中保证人放弃追偿权的概率较低，但追偿权作为一项权利是可以被放弃的，只要不涉及公序良俗、不违反法律规定，都应当尊重当事人的意思表示。但只要保证人在承担保证责任后没有明确表示向债务人赠与或放弃追偿的权利，保证人都当然地享有追偿权。

综上可见，对《民法典》第700条和《担保制度解释》第18条的规定，应进行符合立法意旨与司法适用向度的解释，其相较原《担保法》及司法解释的改变，明确了保证人对债务人行使追偿权的条件限制及要求，体现出《民法典》立法目的上对于债权人与保证人利益的平衡保护，也体现了符合社会发展切实需要的加强保证人权益保护的立法倾向。

编写人：江西省万安县人民法院　赖鑫丹　廖沛

---

① 程啸：《论〈民法典〉第702条上的保证人抗辩权》，载《环球法律评论》2020年第6期。

【第19条　反担保人责任承担】

10

保证人追偿权的时效期间应自权利金额确定之日整体起算

——钟某诉R融资担保有限公司抵押权案

【基本信息】

1. 裁判书字号

上海市第一中级人民法院（2020）沪01民终7084号民事判决书

2. 案由：抵押权纠纷

3. 当事人

原告（被上诉人）：钟某

被告（上诉人）：R融资担保有限公司（以下简称R公司）

【基本案情】

2011年9月15日，钟某与案外人N银行签订《中国银行个人投资经营贷款借款合同》，约定钟某向N银行借款295万元，借款期限为12个月，借款利率为月息5.46666‰。本合同所称债务是指借款人应向贷款人偿还、支付的全部款项，包括贷款本金、利息、罚息、费用、违约金、赔偿金及债权人实现债务的所有费用。本合同项下的贷款由R公司提供全程连带责任保证担保。

同日，N银行与R公司签订《个人投资经营贷款保证合同》，约定主合同项下的债务构成合同之主债务，包括本金、利息（包括法定利息、约定利息、复利、罚息）、违约金、赔偿金、实现债权的费用（包括但不限于诉讼费用、公证费用、执行费用等）、因借款人违约而给债权人造成的损失和其他所有应付费用，保证方式均为全程连带责任保证。

2011年10月25日，N银行向钟某发放贷款295万元。2012年10月25日贷款到期后，钟某未依约付息、还款。

2012年10月25日，钟某、R公司签订《抵押反担保合同》。后钟某向R公司出具《抵押反担保函》载明，2011年9月，本人向N银行贷款295万元，贵方向N银行提供连带担保责任，本人自愿以本人名下系争房屋就上述借款合同向贵方提供抵押反担保。抵押反担保范围：主合同债务人的债务本金、利息、违约金、损害赔偿金及贵方实现债权（含担保权利）的费用。同时，钟某还出具说明，双方至交易中心办理抵押手续时签订的有关协议仅供交易中心备案使用，对双方不具有约束力，就该抵押反担保的权利义务以抵押反担保函的内容为准。

2012年10月30日，钟某、R公司办理了系争房屋的抵押权登记手续，登记载明的债权金额为295万元，债务履行期限为2012年10月25日至2014年10月25日。

2013年9月29日，R公司代钟某归还N银行借款本息169467.7元。2013年10月29日，R公司为钟某代偿借款本息2886125.93元。

2014年9月15日，福建省宁德市蕉城区人民法院依法受理N银行起诉钟某、R公司等民间借贷合同纠纷一案（以下简称民间借贷纠纷案）。该案于2015年1月26日判决钟某偿还N银行借款罚息17199.71元；R公司等在前述确认的债务范围内向N银行承担连带保证责任，并在承担保证责任后，有权向钟某追偿。该判决已经生效。

2019年11月15日，R公司代钟某向N银行支付了520元、230元、1000元，上述款项分别系代钟某偿还公告费、诉讼费、罚息。

2020年3月13日，N银行向R公司发函称，你司担保的钟某名下一笔经营性贷款金额为295万元，于2011年10月已实现放款，截至2020年3月12日该笔贷款欠款金额16199.71元。

福建省宁德市蕉城区人民法院于2020年5月8日出具结案证明，证明民间借贷纠纷案民事判决所确定的义务已经全部履行，该执行案件已结案。

另，系争房屋上曾存在R公司以外的多项房屋抵押和司法查封措施。现该房屋已经被依法裁定拍卖，并已过户至案外人名下。该房屋经司法拍卖所得的价款用于清偿该案债务后，尚有剩余款项由法院代管。

现钟某诉至法院要求确认R公司在系争房屋上设置的抵押权失效。

【案件焦点】

1. 反担保的主债权如何认定；2 其诉讼时效如何起算。

【裁判要旨】

上海市浦东新区人民法院经审理认为：R 公司为钟某在 N 银行的借款承担连带担保责任，进而钟某以自有房屋抵押的方式向 R 公司进行反担保。该抵押担保合同为从合同，而该抵押担保合同的主合同应当为 R 公司的保证合同。连带保证责任的债权人在保证期间届满前要求保证人承担保证责任的，从债权人要求保证人承担保证责任之日起，开始计算保证合同的诉讼时效。本次诉讼距 R 公司 2013 年代为清偿已经时达 6 年，距 N 银行 2014 年起诉已经时达 5 年之久，R 公司均未行使抵押权，故 R 公司保证合同的诉讼时效已经届满。R 公司未在保证合同的诉讼时效期间行使抵押权，故其在系争房屋上的抵押权已经不再发生法律效力。

故一审判决确认 R 公司在系争房屋上设立的抵押权失效。

一审判决后，R 公司不服提起上诉。

上海市第一中级人民法院经审理认为：该反担保的主债权系 R 公司对钟某的未来债权，而该债权是 R 公司实际承担保证责任后所产生的向钟某追偿的权利。追偿权在反担保合意达成时并未确定发生，且具体金额需根据担保人的实际清偿范围最终确定，系争抵押权并非用于担保 R 公司履行对 N 银行的保证义务。R 公司向 N 银行实际承担保证责任共分三期：2013 年 9 月 29 日支付借款本息 169467.7 元；2013 年 10 月 29 日支付借款本息 2886125.93 元；2019 年 11 月 15 日支付公告费、诉讼费、罚息共计 1750 元。R 公司对钟某的追偿权系在三期清偿时分别产生，在最后一期追偿权产生前，债务人不存在对偿还义务履行期已经完全届满的善意信赖，而担保人却存在就追偿权未来整体主张的正常预期，故从最后一期追偿权产生之日整体起算诉讼时效期间。N 银行系分期向 R 公司主张权利，R 公司的最后一期追偿权系在 2019 年 11 月 15 日产生，且属于钟某的反担保范围。因此，R 公司对钟某的追偿权均应自 2019 年 11 月 15 日起算诉讼时效期间。R 公司即使在本案诉讼前没有向钟某主张追偿，系争抵押权的主债权至今也并未超出诉讼时效期间，没有丧失司法救济效力，系争抵押权在法定顺位基础上依然就剩余款项存在优先受偿效力。

故二审改判撤销一审判决，驳回钟某的诉讼请求。

【适用解析】

反担保又称为求偿担保，是为保障债务人之外的担保人将来承担担保责任后对债务人的追偿权的实现而设定的担保。从本质上而言，反担保亦是一种担保，与担保同样具有促进资金融通、保障债权实现及维护交易安全的重要作用。① 然而，涉及反担保相关的法律规定较为抽象，具体案件的规则适用需要结合民法的一般原理，参照类似价值取向的规则予以厘清。原《中华人民共和国物权法》第 202 条规定："抵押权人应当在主债权诉讼时效期间行使抵押权；未行使的，人民法院不予保护。"该条文已经被《中华人民共和国民法典》（以下简称《民法典》）吸收，并规定于物权编第 419 条中。又根据《全国法院民商事审判工作会议纪要》第 59 条第 1 款之规定："抵押权人应当在主债权的诉讼时效期间内行使抵押权。抵押权人在主债权诉讼时效届满前未行使抵押权，抵押人在主债权诉讼时效届满后请求涂销抵押权登记的，人民法院依法予以支持。"本案中，钟某请求确认 R 公司在系争房屋上设置的抵押权失效并要求办理抵押登记注销手续，而根据上述规定，抵押权能否有效行使取决于主债权是否还在诉讼时效期间内，故本案钟某的诉请能否得到支持的关键在于反担保的主债权如何认定及其诉讼时效如何起算的问题。

一、反担保主债权之性质认定

根据原《中华人民共和国担保法》（以下简称原《担保法》）第 4 条、第 31 条之规定，"第三人为债务人向债权人提供担保时，可以要求债务人提供反担保。反担保适用本法担保的规定"。"保证人承担保证责任后，有权向债务人追偿。"《民法典》颁布后，上述内容被分别整合编入合同编、物权编，并规定于《民法典》第 387 条②及第 689 条③中。

正如债权人担忧债务人的偿债能力而要求债务人提供担保一样，担保人亦会担忧其履行担保责任后，能否从债务人处获得清偿，故为保障其追偿权的实现，担保人也往往会要求债务人为其提供反担保。反担保的本质功能在于使担保人的追偿权

---

① 刘保玉：《反担保初探》，载《法律科学》1997 年第 1 期。

② 《民法典》第 387 条第 2 款：第三人为债务人向债权人提供担保的，可以要求债务人提供反担保。反担保适用本法和其他法律的规定。

③ 《民法典》第 689 条：保证人可以要求债务人提供反担保。

得以实现[①]，其规则设计是用担保原理解决担保本身的瑕疵[②]。反担保的权利义务关系是存在于担保人（反担保关系中的债权人）与债务人（反担保关系中的担保人）之间。担保的是担保人承担担保责任后向债务人追偿的权利，其对应的主债权是担保人对债务人的追偿权，该债权是一种未来的、不确定的债权。

反担保与本担保两者既相互联系，又相互独立。反担保自本担保中衍生而来，设立于本担保关系的基础之上，只有担保人先为债务人提供本担保，其才有权要求债务人提供反担保。反担保反过来又有助于本担保关系的成立，由于反担保为担保人提供了保障，减少了追偿权不能实现的风险，亦会促进本担保的成立。但是，反担保又不同于本担保，《民法典》第 388 条第 1 款规定："……担保合同是主债权债务合同的从合同。主债权债务合同无效的，担保合同无效，但是法律另有规定的除外。"而根据《最高人民法院关于适用〈中华人民共和国民法典〉有关担保制度的解释》（以下简称《担保制度解释》）第 19 条第 2 款之规定，当事人仅以担保合同无效为由主张反担保合同无效的，人民法院不予支持。从上述法律规定可知，担保合同无效不会导致反担保合同无效，反担保并非担保合同的从合同，两者本质区别在于担保的主债权不同，本担保的对象是主合同债权人对债务人的债权，反担保的对象则是担保人对债务人的追偿权，此系为担保人基于本担保合同关系代债务人清偿之事实而产生的一种新债权，该债权在反担保合意达成时并未确定发生，而是在担保人承担担保责任后才实际发生，且具体金额需根据担保人的实际清偿范围最终确定。当担保合同无效时，如担保人存在过错并承担了赔偿责任，则在其承担责任范围内仍有权向债务人进行追偿，此时反担保的主债权即追偿权依然存在，范围为担保人承担的赔偿责任。

本案中，钟某向 N 银行借款，R 公司为钟某向 N 银行作出了连带担保承诺，钟某又以系争房屋作为抵押向 R 公司提供反担保，反担保范围为主合同债务人的债务本金、利息、违约金、损害赔偿金及 R 公司实现债权的费用。R 公司与钟某并不存在基础交易关系，该反担保的主债权系 R 公司对钟某的未来债权，而该债权是 R 公司实际承担保证责任后所产生的向钟某追偿的权利。系争抵押权并非用于担保 R

---

① 刘保玉、吕文江：《债权担保制度与研究》，中国民主法制出版社 2000 年版，第 66 页。

② 张淑隽、潘皞宇：《论反担保制度的形成原理及其立法、司法层面的操作理念》，载《法学评论（双月刊）》2010 年第 2 期。

公司履行对N银行的保证义务，而是用于担保R公司履行完对N银行保证义务之后向钟某追偿的权利，一审法院认定系争反担保关系的主合同为R公司与N银行的保证合同，系适用法律错误，故二审法院对此予以更正。

二、反担保追偿权的诉讼时效期间起算规则

根据原《最高人民法院关于适用〈中华人民共和国担保法〉若干问题的解释》第42条第2款之规定："保证人对债务人行使追偿权的诉讼时效，自保证人向债权人承担责任之日起开始计算。"该规定抽象认定了追偿权自实际承担担保责任起产生，并开始计算诉讼时效期间，但没有明确分期产生的追偿权如何起算时效期间。在《民法典》及《担保制度解释》颁布后，上述条文已失效，现行法律法规并没有对追偿权诉讼时效的规定，而即使参照原司法解释规定，实践中对于分期产生追偿权的时效期间认定仍存在不一致之处。对此，笔者认为，反担保权利的实现，应当以其主债权即追偿权确定为前提，分期履行担保义务的追偿权应类推适用分期履行债务之规定，从最后一期追偿权产生之日整体起算诉讼时效期间。

反担保抵押权的主债权是担保人向债务人追偿的权利，是一种面向未来的、履行期限无约定、金额不确定的债权。如果担保人没有实际履行担保责任，就不能产生追偿权，又或担保责任尚未履行完毕，反担保的债权范围就无法确定。在（2016）最高法民申30号钟某成与电力集团等追偿权纠纷再审一案中，法院执行通知书告知担保人限期于2009年6月23日前履行生效判决，然执行终结裁定确认担保人实际于2011年4月7日全部履行担保责任，最高人民法院在此案中明确担保人对债务人行使追偿权的诉讼时效应当自实际承担担保责任之日即2011年4月7日起算。因此，反担保权利人实现担保权的前提在于追偿权的实际发生与整体金额确定，这与最高额担保有类似之处。最高额抵押是指在最高债权额限度内对一定期间内连续发生的债权作担保，所担保的也是面向未来的不固定债权，在设立最高额抵押时，债权尚未发生，实际发生的债权额也是不固定的。根据《民法典》第423条的规定，有下列情形之一的，抵押权人的债权确定：（1）约定的债权确定期间届满；（2）没有约定债权确定期间或者约定不明确，抵押权人或者抵押人自最高额抵押权设立之日起满二年后请求确定债权；（3）新的债权不可能发生；（4）抵押权人知道或者应当知道抵押财产被查封、扣押；（5）债务人、抵押人被宣告破产或者解散；（6）法律规定债权确定的其他情形。《担保制度解释》第30

条规定："……最高额保证合同对保证期间的计算方式、起算时间等没有约定或约定不明，被担保债权的履行期限均已届满的，保证期间自债权确定之日起开始计算；被担保债权的履行期限尚未届满的，保证期间自最后到期债权的履行期限届满之日起开始计算。前款所称债权确定之日，依照民法典第四百二十三条的规定认定。"从上述规则可以看出，如果担保的主债权系不特定债权，当主债权未最终确定时，担保权利不具备行使条件，也不应苛责债权人在首期债权发生后就立即主张担保权利。反担保抵押权对应的追偿权确定应当参照上述规定，以担保义务确定履行完毕，后续担保义务确定不再发生为标准。

本案中，R公司向N银行分三期承担保证责任，而主债务纠纷的执行法院也在第三期担保责任履行后出具了结案证明，证明相关义务已经全部履行完毕。因此，自2019年11月15日R公司最后一期担保责任履行后，N银行对钟某的债权已得到完全清偿，对担保人R公司而言，债权人N银行不可能再向其主张担保责任，其对债务人钟某也不可能再产生新的追偿权，故反担保抵押权对应的追偿权金额于当日得以最终确定。

三、整体主张追偿权的信赖基础与规则价值

法律设置诉讼时效期间的目的在于防止债权人怠于主张权利，构成了对权利行使的价值指引，担保人追偿权作为一种特殊的债权，其时效期间起算规则应当促进该权利的理性行使，有利于实现担保人、债权人、债务人三方的信赖保护与利益平衡。笔者认为，基于分期担保与分期履行的信赖利益标准具有内在一致性，防止担保人与债权人的执行竞争，加之对诉讼时效立法目的及诉讼效率之考量，分期担保追偿权的诉讼时效可类推适用分期履行债务之规定，从最后一期追偿权产生之日整体起算诉讼时效期间。具体理由有以下三点：

（一）与分期履行债务[①]的信赖利益标准一致

根据2008年9月1日起施行的《最高人民法院关于审理民事案件适用诉讼时

---

① 同一债务分期履行指的是在同一合同项下约定分期履行的同一笔债务，债务的内容和范围在合同订立时已确定，不随时间经过而变化，时间因素只是影响履行方式，典型情形包括：约定分期还款的借款合同、分期交货的买卖合同。参见最高人民法院民事审判第二庭编著：《最高人民法院关于民事案件诉讼时效司法解释理解与适用》，人民法院出版社2008年版，第111页。

效制度若干问题的规定》第5条[①]规定："当事人约定同一债务分期履行的，诉讼时效期间从最后一期履行期限届满之日起计算。"该规定被《民法典》吸收，规定于总则编第189条中。根据该规定，同一性质债务所约定的内部份额履行期不同，并不导致诉讼时效期间分段起算，而是应当以履行期的整体届满作为诉讼时效期间的起点。因此，在约定分期债务属于同一性质的情况下，债权人既可以分段主张履行请求权，也可以享有整体起算诉讼时效期间的利益。

追偿权是法定权利，其分期产生虽然并非基于担保人与债务人的合同预设约定，但追偿权对应债务人的偿还义务，该义务无论何时产生，均属于同一性质，构成了不可分的整体，这与继续性合同[②]中的定期给付债务不同，继续性合同中的定期债务并非不可分的整体，诉讼时效可分别起算，而追偿权具有整体性特征，每一次履行担保行为都可看作整体履行中的部分履行，虽具有一定独立性，但不足以否认整体性。且债务人对担保人的责任范围与自身的偿还义务是明知的，如果剩余债务属于担保范围，且没有超出诉讼时效期间，而债务人又没有主动清偿的行为，其就可以预见到担保人将继续承担责任，其对担保人的后续偿还义务也将继续产生。在（2018）辽民申2952号"饲料公司与信用担保中心等追偿权纠纷"再审一案中[③]，辽宁省高级人民法院认为，债权人申请法院强制执行的内容包括借款本金及利息，担保人于2011年6月30日对本金承担了给付义务，代为偿还贷款本金277万元，但利息仍在强制执行中，故担保人所承担的保证责任尚未履行完毕，其于2011年6月30日的给付行为不能作为计算诉讼时效的起点。在最后一期追偿权产生前，债务人不存在对偿还义务履行期已经完全届满的善意信赖，而担保人却存在就追偿权未来整体主张的正常预期，这与约定分期履行中的信赖利益标准是一致的，故诉讼时效之认定也应保持一致，从最后一期追偿权产生之日整体起算诉讼时效期间。

---

① 根据《最高人民法院关于修改〈最高人民法院关于在民事审判工作中适用《中华人民共和国工会法》若干问题的解释〉等二十七件民事类司法解释的决定》的规定，本司法解释本条已被删除。

② 继续性合同指向定期的重复给付债务，是指不断地重复相同内容的合同，而不是一时或一次完成的合同。典型情形包括：租赁合同、租用合同、雇佣合同、仓储合同、消费信贷合同，电、水、气供应合同等。

③ （2018）辽民申2952号，载中国裁判文书网，https：//wenshu. court. gov. cn/website/wenshu/181107ANFZ0BXSK4/index. html? docId = adcbe7b1de2e448fb3ada9ba00219290，2022年3月12日访问。

(二) 有利于防止担保人与债权人的执行竞争

主债权债务关系存在于债权人与债务人之间，担保的目的在于保障主债权能够得到完全清偿，而担保人系在承担担保责任后与债务人形成新的债权债务关系，该债权债务关系是在担保人替债务人清偿主债务基础上被动产生的，反担保则是为保障该新产生的债权债务关系的后续清偿而设立。反担保与本担保不应当割裂来看，反担保在整个制度设计中被定位为对原有制度缺陷的必要补充。[①] 因此，担保法律制度中实际隐含着一种价值取向，即应当尽量保障债权人的主债权得到优先清偿。如鼓励担保人在每次分期履行后立即向债务人主张权利，那么在债权人的主债权尚未得到完全清偿之时，极易陷入担保人与债权人竞争执行债务人责任财产的情况，不利于主债权的顺利受偿，有违本担保设立之初衷。反之，不分期单独起算诉讼时效，而从最后一期追偿权产生之日整体起算时效，其价值取向是稳定担保人的预期，防止担保人与债权人产生对债务人财产的执行竞争，更好地保护债权人的利益，实现担保法律制度的利益平衡。

(三) 符合诉讼时效制度目的与诉讼经济原则

从诉讼时效角度来看，诉讼时效制度的立法目的主要在于督促权利人行使权利、推定义务人不负义务、避免举证困难、保护交易安全。[②] 对于享受反担保抵押权利的权利人（担保人）而言，债务人对其提供的反担保抵押系一个整体，当担保人分期限、多次承担担保责任时，如每次履行担保行为均产生一个单独的债权请求权并分别起算诉讼时效，那么担保人需每次单独主张债权，若债务人无法清偿，则需就抵押财产进行折价、拍卖或变卖，但事实上担保人不可能就抵押财产进行分开、多次的折价、拍卖或变卖，故分期起算诉讼时效无法完整、完善地保障担保人的权利，也失去了反担保抵押设立的初衷，无法实现反担保抵押的目的。不分期单独主张并非担保人怠于行使权利，而是基于对同一债务的整体性及关联性的合理信赖，为促进双方友好合作关系、不愿或不想在部分债权受到侵害后就立刻主张权利。[③] 另

① 参见张淑隽、潘皞宇：《论反担保制度的形成原理及其立法、司法层面的操作理念》，载《法学评论（双月刊）》2010 年第 2 期。

② 参见宋晓明、刘竹梅、张雪楳：《〈关于审理民事案件适用诉讼时效制度若干问题的规定〉的理解与适用》，载《人民司法》2008 年第 21 期。

③ 参见最高人民法院民事审判第二庭编著：《最高人民法院关于民事案件诉讼时效司法解释理解与适用》，人民法院出版社 2008 年版，第 109 页。

外，如分期独立起算诉讼时效，担保人会就每一笔分期履行的债务分别起诉，此易造成司法资源的严重浪费，增加不必要的诉累，等最后一期履行期限届满之日主张，不仅有利于减轻权利人的举证责任，也有利于节约司法资源、减少讼累，实现诉讼效率及诉讼时效制度的价值平衡。

本案中，R公司对钟某的追偿权系在三期清偿时分别产生，但在最后一期追偿权产生前，担保人仍存在就追偿权未来整体主张的正常预期，故从最后一期追偿权产生之日整体起算诉讼时效期间。现N银行系分期向R公司主张权利，R公司的最后一期追偿权系在2019年11月15日产生，且属于钟某的反担保范围，故R公司对钟某的追偿权均应自2019年11月15日起算诉讼时效期间，系争抵押权的主债权并未超出诉讼时效期间，没有丧失司法救济效力，系争抵押权在法定顺位基础上依然就剩余款项存在优先受偿效力。故二审改判撤销一审判决，驳回钟某的诉讼请求。

编写人：上海市第一中级人民法院 李兴 丁杏文

【第19条 反担保人责任承担】

11

债务人向担保人交付的履行原债务并反担保责任的保证金不能列入反担保责任范围

——C担保公司诉X粮油工贸公司等追偿权案

【基本信息】

1. 裁判书字号

黑龙江省高级人民法院（2020）黑民终211号民事判决书

2. 案由：追偿权纠纷

3. 当事人

原告（上诉人）：C担保公司

被告（被上诉人）：X 粮油工贸公司、赵某莲、徐某锁、徐某、沈某江、屈某杰、张某明

【基本案情】

2015 年 9 月 25 日，X 粮油工贸公司与 X 信用社签订《流动资金借款合同》，约定：借款金额 900 万元，借款期限自 2015 年 11 月 20 日至 2016 年 11 月 19 日，借款用途是收购粮食，计息、结息方式为按季结息，贷款利率为 7.8%，担保方式为保证。同日，X 粮油工贸公司与宣德信用社、C 担保公司签订《保证合同》，约定：保证人为 C 担保公司，保证方式为连带责任保证，保证担保范围为主债权本金、利息、违约金、损害赔偿金、实现债权的费用，以及因债务人违约给债权人造成的损失和其他所有应付费用。

同日，X 粮油工贸公司与 C 担保公司签订《委托保证合同》，约定：委托担保种类为流动资金借款，金额 900 万元；委托担保债务履行期限为 12 个月，自 2015 年 11 月 20 日至 2016 年 11 月 19 日；保证方式为连带责任保证；保证范围以 C 担保公司与受益人签订的保证合同或保函等法律文件约定的保证范围为准；保证期间为借款合同履行期届满之日起两年，担保费支付数额：担保费率为担保金额的 1.6%/年，金额为 14.4 万元，自委托担保债务逾期之日起，X 粮油工贸公司应向 C 担保公司每日按委托担保债务总额的万分之五比例支付逾期担保费用，直至 X 粮油工贸公司向 C 担保公司偿还全部委托担保债务时止。C 担保公司因履行保证责任而代偿的，有权向 X 粮油工贸公司及反担保人追偿代偿资金本息及 C 担保公司因收回代偿资金本息而产生的全部费用，并自代偿之日起，X 粮油工贸公司按照代偿总额的每日 0.05%向 C 担保公司支付代偿罚息。

2015 年 11 月 20 日，C 担保公司、X 粮油工贸公司签订《保证金协议书》，约定：C 担保公司为 X 粮油工贸公司在宣德信用社借款提供担保，X 粮油工贸公司向 C 担保公司提供反担保措施，并向 C 担保公司支付履约保证金事宜。（1）C 担保公司为 X 粮油工贸公司提供担保的总额为 900 万元；（2）X 粮油工贸公司为 C 担保公司提供的反担保措施为房产抵押、股权质押及个人连带责任保证；（3）X 粮油工贸公司交付的保证金为 50 万元；（4）保证金用于保证 X 粮油工贸公司完全、无瑕疵履行相关借款合同及反担保合同。相关合同完全、无瑕疵履行完毕后，C 担保公司

退还本保证金给X粮油工贸公司（不计息）。若X粮油工贸公司违反相关借款合同、担保合同及反担保合同及承诺书的约定，X粮油工贸公司同意将本保证金作为违约金全部支付给C担保公司，且该笔款项不作为C担保公司代偿后依据其他相关合同约定要求X粮油工贸公司承担违约责任的组成部分。

同日，屈某杰向C担保公司交纳保证金50万元，双方签订《反担保（房地产抵押）合同》，屈某杰以两处房产向抵押权人提供抵押反担保，约定期限在借款期限基础上顺延六个月；债权金额分别为300万元、600万元，并于2015年11月28日办理抵押登记，抵押期限自2015年11月20日至2016年11月19日；抵押人抵押反担保的范围包括：借款合同项下全部借款债权及利息（包括复利和罚息）、违约金、赔偿金，以及被保证人应当向抵押权人交纳的担保费、罚息、抵押权人实现债权所发生的一切费用（包括但不限于诉讼费、公证费、仲裁费、律师费、财产保全费、差旅费、执行费、评估费、拍卖费等）。

同日，赵某莲、徐某锁分别与C担保公司、X粮油工贸公司签订《反担保股权质押合同》，出质人分别为赵某莲、徐某锁，其以所持X粮油工贸公司股份提供质押担保，出质股份占X粮油工贸公司股份比例分别为80%、20%，质押价值分别为1600万元、400万元，被担保债权数额分别为720万元、180万元；质押担保范围包括借款债权本金及利息、罚息、复利、违约金、赔偿金、保管费用、实现质押权的费用和所有其他应付费用。借款债权为：C担保公司作为本合同条款中所规定之保证合同中的保证人向受益人承担保证责任，以及保证合同所规定的其他由C担保公司应承担的债务，而对徐某锁所享有的相应之追偿权。若发生代偿，出质人应当向质押权人承担不低于保证金额10%的违约责任。上述股权均于2015年11月27日办理股权质押登记。

同日，C担保公司与X粮油工贸公司、赵某莲、徐某锁、屈某杰签订《反担保抵/质押合同补充协议》，约定：(1) X粮油工贸公司、赵某莲、徐某锁、屈某杰为C担保公司提供的反担保物对应全部债权，不因登记机关登记金额受限。(2) 债务履行期内，若X粮油工贸公司未能提前或按时清偿所担保债权，C担保公司承担保证责任后，可依据法定方式处分C担保公司与X粮油工贸公司双方签订的《委托保证合同》项下所有抵押财产。(3) 如果借款合同到期，X粮油工贸公司未能全额还款或者在保期间由于X粮油工贸公司经营不善导致不能按期付息还款，致使贷款银行要求C担保公司履行代偿责任，X粮油工贸公司从贷款逾期后一个月内，须对抵押资产的保险期限在原借款期限上延长两年，如未及时延长保险期限的，X粮油工贸公司同意依据抵押物评估值作为违约金支付给C担保公司。

同日，赵某莲自愿作为X粮油工贸公司的保证人，提供反担保保证，向C担保公司出具《连带责任承诺书》，承诺：担保方式为连带担保责任；保证期限，自上述贷款合同生效之日起至履行期限届满之日后两年；保证范围，C担保公司对X粮油工贸公司的担保债权本金及利息（包括复利和罚息）、违约金、赔偿金和贵公司实现债权而发生的一切费用（包括但不限于诉讼费、律师费、评估拍卖费用等）。并承诺个人资产、夫妻共有财产及其他共有资产在反担保期限内不转让、不抵押、不处置、不转移。在贵公司要求本人承担保证责任而进行追偿时，贵公司有权处置本人个人资产、夫妻共有财产及其他共有资产，并就处置所得受偿。同时承诺在贵公司提供保证担保的保证期间内不签署任何担保财产的处置协议。徐某锁作为保证人赵某莲的财产共有人（二人系夫妻关系）在《连带责任承诺书》中签名并捺印。徐某锁向C担保公司出具《承诺书》，承诺：自愿用本人与赵某莲的所有夫妻共同财产为X粮油工贸公司在C担保公司提供反担保措施，并完全承认赵某莲与C担保公司签订的各种合同及文件。屈某杰与张某明系夫妻关系，徐某与沈某江系夫妻关系，皆同样作为反担保人向C担保公司出具与上述承诺内容相同的《连带责任承诺书》及《承诺书》。

2015年12月1日，C担保公司与X粮油工贸公司、赵某莲等6人签订《还款协议书》，约定：赵某莲、徐某锁、屈某杰、张某明、徐某、沈某江用其名下的全部财产为X粮油工贸公司的上述借款900万元向C担保公司提供连带责任保证反担保，并于12月8日经公证赋予《还款协议书》强制执行效力。

2016年11月7日，C担保公司根据哈尔滨农村商业银行股份有限公司宣德支行（原宣德信用社，以下简称宣德支行）《担保履约通知书》要求，代X粮油工贸公司偿还贷款本金900万元、利息33.758万元、逾期利息15.444万元，合计949.202万元。

【案件焦点】

1. 案涉保证金构成担保抑或违约责任；2. 委托担保或反担保中约定的违约责任是否有效。

【裁判要旨】

黑龙江省哈尔滨市中级人民法院经审理认为：本案中各方当事人之间签订的《保证合同》《委托保证合同》《保证金协议书》《反担保（房地产抵押）合同》《反担保股权质押合同》及《反担保抵/质押合同补充协议》等，均系签约各方当事人的真实意思表示，未违反法律和行政法规的强制性规定，合法有效，合同当事人均应严格履行合同所约定的义务。

X 粮油工贸公司未能依约履行还款义务，C 担保公司作为连带责任保证人，代 X 粮油工贸公司偿还借款本金、利息、罚息等共计 949.202 万元，其已依法取得向 X 粮油工贸公司追偿上述款项的权利。由于《保证合同》《委托保证合同》中明确约定 C 担保公司代偿后 X 粮油工贸公司应支付保证金。因 C 担保公司已收取 X 粮油工贸公司保证金 50 万元，该保证金包含在合同约定的反担保责任当中。扣除此款后，X 粮油工贸公司应给付 C 担保公司代偿款为 899.202 万元。故判决如下：

一、X 粮油工贸公司于判决生效之日起十日内向 C 担保公司返还代偿款 899.202 万元；

二、X 粮油工贸公司于判决生效之日起十日内向 C 担保公司返还代偿款利息（以代偿款 899.202 万元为基数，自 2016 年 11 月 7 日起至实际给付之日止，按年利率 24%计付）；

三、X 粮油工贸公司于判决生效后十日内偿付 C 担保公司为实现债权所支付的律师费 4 万元；

四、上述一、二、三项逾期给付，C 担保公司有权对屈某杰在《反担保（房地产抵押）合同》中所涉抵押物折价或者拍卖、变卖所得的价款在 900 万元范围内优先受偿；

五、C 担保公司有权对赵某莲持有的 X 粮油工贸公司 80% 股权折价或者拍卖、变卖所得的价款优先受偿；

六、C 担保公司有权对徐某锁持有的 X 粮油工贸公司 20% 股权折价或者拍卖、变卖所得的价款优先受偿；

七、驳回C担保公司其他诉讼请求。

C担保公司不服一审判决，提起上诉。

黑龙江省高级人民法院经审理认为：根据C担保公司与X粮油工贸公司于2015年11月20日签订的《保证金协议书》第4条约定，如X粮油工贸公司完全、无瑕疵履行完毕相关借款合同及反担保合同，C担保公司向X粮油工贸公司退还保证金。如X粮油工贸公司违反约定，该保证金作为违约金全部支付给C担保公司，且该笔款项不作为C担保公司代偿后依据其他相关合同约定要求X粮油工贸公司承担违约责任的组成部分。据此，可以确认双方当事人的真实意思表示为，该50万元履约保证金是独立于反担保合同约定的担保责任之外的一项独立担保，其与反担保责任范围应是并列关系，不应在反担保合同约定的反担保责任中冲减。但C担保公司与X粮油工贸公司在《委托保证合同》中约定，以担保债务总额按照日万分之五利率计算逾期担保费用，以代偿总额按照日万分之五利率计算代偿罚息。因该计算标准过高，一审法院综合认定以年利率24%计算相应予以保护，并无不当。即X粮油工贸公司总的违约责任不应超过年利率24%，故案涉50万元保证金可在利息中扣除。一审法院在代偿款中扣除不当，本院予以纠正。判决如下：

一、维持哈尔滨市中级人民法院（2019）黑01民初1009号民事判决主文第三、五、六项；

二、撤销哈尔滨市中级人民法院（2019）黑01民初1009号民事判决主文第一、二、四、七项；

三、X粮油工贸公司于判决送达之日起十日内给付C担保公司代偿款949.202万元及利息（以代偿款949.202元为基数，自2016年11月7日起至实际给付之日止，按年利率24%计算，案涉50万元保证金在利息中扣除）；

四、如X粮油工贸公司不能清偿上述款项，C担保公司有权以屈某杰在《反担保（房地产抵押）合同》中提供的抵押物折价或者拍卖、变卖的价款优先受偿；

五、驳回C担保公司其他诉讼请求。

【适用解析】

一、关于案涉保证金性质问题

保证金亦称履约保证金，是债务人向债权人预先支付的、保证按照合同约定履行义务的一笔钱。在债务人未能按照合同约定履行其债务时，其无权请求债权人返还该保证金。保证金与定金的区别，主要在于定金法定，是典型担保；保证金由合同当事人约定，从行为外观看具有担保的特征，属于非典型担保，不适用双倍返还罚则。保证金形式多样，方式灵活，合同缔约方可以赋予保证金不同的保证内容，被认为是担保的一种灵活形式。实务中，在建设工程、国有土地使用权出让、租赁、期货交易等合同或法律关系中，经常出现保证金的担保方式，其种类和性质复杂，对合同的担保作用根据签约目的表现出不同的功能。

目前我国学界对保证金质押性质的观点，有权利质押说、特殊动产质押说、所有权让与说、约定抵销说等。其中特殊动产质押说即金钱质押说、权利质押说是主流观点。产生不同认识的主要原因在于金钱不同于一般动产，通常具有“占有即所有”的特性。在《最高人民法院关于适用〈中华人民共和国民法典〉有关担保制度的解释》（以下简称《担保制度解释》）出台以前，保证金账户质押纠纷主要是以原《最高人民法院关于适用〈中华人民共和国担保法〉若干问题的解释》（以下简称《担保法司法解释》）第 85 条的规定作为裁判依据，认为保证金账户质押成立除合意外还需要满足金钱“特定化”以及转移占有两个要件。《担保制度解释》删除了“特定化”的相关规定，并将“设立专门的保证金账户并由债权人实际控制，或者将其资金存入债权人设立的保证金账户”作为保证金担保权人优先受偿的要件。

本案中，债务人与担保人缔结了《保证金合同》，约定“保证金用于保证 X 粮油工贸公司完全、无瑕疵履行相关借款合同及反担保合同”。此处约定的保证金保证范围涵盖了债务人的全部义务，包括相对于主债权的债务履行义务、相对于担保的反担保履行义务。综合约定内容来看，其中的债务履行义务，是债务人为安抚担保人所作出的努力避免其承担担保责任的保证；其中的反担保履行义务，是债务人作出的确认反担保能够实现的保证。保证的目的均是对担保人的安抚。同时约定：“若 X 粮油工贸公司违反相关借款合同、担保合同及反担保合同及承诺书的约定，X 粮油工贸公司同意将本保证金作为违约金全部支付给 C 担保公司，且该笔款项不作为 C 担保公司代偿后依据其他相关合同约定要求 X 粮油工贸公司承担违约责任的组成部分。”该约定明确了案涉保证金属于违约责任赔偿的性质，并明确将之排除在 X 粮油工贸公司赔付 C 担保公司代偿款之外。一审法院认定该保证金性质属担保，判决已交付的保证金冲抵担保人的代偿款，即没有认定两公司对案涉保证金性质的约定。

可见，保证金本身性质及其功能完全取决于合同当事人的约定，其可以交付留置金、担保金、订约金、押金或者订金等方式出现，但其促使相对义务人积极履行义务的效能不变。为了减少形式多变的保证金可能带来的纠纷，对保证金的约定方式、保证范围、保证金取得，以及实现方式进行框定仍需要司法实务界进一步总结凝练。

二、关于反担保中违约责任能否列入反担保责任范围问题

反担保是指债务人或者第三人向担保人作出保证或者设定物的担保，在担保人因履行债务或者承担责任而遭受损失时，向担保人作出清偿。反担保是与本担保相对应的概念。反担保为解决求保难提供了一条途径，提高了担保人担保的积极性，有利于促进全社会资金融通。在《中华人民共和国民法典》（以下简称《民法典》）施行前，反担保适用原《中华人民共和国担保法》（以下简称《担保法》）、原《中华人民共和国物权法》（以下简称《物权法》）及有关司法解释的规定，《民法典》第 387 条和第 689 条规定了反担保，《担保制度解释》第 19 条对反担保作了进一步规定。

反担保具有担保的特征和属性，在反担保中，与反担保相对应并作为设定反担保前提的担保称为本担保。本担保构成反担保的基础法律关系，但两者却有本质区别。其根源在于担保和反担保的担保对象不同。反担保合同中的担保对象为本担保中担保人的追偿权，属附生效条件的合同，其以本担保中担保人履行债务或者承担责任而遭受损失为生效要件，而一般担保的担保对象为债权债务合同中的主债务。此外，两者的参与主体也不同。反担保的参与主体为本担保中的担保人和债务人或其他第三人，担保的参与主体为债权人、债务人与担保人。反担保的功能系确保担保人追偿权的实现，反担保的责任范围包括但不限于担保债务及担保人因履行担保责任的支出。

值得一提的是，关于留置与定金两种担保方式是否适用于反担保确有争议。《民法典》施行前，通说认为担保方式有五种，分别是抵押、质押、保证、留置和定金，反担保的方式仅限于抵押、质押和保证。原《担保法司法解释》第 2 条第 2 款明确规定："反担保方式可以是债务人提供的抵押或者质押，也可以是其他人提供的保证、抵押或者质押。”关于留置是否适用于反担保，学界通说认为，在留置等法定担保物权中，不可能产生反担保，其只能在约定担保中产生。由于留置权属于法定担保物权，它是因为特定事实的出现而产生的，当事人无法预见其担保责任的承担，所以也不可能以约定反担保的方式对其追偿权的实现作出事先的安排。但也有学者对留置适用反担保持肯定态度，认为虽然留置权本身是法定的，但反担保可以是约定的，因此留置也可以设立反担保。

《民法典》对原《担保法》的留置制度进行了大幅修改，取消了原《担保法》第84条的规定，削弱了留置的法定性，增强了留置意定性。虽然《民法典》同样强调留置应当存在于同一法律关系内，但对企业间的留置设置了除外条款。《担保制度解释》没有明确否定留置适用于反担保。根据该解释第62条之规定，当留置符合特定条件时，留置可以适用于反担保。根据第68条前2款的规定，司法实践中肯定了类似于留置式担保物权的实现方式。

关于定金，其性质需由当事人明确约定，《民法典》将定金规定在合同违约责任部分，但肯定了其作为担保的方式，因此，定金仍然不能作为反担保的形式。

在反担保中，违约责任的约定能否成立，或者是否参照一般担保之规定仅以所担保的债务总额为限，取决于反担保所从属的主合同。关于反担保所从属的主合同尚有争议，一方观点认为，反担保合同从属于本担保合同，因其成立应以本担保为前提，且应以本担保产生的代偿款或责任赔偿为担保范围。另一方观点认为，反担保合同从属于委托担保合同，以履行本担保而产生的全部债务或责任赔偿为担保范围，其更有利于体现反担保相对于担保人的价值，并避免了反担保流为对债务人的保护手段。

结合本案实际，本案属于典型的第三人为债务人提供反担保导致的追偿权纠纷案件。X粮油工贸公司与C担保公司签订了《委托担保合同》，并且约定了C担保公司因为发生代偿，可以向X粮油工贸公司或反担保人追偿代偿资金本息及C担保公司因收回代偿资金本息而产生的全部费用。由此可知，反担保合同所从属主合同应为委托担保合同自无赘言。

反担保合同从属于委托担保合同，其担保范围即已划定。作为反担保人的X粮油工贸公司，同时约定的具有违约责任赔偿性质的保证其主债务和反担保义务履行的履约保证金自不应再划入其中。若以保证金为担保论，其作为X粮油工贸公司提供反担保的组成部分并无异议。但以违约责任赔偿论，该保证金独立于反担保之外，是对X粮油工贸公司不履行主债务给付和反担保义务的违约的赔偿，不应冲抵C担保公司的代偿款。在此仍要说明的是，若X粮油工贸公司未履行主债务的给付义务，履行了反担保的义务，或部分履行了有关合同义务，那么该笔保证金亦应酌情给予退换或冲抵。

本案中，债务人X粮油工贸公司与担保人C担保公司签订《保证金协议书》，约定了履约保证金，其后又向C担保公司提供了反担保。本案中的反担保形式包括了质押、抵押、保证。本案中的保证金按约定属于委托担保合同范畴中的违约金，不属于债务人作出的反担保，即不能列入反担保责任范围。本案一审将保证金与反担保责任混淆，应予以改判。因X粮油工贸公司违约赔偿数额明显超过合法区间，故将该50万元保证金于代偿款的利息中冲抵。

编写人：黑龙江省高级人民法院　孔祥鹏　边世民

【第21条　担保纠纷案件管辖】

12

保证合同案件中能否对约定有仲裁条款的主合同进行实体审理

——L投资公司诉R担保公司保证合同案

【基本信息】

1. 裁判书字号

北京市第三中级人民法院（2020）京03民终7167号民事判决书

2. 案由：保证合同纠纷

3. 当事人

原告（被上诉人）：L投资公司

被告（上诉人）：R 担保公司

第三人（上诉人）：李某

【基本案情】

2017 年 4 月 26 日，L 投资公司（投资人）、X 公司（现有股东）、李某（创始人）、S 公司（目标公司）签订《投资协议》，约定：创始人和现有股东有意引进 L 投资公司对目标公司进行投资，以改善目标公司治理结构、提高目标公司经营管理水平、扩大目标公司销售和利润；L 投资公司本次投资总金额为 3570 万元，其中 510 万元为目标公司新增注册资本，其余 3060 万元计入目标公司资本公积（受限于 3.2 款约定的估值调整）；各方一致同意，本次交易业绩承诺的承诺期自 2017 年度至 2019 年度；现有股东承诺，目标公司 2017 年、2018 年和 2019 年三年扣非后净利润分别不低于 700 万元、990 万元、1310 万元；如目标公司未能完成 2017 年度业绩承诺，则应对目标公司进行估值调整，创始人应向 L 投资公司进行现金补偿；调整后的目标公司估值的计算公式为：调整后的目标公司估值=2017 年实际扣非后净利润×10；现金补偿金额的计算公式为：现金补偿金额=3570 万元-调整后的目标公司估值×51%；创始人应在收到 L 投资公司向其发出的要求现金补偿的书面通知后的 10 个工作日内以现金方式向 L 投资公司支付现金补偿；各方一致同意，本协议执行中如出现争议各方同意向北京仲裁委员会申请仲裁。违约方应当负责赔偿其违约行为给守约方造成的全部损失。

2017 年 4 月 25 日，R 担保公司向 L 投资公司出具《履约保函》，载明：因 X 公司、李某、S 公司与 L 投资公司签订了《投资协议》，R 担保公司接受李某的请求，愿就保函申请人履行上述合同或协议约定的义务向 L 投资公司提供如下保证：本保函项下 R 担保公司承担的保证责任是对《投资协议》中第 3.2 条（估值调整和现金补偿）、第 3.3 条（回购）、第 8.3 条（优先清算权）、第 10.3 条（过渡期安排）、第 13.2 条（违约救济）项下的保函申请人的支付义务承担连带保证责任保证；本保函的有效期自本保函生效之日起至 2020 年 4 月 30 日止；在本保函的有效期内，如保函申请人违反上述合同或协议约定的义务，我司将在收到你方提交的本保函原件及符合下列全部条件的索赔通知后 30 个工作日内，以上述保证责任为限一次性支付你方索赔金额。

2018年4月27日，会计师事务所出具《审计报告》，载明：S公司2017年综合收益总额、净利润均为2698135.89元。7月30日，L投资公司向R担保公司发出《履约保函索赔通知书》，要求R担保公司支付1123.95万元现金补偿。7月12日，L投资公司向李某发出《关于S公司估值调整及现金补偿的通知》，载明：根据审计报告，S公司经审计后的2017年度扣除非经常性损益后的净利润为269.8135万元，未达到《投资协议》第3.1条约定的业绩承诺要求；因此，本公司按照《投资协议》第3.2条对S公司进行估值调整及要求李某进行现金补偿；根据《投资协议》第3.2.1条，调整后的S公司估值=2017年实际扣非后净利润269.8135万元×10=2698.14万元，根据《投资协议》第3.2.2条，李某应向本公司补偿现金金额3570万元-调整后的S公司估值2698.14万元×51%=2193.95万元；根据《投资协议》第2.4.2条及第10.2条，因对S公司第二次增资款缴纳的先决条件不成立，故本公司无须履行缴纳第二次增资款即1070万元的义务；该增资款1070万元自上述李某应向本公司进行现金补偿2193.95万元中予以扣除，故李某实际应向本公司进行现金补偿1123.95万元；同时，S公司应将资本公积中的153万元转入注册资金，作为本公司对S公司的实缴出资额。

李某称：2017年的财务数据一直没有确认，就分红的问题各方一直在沟通。其认为L投资公司未尽到勤勉义务、干扰S公司正常运营。

【案件焦点】

保证合同纠纷案件中能否对约定有仲裁条款的主合同进行实体审理。

【裁判要旨】

北京市朝阳区人民法院经审理认为：L投资公司、X公司、李某、S公司签订的《投资协议》系投资方L投资公司与目标公司S公司的实际控制人李某订立的“对赌协议”，协议系各方当事人真实意思表示，条款内容不违反法律法规的强制性规定，属合法有效。根据L投资公司提交的《审计报告》，目标公司S公司没有达到2017年的业绩目标，L投资公司有权根据《投资协议》的约定，要求李某承担现金补偿的义务。L投资公司主张的现金补偿数额未超过《投资协议》的约定，一审法院予以确认。通常“对赌协议”中投资方根据约定登记为目标公司股东，目的为监督目标公司运行以及作为投资的担保，而非实际操作目标公司的运营。《投资协议》对公司的日常事务管理亦作出了明确约定，约定目标公司总经理由创始人或其配偶刘某担任，该约定与上述惯例并不相违。李某所提交的证据既不能证明L投资公司干扰目标公司正常运营，亦不能证明L投资公司根据《投资协议》约定委托第三方机构出具的《审计报告》数据不真实，故一审法院对R担保公司的相关答辩意见、李某的相关陈述意见不予采信。R担保公司向L投资公司出具了《履约保函》，现L投资公司主张的款项未超过保函载明的保证范围，L投资公司亦在保证期间内进行了主张，故R担保公司应当承担连带清偿责任。R担保公司承担保证责任后，有权向债务人李某追偿。北京市朝阳区人民法院经审理判决如下：

一、R担保公司于判决生效后十日内承担连带清偿责任，向L投资公司给付现金补偿1123.95万元；

二、R担保公司承担保证责任后，有权向李某追偿；

三、驳回L投资公司的其他诉讼请求。

R担保公司及李某不服一审判决，提起上诉。

北京市第三中级人民法院经审理认为：关于一审法院是否存在严重违反法定程序的情形。R担保公司及李某上诉均提出L投资公司与李某之间的《投资协议》约定有仲裁条款，一审法院对《投资协议》实体问题进行审理、认定的行为，侵犯了《投资协议》各主体选择以仲裁方式解决纠纷的权利。根据查明的事实，L投资公司以李某对于L投资公司负有现金补偿义务，R担保公司系连带保证人为由，起诉R担保公司承担连带保证责任。R担保公司提出不认可《审计报告》、李某无须支付现金补偿的实体抗辩。一审法院依职权追加李某作为第三人参加诉讼，李某亦提出了不同意L投资公司诉讼请求的实体抗辩，并进行了举证质证。在一审庭审中，李某从未以《投资协议》约定有仲裁条款为由提出异议，应当视为其放弃了申请仲裁的权利。现R担保公司及李某于二审中提出异议，违反了禁反言原则，不予采纳。R担保公司及李某上诉提出《投资协议》系由L投资公司、李某、X公司、S公司四方共同签订，合同各方均须到庭方可查明《投资协议》是否真实有效，一审法院在遗漏必须到庭参加诉讼的案件当事人的情况下，直接认定《投资协议》真实有效，剥夺了其他应到庭当事人的辩论权，程序违法。本院认为，本案争议仅涉及《投资协议》中L投资公司与李某之间的权利义务关系，与其他投资人无涉，其他投资人亦非必要共同诉讼人，一审法院未追加其为当事人不违反法律规定。R担保公司及李某上诉提出一审法院存在严重违反法定程序的情形，于法无据，不予采纳。

关于李某对于L投资公司是否负有现金补偿义务李某对于L投资公司是否负有现金补偿义务。根据《投资协议》的相关约定，现有股东承诺S公司2017年、2018年和2019年三年扣非后净利润分别不低于700万元、990万元、1310万元；如S公司未能完成2017年度业绩承诺，则应对S公司进行估值调整，李某应向L投资公司进行现金补偿。《审计报告》显示S公司2017年综合收益总额、净利润均为2698135.89元。因此，李某依约应向L投资公司进行现金补偿。关于R担保公司及李某上诉提出《审计报告》的真实性问题。经查，《审计报告》各项数据有S公司法定代表人秦某宏及主管会计工作负责人谢某勇签字确认，李某及其担任总经理的配偶刘某对审计过程均知情，但在审计期间并未对数据真实性问题提出异议。因此，一审法院依法采纳《审计报告》的结论并依据《投资协议》的相关约定认定李某所应负担的现金补偿数额，具有事实与法律依据，予以确认。

关于R担保公司是否应当承担保证责任。《中华人民共和国担保法》第18条规定，当事人在保证合同中约定保证人与债务人对债务承担连带责任的，为连带责任保证。连带责任保证的债务人在主合同规定的债务履行期届满没有履行债务的，债权人可以要求债务人履行债务，也可以要求保证人在其保证范围内承担保证责任。R担保公司向L投资公司出具《履约保函》，载明R担保公司接受李某的请求，愿就保函申请人履行《投资协议》或协议约定的相关条款义务向L投资公司提供连带保证。现L投资公司主张的款项未超过保函载明的保证范围，L投资公司亦在保证期间内进行了主张，故R担保公司应当承担连带清偿责任。

综上所述，R担保公司、李某的上诉请求均不能成立，应予驳回；一审判决认定事实清楚，适用法律正确，应予维持。

依照《中华人民共和国民事诉讼法》（以下简称《民事诉讼法》）第170条第1款第1项之规定，判决如下：

驳回上诉，维持原判。

【适用解析】

本案二审争议主要在于保证合同纠纷仲裁与诉讼程序的冲突问题。《最高人民法院关于适用〈中华人民共和国民法典〉有关担保制度的解释》（以下简称《担保制度解释》）第21条规定，主合同或者担保合同约定了仲裁条款的，人民法院对约定仲裁条款的合同当事人之间的纠纷无管辖权。债权人一并起诉债务人和担保人的，应当根据主合同确定管辖法院。债权人依法可以单独起诉担保人且仅起诉担保人的，应当根据担保合同确定管辖法院。

一、主合同与保证合同约定管辖的类型组合

《民事诉讼法》赋予财产类合同双方当事人约定管辖的诉讼权利，当事人在合同中的管辖权约定条款对双方具有法律约束力。在发生争议时，合同一方必须向约定的有管辖权的仲裁委员会申请仲裁或人民法院起诉，约定范围之外的仲裁委员会或法院无权审理双方之间的纠纷。

实务中，合同主体如仅涉及双方当事人，则争议裁决机构选择和争议的解决较为简单，但如涉及具有主从关系的主合同和担保合同时，则可能会存在主管或管辖约定的多种类型组合。具体而言，可能存在以下四种情形：

（1）主合同与担保合同均约定了仲裁条款；（2）主合同与担保合同均未约定仲裁条款或仲裁条款无效；（3）主合同约定了仲裁条款，而担保合同未约定仲裁条款；（4）主合同未约定仲裁条款，而担保合同约定了仲裁条款。

根据《担保制度解释》第21条之规定，对于第1种情形，人民法院对约定仲裁条款的合同当事人之间的纠纷无管辖权。对于第2种情形，债权人一并起诉债务人和担保人的，应当根据主合同确定管辖法院；债权人仅起诉担保人的，应当根据担保合同确定管辖法院。对于第3种情形，债权人可能有三种选择：一是先对债务人申请仲裁，出具仲裁裁决后再起诉担保人；二是同时对债务人申请仲裁及起诉担保人；三是不对债务人申请仲裁，仅起诉担保人。同样，对于第4种情形，债权人也可能有三种选择：一是先起诉债务人，作出裁判后，再到仲裁机构申请裁决担保人承担担保责任；二是同时起诉债务人并申请仲裁担保人；三是不起诉债务人，仅向仲裁机构申请仲裁担保人。实务中，出于诉讼时效或保证期间的考虑，债权人往往对债务人和保证人同时提起诉讼或仲裁申请。此时，仲裁庭和法院应当依据当事人的约定确定管辖，并通过中止审理程序，先确定主债务后再处理保证责任问题。

二、诉讼程序能否审理约定仲裁条款的主合同

对于前述类型的管辖约定，当事人按照相应约定主张权利，自无问题。实践中，基于某种考虑，虽然主合同约定了仲裁条款，但债权人并不通过申请仲裁的方

式向债务人主张权利，而仅起诉担保人承担担保责任。因主合同与担保合同系主从合同关系，为查明债务数额，法院不得不依职权追加债务人为第三人。此时，便会产生仲裁与诉讼程序的冲突问题。

第一种意见认为，诉讼案件应当中止审理或裁定驳回起诉。具体而言，首先应当释明债权人是否申请仲裁，如果债权人申请仲裁，则本案应当中止审理，待仲裁确定主债务后再处理保证责任问题。如果债权人坚持不申请仲裁，则裁定驳回起诉。主要理由是：

首先，当主合同约定了仲裁管辖，而保证合同没有约定仲裁管辖的情况下，原则上应当先行通过当事人协商一致或者经仲裁对主债务的范围作出确认。如果主债务的范围不能确定，保证责任的范围也就不能确定，在主债务未经过仲裁裁决确定的情况下，债权人直接要求保证人承担保证责任，存在其应当承担保证责任的主债务数额无法确定的风险。

其次，根据担保法律相关规定，在连带责任保证下，债权人可以直接要求连带保证人在其保证范围内承担保证责任。因此，在债权人直接单独起诉连带保证人时，债务人并非必要共同诉讼人。债务人作为第三人参加诉讼的根据仅是其与案件处理结果有法律上的利害关系。故债务人虽被追加为第三人，但其应属于无独立请求权第三人，不应审理债权人与其之间的债权债务关系。此时主债务无法确定。

最后，债务人在案件中系第三人地位，而非被告，并不适用应诉管辖的相关规定。《中华人民共和国仲裁法》（以下简称《仲裁法》）第26条①以及《民事诉讼法》（2017年）第127条②中进行应诉答辩的主体应当为被告，第三人本不具有管辖异议的权利，当然也不能受应诉管辖的约束。

---

① 《仲裁法》第26条：当事人达成仲裁协议，一方向人民法院起诉未声明有仲裁协议，人民法院受理后，另一方在首次开庭前提交仲裁协议的，人民法院应当驳回起诉，但仲裁协议无效的除外；另一方在首次开庭前未对人民法院受理该案提出异议的，视为放弃仲裁协议，人民法院应当继续审理。

② 《民事诉讼法》第127条：人民法院受理案件后，当事人对管辖权有异议的，应当在提交答辩状期间提出。人民法院对当事人提出的异议，应当审查。异议成立的，裁定将案件移送有管辖权的人民法院；异议不成立的，裁定驳回。当事人未提出管辖异议，并应诉答辩的，视为受诉人民法院有管辖权，但违反级别管辖和专属管辖规定的除外。

第二种意见认为，应当依据债务人是否放弃仲裁管辖约定而定。如果债务人未放弃仲裁管辖约定，则同意第一种意见。如果债务人放弃仲裁管辖约定，则为明确主债务数额，法院必然要对主债权债务纠纷进行实体审理，并不能认定违反了仲裁管辖约定。主要理由是：

首先，当事人有权选择以仲裁方式解决纠纷，该权利当然可以放弃。根据《仲裁法》第26条的相关规定，虽然主合同约定了仲裁条款，另一方在首次开庭前未对人民法院受理该案提出异议的，视为放弃仲裁协议，人民法院应当继续审理。其中该条并未对当事人限定为被告。第三人在案件中作出放弃仲裁管辖意思表示的，也应受其约束。

其次，第三人参加诉讼的目的在于简化诉讼程序，彻底解决彼此有联系的纠纷，维护利害关系人合法权益，在实现全面救济之余减少诉讼成本。[①] 债务人作为第三人参加诉讼，其应有之义便为查明债务数额，如不对债权债务关系进行实体审理，则无法查明债务数额并进而确定保证责任的承担范围。因此，进行实体审理符合民事诉讼的基本原理。

最后，在案件进行实体处理后，如果债务人再到仲裁机构申请仲裁，则仲裁机构应当参照《最高人民法院关于适用〈中华人民共和国民事诉讼法〉的解释》第247条有关重复诉讼的相关规定，裁决不予受理。

三、主合同约定仲裁条款案件的裁判思路分析

（一）本案裁判的思路和方法

本案采纳上述第二种意见对主债权债务关系进行了实体处理。本案一审中各方并未对仲裁管辖问题提出异议，二审中，R担保公司及李某上诉均提出L投资公司与李某之间的《投资协议》约定有仲裁条款，一审法院对《投资协议》实体问题进行审理、认定的行为，侵犯了《投资协议》各主体选择以仲裁方式解决纠纷的权利。根据查明的事实，L投资公司以李某对于L投资公司负有现金补偿义务，R担保公司系连带保证人为由，起诉R担保公司承担连带保证责任。R担保公司提出不认可《审计报告》、李某无须支付现金补偿的实体抗辩。一审法院依职权追加李某作为第三人参加诉讼，李某亦提出了不同意L投资公司诉讼请求的实体抗辩，并进

① 江伟主编：《民事诉讼法》（第四版），高等教育出版社2013年版，第131页。

行了举证质证。在一审庭审中，李某从未以《投资协议》约定有仲裁条款为由提出异议，应当视为其放弃了申请仲裁的权利。现R担保公司及李某于二审中提出异议，违反了禁反言原则，法院不予采纳。

（二）类案裁判思路的类比分析

本案的类似案例有“风电工程公司与能源公司保证合同纠纷案”①，该案争议焦点为主合同约定了仲裁管辖，保证合同未约定仲裁管辖，债权人对其与债务人的争议未申请仲裁，而直接向保证人主张承担保证责任，能否得到人民法院的支持。该案裁判要旨为：当主合同约定了仲裁管辖，而保证合同没有约定仲裁管辖的情况下，原则上应当先行通过当事人协商一致或者经仲裁对主债务的范围作出确认，如果债权人只对保证人提起诉讼，保证人以主合同的约定和履行情况进行抗辩，必然会涉及法院对于已经约定仲裁裁决的争议事项能否进行审理和裁判的问题，这既涉及约定仲裁管辖当事人的仲裁程序选择权，也涉及人民法院审判权的行使范围。故在主债务未经过仲裁裁决确定的情况下，债权人直接起诉要求保证人承担保证责任的应不予支持。

本案与该案的区别在于，该案中当事人在一审诉讼中并未放弃其仲裁管辖约定，认为主债务应当通过仲裁来确定。而本案当事人在一审诉讼中并未提出仲裁管辖抗辩，而是进行了实体答辩，视为放弃了仲裁管辖，因此，法院予以实体处理并无不当。

（三）主合同约定仲裁条款案件的裁判思路

实践中，主合同与担保合同经常存在约定管辖不一致的情形。前述两个案例的裁判思路提示，主合同约定仲裁管辖，保证合同未约定仲裁管辖，债权人在未向仲裁机构请求债务人承担民事责任，直接到法院起诉担保人的情况下，法院并非一概不予受理，而是应当根据案件的具体情形进行处理。首要原则是尊重当事人选择仲裁管辖的约定，如果当事人提出仲裁管辖的抗辩（明确债务人是否有权提出管辖抗辩），则应先由仲裁程序解决主债务问题，再处理保证责任。此外，要遵循便利当事人诉讼原则。虽然当事人约定了仲裁条款，但在诉讼中放弃了仲裁条款，同意法

---

① （2015）民二终字第125号，载中国裁判文书网，https：//wenshu.court.gov.cn/website/wenshu/181107ANFZ0BXSK4/index.html？docId=b8639164a16e4b5bb31baadcf9986208，2022年4月15日访问。

院处理相关争议的，法院也不能拒绝裁判。

审理该类案件时，法院可以于一审程序中向当事人明确释明，是否放弃仲裁条款而同意法院管辖，依当事人的明确表态予以相应处理。

编写人：北京市第三中级人民法院 贾旭

【第22条 破产止息规则在担保债务中的适用】

13

破产止息规则应及于保证债权

——邵某诉周某萍保证合同案

【基本信息】

1. 裁判书字号

安徽省滁州市中级人民法院（2020）皖11民终1027号民事判决书

2. 案由：保证合同纠纷

3. 当事人

原告（上诉人）：邵某

被告（被上诉人）：周某萍

【基本案情】

2015年11月29日，邵某向周某达出借50万元，周某达出具欠条，约定月息为3分，未约定还款期限。周某萍作为担保人签名，并于2016年6月2日在该借条上注明："利息已付半年。"2016年6月21日，邵某向周某达出借20万元，周某达出具欠条，约定月息为3分，未约定还款期限。周某萍作为担保人签名。周某达于2016年6月2日、12月2日分别向邵某支付9万元，共计18万元。

2017年5月3日，安徽省凤阳县人民法院分别裁定受理X超市连锁公司、J化肥公司、H建筑材料公司破产重整案。9月14日，该院裁定将三公司合并重整，因周某达、孟某阳、周某玉个人财产与上述三公司的财产存在高度混同，同日，该院作出民事裁定书，将周某达、孟某阳、周某玉个人财产、债务与上述三公司的财产、债务合并处置。

邵某向管理人申报债权，数额为85万元。2018年1月3日，管理人审查确认的债权金额为52万元，邵某在征询函上签字确认，同意管理人的审查意见。2月22日，邵某对周某萍提起保证合同之诉。法院于5月30日作出民事裁定书，以邵某是J化肥公司、周某达涉嫌非法吸收公众存款案的集资参与人为由驳回邵某的起诉。2019年8月6日，该院对周某达犯非法吸收公众存款罪、对单位行贿罪一案作出刑事判决书，认定邵某与周某达之间系民间借贷关系。2019年11月19日，邵某再次起诉要求周某萍承担保证责任，偿还借款本金60万元及利息（其中50万元利息自2016年11月30日起按月利率20‰计算至实际付清日止，20万元利息自2016年12月22日起按月利率20‰计算至2018年2月10日，10万元利息自2018年2月11日起按月利率20‰计算至实际付清日止）。

周某萍辩称：（1）保证人签字是在违背周某萍的意志下签的，借款当日周某萍不知周某达与邵某之间的借款关系，该担保签字无效；（2）本案已经超过保证期间；（3）邵某出借周某达的钱，依照管理人确认的此款为非法集资款，且在2018年2月11日从周某达破产程序中分得本金10万元。请求驳回邵某的诉讼请求。

【案件焦点】

1. 主债务人进入破产程序后，主债权停止计息的效力是否及于保证人；2. 保证人的保证范围是否包括主债务人破产受理日后的利息。

【裁判要旨】

安徽省凤阳县人民法院经审理认为：担保人承担的担保责任范围不应当大于主债务，是担保从属性的必然要求。（1）对于本案保证责任范围中债权本金数额的认定。邵某出借的借款本金总额为70万元，约定月利息为3分。对债务人偿还的18万元，破产管理人已确认为支付利息部分。经管理人对邵某申报的债权重新审查确认，邵某的初始债权数额为791333元，其中本金部分为70万元，邵某对该数额无异议。邵某在破产程序中已获得受偿首次债权分配的 10 万元本金部分。故本案的债权本金数额应认定为 60 万元。（2）对于本案保证人应承担的利息部分保证责任范围认定，根据《中华人民共和国企业破产法》（以下简称《企业破产法》）第 46 条第 2 款的规定，附利息的债权自破产申请受理时停止计息。周某萍所负的保证责任系从债务，从债务不应超出主债务范围，故本案的利息计算节点应截至 2017 年 5 月 3 日裁定受理破产之日。周某达已付利息 18 万元。截至 2017 年 5 月 3 日主债务尚欠的利息经破产管理人重新确认后为 91333 元，邵某对该数额无异议，故本案的保证债务利息也应认定为 91333 元。邵某主张保证债务利息计算至借款实际付清日止并无法律依据，故对其该主张超出的部分不予支持。综上，周某萍承担的保证责任范围应与主债权一致即为 691333 元。

安徽省凤阳县人民法院依据《中华人民共和国合同法》第 8 条、第 60 条、第 107 条，《中华人民共和国担保法》第 18 条、第 19 条、第 21 条、第 26 条第 1 款，《企业破产法》第 46 条、第 124 条，《最高人民法院关于适用〈中华人民共和国担保法〉若干问题的解释》第 22 条第 2 款、第 32 条第 2 款、第 33 条、第 44 条之规定，判决如下：

一、周某萍于本判决发生效力且 X 超市连锁公司、J 化肥公司、H 建筑材料公司、电子商务中心、X 物流配送公司、J 商务酒店破产程序终结后十日内偿还邵某借款本金及利息 691333 元在破产程序中未受清偿的部分；

二、驳回邵某的其他诉讼请求。

邵某不服一审判决，提起上诉。

安徽省滁州市中级人民法院经审理认为：担保合同是借款合同的从合同，其性质决定保证人的责任范围不能大于主债务人应当承担责任的范围。《企业破产法》第 46 条第 2 款已规定附利息的债权自破产申请受理时停止计息，故对主债务人没有发生或者依照法律规定不承担的主债务利息，不应包含在保证范围内。故邵某上诉要求保证人周某萍承担受理破产申请之日起至借款实际付清之日止的利息，依据不足。

安徽省滁州市中级人民法院依据《中华人民共和国民事诉讼法》第 170 条第 1 款第 1 项之规定，判决：

驳回上诉，维持原判。

【适用解析】

一、“不可或缺”：“破产止息规则”的证成

《企业破产法》第46条第2款规定，附利息的债权自破产申请受理时起停止计息。因为“利息是使用本金的对价，而债务人开启破产程序后已丧失了继续使用本金的可能性”,[①] 债务人此时不应再为其未使用的资金支付利息，此即“破产止息规则”。设置“破产止息规则”主要是基于以下考量：一是债务人的资产已不足以清偿全部债务或明显缺乏清偿能力，其经营活动已基本停滞，启动破产程序的目的在于公平清偿所有债权人，若有余力亦可实现脱胎重生，即“清偿目的”与“拯救目的”并存。由于债务人经营不善造成巨额亏损，互相担保致资金链断裂或宏观经济下行是导致破产的两类重要原因。更直白、形象地理解就是，债务人已无能力清偿所欠全部本金，遑论破产受理后的利息，对利息继续计算似乎已无实际意义；二是该规则“一刀切”地以破产受理日为界固定债权和确定表决份额，使附息债权不再动态变化，以此解决了主债务人进入破产程序后及时、公平地清理破产债权债务问题，使破产分配得以顺利推进，提高失利企业退出市场的效率，防止出现“僵尸企业”，更好盘活市场资源；三是在破产财产有限的情况下，能够避免因破产程序复杂导致耗时过长，造成附利息的债务逐日增加，变相增加了未附息债务的财务成本,[②] 打破对债权人平等地位的保护，加大债务人通过破产程序清偿债务重新进入市场的难度，背离减轻债务人负担的本意。

二、“百家争鸣”：“破产止息规则”能否适用保证债务之争论

因《企业破产法》第46条第2款并未明确其效力是否及于主债务人的保证人，仅有《最高人民法院第二巡回法庭法官会议纪要》（第一辑）中倾向性认为“对于未破产的保证人而言，主债务人破产，保证债权并不停止计息，保证人仍应承担破产申请受理后所产生的利息”,[③] 司法实践中针对保证之债是否适用破产止息规则形成以下两种观点：

---

① 全国人民代表大会常务委员会法制工作委员会编：《中华人民共和国企业破产法释义》，法律出版社2006年版。

② 尹正友：《中国破产程序中担保物权相关问题的研究》，载王欣新、尹正友主编：《破产法论坛》（第八辑），法律出版社2013年版。

③ 贺小荣主编：《最高人民法院第二巡回法庭法官会议纪要》（第一辑），人民法院出版社2019年版，第204~218页。

其一，“肯定说”。首先，担保合同是主合同的从合同，故担保债务具有从属性，从属性是担保的基本属性。保证责任本质上属于代位清偿性质，即保证人在债务人不能履行主债务时按约替代债务人履行债务，故保证人承担的债务范围当然不能超出主债务范围，应当以主债务人实际承担的清偿责任为限。根据《企业破产法》第46条第2款，主债务的利息因进入破产程序不再清偿，已不属于主债务的范围，保证人对主债务人破产受理后停止计算的利息不应承担保证责任。其次，在担保制度体系中，不仅规定了保证人的代偿义务，保障债权人的合法利益，同时也规定了保证人承担代为清偿责任即取得对主债务人或其他连带保证人的请求追偿权，兼顾了保证人的合法权益。若保证债务在主债务人进入破产程序后不停止计息，保证人清偿后难以就该部分利息向主债务人追偿，显然是对债权人倾斜性保护的同时忽略了保证人法定权利的实现。

其二，“否定说”。从适用主体上看，《企业破产法》第46条第2款是该法作出的特殊安排，仅调整破产债务人和债权人之间如何在该程序中计息问题，并未针对债权人对保证人的债权，保证责任范围应依据保证合同确定；从体系解释上看，《企业破产法》第92条第3款“债权人对债务人的保证人和其他连带债务人所享有的权利，不受重整计划的影响”及第101条“和解债权人对债务人的保证人和其他连带债务人所享有的权利，不受和解协议的影响”的规定，均表明破产重整及破产和解的效力不及于保证人，可视为突破了保证的从属性；从目的解释上看，若保证责任范围因主债务人进入破产而缩减，则违反了各方当事人订立保证合同的初衷和保证担保主债权实现的基本功能。此外，要求保证人按照约定的范围和方式承担保证责任，系保证人应承担的经济风险，并未超出其订立保证合同时的心理预期，亦未违反民法公平原则，故破产程序中的保证债务不得援引此条。

三、“峰回路转”：担保制度新规则问世

《最高人民法院关于适用〈中华人民共和国民法典〉有关担保制度的解释》（以下简称《担保制度解释》）第22条规定：“人民法院受理债务人破产案件后，债权人请求担保人承担担保责任，担保人主张担保债务自人民法院受理破产申请之日起停止计息的，人民法院对担保人的主张应予支持。”该规定为前述理论及实践争议暂时画上句号。该条明确将破产受理日后的利息排除在保证责任范围外，缩减了破产程序中保证债务的利息之债。此立法选择了遵循保证的从属性原则：

1. 保证责任的范围从属于主债务的范围。《民法典》第 691 条规定保证担保的范围系主债权及其利息、违约金、损害赔偿金和实现债权的费用，保证合同另有约定的按照其约定；《担保制度解释》第 3 条第 2 款规定：“担保人承担的责任超出债务人应当承担的责任范围，担保人向债务人追偿，债务人主张仅在其应当承担的责任范围内承担责任的，人民法院应予支持；担保人请求债权人返还超出部分的，人民法院依法予以支持。”上述规定体现了保证债务的广度和强度均不能超出主债务。按照《企业破产法》第 46 条第 2 款之规定，主债权的利息只能计算至主债务人破产申请受理之日止，即主债务利息之债已限缩至破产申请受理之日，故保证之债应以此范围为准。即使当事人对保证债务的范围另行作出了特别约定，但是就担保制度保障债权实现的目的和保证的从属性而言，约定的保证范围也不能超出主债务的范围。

2. 保证债务随主债务的消灭而消灭。《民法典》第 393 条将主债权消灭作为担保物权的消灭事由，保证作为担保方式之一，其亦应以主债务消灭而消灭。因此，当主债务因进入破产程序停止计息时，保证债务理应随之停止计息，此时债权人向保证人主张破产程序中的债权利息即无法律依据。若要求保证人对主债务于破产受理后产生的利息仍承担清偿责任，实质是要求保证人承担已不属于主债务范围的债务。换言之，保证人若承担了此期间的利息，无法向债务人追偿，即就此部分申报债权，管理人将不予确认，是对保证人责任的加重，违背《民法典》有关未经保证人书面同意不得加重其保证责任的立法原则。

3. 保证人行使抗辩权的独立性。《民法典》第 701 条规定，保证人享有主债务人对债权人的抗辩权，债务人放弃抗辩的，保证人仍有权向债权人主张抗辩。保证人享有基于主合同债务人依法依约享有的一切抗辩权，同时，基于保证合同的相对独立性，保证人是以自己的名义而不是以主合同债务人的名义行使一般抗辩权，即使债务人放弃抗辩，保证人仍有权向债权人主张抗辩，目的在于延缓或免除其保证责任的承担，以最大限度地保护保证人权利。故当主债务人以《企业破产法》第 46 条第 2 款为依据抗辩不再就破产申请受理日后的利息进行清偿，保证人亦应享有就该部分利息之债不再履行的抗辩权。

4. 基于利益平衡的考量。保证合同具有无偿性和单务性，保证人承担保证责任不以主债务人支付对价为前提。当保证人向债权人承担保证责任后，保证人可代替债权人向主债务人行使追偿权，但是在破产程序中，保证人的追偿权需通过破产分配实现，而破产债权的清偿率一般都较低，极少出现全额清偿的情况。担保制度有效运转是因为其兼具两个功能，一个无疑是为债权人转移或减轻风险，另一个容易被忽视的是赋予了担保人追偿权。即使在破产程序中也应该尽可能兼顾各方利益。如此若要求保证人对破产后的主债务利息承担清偿责任，必然导致保证人无法按照其实际清偿给付的范围进行追偿，无疑是在加重保证人责任的同时限制了其追偿权的实现，这意味着债权人与保证人、保证人和债务人之间权利义务的不对等，有违公平的法律精神，损害了担保制度的价值。①

四、"另辟蹊径"：本案与新规内在逻辑的一致性

本案系债权人在法院受理债务人破产后，通过破产程序部分受偿，在破产程序尚未终结前又同时向保证人主张权利的保证合同纠纷。若在债权人已在破产程序中获得部分清偿的前提下判决保证人在破产程序尚未终结前即需履行保证责任，很可能出现重复清偿的弊端。因此本案经由两级人民法院审理认定，一方面，破产止息规则应适用于保证人，以法院裁定受理主债务人破产之日为界停止计算保证债务的利息；另一方面，作出附履行时间限制的判决，既提高了债权人实现债权的可期待性，又避免了出现双重给付的尴尬局面。

《担保制度解释》第22条确立的规则，既填补了长久以来认定破产程序中保证债务利息的法律缺失，实现法律体系的融贯；又有利于减轻保证人的清偿责任，提高债权人实现债权的可能性，力求各方利益的均衡保护。故本案虽发生在新司法解释出台之前，却准确契合了该新规的精神，具有代表性，其中的裁判思路对该类案件的解决具有借鉴意义。

编写人：安徽省滁州市中级人民法院　张玉格　王娟娟

---

①　夏佩群、王剑锋：《保证人承担破产债权利息范围的界定》，载《天津政法报》2014年10月14日。

【第 22 条 破产止息规则在担保债务中的适用】

14

主债务人进入破产程序后担保人担保范围的认定

——Z 农商银行骆驼支行诉 N 车业公司等保证合同案

【基本信息】

1. 裁判书字号

浙江省宁波市镇海区人民法院（2021）浙 0211 民初 1153 号民事判决书

2. 案由：保证合同纠纷

3. 当事人

原告：Z 农商银行骆驼支行

被告：N 车业公司、郑某华、郑某、应某增、陈某静、陈某菁、孙某娣

【基本案情】

2016 年 6 月 15 日，Z 农商银行骆驼支行与 Y 机械公司签订《流动资金借款合同》1 份，约定 Z 农商银行骆驼支行向 Y 机械公司提供贷款 200 万元，借款期限自 2016 年 6 月 15 日起至 2017 年 6 月 10 日止。Z 农商银行骆驼支行于当日将 200 万元贷款交付 Y 机械公司。

2015 年 6 月 3 日，N 车业公司、郑某华、郑某、应某增、陈某静共同向 Z 农商银行骆驼支行出具《保证函》1 份，2016 年 6 月 1 日，陈某菁、孙某娣分别向 Z 农商银行骆驼支行出具《保证函》1 份，3 份《承诺函》均载明：保证人同意为 Z 农商银行骆驼支行向债务人 Y 机械公司在 2014 年 8 月 20 日至 2019 年 12 月 31 日内最高融资限额 2530 万元整的所有融资债权提供最高额连带责任保证。

2018 年 12 月 26 日，浙江省宁波市镇海区人民法院作出民事裁定书，裁定受理

F铸件公司对Y机械公司的破产清算申请。2019年5月30日，该法院作出民事裁定书，裁定宣告Y机械公司破产，终结Y机械公司破产程序。

2019年3月28日，Z农商银行骆驼支行发出《贷款催收确认通知书》，要求债务人对包括案涉贷款在内的合计9笔贷款抓紧归还本息，要求担保人继续履行担保义务，承担担保责任。2019年4月22日，N车业公司、郑某华、郑某、应某增、陈某静、陈某菁、孙某娣保证人在《贷款催收确认通知书》担保人一栏签字盖章，承诺继续承担连带保证责任。2020年12月30日，Z农商银行骆驼支行收回全部借款本金200万元，借款利息未收回。

Z农商银行骆驼支行向法院起诉，要求判令N车业公司、郑某华、郑某、应某增、陈某静、陈某菁、孙某娣对Y机械公司截至2020年12月30日的借款积欠利息901591.46元承担连带保证责任。

【案件焦点】

主债务人进入破产程序后，担保人的担保债务是否停止计息。

【裁判要旨】

浙江省宁波市镇海区人民法院经审理认为：N车业公司、郑某华、郑某、应某增、陈某静、陈某菁、孙某娣向Z农商银行骆驼支行出具《保证函》，应按《保证函》的承诺对Z农商银行骆驼支行向债务人Y机械公司的所有融资债权承担连带责任保证。债务人Y机械公司进入破产程序后，N车业公司、郑某华、郑某、应某增、陈某静、陈某菁、孙某娣在Z农商银行骆驼支行提供的《贷款催收确认通知书》担保人一栏签字盖章，承诺继续承担连带保证责任。故债务人Y机械公司在未按约履行支付利息的义务时，N车业公司、郑某华、郑某、应某增、陈某静、陈某菁、孙某娣应承担连带保证责任。

对于积欠借款利息的金额问题。首先，《中华人民共和国企业破产法》（以下简称《企业破产法》）第46条第2款规定："附利息的债权自破产申请受理时起停止计息。"法院受理债务人破产案件后，主债权停止计息。担保人责任范围应与主债权相一致，当事人约定的担保责任的范围大于主债务的，应当认定大于主债务部分的约定无效。其次，《最高人民法院关于适用〈中华人民共和国民法典〉有关担保制度的解释》（以下简称《担保制度解释》）第22条规定："人民法院受理债务人破产案件后，债权人请求担保人承担保证责任，担保人主张担保债务自人民法院受理破产申请之日起停止计息的，人民法院对担保人的主张应予支持。”虽然本案法律事实发生在《中华人民共和国民法典》（以下简称《民法典》）和《最高人民法院关于适用〈中华人民共和国民法典〉有关担保制度的解释》施行之前，但《最高人民法院关于适用〈中华人民共和国民法典〉时间效力的若干规定》第 3 条明确规定：“民法典施行前的法律事实引起的民事纠纷案件，当时的法律、司法解释没有规定而民法典有规定的，可以适用民法典的规定，但是明显减损当事人的合法权益、增加当事人法定义务或者背离当事人合理预期的除外。”因《担保制度解释》第 22 条的适用不存在减损当事人的合法权益、增加当事人法定义务或者背离当事人合理预期的情形，故法院受理债务人破产案件后，担保人承担担保责任的范围应适用该条规定，担保债务应于本院受理破产申请之日起停止计息，即各担保人只需对 Y 机械公司在法院受理破产申请之日前的债务利息承担连带保证责任。故判决如下：

N 车业公司、郑某华、郑某、应某增、陈某静、陈某菁、孙某娣对债务人 Y 机械公司截至 2018 年 12 月 25 日的利息 635241. 84 元向 Z 农商银行骆驼支行承担连带保证责任，对 Z 农商银行骆驼支行主张自 2018 年 12 月 26 日至 2020 年 12 月 30 日的利息，法院不予支持。

【适用解析】

本案的焦点问题是主债务人进入破产程序后，担保人的担保债务是否停止计息。《企业破产法》第 46 条规定：“未到期的债权，在破产申请受理时视为到期。附利息的债权自破产申请受理时起停止计息。”基于保护破产企业及确保债权人平等的考量，该条规定对未到期的附利息债权拟制为到期，并自破产申请受理时停止计息。但主债权停止计息的效力能否及于担保人？对此问题，在《民法典》颁布之前，无论是《企业破产法》及其司法解释还是原《中华人民共和国担保法》（以下简称《担保法》）及其司法解释均没有予以明确规定，法学理论和司法实务界亦存在很大分歧。主要存在两种观点：

第一种观点认为，主债权停止计息的效力不及于担保人，担保人的担保范围不受破产程序的影响。理由主要有：（1）债务人的破产债权遵循《企业破产法》的规定停止计息，但担保人的担保责任受担保合同、《担保法》及其司法解释的约束。《企业破产法》停止计息的规定是出于维护全体债权人公平受偿的价值考虑，保护的对象是全体债权人，而《担保法》的立法本意是为了在债务人不能履行债务时，确保债权的实现，保护的对象是特定债权人。（2）债务人进入破产程序不影响债权人对担保人所享有的权利，主债务停止计息并未损害保证人原有权益或不当加重其责任。（3）对担保人超过债务人承担责任问题存在救济渠道，如担保人主动履行担保责任，从而不承担破产程序受理后的担保债务利息。[①] 云南省等多地高院陆续出台的相关司法文件，以及《最高人民法院第二巡回法庭法官会议纪要》（第一辑）[②]，均明确规定主债务人进入破产程序后担保债务不停止计息。

第二种观点认为，被担保的主债权停止计息的效力应及于担保人，担保债务在主债务人破产受理后停止计息。原因在于：担保合同是主合同的从合同，主合同无效，担保合同无效，但法律另有规定的除外。担保具有从属性，这种“从属性”可分为设立上的从属性、转移上的从属性及消灭上的从属性，亦即担保债务的设立以主债权存在为前提，并随主债权的转移而转移，因主债权的消灭而消灭。担保责任的范围应当从属于主债务清偿的范围，当主债务消灭时，担保债务亦消灭，担保人担保责任范围不应超过主债务人承担的责任范围。因此主债务人进入破产程序后，债权人享有的债权转为破产债权，担保人的担保责任也应当为破产债权，而附利息的债权自破产申请受理时停止计息，主债务人承担的利息计算至破产申请受理时止，担保人的担保债务亦应于破产申请受理时停止计算，担保人无须对进入破产程序后的利息承担担保责任。最高人民法院的部分司法判例对此观点予以支持，主要裁判理由亦集中在担保的从属性，具体案例包括（2019）最高法民申 6453 号[③]、（2018）最高法民终 673 号[④]、

---

① 王欣新：《论债务人进入破产程序后其保证债权应否停止计息》，载《人民法院报》2018 年 12 月 12 日。

② 贺小荣主编：《最高人民法院第二巡回法庭法官会议纪要》（第一辑），人民法院出版社 2019 年版，第 206 页。

③ 参见“G 银行嘉兴分行、H 能源公司保证合同纠纷案”，载中国裁判文书网，https：//wenshu. court. gov. cn/website/wenshu/181107ANFZ0BXSK4/index. html？docId＝5ede9e08391845b4b425ab9200c375c8，2022 年 4 月 15 日访问。

④ 参见“J 粮食集团、C 投资公司今日借款合同纠纷案”，载中国裁判文书网，https：//wenshu. court. gov. cn/website/wenshu/181107ANFZ0BXSK4/index. html？docId＝ec2f275ed9054d058d91a9af0116fc7c，2022 年 4 月 15 日访问。

（2018）最高法民再 19 号[①]等。

从债权人权益的角度出发，担保具有保障债权的功能，因此担保债务不停息才符合债权人和担保人在订立担保合同之初的合意，符合担保的自愿性和保障性原则；而从担保人权益的角度出发，担保债权不超出主债权的范围，目的就是避免担保人的部分权益受损，符合担保的从属性原则。因此，以上两种观点的纷争，实质上是“保护债权人法益”与“保护担保人法益”的抉择。

作为民法典担保制度组成部分的《担保制度解释》的颁布使两种观点的纷争尘埃落定。《担保制度解释》第 22 条规定：“人民法院受理债务人破产案件后，债权人请求担保人承担保证责任，担保人主张担保债务自人民法院受理破产申请之日起停止计息的，人民法院对担保人的主张应予支持。”该条规定明确采纳了“停止计息说”，即主债务停止计息的效力应及于担保人，体现了“保护担保人法益”的价值选择。

一、《担保制度解释》第 22 条的理论基础——担保的从属性

《担保制度解释》第 22 条最终选择“停止计息”，主要的理论基础就在于强调担保的从属性，这种从属性分别体现为担保成立上的从属性、担保范围的从属性、消灭上的从属性等内容。第一，从担保的成立和目的角度分析，担保是为了保障债权的实现。担保人与债权人达成约定，当债务人不履行到期债务或者发生当事人约定的情形时，担保人就主债务人的债务承担担保责任。即没有债权就没有担保，先有债权才可能产生担保。主债务人进入破产程序后，主债务停止计息，后续利息已不属于债权人的债权，故担保人对此的担保债务也并未产生，担保人自然无须就后续的利息承担担保责任。第二，从担保责任的范围角度分析，担保人担保责任的范围应小于或等于主债权。当主债务人进入破产程序后，主债务在法院受理破产申请时即停止计息，若此时担保债务不停止计算利息，则担保人承担的担保责任将大于主债权。如果担保责任大于主债权的范围，担保就丧失了其是对主债权的担保这一基本属性。停止计息，不仅是担保从属性原理的要求，与《民法典》第 388 条、第 682 条以及《担保制度解释》第 3 条关于担保责任的范围不得超过主合同责任范围的规定，亦保持了体系上的协调性。第三，从担保责任的消灭角度分析，被担保的

---

① 参见“J 信托公司、S 集团金融借款合同纠纷案，载中国裁判文书网，https：//wenshu. court. gov. cn/website/wenshu/181107ANFZ0BXSK4/index. html? docId = e2e40ec5f8f44e7397d5a95901123cc8，2022 年 4 月 15 日访问。

债权因为各种原因部分或全部消灭时，担保责任也应随之部分或全部消灭，附利息的债权自破产申请受理时停止计息属于强制性豁免债务履行义务的规定，即实体上的主债权已被削减为破产债权，因此在主债务人破产后，若要求担保人承担之后的利息，担保人的责任未被削减，有违担保的从属性原理。

二、《担保制度解释》第 23 条的价值取向——强化担保人的利益保护

在实践中，一部分担保并非银行等金融机构、担保公司提供的有偿担保，而是人情互保，在此情况下，若担保责任过重，则担保人提供担保的意愿将降低，不利于促成交易和经济发展。[①] 2020 年 12 月，最高人民法院在贯彻实施民法典全面完成司法解释清理和首批司法解释新闻发布会时指出，针对过去存在的过度保护债权人问题、隐形担保影响交易安全问题以及实践中存在的过度担保等问题，《民法典》设计了许多新的担保制度，司法解释根据立法的重大变化，致力于平衡各方当事人的利益，消除隐形担保、消除过度担保。[②] “觅保难”的背景推动了立法和司法机关对法益保护倾向的变化。《担保制度解释》在此基础上弱化对债权人的过度保护，一定程度上强化了对担保人的利益保护。具体来说，在主债务人破产的情况下，若担保人对破产受理后的利息仍承担担保责任，其将无法就该利息向债务人进行追偿，而担保制度之所以有效运转，主要就在于债权人的风险转移与担保人取得追偿权两大功能，因此，在考虑债权人利益的同时，对担保人的利益也应予以考虑。担保合同中担保人风险负担的无偿性对应的也应是担保责任范围的限缩性认定。担保债务停止计息之规定强化了担保从属性原理的背后，实际上是立法和司法机关强化“保护担保人倾向”的体现。

除《担保制度解释》第 22 条外，《民法典》第 688 条修改了《担保法》第 19 条的规定，将担保方式约定不明或者未约定时的推定规则由连带责任保证修改为按照一般保证承担保证责任，《担保制度解释》第 25 条对推定规则的具体识别方法也进行了进一步说明；《民法典》第 692 条修改了原《最高人民法院关于适用〈中华

---

① 程啸、高圣平、谢鸿飞：《最高人民法院新担保司法解释理解与适用》，法律出版社 2021 年版，第 146 页。

② 参见《最高法举行贯彻实施民法典 全面完成司法解释清理和首批司法解释新闻发布会》，载最高人民法院网站，https：//www.court.gov.cn/zixun-xiangqing-282211.html，2022 年 4 月 22 日访问。

人民共和国担保法〉若干问题的解释》（以下简称《担保法解释》）第32条对保证期间约定不明时保证期间的规定，将主债务履行期届满之日起两年修改为六个月，《担保制度解释》第32条对保证期间约定不明的认定和效力也作了进一步的解释。相较于《担保法》和《担保法解释》，从上述立法上的修订可以看出，《民法典》和《担保制度解释》的规定体现了民法典时代的债权人和担保人利益保护的再平衡，这也是法治社会的应有之义。

三、《担保制度解释》第22条的功能导向——优化营商环境

如前所述，《担保制度解释》弱化了对债权人的过度保护，强化了对担保人的保护，体现了债权人和担保人之间利益保护的价值平衡，这在一定程度上有利于法治化营商环境的建设与改造。就《担保制度解释》第22条而言，一方面，对于中小企业来说，当前融资困难，而通过对担保债务“停止计息”予以明确，为担保人利益的保护提供了有力的法律支撑，担保人因此将更愿意为企业提供担保。企业融资难度降低，有利于促进商事交易，推动经济繁荣发展，从而打造更优的营商环境。另一方面，担保人也不会因不熟知担保规则在签订担保合同时不谨慎而承担过大责任，从而影响自身的生产、生活乃至造成社会大范围的波动。这也切实符合法治化营商环境“稳定发展预期，切实保障企业家人身安全财产安全和企业生产经营活动”的要求。①

四、《担保制度解释》第22条的溯及力问题

《担保制度解释》是《民法典》担保制度的组成部分。《最高人民法院关于适用〈中华人民共和国民法典〉时间效力的若干规定》第3条规定：“民法典施行前的法律事实引起的民事纠纷案件，当时的法律、司法解释没有规定而民法典有规定的，可以适用民法典的规定，但是明显减损当事人的合法权益、增加当事人法定义务或者背离当事人合理预期的除外。”本案法律事实虽然发生在《民法典》和《担保制度解释》施行之前，但因当时的法律和司法解释没有明确规定，而《担保制度解释》第22条的适用不存在减损当事人的合法权益、增加当事人法定义务或者背离当事人合理预期的情形，故《民法典》和《担保制度解释》施行之前的案件，均可适用《担保制度解释》第22条的规定。

---

① 游劝荣：《为营商环境法治化提供司法保障》，载《学习时报》2020年9月9日。

《担保制度解释》颁布前，关于主债权停止计息的效力是否及于担保人的问题无法可依，法官只能根据法学理论和裁判经验予以说理，导致实践中同案不同判的结果。《担保制度解释》第 22 条第一次明确了该类案件的裁判规则，可以预见，未来裁判结果将得到统一。

编写人：浙江省宁波市镇海区人民法院　谢朝宏　沈方楠

第二部分　保证合同

【导言】[①]

1. 关于保证类型的识别

考虑到《中华人民共和国民法典》（以下简称《民法典》）对于当事人没有约定或者约定不明时的保证类型从《中华人民共和国担保法》规定的推定为连带责任保证修改为推定为一般保证，实践中可能会存在将推定规则与解释规则混为一谈的问题，即认为只要当事人在保证合同中没有写明“连带责任保证”字样，就应认定为一般保证。笔者认为，《民法典》规定的推定规则只有在难以确定保证人真实意思表示的情况下才能适用。反之，如果可以通过意思表示解释规则，确定当事人承担的是连带责任保证的，就不能简单地根据推定规则将其认定为一般保证。在对保证人的意思表示进行解释时，要坚持以下规则：一是保证合同含有债务人应当先承担责任的意思表示的，人民法院应当将其解释为一般保证，如约定保证人在债务人不能履行债务或者无力偿还债务时才承担保证责任等类似内容；二是保证合同含有债权人可以选择债务人或者保证人承担责任的意思表示的，应当将其解释为连带责任保证，如约定保证人在债务人不履行债务或者未偿还债务时即承担保证责任、无条件承担责任等类似内容。

此外，本解释还对实践中较为常见的各种增信措施的法律性质认定问题进行了回应。实践中，一些民事主体为规避法律关于提供担保须经公司决议等限制，向债权人提供差额补足、流动性支持等类似承诺文件作为增信措施。对于这些承诺文件的法律性质有不同观点。笔者认为，第三人提供的上述承诺文件在法律性质上根据其内容进行解释，可区分为以下 3 种情形：

---

① 林文学、杨永清、麻锦亮、吴光荣：《〈关于适用民法典有关担保制度的解释〉的理解和适用》，载《人民司法》2021 年第 4 期。

其一，如果承诺文件具有提供担保的意思表示，债权人请求该第三人承担保证责任的，人民法院应当依照保证的有关规定处理。此时，第二人承担一般保证还是连带责任保证的保证责任，须根据前述解释规则进行认定，在无法依解释规则得出结论时，应推定为一般保证。

其二，第三人在承诺文件中具有加入债务或者与债务人共同承担债务等意思表示的，人民法院应当认定为《民法典》第 552 条规定的债务加入。第三人的意思难以解释是债务加入还是保证时，从《民法典》平衡保护债权人与担保人的立场出发，应当推定为保证。至于是一般保证还是连带责任保证，亦应先通过解释当事人的意思表示来确定，只有在无法通过解释规则确定时，才能适用推定规则。

其三，如果第三人提供的承诺文件既无提供担保的意思表示，也没有加入债务的意思表示，但承诺文件约定了第三人的义务或者责任，债权人请求第三人依据承诺文件的内容履行义务或者承担相应责任的，人民法院应予支持。

2. 关于一般保证

一般保证与连带责任保证最大的区别在于保证人是否享有先诉抗辩权。先诉抗辩权在实践中如何准确理解和适用，也是本解释要解决的重点和难点问题，主要涉及以下几个方面：

一是对一般保证的诉讼当事人作出规定。一般保证中，债权人是只能先起诉债务人再起诉保证人，还是可以将债务人和保证人作为共同被告一并提起诉讼，存在不同理解。一种观点认为，因保证人享有先诉抗辩权，债权人必须先起诉债务人，直接起诉一般保证人的，应当驳回其起诉；另一种观点则认为，应继续沿用《最高人民法院关于适用〈中华人民共和国担保法〉若干问题的解释》第 125 条的规定，债权人可以将债务人和保证人作为共同被告提起诉讼，但须在判决书主文明确保证人仅对债务人财产依法强制执行后仍不能履行的部分承担保证责任。经研究，笔者认为，先诉抗辩权的意义主要体现在以下 3 个方面：一是在诉讼阶段，债权人不能单独对保证人提起诉讼，因此，债权人未就主合同纠纷提起诉讼或者申请仲裁，仅起诉一般保证人的，人民法院应当向债权人释明将债务人一并提起诉讼，否则人民法院应当驳回起诉；二是在执行阶段，保证人仅对债务人不能清偿部分承担保证责任，因此，在债权人一并起诉债务人和保证人的情形下，虽然人民法院可以受理，但是在作出判决时，除有《民法典》第 687 条第 2 款但书规定的情形外，应当在判决书主文中明确，保证人仅对债务人财产依法强制执行后仍不能履行的部分承担保证责任；三是在财产保全中，如果债权人未对债务人的财产申请保全，或者保全的债务人的财产足以清偿债务，债权人申请对一般保证人的财产进行保全的，人民法院不予准许。

二是增加规定了当事人实现先诉抗辩权的一种特殊情形。从《民法典》第 687 条的规定来看，在一般保证中，债权人必须在保证期间内向债务人提起诉讼或者申请仲裁，就债务人财产依法强制执行仍不能履行债务的，才能向保证人主张保证责任。显然，债权人提起诉讼或者申请仲裁的目的是得到生效法律文书，并以此为依据执行债务人的财产。但实践中，还存在无须经过诉讼或者仲裁，债权人就能直接取得执行依据的特殊情形，即债权人取得赋予强制执行效力的公证债权文书。根据目的解释规则，债权人在取得此类文书后，依法就债务人财产申请强制执行仍不能履行的，债权人亦有权要求保证人承担保证责任。

三是关于一般保证的诉讼时效。《民法典》第 694 条第 1 款规定："一般保证的债权人在保证期间届满前对债务人提起诉讼或者申请仲裁的，从保证人拒绝承担保证责任的权利消灭之日起，开始计算保证债务的诉讼时效。"所谓保证人拒绝承担保证责任的权利消灭之日，即先诉抗辩权消灭之日，具体包括两种情形：一是债权人已就债务人的财产依法强制执行仍不能清偿债务的，具体表现为人民法院因无财产可供执行而作出终结本次执行裁定，或者依照《中华人民共和国民事诉讼法》（以下简称《民事诉讼法》）第 264 条第 3 项、第 5 项的规定作出终结执行裁定，此时一般保证的诉讼时效应自前述裁定送达债权人之日起开始计算。当然，由于实践中情况较为复杂，有些法院在法律或者司法解释规定的期限内未作出前述裁定，如果放任不管，可能会影响债权人向一般保证人主张权利，因此，本解释规定，人民法院自收到申请执行书之日起 1 年内未作出前述裁定的，保证债务的诉讼时效自人民法院收到申请执行书满 1 年之日起计算。之所以规定 1 年，是因为根据《民事诉讼法》第 233 条的规定，通常情形下的执行期限是从收到申请执行书之日起 6 个月，但考虑到在强制执行过程中需要对标的物进行评估、拍卖，特殊情形下人民法院可能无法在 6 个月内完成全部执行行为。此外，本解释规定 1 年，只是推定债务人没有可供执行的财产，如果保证人有证据证明债务人仍有可供执行财产，自然不受此限。二是存在《民法典》第 687 条第 2 款但书规定的 4 种情形时，保证人的先诉抗辩权即消灭。从文义上看，似乎只要出现这 4 种情形之一，就应当开始计算诉讼时效。问题是，债权人对这 4 种情形的发生可能并不知情，客观计算既不利于保护债权人权益，也不符合诉讼时效从知道或者应当知道权利被侵害之日起计算的法理。为此，本解释根据诉讼时效的一般法理，采主观说，规定存在《民法典》第 687 条第 2 款但书规定情形的，一般保证债务的诉讼时效自债权人知道或者应当知道该情形之日起开始计算。

3. **关于共同保证的保证期间**

如前所述，在同一债务上有数个担保的情况下，担保人之间既可能存在连带债务关系（相互之间有追偿权），也可能不发生连带债务关系（相互之间没有追偿权）。在各保证人之间不存在连带债务关系的情形下，债权人对部分保证人行使权利的行为，其效力自然不及于其他担保人。如甲对乙享有 200 万元的债权，A、B 为保证人，保证期间分别为主债权履行期限届满后 6 个月、1 年。在保证人之间未形成连带债务关系的情况下，甲在 6 个月内向 A 主张了权利，但未向 B 主张权利，主债权履行期限满 1 年后，甲以其曾经向 A 主张权利为由，主张其也已经依法向 B 行使权利的，人民法院不予支持。相应地，B 以甲未在保证期间内行使权利为由主张不承担担保责任的，人民法院应予支持。

问题是，在各保证人之间形成连带债务关系的情形下，债权人对部分保证人依法行使权利的行为，其效力是否及于其他保证人。根据《民法典》第 520 条的规定，在连带债务中，只有履行、抵销、提存、免除、混同、给付受领迟延 6 种行为导致债务消灭才对其他债务人发生效力。依反面解释，在共同保证中，债权人向其中部分保证人依法主张权利的行为，其效果亦不及于其他保证人。

值得注意的是，在各保证人之间构成连带债务关系的情况下，债权人未在保证期间内依法向部分保证人行使权利，而其他保证人在承担保证责任后向依法不再承担保证责任的保证人追偿时，依据《民法典》第 519 条第 2 款之规定，该保证人对债权人的抗辩，可向行使追偿权的保证人主张，这将导致已经承担保证责任的保证人的追偿权不能得到实现。还以前述案件为例，假设 A、B 相互之间具有追偿权，甲在主债权届满后 9 个月内向 B 主张权利，未在保证期间内向 A 主张权利，导致 B 在承担担保责任后不能再向 A 追偿。考虑到该后果系因债权人行为所致，且债权人在保证期间内未向部分保证人主张权利导致其担保责任被免除的行为，本质上属于免除该保证人责任的行为，根据《民法典》第 520 条第 2 款的规定，在债权人免除该保证人债务的范围内，应当免除其他保证人的责任。

4. **与保证期间有关的事实查明**

保证期间是确定保证人承担保证责任的期间，债权人只有在保证期间内依法向保证人主张权利，才能要求保证人承担保证责任，否则保证人的保证责任消灭。笔者认为，保证期间可以由当事人约定，且无中止、中断和延长的情形，故不同于诉讼时效；除斥期间作为法定期间，不允许当事人约定，且除斥期间届满后消灭的是形成权，故除斥期间和保证期间亦存在本质区别。考虑到保证期间届满消灭的是实体权利，对当事人权利义务的影响至巨，人民法院对与保证期间有关的事实进行审理时，不宜采取类似诉讼时效那样的当事人抗辩主义，而应当在向当事人释明的基础上查明与保证期间有关的基本事实。在具体案件的审理中，应重点查明保证期间是否届满，债权人是否在保证期间内依法行使权利等具体内容。

此外，债权人在保证期间内未依法行使权利，保证责任本已消灭，但实践中有的债权人又书面通知保证人要求其承担保证责任，而保证人也在通知书上进行了签字、盖章或者按指印，此时债权人能否请求保证人继续承担保证责任，存在较大争议。笔者认为，保证期间不同于诉讼时效，诉讼时效届满产生的仅是债务人的抗辩权，因此债务人在催款通知书上签字、盖章或者按指印，可以理解为其对抗辩权的放弃，但保证期间届满产生的是实体权利的消灭，保证人仅在催款通知书上签字、盖章或者按指印，不足以认定保证人有重新为债务提供担保的意思表示。因此，本解释规定，在上述情形下，债权人向保证人请求继续承担保证责任的，人民法院不予支持，但是债权人有证据证明成立了新的保证合同的除外。

5. **关于最高额保证的保证期间**

从司法实践的情况来看，多数情况下，当事人对于最高额保证的保证期间都有约定，根据意思自治原则，当事人对计算方式与起算点等有约定的，从其约定。问题是，在没有约定或者约定不明确时，是根据被担保的债权逐笔单独计算保证期间，还是统一计算保证期间，存在不同的观点。笔者认为，由于最高额担保系对一定时期连续发生的债权提供担保，逐笔单独计算保证期间，无法体现最高额担保的特点，但是，如果采取统一计算的方式，也可能存在起算点难以确定的问题，因为当事人约定的期间届满时，有些被担保债权的履行期限尚未届满，自无起算保证期间的可能。经反复研究，本解释对于最高额保证的保证期间采统一计算的方式，但对于保证期间的起算点，则应视债权确定时被担保债权的履行期限是否届满来确定：债权确定时，对于被担保的履行期限届满的债权，保证期间自债权确定之日起开始计算；对于被担保的履行期限还未届满的债权，保证期间则自最后到期债权的履行期限届满之日起开始计算。这里所说债权确定之日，根据《民法典》第 690 条第 2 款的规定，应参照《民法典》第 423 条进行认定。

6. **关于撤诉是否影响保证期间**

债权人提起诉讼或者申请仲裁后又撤回起诉或者仲裁申请，能否视为债权人依法向保证人主张过权利，实践中存在较大争议。笔者认为，对于此种情形，应当区别一般保证和连带责任保证不同的法律后果。

其一，在一般保证中，债权人向债务人提起诉讼或者申请仲裁并就债务人财产依法强制执行仍未履行债务的，才能向保证人主张实体权利。换言之，债权人必须让债务人先承担责任。当事人撤诉或者撤回仲裁申请本质上意味着其并无让债务人先承担责任的意思表示，因此，只要债权人在保证期间内没有再次对债务人提起诉讼或者申请仲裁，保证人就不应再承担保证责任。

其二，在连带责任保证中，在债权人撤诉或者撤回仲裁申请时，能否认定债权人向保证人主张过权利。对此，存在不同观点。笔者认为，与诉讼时效只需要债权人主张过权利不同，保证期间的意义在于使处于或然状态的保证责任成为确定的保证债务，因而不仅需要债权人主张权利，而且还要让保证人知道债权人在主张权利。因此，仅人民法院受理了案件或者仲裁机构受理了仲裁申请仍不足以构成依法行使权利，只有在起诉状副本或者仲裁申请书副本送达保证人后才意味着依法行使了权利。

7. **关于保证合同无效时的保证期间**

保证合同无效或者被撤销时能否适用保证期间制度，是司法实践中争议较大的一个问题。笔者认为，债权人通常不会主观上认为保证合同无效或者可被撤销，否则就不会订立保证合同。因此，在债权人不知道保证合同无效或者可撤销时，如果其认为保证人应当承担保证责任，自应在保证期间内向保证人主张保证责任。相应地，债权人未在保证期间内依法向保证人主张保证责任，通常可以解释为债权人不再要求保证人承担保证责任，当然也就无意要求保证人承担赔偿责任。更为重要的是，如果保证合同无效或者被撤销，保证人不能受到保证期间的保护，就可能导致保证人在保证合同无效或者被撤销时的责任较之保证合同有效时更重：保证合同有效时，保证人因未在保证期间内行使权利而无须承担任何责任，但在保证合同无效或者被撤销时，保证人反倒可能承担赔偿责任，这显然不公平。鉴于此，本解释规定保证合同无效或者被撤销时，债权人仍要在保证期间内主张权利。

【第25条　保证方式的认定、第29条　共同保证人之间的追偿】

15

共同保证连带责任的司法认定

——A农商行诉B信息科技公司等金融借款合同案

【基本信息】

1. 裁判书字号

江西省新干县人民法院（2021）赣0824民初705号民事判决书

2. 案由：金融借款合同纠纷

3. 当事人

原告：A农商行

被告：B信息科技公司、姚某娟、龚某华、武甲、武乙

【基本案情】

B信息科技公司成立于2008年6月10日。武甲、龚某华系该公司股东。2019年7月16日，B信息科技公司因购买原材料资金周转与A农商行签订《流动资金借款合同》，合同约定：由A农商行向B信息科技公司提供借款500万元，借期为一年；借款人未按时履行还款义务，贷款方有权解除合同；要求保证人承担保证责任等。当日，武甲、姚某娟、龚某华、武乙与A农商行签订了《保证合同》，自愿为B信息科技公司的上述500万元贷款本息提供保证担保。保证期为主合同约定的

债务履行期限届满之日起三年，如A农商行根据主合同之约定提前收回贷款的，则保证期间为自A农商行向借款人通知的还款之日起三年。

当日，A农商行依约向B信息科技公司发放贷款500万元，借期自2019年7月16日至2020年7月9日，借款利率为5.655%。2020年7月8日，B信息科技公司因偿还到期借款困难，遂与A农商行签订《借款展期协议》约定：借款展期延长至2021年7月2日；展期借款利率为年利率4.81%；担保人为原借款合同担保人并以原担保方式为本合同项下的展期借款提供担保的，仍按原保证合同的约定执行；保证贷款的各保证人确认对本协议担保展期的借款，负有经济上的连带责任，当借款人不能按协议期限清偿贷款人的款项时，由保证人连带承担偿还借款本息的义务。担保人武甲等四人在展期协议"担保人"一栏中签字确认。

2020年9月起，B信息科技公司再次逾期归还利息。截至2021年3月10日，该公司差欠A农商行借款本金500万元及利息123690.99元。故A农商行提起诉讼。

【案件焦点】

担保人武甲等四人是否应当承担连带共同保证责任。

【裁判要旨】

江西省新干县人民法院经审理认为：A农商行与B信息科技公司签订的《流动资金借款合同》系双方当事人真实的意思表示，且不违反法律、行政法规的强制性规定，合法有效。在合同签订后，A农商行依约向B信息科技公司全面发放贷款，但该公司未按时足额偿还贷款利息，致使A农商行诉请解除双方之间的借款合同，符合合同约定，依法予以确认。《中华人民共和国民法典》第565条第2款规定，当事人一方未通知对方，直接以提起诉讼或者申请仲裁的方式依法主张解除合同，人民法院或者仲裁机构确认该主张的，合同自起诉状副本或者仲裁申请书副本送达对方时解除。本案中，法院于2021年4月9日向B信息科技公司送达起诉状副本，因此，A农商行与B信息科技公司签订的《流动资金借款合同》解除时间为2021年4月9日。根据《流动资金借款合同》约定，A农商行有权对逾期贷款按合同利率加收50%计算逾期还款利息，但A农商行仅要求在《借款展期协议》延长的借款日期即2021年7月2日前按照展期借款年利率4.81%计算利息，之后按照逾期还款年利率7.215%计算利息，是其对民事权利的合法处分，不违反法律规定，依法予以确认。

武甲等四人与A农商行签订《保证合同》，自愿为上述借款本息承担保证担保责任，且其在《借款展期协议》“担保人”一栏上签字确认，故A农商行诉请武甲等四人对上述借款本息承担连带清偿责任，符合法律规定，依法予以支持。依照《最高人民法院关于适用〈中华人民共和国民法典〉时间效力的若干规定》第1条第2款、第3条，《中华人民共和国合同法》第60条、第94条、第205条、第206条、第207条，《中华人民共和国担保法》第18条、第21条，《中华人民共和国民事诉讼法》第144条规定，判决：

一、A农商行与B信息科技公司签订的《流动资金借款合同》于2021年4月9日解除；

二、B信息科技公司应于本判决生效之日起十日内向A农商行偿还借款本金500万元及利息（其中2021年3月10日之前的利息为123690.99元，2021年3月20日至2021年7月2日的利息按年利率4.81%计算，此后利息按逾期还款年利率7.215%计算至实际清偿之日止）；

三、武甲等四人对上述借款本息承担连带清偿责任。

【适用解析】

保证是指法人、非法人组织和自然人以其信誉和不特定的财产为他人的债务提供担保，当债务人不履行债务时，该第三人按照约定履行债务或者承担责任的担保方式。保证在实践中适用的范围非常广泛。本案中，武甲等四人共同为债务人B信息科技公司提供保证，属于共同保证，即两个或两个以上的保证人为同一债务而向债权人所提供的担保。数人为一人担保，能够为债权的实现提供更有力的保障。《中华人民共和国民法典》（以下简称《民法典》）对《中华人民共和国担保法》（以下简称《担保法》）关于保证的相关内容作出重大修订，《最高人民法院关于适用〈中华人民共和国民法典〉有关担保制度的解释》（以下简称《担保制度解释》）第25条对于保证方式进行区分认定，第29条对于共同保证人之间的追偿规则进行进一步细化。

一、《民法典》担保制度关于保证方式认定的新规则

保证方式包括一般保证和连带责任保证。一般保证，是指当事人在保证合同中约定，在债务人不能履行债务时，保证人承担保证责任的保证；连带责任保证则是指当事人在保证合同中约定，在债务人不履行债务时保证人与债务人对债务承担连带责任的保证。[①] 二者最大的区别就在于保证人是否享有先诉抗辩权，一般保证的保证人享有先诉抗辩权，仅在债务人的财产依法强制执行仍不能履行债务时承担保证责任。即一般保证中保证人不是债务履行的第一顺序人，债务人是履行债务第一顺序人，保证人在债务人履行不能或不能完全承担责任时，方可对债务承担补充责任。而连带责任保证的保证人不享有先诉抗辩权，债权人可以未经起诉债务人而直接要求保证人承担保证责任。即连带责任保证中保证人和债务人均为债务履行第一顺序人，只要债务人在主合同规定的履行期届满没有履行债务，债权人就可以直接要求保证人承担保证责任，保证人承担的是连带责任。

保证方式的认定解决的是保证人与债权人、债务人之间的关系，即确认保证人承担的是补充责任还是连带责任、债权人是否享有先诉抗辩权。因其对三方当事人特别是对保证人的利益影响重大，所以对担保方式的认定首先应尊重保证人的真实意思表示。而对于担保方式没有约定或者约定不明确的，《民法典》对《担保法》的推定规则进行了重大修改，在第 686 条第 2 款规定此时“按照一般保证承担保证责任”。也就是说，保证人与债权人没有约定保证方式或者约定不明确的，在《民法典》生效前，保证人应与债务人承担连带责任保证，在《民法典》生效后，保证人对债务人的债务承担一般保证的补充责任。《民法典》进行如此重大的修改，是立法在平衡债权人和债务人利益上的态度选择，具体主要有以下四个方面的考虑：第一，在担保方式没有约定或约定不明确时，推定保证人承担一般保证责任更符合保证人的真意，也符合传统民法担保制度的基本原理。从比较法上看，世界上绝大多数国家采此种立法态度。第二，将保证方式推定为连带责任保证，在司法实践中引发了一定程度的不公平。在现实的民间借贷案件中，很多保证人出于人情关系为他人借款提供保证，受制于法律意识的欠缺和情面，往往没有明确约定担保方式，《担保法》的推定规则使保证人处于等同于债务人的债务履行顺位，债权人为了便于执行往往直接请求保证人承担保证责任，导致真正的义务人即债务人的财产未用于清偿的不公平现象。《民法典》第 686 条要求连带保证责任需要在合同中进行特别约定，实际上是赋予保证人决定保证方式的权利，由保证人根据自己的意愿

① 黄薇主编：《中华人民共和国民法典释义》（中），法律出版社 2020 年版，第 1306 页。

选择承担什么样的保证责任，以免在约定不明时使保证人落入不公平境地。第三，连带责任是一种加重责任，这种加重责任由当事人特别约定，可以给保证人慎重考虑和债务人审慎请求的机会。这也符合《民法典》关于连带责任的确立必须以法律规定和当事人约定为前提的基本思路。《民法典》第 686 条是任意性规范，如果当事人需要加强对债权实现的保障，可以特别约定连带责任保证方式。第四，推定保证人承担连带责任，不利于实体经济发展。实践中因推定连带保证责任产生的“三角债务”比比皆是，往往导致一家企业倒闭、多家企业破产现象的发生，对企业正常的生产经营和整体经济造成了较大负面影响。①

二、《民法典》担保制度中连带共同保证人内部追偿规则的理解

连带共同保证人承担保证责任后能否对其他保证人进行追偿，涉及共同保证内部关系的处理，是司法实务经常面对的问题。《担保法》及其司法解释对于共同保证、共同物保、混合共同担保情形下担保人之间的内部追偿问题进行了规定，而《中华人民共和国物权法》（以下简称《物权法》）对此未作规定，导致在法律适用方面存在一定争议。《民法典》第 700 条②规定保证人承担保证责任后可在其承担保证责任的范围内向债务人追偿，但是对保证人之间是否可以互相追偿没有明文规定。《担保制度解释》第 13 条③对共同担保人之间担保责任分配以及追偿规则进行了规定。就共同保证而言，如何理解适用该规定，可从以下两个方面考虑：一方面，多个保证人之间有无相互追偿权应与混合共同担保等相关规则作体系化解释。

---

① 黄薇主编：《中华人民共和国民法典释义》（中），法律出版社 2020 年版，第 1306 页。

② 《民法典》第 700 条规定：保证人承担保证责任后，除当事人另有约定外，有权在其承担保证责任的范围内向债务人追偿，享有债权人对债务人的权利，但是不得损害债权人的利益。

③ 《最高人民法院关于适用〈中华人民共和国民法典〉有关担保制度的解释》第 13 条：同一债务有两个以上第三人提供担保，担保人之间约定相互追偿及分担份额，承担了担保责任的担保人请求其他担保人按照约定分担份额的，人民法院应予支持；担保人之间约定承担连带共同担保，或者约定相互追偿但是未约定分担份额的，各担保人按照比例分担向债务人不能追偿的部分。同一债务有两个以上第三人提供担保，担保人之间未对相互追偿作出约定且未约定承担连带共同担保，但是各担保人在同一份合同书上签字、盖章或者按指印，承担了担保责任的担保人请求其他担保人按照比例分担向债务人不能追偿部分的，人民法院应予支持。除前两款规定的情形外，承担了担保责任的担保人请求其他担保人分担向债务人不能追偿部分的，人民法院不予支持。

最高人民法院在2019年《全国法院民商事审判工作会议纪要》第56条[①]将《物权法》第176条作限缩解释，肯定保证人向债务人的追偿权，但对保证人相互追偿问题采取了否定说，并突出例外约定的意思自治准则。而《民法典》第392条没有规定混合担保的担保人相互之间有追偿权，共同保证的原理与混合担保的原理相同，再结合《民法典》第700条未明确共同保证人之间可以互相追偿，以及《担保制度解释》第13条明确规定的连带共同保证内部追偿权行使的具体规则，可得出《民法典》及《担保制度解释》关于连带共同保证内部追偿的立法本意应是共同保证人之间无特别约定原则上不得互相追偿。另一方面，应进行法理分析。即保证人之间未特别约定为连带共同保证，此时是不真正连带，担保人之间没有共同互相担保意思，保证人之间相互求偿，缺乏法律上的请求权基础，也有违担保人为债务人提供担保的初衷。[②] 事实上，担保人相互求偿，其份额如何确定，是一个相当复杂的计算问题，担保人最终还是要向债务人求偿。也就是说，允许未特别约定的共同担保人之间相互求偿，既没有法理依据，也缺乏现实可操作性，极易造成诉讼资源浪费。即从有利于引导担保人审慎提供担保角度，也应当促使共同担保人在设定担保时明确了解其担保除非特别约定，否则将面临承担担保责任后只能向债务人追偿，一旦债务人没有清偿能力就必然面对受损的风险。同时对债权人而言，在有多个保证人提供担保时，债权人亦可基于债权保护的需求要求各保证人就全部债务分别向债权人请求承担连带保证责任。因而，对《民法典》担保制度连带共同保证内部追偿规则应理解为：共同保证中多个保证人之间除非进行了追偿的特别约定或者特别约定共同承担连带保证责任，符合《担保制度解释》第13条前两款规定情形，否则保证人之间不享有相互追偿权。

三、本案中保证方式的认定和连带共同保证内部追偿的适用

本案中，武甲等四人与A农商行签订《保证合同》的时间为2019年7月16日，当时《民法典》尚未颁布，保证合同约定的是武甲等四人自愿为B信息科技

---

① 《全国法院民商事审判工作会议纪要》第56条规定，《最高人民法院关于适用〈中华人民共和国担保法〉若干问题的解释》第38条明确规定，承担了担保责任的担保人可以要求其他担保人清偿其应当分担的份额。但《物权法》第176条并未作出类似规定，根据《物权法》第178条关于"担保法与本法的规定不一致的，适用本法"的规定，承担了担保责任的担保人向其他担保人追偿的，人民法院不予支持，但担保人在担保合同中约定可以相互追偿的除外。

② 黄薇主编：《中华人民共和国民法典释义》（中），法律出版社2020年版，第1325页。

公司的500万元贷款本息提供保证担保，未约定保证方式。按照《担保法》第12条、第19条的规定，共同保证人武甲等四人没有约定保证方式，应认定承担连带共同保证责任。后在2020年7月8日，B信息科技公司因偿还到期借款困难，与A农商行签订《借款展期协议》将借款展期延长至2021年7月2日，同时约定“担保人为原借款合同担保人并以原担保方式为本合同项下的展期借款提供担保的，仍按原保证合同的约定执行；保证贷款的各保证人确认对本协议担保展期的借款，负有经济上的连带责任，当借款人不能按协议期限清偿贷款人的款项时，由保证人连带承担偿还借款本息的义务”。金融借贷中的“贷款展期”是指借款人在贷款到期日之前向银行等金融机构申请延长贷款期限。实践中，金融机构在同意延长贷款期限的同时，往往也会调整贷款利率。《担保法解释》第30条第2款规定：“债权人与债务人对主合同履行期限作了变动，未经保证人书面同意的，保证期间为原合同约定的或者法律规定的期间。”也就是说，贷款展期改变主合同的履行期限和贷款利率，会随之影响贷款保证人的保证责任，为保护保证人的合法权益，《担保法解释》明确规定贷款展期须经保证人书面同意的，其中保证人的书面同意形式应当明确、具体。保证人书面同意贷款展期的，应视为保证人对展期协议的主债权作出了新的保证意思表示，保证人应按照展期协议约定的保证期间和贷款利率承担保证责任。由于实践中对保证责任的约定不尽相同，认定保证人的“书面同意”决定着保证人如何承担保证责任。

本案中，《借款展期协议》约定展期延长借款合同履行期限近一年，借款利率从原借款合同年利率5.655%下调为4.81%，属于法律规定的债权人与债务人对主合同履行期限、利率作了变动，应经保证人书面同意的情形。武甲等四人使用了实践中最常见的由保证人在展期协议上签字确认展期协议中保证条款的书面同意方式。其特别之处就在于展期协议中的保证条款既约定了按原担保方式担保又约定了保证人对展期的借款负有连带责任。此种情况下，法院应如何认定武甲等四人的担保方式，当事人为何要如此约定，主要原因是在签订展期协议时，《民法典》已经颁布，并已确定生效时间为2021年1月1日。即本案《借款展期协议》约定的展期期间跨越了新旧法的衔接，保证人的保证行为也因此是一个从旧法适用延续至新法适用的保证行为。《最高人民法院关于适用〈中华人民共和国民法典〉时间效力的若干规定》规定，《民法典》施行前的法律事实引起的民事纠纷案件，适用当时的法律、司法解释的规定；《民法典》施行前的法律事实持续至《民法典》施行后，该法律事实引起的民事纠纷案件，适用《民法典》的规定。也就是说，本案中武甲等四人的保证方式认定，在《民法典》生效前的阶段应当适用《担保法》第12条、第19条规定，因其保证行为一直持续到《民法典》施行后，则应适用《民法典》规定。故本案中，三方当事人根据法律规定的变化在展期协议中既约定按原担保方式担保又约定保证人对展期的借款负有连带责任，是债权人为保障其债权实现与共同保证人约定由共同保证人承担连带保证责任的特别约定。本案诉至法院时，《民法典》已经实施，因而应适用《民法典》第686条规定认定共同保证人武甲等四人的保证方式。即武甲等四人在展期协议上签字确认的行为合法有效，可确认武甲等四人对展期的借款承担共同连带责任。事实上，武甲等四人的连带共同保证真实意思表示是从《保证合同》延续至《借款展期协议》的。即保证合同签订于《民法典》颁布之前，该合同中武甲等四人与债权人A农商行的真实意思是由保证人承担连带保证责任，《借款展期协议》签订于《民法典》颁布之后生效之前，该协议中武甲等四人与债权人A农商行的真实意思是在《民法典》生效前按原保证合同由保证人承担连带保证责任，《民法典》生效后按双方明确约定的“连带责任”由武甲等四人承担连带保证责任。也就是说，不论是《保证合同》还是《借款展期协议》，武甲等四人与债权人A农商行的真实意思表示均是由保证人武甲等四人承担共同连带保证责任。故本案中，武甲等四人的保证方式应当认定为共同连带保证。

《担保制度解释》第13条第2款明确规定了“同一债务有两个以上第三人提供担保，担保人之间未对相互追偿作出约定且未约定承担连带共同担保，但是各担保人在同一份合同书上签字、盖章或者按指印，承担了担保责任的担保人请求其他担保人按照比例分担向债务人不能追偿部分的，人民法院应予支持”。本案中，武甲等四人在《借款展期协议》中虽未对相互追偿作出约定，但约定了承担连带共同担保责任，并一起在同一份《借款展期协议》上签字确认承担连带保证责任，符合《担保制度解释》第13条第2款的情形。故武甲等四人承担连带保证责任后，各担保人可按照比例分担向债务人不能追偿的部分。

编写人：江西省吉安市中级人民法院　彭璇

【第29条 保证人抗辩权】

16

连带共同保证人保证责任免除抗辩权的行使

——包某某诉A基金中心追偿权案

【基本信息】

1. 裁判书字号

浙江省台州市中级人民法院（2021）浙10民终198号民事判决书

2. 案由：追偿权纠纷

3. 当事人

原告（上诉人）：包某某

被告（被上诉人）：A基金中心

第三人：B支行

【基本案情】

包某某与C眼镜公司的法定代表人李某某原系夫妻。A基金中心是一家为小微企业贷款提供信用担保负责信用保证基金的运行、担保审核、风险管控、风险代偿、债务追讨等的事业单位法人。

包某某与李某某分别于2016年2月4日、2017年7月3日为C眼镜公司向B支行的借款提供最高额保证。2018年8月7日，A基金中心与B支行的总行即D银行签订《合作协议》，约定，由A基金中心为D银行的融资业务提供担保，合作期限为2018年8月7日至2021年8月6日；D银行在追加其他担保时，需同时代为办理反担保手续，反担保的担保人需包含为同一笔融资业务提供担保的其他全部担保人；D银行在办理本保证授信时，追加其他担保，但未按约定同时代办相应反担保的，A 基金中心将免除保证责任。同时约定，上述“其他担保”，是指 D 银行为保证其融资业务的安全，除 A 基金中心提供信用保证外，对同一笔融资业务同时要求客户以自有资产提供担保，或者要求以与客户有关联关系的自然人（包括法定代表人、实际控制人、股东及其配偶、成年子女等）、企业（包括形成投资或控股关系的母子公司、其他企业等）提供保证的担保。2018 年 11 月 28 日，A 基金中心承诺 C 眼镜公司向 B 支行借款承担担保责任。B 支行没有为 A 基金中心办理反担保手续。

2018 年 11 月 20 日，C 眼镜公司向 B 支行贷得款项 50 万元。因 C 眼镜公司未按约还本付息，包某某履行保证责任后起诉，要求 A 基金中心作为担保人之一，承担三分之一代偿责任。

【案件焦点】

1. 连带共同保证人之间能否相互追偿；2. A 基金中心是否享有免责抗辩权；3. A 基金中心的免责抗辩权是否及于主张追偿权的保证人包某某。

【裁判要旨】

浙江省台州市椒江区人民法院经审理认为：《合作协议》约定代偿免责的情形之一是，D 银行“追加其他担保”，但未按约定为 A 基金中心代办反担保。各方当事人对“追加其他担保”的理解存在争议，《合作协议》并没有作相关约定；综合分析“追加其他担保”文义解释、《合作协议》《自主保证产品说明（试行）》约定的内容以及 A 基金中心设立的目的，同时兼顾公平原则，将“追加其他担保”理解为除 A 基金中心提供担保外，还存在“其他担保”。包某某和李某某分别提供担保属于《合作协议》约定的“其他担保”，B 支行未为 A 基金中心代办反担保手续，A 基金中心的代偿义务应予免除。依照《中华人民共和国民法总则》第 3 条规定，判决：

驳回包某某的诉讼请求。

包某某不服一审判决，提起上诉。浙江省台州市中级人民法院经审理认为：本案构成连带共同保证当无疑义。包某某主张 A 基金中心承担保证份额的前提是各保证人均应当承担保证责任。《合作协议》约定了 A 基金中心代偿免责情形。涉案债务发生时，包某某提供担保符合“其他担保”的情形。B 支行没有代办反担保，A

基金中心据此约定不应承担保证代偿责任，包某某追偿缺乏前提条件。各保证人承担或不承担保证责任均是基于其各自与债权人订立的保证合同，导致包某某不能向A基金中心追偿，是由于根据《合作协议》约定其免于向B支行承担保证责任，而不是《合作协议》排除或限制包某某追偿权的结果，故不存在《合作协议》约定损害包某某利益的问题。依照《中华人民共和国民事诉讼法》第170条第1款第1项规定，判决：

驳回上诉，维持原判。

【适用解析】

一项债务存在多个保证人，依据《中华人民共和国担保法》（以下简称《担保法》）第12条的规定，保证人在承担保证责任后，可以要求承担连带责任的其他保证人清偿其应当承担的份额，但该追偿权行使的前提：一是各保证人的保证方式须是连带共同保证；二是各保证人根据保证合同的约定对保证债务均应当承担保证责任。保证人对债务承担保证责任与否，应当基于其与债权人之间的保证合同约定。本案处理的难点主要在于，当各方对保证合同约定的理解存在争议的时候，应当如何进行解释，如何判断该保证人是否需承担保证责任；在出现保证合同约定的保证人无须承担保证责任情形时，被免责的保证人能否对抗其他已经承担保证责任的共同保证人。

一、连带共同保证人之间能否相互追偿

包某某、A基金中心及李某某系各自承诺为C眼镜公司借款提供保证。A基金中心出具《自主保证业务担保确认函》，承诺将案涉主债务纳入自主保证的主债务范围，依据《合作协议》及《自主保证产品说明（试行）》的相关约定承担担保责任，但并未明确保证责任方式。《担保法》及《最高人民法院关于适用〈中华人民共和国担保法〉若干问题的解释》（以下简称《担保法解释》）与《中华人民共和国民法典》（以下简称《民法典》）及《最高人民法院关于适用〈中华人民共和国民法典〉有关担保制度解释》（以下简称《担保制度解释》）对相关行为后果的规定截然不同。

（一）关于保证方式未作明确约定的法律后果

《担保法》第19条规定，当事人对保证方式没有约定或者约定不明确的，按照连带责任保证承担保证责任。这样规定，不仅明确了保证人承担保证责任的方式，而且规定保证人承担较重的责任，有助于加强保证人的责任意识，使保证人明确对保证方式不约定或者约定不明的法律后果，从而对保证方式作出适当选择。[①] 但是，保证合同是单务合同，保证人没有权利只有义务，《担保法》的上述规定既不符合保证制度的发展趋势，也不符合保证制度的主旨，又不利于保证作用的发挥，更有违民法的平等和公平原则，因此，《民法典》对此进行了颠覆性地修改。该法第 686 条第 2 款规定，当事人在保证合同中对保证方式没有约定或者约定不明确的，按照一般保证承担保证责任。这就意味着，《民法典》出台后，保证合同没有明确约定保证人和债务人对主债务承担连带责任的，都推定为一般保证。

本案中，虽然 A 基金中心在其出具的《自主保证业务担保确认函》中并未明确其提供的是连带责任保证，但其提供保证的行为和涉案纠纷的一审处理均发生在《民法典》施行前，根据《最高人民法院关于适用〈中华人民共和国民法典〉时间效力的若干规定》第 1 条第 2 款的规定，《民法典》施行前的法律事实引起的民事纠纷案件，适用当时的法律、司法解释的规定，但是法律、司法解释另有规定的除外。本案应当适用《担保法》的规定，将 A 基金中心的保证方式推定为连带责任保证，审理中双方对此亦不存在争执。

（二）关于包某某、A 基金中心之间能否相互追偿

本案中，虽然包某某、A 基金中心既没有约定相互追偿，且未约定承担连带共同保证，双方也系分别提供连带责任保证，但本案担保提供的事实和涉案纠纷均发生在《民法典》施行前，同上，依照《最高人民法院关于适用〈中华人民共和国民法典〉时间效力的若干规定》的规定，应当适用《担保法》和《担保法解释》的规定。《担保法解释》第 19 条第 1 款规定，两个以上保证人对同一债务同时或者分别提供保证时，各保证人与债权人没有约定保证份额的，应当认定为连带共同保证。因此，包某某、李某某和 A 基金中心应当被认定为连带共同保证人。按照《担保法》第 12 条规定，已经承担保证责任的保证人，有权向债务人追偿，或者要求承担连带责任的其他保证人清偿其应当承担的份额，故包某某有权向 A 基金中心追偿。

---

① 全国人大常委会法制工作委员会民法室编著：《中华人民共和国担保法释义》，法律出版社 1995 年版，第 25 页。

虽然《担保法》赋予了担保人相互追偿的权利，但是，全国人大常委会法工委在《中华人民共和国民法典释义》和《中华人民共和国物权法释义》两书中均曾明确，担保人之间不能相互追偿。《担保制度解释》坚持尊重立法原意的原则，同时考虑到担保人之间相互分担责任问题属于私法自治的范畴，明确了担保人之间原则上不能相互追偿，除非担保人之间存在相互分担担保责任的明确约定，或者通过其行为能够推定具有相互分担的意思联络。该司法解释第 13 条规定，同一债务有两个以上第三人提供担保，担保人之间约定相互追偿及分担份额，承担了担保责任的担保人请求其他担保人按照约定分担份额的，人民法院应予支持；担保人之间约定承担连带共同担保，或者约定相互追偿但是未约定分担份额的，各担保人按照比例分担向债务人不能追偿的部分。同一债务有两个以上第三人提供担保，担保人之间未对相互追偿作出约定且未约定承担连带共同担保，但是各担保人在同一份合同书上签字、盖章或者按指印，承担了担保责任的担保人请求其他担保人按照比例分担向债务人不能追偿部分的，人民法院应予支持。除前两款规定的情形外，承担了担保责任的担保人请求其他担保人分担向债务人不能追偿部分的，人民法院不予支持。如按照上述规定，显然，包某某在代偿后无权向 A 基金中心追偿。

二、关于 A 基金中心是否应当承担保证责任

这也是本案处理的关键和难点所在。保证人向其他保证人主张权利，前提是其他保证人应当承担保证责任。

《合作协议》约定了 A 基金中心代偿免责的情形。各方争议的焦点是对《合作协议》中"追加其他担保"的理解。《合作协议》对"追加其他担保"的含义未作明确规定，应当按照所使用的词句，结合相关条款、行为的性质和目的、习惯，以及诚信原则，确定意思表示的含义。从文义上解释，"追加其他担保"，既可以理解为从时间角度在某种担保方式之后增加了担保，也可以理解为在数量上增加了其他担保；从整体上进行分析，综合《合作协议》《自主保证产品说明（试行）》约定的内容，"追加其他担保"应从担保数量上进行理解更为贴切；从目的出发，A 基金中心是一家非营利性事业单位，其设立是为小微企业贷款提供信用担保，"追加其他担保"只有理解为除 A 基金中心提供担保外，还存在其他担保，才符合该中心设立的目的，减轻该中心提供担保的风险，从而更有利于该中心运营；依据公平原则解释，包某某或李某某与C眼镜公司存在着特定关系，A基金中心只有通过反担保方式将代偿后风险转移给包某某或李某某，才更体现公平、合理。综上，“追加其他担保”应理解为除A基金中心外，还有包某某、李某某等提供的担保存在。B支行追加了上述二人提供担保，却没有为A基金中心代办反担保手续，A基金中心的保证责任免除。

三、关于被免责保证人的抗辩权是否及于行使追偿权的保证人

诚然，审查保证人是否需要承担保证责任是债权人向该保证人主张权利的前提，那么被债权人免除保证责任的保证人可否以此对抗其他保证人在司法实务中存在争议。

有观点认为，保证人之间相互追偿系因各保证人均系连带共同保证人，即使案件存在免除被追偿保证人的保证责任事由，该保证人与债权人之间是内部关系，免责事由只能约束债权人，不能拘束其他保证人。该保证人仍然应向其他保证人承担保证责任，其在承担保证责任后，可向债权人追偿。[①] 有观点则认为，保证人需要承担保证责任是根本，保证人是否需要承担保证责任是审查主债权人向其主张债权和担保追偿权人要求其承担保证债务的前提，既然保证人被债权人免除了保证责任，保证人没有了代偿义务，那么该保证人自然无须向其他保证人承担责任。[②]

造成上述争议存在的根本原因是被废止的《担保法》以及《担保法解释》对此未作明确规定所致。并且，《最高人民法院关于已承担保证责任的保证人向其他保证人行使追偿权问题的批复》（法释〔2002〕37号，已失效）中规定“承担连带责任保证的保证人一人或数人承担保证责任后，有权要求其他保证人清偿应当承担的份额，不受债权人是否在保证期间内向未承担保证责任的保证人主张保证责任的影响”，更加佐证了前一种观点。但是，前一种观点的立足点是，保证人之间有连带共同保证的合意，事实上，两个以上保证人对同一债务分别提供保证，只能说保证人与债权人之间存在约定，保证人愿意承担保证责任，无法推理出保证人之间必然有连带共同保证的合意。而在《担保法》被废止前，依照《担保法解释》第

---

① 秦康美：《论共同保证中的保证人责任》，载《经济问题》2005年第12期。

② 程啸：《保证合同研究》，法律出版社2006年版，第582页，曹明哲：《〈民法典担保制度司法解释〉对担保从属性的贯彻与适用》，载《法律适用》2021年第9期。

19 条规定，却推定保证人之间为连带共同保证，故前一种观点很难成立。

《民法典》第 520 条第 2 款规定，部分连带债务人的债务被债权人免除的，在该连带债务人应当承担的份额范围内，其他债务人对债权人的债务消灭。该款是关于部分连带债务人的债务被债权人免除对其他债务人发生效力的规定。《民法典》施行后，在保证人之间能够相互追偿的情况下，保证人之间的法律关系的性质属于连带债务关系，部分保证人的保证责任被债权人免除，其他保证人的连带债务自然也就消灭。因此，与《民法典》配套的《担保制度解释》第 29 条很清晰地规定，同一债务有两个以上保证人，债权人以其已经在保证期间内依法向部分保证人行使权利为由，主张已经在保证期间内向其他保证人行使权利的，人民法院不予支持。同一债务有两个以上保证人，保证人之间相互有追偿权，债权人未在保证期间内依法向部分保证人行使权利，导致其他保证人在承担保证责任后丧失追偿权，其他保证人主张其不能追偿的范围内免除保证责任的，人民法院应予支持。这样的规定也更符合法理。

本案中，包某某、A 基金中心承担或不承担担保责任均基于双方分别向 B 支行出具的担保函，现无证据推理出双方在提供保证前有过合意，包某某、A 基金中心承担共同保证责任的依据也只是《担保法解释》第 19 条的规定。按照担保法规定精神，A 基金中心承担保证责任系因其与 B 支行之间的约定，而 A 基金中心无须承担责任的原因还是其与 B 支行（包括其总行即 D 银行）的约定，双方的约定是审查的基础，故 A 基金中心对抗 B 支行的抗辩理由，当然也能够对抗其他保证人即包某某。

本案判决从合同签订的目的以及公平正义的角度出发，结合当事人的社会角色、承担的社会服务内容，对合同条款作出合理解释。判决思路既合乎法律规定，顺应法律逻辑，又遵循公平诚信原则，维护社会经济稳定健康发展。

编写人：浙江省台州市椒江区人民法院　王秀云

【第32条 保证期间的认定】

17

保证期间的司法认定

——马某某诉丁某某保证合同案

【基本信息】

1. 裁判书字号

黑龙江省龙江县人民法院（2020）黑0221民初734号民事判决书

2. 案由：保证合同纠纷

3. 当事人

原告：马某某

被告：丁某某

【基本案情】

2016年3月12日，案外人樊某某经丁某某担保（未约定保证方式）向马某某借款，并出具借据载明：借款金额为5.9万元，还款日期为2017年3月12日，过期按月息20‰计息；2016年4月7日，经丁某某担保，樊某某再次向马某某借款，并出具借据载明：借款金额为5.9万元，还款日期为2017年4月7日，过期按月息20‰计息。每笔借款实际交付金额为5万元，另0.9万元是以5万元为基数，按照月利率15‰计算的利息，在实际借款时已提前予以扣除。后马某某多次向樊某某索要欠款，樊某某始终未能履行还款义务，丁某某也未履行保证义务，马某某遂诉至法院。

【案件焦点】

借据中约定的“过期”利息计算标准是否影响保证期间的计算。

【裁判要旨】

黑龙江省龙江县人民法院经审理认为：丁某某为涉案债务提供担保，因未约定保证方式，按照《中华人民共和国担保法》应视为连带责任保证，当借款人樊某某未能履行还款义务时，马某某向担保人丁某某主张权利符合法律规定。涉案借款虽约定了还款日期，但同时约定过期按月息20‰计息，表明丁某某同意借款人樊某某可能出现延期还款并按月利率20‰付息的情形，且未约定最终还款时间，故丁某某应继续承担保证责任。丁某某表示马某某于2018年5月要求其联系借款人樊某某，此时应视为马某某向丁某某主张权利，故丁某某关于本案已过保证期间的抗辩意见，不予认定。但是涉案两笔借款均将预期利息计入借款本金，违反《中华人民共和国合同法》第200条之规定。《最高人民法院关于审理民间借贷案件适用法律若干问题的规定》规定，借据、收据、欠条等债权凭证载明的借款金额，一般认定为本金。预先在本金中扣除利息的，人民法院应当将实际出借的金额认定为本金。故丁某某应以实际借款数额5万元为基数，偿还借款并计算利息。双方之间关于借款利率的约定符合法律规定，予以确认。丁某某承担保证责任后，有权向债务人樊某某追偿。依照《中华人民共和国担保法》第18条、第19条、第21条，《最高人民法院关于审理民间借贷案件适用法律若干问题的规定》第2条、第26条规定，判决：

一、丁某某于本判决生效之日起3日内给付马某某借款本金5万元，并以前述本金为基数，按月利率20‰计息，自2017年3月12日起延续计算至本判决确定的自动履行期限内的实际给付之日止；

二、丁某某于本判决生效之日起3日内给付马某某借款本金5万元，并以前述本金为基数，按月利率20‰计息，自2017年4月7日起延续计算至本判决确定的自动履行期限内的实际给付之日止；

三、丁某某于本判决生效之日起3日内给付马某某2016年3月12日至2017年3月12日借款利息0.9万元；

四、丁某某于本判决生效之日起3日内给付马某某2016年4月7日至2017年4月7日借款利息0.9万元；

五、驳回马某某其他的诉讼请求。

【适用解析】

一、保证责任方式的推定

本案借款事实发生于2016~2017年，根据《中华人民共和国担保法》（以下简称《担保法》）第19条的规定，在当事人对保证方式没有约定或者约定不明的情况下推定为连带责任保证。故丁某某应承担连带责任保证。对此，《中华人民共和国民法典》（以下简称《民法典》）第686条对此进行了颠覆性的修改，规定当事人在保证合同中对保证方式没有约定或者约定不明确的，按照一般保证方式承担保证责任。按此规定，丁某某应承担一般保证责任。也就是说，就该案而言，如发生在《民法典》实施以后，债权人马某某只能先对债务人樊某某提起诉讼，并且经过法院的强制执行仍然不能得到清偿时才可以要求保证人丁某某承担保证责任。

保证方式的确定无论是对债权人还是对保证人来说都产生了较大影响。因为二者有明显的区别：（1）保证人免责的条件不同。保证期间作为保证人承担保证责任的期间，一旦届满，即引起保证责任消灭的后果。根据《民法典》第693条规定，在不同的担保方式中引起保证责任消灭的"保证期间经过"有不同的含义。一般保证中，保证期间经过是指债权人未在保证期间对债务人提起诉讼或者申请仲裁，保证责任因此消灭；连带责任保证中，保证期间经过是指债权人未在保证期间请求保证人承担保证责任，保证责任因此消灭；（2）保证人是否享有先诉抗辩权不同：一般保证的保证人享有先诉抗辩权，即保证人在主合同纠纷未经审判或者仲裁，并就债务人财产依法强制执行仍不能履行债务前，对债权人可以拒绝承担保证责任；而连带责任保证的保证人不享有先诉抗辩权；（3）保证人承担的责任不同：一般保证的保证人只是在主债务人不能履行时有代为履行的义务，其责任补充性；而连带责任保证中的保证人与主债务人为连带责任人，只要有债务人履行期届满不履行债务的事实，保证人的保证责任即发生效力，债权人既可以要求债务人履行债务，也可以要求保证人在其保证范围内承担保证责任，债务人和保证人都无权拒绝；（4）保证债务的诉讼时效起算点不同。保证债务作为一种民事债务，应适用3年的一般诉讼时效，自债权人知道或应当知道担保权利被侵害之日起计算。根据《民法典》第694条规定，在不同的担保方式中保证债务的诉讼时起算点不同。一般保证中，债权人在保证期间届满前对债务人提起诉讼或者申请仲裁的，从保证人拒绝承担保证责任的权利消灭之日起，开始计算保证债务的诉讼时效；连带责任保证中，债权人在保证期间届满前请求保证人承担保证责任的，从债权人请求保证人承担保证责任之日起，开始计算保证债务的诉讼时效。需要注意的是，一般保证债务的诉讼时起算点相较《最高人民法院关于适用〈中华人民共和国担保法〉若干问题的解释》（以下简称《担保法解释》）确立的规则有了变化，根据后者，应“从判决或者仲裁裁决生效之日起”计算。

可以看出，《担保法》从保障债权实现的角度出发而设立，更关注债权人债权的实现。广泛适用连带责任保证对其最有利，尤其是在向债务人追偿有困难的情况下，该种保证允许债权人直接向保证人追偿，省去了先向债务人起诉或仲裁并经强制执行的诉讼成本，对债权人的倾斜保护更加有利于促进市场经济下的商品流通和资金融通。但在其适用过程中，存在的漏洞也越发明显。因保证本身具有单务性和无偿性，保证人为他人提供担保并未享受与之相应的利益，反而要承担较重的责任和风险。因债权人可以直接向保证人求偿，在债务人并非无力清偿只是追偿有困难的情况下，也将债权人置于债务人的地位，增加了保证人承担债务后向债务人追偿的诉累和风险。在审判实践中，甚至发现真正利益关系的主体即债权人、债务人均没有考虑到保证人的利益，利用法律规则随意借债，推诿责任，将保证人置于两难的境地，尤其对一些缺乏法律知识的保证人而言，其在不明确自己要承担什么样责任的前提下，就承担了连带责任。这一规则在赋予债权人安全感的同时，却忽视了保证人的利益，对保证人来说要求过严、责任过大、风险过高，不当地过分加重了保证人的责任，严重打击了保证人的积极性，影响保证制度功能的正向发挥。回归保证本意，保证本来是保证人对债务人履行债务实行的担保，在保证担保的债权债务中，应以主合同债务人为第一偿还顺序，即以一般保证为主；就保证人而言，其之所以提供保证，是确信债务人有履行能力，从担保初衷来看，其本意应当是承担补充责任。故除非保证人明确表示愿意承担更重的责任，才可适用连带责任保证。《民法典》对此作出重大调整，意在更好地平衡债权人、债务人，特别是保证人的利益，更符合保证制度的基本原理及民法的公平原则。同时也充分考虑了当下民众对保证制度的认知状况，极大地尊重了当事人各方关于保证方式的真实意愿，对民商事活动中当事人的行为风险防范进行了有效指引，可以让保证人更加明确并自主选择自己应该承担什么样的责任，更加有利于发挥保证的作用，推进社会信用体系完善。

二、保证期间的约定情形

保证期间是根据当事人约定或法律规定，债权人应当向保证人主张权利的期间，如果债权人没有在该期间主张权利，则保证人不再承担责任。在期间的认定和计算上，应当充分尊重民事主体的意思表示，当事人对保证期间的起算和长短有约定的从约定；没有约定或者约定不明的，适用法定保证期间，自主债务履行期届满之日起计算。关于法定保证期间，在《民法典》实施之前，区分“未约定”和“约定不明”两种情形，存在6个月与2年的不同规定。即《担保法》第25条、第26条分别针对一般保证和连带责任保证的保证人与债权人未约定保证期间的，规定保证期间为自主债务履行期届满之日起六个月。同时，《担保法解释》第32条第2款规定：“保证合同约定保证人承担保证责任直至主债务本息还清时为止等类似内容的，视为约定不明，保证期间为主债务履行期限届满之日起二年。”可见，6个月的保证期间针对的对象是“未约定”保证期间的情形；2年的保证期间针对的是虽有约定但“约定不明”，即“不定期保证”的情形。

《民法典》第692条将“没有约定”与“约定不明确”的后果统一规定为适用6个月法定保证期间。结合《最高人民法院关于适用〈中华人民共和国民法典〉有关担保制度的解释》（以下简称《担保制度解释》）第32条的规定，以下情形的保证期间应当为6个月：（1）当事人未约定保证期间的；（2）当事人之间约定了保证期间，但是约定不明确的；（3）视为没有约定或约定不明的。如约定的保证期间早于主债务履行期限或者与主债务履行期限同时届满的，视为没有约定。约定保证人承担保证责任直至主债务本息还清时为止等类似内容的，视为约定不明。

《民法典》对于“约定不明”适用2年保证期间的规则予以否定，原因在于，一是该规则的核心含义是约定保证期间的上限不得超过主债务诉讼时效期间，这不恰当地剥夺了当事人的意思自由，无益于平衡保证合同关系中各方当事人的利益。如果当事人约定的保证期间长于诉讼时效期间，不能因此否定其效力，保证人可通过主张时效抗辩保护自己的权利。二是任何合同条款都有“约定不明”的可能，意思表示解释的基本任务就是依据一定标准使此类条款的含义得以明晰。原规则直接将此类条款界定为“视为约定不明”造成的恶果就在于，不恰当地以法定单一标准代替了意思表示解释的各种标准，忽视了意思表示解释的复杂性，剥夺了结合其他条款内容使此类约定得以明确的可能性。《民法典》将“没有约定”与“约定不明确”的后果统一规定为适用6个月法定保证期间，采行约定优先、法定填补的基本立法态度，该做法是立法者对“视为约定不明”规则相关学理意见和实务效果的有效回应。[①] 三是在《担保法》承认保证期间可以中断的前提下，“约定不明”规则对于避免保证期间随主债务诉讼时效中断而中断尚有一定意义，但在《民法典》第692条明确规定保证期间为不变期间的前提下，该规则已无实际意义。

法定保证期间的变化，提醒着债权人在保证期间内及时向保证人主张权利，有利于“消除隐形担保及过度担保”，体现了更倾向于保护保证人的立法理念。因此，债权人为保障债权的实现，应更加关注保证期间的约定，尽可能约定明确的保证期间，如果未约定保证期间或者约定不明的情形下，应当及时依法行使权利。

三、约定逾期利息对保证期间起算的影响

《民法典》基于保护保证人、督促债权人及时行使权力的立场，在保证债务诉讼时效之外，专门规定了保证期间制度，保证期间是保证人承担保证责任的起讫期间，保证期间的起算、长短直接关系到保证人保证责任的承担与否。[②] 因此，保证期间的准确起算具有重要的实践意义。

笔者认为，逾期利息的约定对保证期间的起算产生影响。在保证合同中，既约定了主债务履行期限，又约定了逾期还款利率，这一约定对于债务人在规定期限内还款起到了一定的督促作用，这也表明保证人同意为债务人可能出现的逾期付款的情形承担责任。这时，如果债权人与债务人对主债务未约定最终履行期限或者约定不明，也未约定保证期间的，保证期间应当自债权人请求债务人履行债务的宽限期届满之日起计算；若债权人要求债务人支付逾期付款利息，则请求之日即可认定为保证人保证期间的起算时间。如果债权人与债务人未约定逾期付款利率，则应当以具体合同纠纷为准，区分为：连带保证的保证期间起算应自债务履行期限届满之日起开始。债权人通过要求债务人履行并提出合理的宽限期，使本来不明确的主债

---

① 杨巍：《民法典保证期间规则修改评释》，载《河北法学》2020年第9期。

② 黄志伟：《保证期间性质与起算浅析》，载《福建政法管理干部学院学报》2003年第2期。

务履行期限得以确定，从而也使得保证期间的起算点得以确定，即该宽限期届满之日开始计算保证期间；一般保证的保证期间起算应在主合同纠纷经审判或者仲裁，并就债务人财产依法强制执行仍不能履行程序完成之时才开始。只有在履行期限届满主债务人未履行或未完全履行债务，且债权人在保证期间内行使了请求权时，保证债务才转化为保证责任。因此，保证期间的起算应是债权人可以行使权利之时，也就是保证人应当承担保证责任之时。

在体系化地观察《民法典》相关规则时，发现合同编通则关于违约的构成规则，将违约不仅限定于债务人不履行到期债务的情形，还承认了预期违约。《民法典》第681条规定："保证合同是为保障债权的实现，保证人和债权人约定，当债务人不履行到期债务或者发生当事人约定的情形时，保证人履行债务或者承担责任的合同。"此条款就保证债权可得行使的情形，在"债务人不履行到期债务"之外，增加规定"发生当事人约定的情形"，使得其意思表示可能涵盖的范围更加明确，这是实质性修改。这一修改与担保物权分编中关于担保物权、抵押权、质权的实现条件在立法表述上取得了一致。

担保人担保的是金融债权，其最终目的是实现债权人的利益，并非为了摆脱担保责任。既然保证合同中将主债务人逾期违约约定为保证债权可得行使的情形，债权人即应积极行使其权利，保证期间则应自债权人知道或者应当知道主债务人预期违约之时开始计算，如债权人漠视其权利，自应承受时间经过所带来的不利影响。此解释结论也应该与诉讼时效期间的起算相一致，在主债务人预期违约的情形之下，债权人知道或者应当知道其权利受到损害，主债务诉讼时效期间即应起算，而不待主债务履行期限届满。①

在一般保证的情形下，如果主债务人预期违约，保证期间开始计算，债权人在主债务履行期限届满之前对主债务人提起诉讼或者申请仲裁，保证期间因未经过而失去意义。此时，不再考虑保证期间的问题，自保证人拒绝承担保证责任的权利消灭之日起，开始计算保证债务的诉讼时效。如主债务人预期违约，债权人没有在主债务履行期限届满之前对主债务人提起诉讼或者申请仲裁，从主债务人预期违约之日起约定的保证期间或者法定的保证期间届满后，债权人才对主债务人提起诉讼或

---

① 盛杰民、袁祝杰：《浅论保证期间与诉讼时效》，载《中外法学》1997年第4期。

者申请仲裁的，保证债务消灭。

在连带责任保证之下，“发生当事人约定的情形”，债权人可请求保证人承担保证责任，关于这一情形下保证期间始期的计算，笔者认为，对于主债务人预期违约时起算时间点的确定，取决于保证合同中是否将主债务人预期违约作为保证债权可得行使的情形加以约定。《民法典》第688条第2款规定：“连带责任保证的债务人不履行到期债务或者发生当事人约定的情形时，债权人可以请求债务人履行债务，也可以请求保证人在其保证范围内承担保证责任。”本款增加“发生当事人约定的情形”，即在连带责任保证的情形下，债权人自可在主债务履行期限届满之后直接向保证人主张保证债权，但如发生保证合同中约定的实现保证债权的情形，即使主债务履行期限尚未届满，债权人也可以请求保证人承担保证责任。如当事人在保证合同中并未将主债务人预期违约作为行使保证债权的情形加以约定，则取决于债权人是否基于主债务人预期违约提前行使违约责任请求权。“当主债务人构成预期违约时，债权人对主债务人请求权可得行使时，对保证人请求权也可得行使。”① 如债权人提前行使违约责任请求权，则保证人不得主张保证期间尚未起算的期限利益；如债权人并未提前行使违约责任请求权，则对于债权人履行保证债务的请求，保证人可以主张保证期间尚未起算的抗辩。

保证人承担着保证债务，但保证人毕竟不是主债权债务关系的当事人，不宜使其处于和主债务人完全同样的法律地位。保证期间的强制适用，在一定程度上缓和了保证债务在存续上的从属性，可以避免保证人无止境地处于承担债务的不利状态或长期处于随时可能承担债务的财产关系不确定状态。

编写人：黑龙江省龙江县人民法院　黄睿

① 高圣平：《特殊情形之下保证期间的计算三论》，载《法学杂志》2021年第4期。

【第 34 条　保证期间为实体审查内容】

18

刑民交叉案件中保证期间起算点的确定

——陈某孝诉应某等保证合同案

【基本信息】

1. 裁判书字号

浙江省宁波市奉化区人民法院（2020）浙 0213 民初 5016 号民事判决书

2. 案由：保证合同纠纷

3. 当事人

原告：陈某孝

被告：应某、王某迷、田某仕

【基本案情】

2009 年 12 月 4 日，田某仕向陈某孝借款 50 万元，并出具借条一份，借条载明：今借陈某孝 50 万元，担保范围包括主债权及利息等，月息先付。王某迷、应某在担保人处签字。后田某仕涉嫌集资诈骗罪，2010 年 12 月 31 日，陈某孝就案涉借款向公安机关报案。2012 年 12 月 7 日，浙江省宁波市中级人民法院作出（2012）浙甬刑一初字第 220 号刑事判决书，判决田某仕犯集资诈骗罪，判处无期徒刑，剥夺政治权利终身，并处没收个人全部财产；责令田某仕将违法所得人民币 5138.085 万元退赔给被害人。同时该刑事判决书审查查明部分还载明：2009 年 12 月至 2010 年 6 月，田某仕向陈某孝募集资金 85 万元，以支付利息形式归还 31 万元，尚有 54 万元未归还。

【案件焦点】

刑民交叉案件中，主债务未约定债务履行期限的，保证期间起算点应如何确定。

【裁判要旨】

浙江省宁波市奉化区人民法院经审理认为：主债务系债务人集资诈骗的犯罪事实，即使借款未约定还款时间，保证期间依法自债权人要求债务人履行义务的宽限期届满之日起计算。债权人以向公安机关报案的方式向债务人主张履行债务，后债务人犯集资诈骗罪，由法院判决责令其向受害人退赔，故判决生效日应视为债务履行期届满之日，刑事判决书生效之日应视为保证期间的起算点。依照《中华人民共和国担保法》第19条、第26条，《最高人民法院关于适用〈中华人民共和国担保法〉若干问题的解释》第31条、第33条，《最高人民法院关于适用〈中华人民共和国民法典〉时间效力的若干规定》第1条第2款，《中华人民共和国民事诉讼法》第64条、第142条，《最高人民法院关于适用〈中华人民共和国民事诉讼法〉的解释》第90条规定，判决：

驳回陈某孝的诉讼请求。

【适用解析】

本案是一起典型的涉及借贷、保证的刑民交叉案件，本案借款未约定还款期限，借款事实又被刑事判决认定为集资诈骗犯罪事实且责令退赔，案件处理上与一般借贷、保证案件不同。对于借款期限没有约定或者约定不明确的借款合同，主债务履行期限届满的时间节点存在一定的不确定性，本案中即有三个时间点可能会被认为是债务履行期限届满之日：出借人向公安机关报案之日、刑事判决生效之日和出借人提起民事诉讼之日。按照法律规定，保证期间的起算时间为主债务履行期限届满之日。因保证期间的起算点与主债务履行期紧密相连，在主债务履行期限届满之日不确定的情况下，导致确定保证期间的起算点出现争议。本案借贷、保证事实发生在《中华人民共和国民法典》（以下简称《民法典》）施行以前，裁判在《民法典》施行以后。依法合理确定保证期间的起算点，既是保护和平衡债权人、保证人权益的需要，也是适应《民法典》及其担保制度新规则的需要。

一、保证期间的性质和法律适用

（一）保证期间是确定保证责任的期间

关于保证期间的性质，理论上一直争议不断。学界存在四种不同观点：（1）诉讼时效说；（2）除斥期间说；（3）特殊期间说（“或有期间”或“失权期间”）；（4）期限说。[①] 虽然学界对保证期间的性质有着不同的认识，但在保证期间的内涵上，通说认为，保证期间是确定保证人承担保证责任的期间。由此，保证期间的长短、起止时间的确定，直接关系到保证人是否承担责任。尽管理论上对保证期间的性质长期存在争议，但具体到司法实践中，如何准确理解和适用现行法律关于保证期间的规定，对具体个案作出符合法律规定的裁判，才是法官在办理具体案件时应把握的核心。理论上关于“保证期间是确定保证人承担保证责任的期间”的通说，无论是与《中华人民共和国担保法》（以下简称《担保法》）第25条（一般保证的保证期间）、第26条（连带责任保证的保证期间）、第27条（最高额保证的保证期间）的规定，还是与《民法典》第692条第1款“保证期间是确定保证人承担保证责任的期间，不发生中止、中断和延长”的规定，基本内涵是一致的。归根结底来说，保证期间是确定保证人承担保证责任的期间，期间届满，保证人无须承担保证责任，债权人超出该期限主张权利的，人民法院不予支持。

（二）《民法典》担保制度关于保证的新变化

《民法典》及《最高人民法院关于适用〈中华人民共和国民法典〉有关担保制度的解释》（以下简称《担保制度解释》）对《担保法》及《最高人民法院关于适用〈中华人民共和国担保法〉若干问题的解释》（以下简称《担保法解释》）进行了重大修改。《民法典》基于保护保证人、督促债权人及时行使权利的立场，在保证债务诉讼时效之外，专门规定了保证期间制度，明确规定所有保证债务均有保证期间之适用。[②]《民法典》合同编专设“保证合同”一章，对保证方式、保证期间的修改幅度较大。其基本精神是，保证人要承担保证责任，但保证人毕竟不是主债权债务关系的当事人，保证期间的规定在一定程度上可以避免保证人无止境地处

---

① 张良、靳紫燕：《我国〈民法典〉对保证人与债权人的平衡保护》，载《河南教育学院学报》2021年第1期。

② 黄薇主编：《中华人民共和国民法典解读（精装珍藏版）·合同编》（上），中国法制出版社2020年版，第716页。

于承担债务的不利状态或是长期处于随时可能承担债务的财产关系的不确定状态。[①]《民法典》第686条规定，对于保证方式没有约定或约定不明时推定为一般保证，与《担保法》第19条推定为连带责任保证的规定相比，保证方式的认定上作出了颠覆性的修改。《民法典》第692条规定，对于保证期间没有约定或约定不明的情形以相同的立法思路，推定保证期间为六个月，与《担保法解释》第32条规定的二年保证期间相比，保证期间上也进行了限缩性修改。保证方式和保证期间的修改，一是更符合民事主体对保证人只有在主债务人不履行到期债务的情况下才承担责任的预期判断；二是防止在未约定保证期间的情况下，法定保证期间设置过长，债务人还债能力持续减弱，进而影响保证人追偿权的实现。另外值得注意的是，《担保制度解释》第29条第1款规定："同一债务有两个以上保证人，债权人以其已经在保证期间内依法向部分保证人行使权利为由，主张已经在保证期间内向其他保证人行使权利的，人民法院不予支持。"该规定不同于诉讼时效制度中对于连带债务人中的一人发生诉讼时效中断的事由，效力及于其他连带债务人的规定，从侧面反映了保证人之间享有的保证期间利益具有相互独立性，债权人在保证期间内向部分保证人行使权利的，效力不及于其他保证人。

二、保证期间与主债务履行期限的关系

（一）主债务履行期限决定保证期间起算

《民法典》将保证期间界定为"确定保证人承担保证责任的期间"，由此而决定，保证期间的计算一般与主债务履行期限相勾连。主债务的履行存在多种形态，适用保证期间规则就有特殊情形。如高圣平教授在《特殊情形下保证期间的计算三论》一文中，论述了"主债务预期违约""主合同履行期限变更""共同保证"三种特殊情形下的保证期间计算问题。[②]但无论是一般情形还是特殊情形，在当事人无特别约定时，保证期间的起算始终与主债务履行期限紧密相关。只有依法合理确定了主债务履行期限，才能随之确定保证期间起止时间，判定保证人是否应当承担责任。主债务履行期限约定明确的，保证期间的计算也已明确。但主债务未约定履行期限的，保证期间的计算就存在不确定状态。《民法典》第511条第4项规定，

---

① 高圣平：《民法典上保证期间的效力及计算》，载《甘肃政法大学学报》2020年第5期。

② 高圣平：《特殊情形下保证期间的计算三论》，载《法学杂志》2021年第4期。

履行期限不明确的，债务人可以随时履行，债权人也可以随时请求履行，但是应当给对方必要的准备时间。故在确定主债务履行期限时，应按照相关法律规定结合案件相关事实确定。保证期间的起算依附于主债务履行期限的确定，主债务履行期限届满之日（终期），即保证期间的起算之日（始期）。

（二）保证期间是法院应主动查明的事实

保证期间与主债务履行期限的紧密关系，直接关系到保证期间是案件事实的基本要素，应由法院在事实查明时主动审查。《民法典》实施之前，最高人民法院民一庭2016年编印的《民事审判指导与参考》一书中即认为，对保证期间是否经过的案件事实，人民法院应依职权主动审查。不应仅因保证人未主动提出保证期间经过的抗辩，而对保证期间是否经过的事实不予审查，并直接认定保证人应当就已超过保证期间的债务承担保证责任。① 但是实践中一直存在“主动审查说”“不得主动审查说”和“区分说”等观点。② 实践中有的保证人甚至不知道有保证期间的相关规定，即使保证期间届满也未提出保证责任免除的抗辩，甚至还主动承担“保证责任”。保证期间在性质上并非诉讼时效，保证期间届满的后果并非保证人享有拒绝承担保证责任的抗辩权，而是保证债务消灭，保证期间是否经过关系到保证人的实体权利义务，属于人民法院应查明的事实，人民法院应主动予以审查。③ 针对这种实体权利可能消灭的情况，不论保证人是否提出相应抗辩，人民法院均应当依职权主动审查是否存在超过保证期间的事实，以判断保证人是否应承担保证责任。④

（三）《担保制度解释》对法院主动审查保证期间予以明确

如果说《民法典》出台前的法律、司法解释未对保证期间是否属于法院主动审查查明的事实予以规定，主动审查保证期间属于理论层面的观点或部分案例的裁判观点，是否应主动审查保证期间在法律层面还存有争议。那么，《担保制度解释》则对该问题给予了明确回应，解决了保证期间是否属于主动审查事实的理论与实践

① 最高人民法院民一庭编：《民事审判指导与参考》（总第64辑），人民法院出版社2016年版。

② 包晓丽、司伟：《民法典保证期间规定理解适用中的几个问题》，载《法律适用》2021年第1期。

③ 高圣平：《民法典担保制度理解与适用》，中国法制出版社2021年版，第130页。

④ 包晓丽、司伟：《民法典保证期间规定理解适用中的几个问题》，载《法律适用》2021年第1期。

争议。《担保制度解释》第34条明确规定，人民法院在审理保证合同纠纷案件时，应当将保证期间是否届满、债权人是否在保证期间内依法行使权利等事实作为案件基本事实予以查明。债权人在保证期间内未依法行使权利的，保证责任消灭。保证责任消灭后，债权人书面通知保证人要求承担保证责任，保证人在通知书上签字、盖章或者按指印，债权人请求保证人继续承担保证责任的，人民法院不予支持，但是债权人有证据证明成立了新的保证合同的除外。从该条规定可以看出，保证合同案件中，法院要对保证期间是否届满、债权人是否在保证期间内依法行使权利等事实作为基本事实予以调查，而不能以“不辩不理”简单处理。从保证人责任特点来看，实际上保证人是为了其他人而承担责任，在债权人、保证人与债务人之间所形成的三方关系中，保证人通常所承担的是单务、无偿的法律责任，并不享有要求对方对待给付的请求权。所以，法院应当主动依职权审查保证期间是否届满，才与保证期间法律规定限制保证人无限期承担保证人责任，平衡债权人、保证人与债务人三者利益关系的立法本意相结合。[①] 具体到本案中，即使另一位保证人即王某迷在收到应诉材料后，未提出超过保证期间的抗辩，也不能推定其应承担保证责任。

三、刑事判决生效日作为保证期间起算日具有合理性

《民法典》和《担保制度解释》对主债务履行期限的确定、保证期间的起算都有相应的规定。从相关规定可以归纳出，主债务未约定履行期限，债权人可以随时请求履行，但要给予债权人一定的宽限期，自宽限期届满后，债务人未履行债务的，保证期间自宽限期届满之日起算。前文已述，主债务的履行存在多种形态，适用保证期间规则就有特殊情形。刑民交叉案件中，如何确定主债务履行期限届满之日，应充分考虑刑民交叉案件的特殊性。

（一）刑事报案和民事维权的差异

刑事诉讼与民事诉讼分属不同诉讼法规范，存在不同的价值体系与处理规则。在不同诉讼法规范体系下，当事人通过刑事报案和民事维权两种途径，产生的法律效果自然有所不同。如将出借人向公安机关报案之日确定为主债务履行期限届满之日，则未充分考虑刑事报案和民事维权的差异。《最高人民法院关于适用〈中华人

---

① 林文学、杨永清、麻锦亮、吴光荣：《关于适用民法典有关担保制度的解释》，载《人民司法》2021年第4期。

民共和国刑事诉讼法〉的解释》第176条规定，被告人非法占有、处置被害人财产的，应当依法予以追缴或责令退赔。被害人提起附带民事诉讼的，人民法院不予受理。这就意味着被害人无法作为民事主体在刑事案件中主张民事权利，只能作为刑事案件中的被害人向办案机关陈述借款事实从而追究被告人的刑事责任，按照刑事程序确定被告人占有被害人的款项数额，最终由刑事判决责令退赔。因此，出借人的报案行为是刑事诉讼程序中受害人提供证据的行为，与民事诉讼程序中的债权人主张债权有所不同，报案之日可视为主张权利之日，但不能直接产生民事债务履行期届满的法律后果，即债务履行宽限期并未届满。

（二）刑民交叉案件“先刑后民”的特殊性

传统诉讼法理论及司法实践，一直将“先刑后民”作为司法机关处理刑民交叉案件的基本原则。直至近年来，随着刑民交叉案件处理方式的理论研究及实践探索的深入，“先刑后民”的处理原则才有所松动。但目前涉及集资诈骗、非法吸收公众存款等涉众型经济犯罪的刑民交叉案件中，“先刑后民”仍然是处理该类案件的基本原则和指导思想。最高人民法院于2019年11月8日印发的《全国法院民商事审判工作会议纪要》对涉众型经济犯罪与民商事案件的程序处理进行了明确，其中第129条提出，涉嫌集资诈骗、非法吸收公众存款等涉众型经济犯罪，对于受害人就同一事实提起的以犯罪嫌疑人或者刑事被告人为被告的民事诉讼，人民法院应当裁定不予受理，并将有关材料移送侦查机关、检察机关或者正在审理该刑事案件的人民法院。由于存在上述特殊性，故将刑事判决生效之日确定为主债务履行期限届满之日，符合刑民交叉案件“先刑后民”的客观实际。虽然作为被害人的出借人在刑事程序之外可就借款合同和保证合同提起民事诉讼主张权利，但是按照办理刑民交叉案件的相关规定和司法实践，一般采取“先刑后民”的处理方式。出借人如在刑事判决生效前提起民事诉讼，按照《最高人民法院关于审理民间借贷案件适用法律若干问题的规定》第5条至第8条的相关规定，法院不会进行实体审理，关于借贷事实的认定、借贷行为被刑事追究的情况、责令退赔情况等内容，均需要刑事案件审理终结确定。因此出借人在刑事判决生效前实际上无法通过提起民事诉讼实现债权。同时，刑事程序相较于民事程序在事实调查、追缴退赔等方面的诸多优势，更有利于查清债权债务关系及尚欠借款本息数额并帮助债权人及时追回借款止损，而保证人也仅需就未退赔部分承担保证责任。

（三）平衡债权人、债务人、保证人利益的实际需要

债权人、债务人、保证人作为借贷、保证合同关系三方当事人，都是平等的民事主体，在现行法律规范之下应获得平等保护。《民法典》及《担保制度解释》对《担保法》及《担保法解释》相关内容的调整和修改，即体现了立法者在进一步保护和平衡债权人、债务人、保证人三方利益问题上的考量。本案中，法院于2012年12月7日作出刑事判决，判决责令田某仕将违法所得退赔给包括陈某孝在内的被害人，判决退赔之日即为主债务履行期间届满之日，田某仕应当自此履行刑事判决确定的退赔义务。如此确定主债务履行期更有利于保护和平衡债权人、债务人、保证人的利益。对于债权人而言，刑事判决退赔之日作为主债务履行期届满之日，刑民交叉案件特殊性给债权人主张民事权利带来的不利因素已经消除，债权人的民事债权通过刑事判决的方式给予确定和保护；对于债务人而言，刑事判决确定的退赔内容，对债务人应当承担的责任给予了明确，债务人应自此承担清偿责任；对于保证人而言，生效刑事判决确定了主债务的内容、履行期限，方可合理计算保证期间以判定保证人应当承担的责任。（2021）最高法民申1294号江某胜诉王某等民间借贷案中①，最高人民法院作出的民事裁定书认为："二审法院根据上述事实将刑事裁判生效日期即2019年3月26日作为确定主债务履行期间届满日期，符合刑民交叉程序未约定主债务履行期情形下民事权利保护的实际，更具合理性。"可见最高人民法院的裁判意见也支持本案的裁判观点。

保证期间是确定保证人承担保证责任的期间，不发生中止、中断和延长。如果债权人在保证期间怠于行使权利，则权利就会消失，保证人也得以免除保证责任。刑民交叉案件特殊性在于，民事案件一般需待刑事案件处理后再行处理，虽等待时间较长，但目的是更好地查明事实和确定各方责任。故在主债务涉及刑事犯罪的情况下，当事人对保证期间没有约定时，债权人应至迟在刑事判决书生效后六个月内向保证人主张保证责任，以防止因超过保证期间而导致保证责任免除，影响自身债权的实现。

编写人：浙江省宁波市奉化区人民法院 江敏 毛玉萍

---

① 载中国裁判文书网，https：//wenshu. court. gov. cn/website/wenshu/181107ANFZ0BXSK4/index. html? docId=5ea5cb96ef404c259fd9acfb01231162，2022年6月6日访问。

【第 34 条 保证期间经过的效果及新的保证合同成立】

19

保证期间届满后新保证合同是否成立的认定

——黄某某诉韦某某、卢某某民间借贷案

【基本信息】

1. 裁判书字号

广西壮族自治区贵港市中级人民法院（2020）桂 08 民终 922 号民事判决书

2. 案由：民间借贷纠纷

3. 当事人

原告（上诉人）：黄某某

被告（被上诉人）：韦某某、卢某某

【基本案情】

韦某某于 2013 年 1 月 6 日立借条，载明向黄某某借款 35 万元，借款期限自 2013 年 1 月 6 日至 2013 年 4 月 6 日，逾期利息为月利率 6%。卢某某作为担保人在借条上签字。2015 年 4 月 3 日，卢某某继续在借条上签字，并写明“我在 2013 年 1 月 6 日担保韦某某借黄某某 35 万元之事，由于韦某某一直潜逃在外，现在已知道其已属诈骗行为，我承诺在 2015 年年底前，先把本金还清，后协助追回韦某某所欠的违约金”。2017 年 5 月 7 日，卢某某又在借条上签字并写下“继续担保”。

【案件焦点】

1. 韦某某、黄某某关于逾期还款违约金的约定是否有效；2. 卢某某于 2015 年 4 月 3 日、2017 年 5 月 7 日在借条中签字确认的行为，是否成立了新的保证合同关系，如成立，保证期间是否已过。

【裁判要旨】

广西壮族自治区贵港市港北区人民法院经审理认为：关于逾期还款违约金约定是否有效的问题。借条载明“如未能按期还款，每月按照6%违约金赔偿”，根据《最高人民法院关于审理民间借贷案件适用法律若干问题的规定》（法释〔2015〕18号）第30条的规定，对逾期还款违约金约定未超过年利率24%的部分应认定有效，对超过年利率24%部分，人民法院不予支持。涉案借条约定的逾期还款违约金虽然高于年利率24%，但是黄某某在本案中诉请按月利率2%（年利率24%）计付逾期利息，符合法律规定，应予支持。

关于卢某某于2015年4月3日、2017年5月7日在借条中签字确立的保证合同关系是否成立的问题。卢某某作为借款担保人，在借款人因逃债逾期未清偿黄某某债务的情况下，于上述时间先后两次向黄某某作出保证承诺，系卢某某的真实意思表示，没有违反法律规定，且并未损害债务人合法权益，故认定卢某某上述两次签字确认成立保证合同关系。

关于本案是否超过保证责任期限的问题。涉案借条中虽然没有保证条款，但是，卢某某在借条上以担保人的身份签字，保证合同依法成立。由于借条对保证的范围、保证期间未作出约定，黄某某有权自债务履行期届满之日起六个月内要求卢某某承担保证责任。黄某某在保证责任期间内未要求卢某某承担保证责任，虽然卢某某于2015年4月3日、2017年5月7日在借条上签字确认的保证合同关系成立，但是黄某某在卢某某承诺的保证期间内和担保法规定的保证期间内未主张权利，于2019年4月28日提起诉讼，应认定本案已超过保证人承担保证责任期限，根据担保法相关规定，保证人免除保证责任。故对黄某某要求卢某某承担保证责任的诉讼请求不予支持。依照《中华人民共和国合同法》第206条，《最高人民法院关于审理借贷案件适用法律若干问题的规定》第30条，《中华人民共和国民事诉讼法》第144条规定，判决：

一、韦某某归还黄某某借款35万元、支付逾期利息（以35万元为基数，自2013年4月7日起计至本金清偿完毕之日止，按月利率2%计算）；

二、驳回黄某某对卢某某的诉讼请求。

黄某某不服一审判决，提起上诉。广西壮族自治区贵港市中级人民法院经审理认为：关于本案保证期间是否已过的问题。卢某某于2017年5月7日在借条上签字承诺继续担保，根据《最高人民法院关于人民法院应当如何认定保证人在保证期间届满后又在催款通知书上签字问题的批复》（法释〔2004〕4号）的规定，保证人卢某某应按照新的保证合同承担担保责任，则保证期间应从2017年5月7日至2017年11月7日，黄某某应在上述保证期间内向卢某某主张权利。因黄某某未能提供证据证明其在上述保证期间内向卢某某主张过权利，于2019年4月28日提起本案诉讼，保证期间已过，应认定卢某某免除保证责任。黄某某主张本案应适用两年保证期间且卢某某应当承担保证责任，依据不足，不应支持。关于本案是否构成债务转移的问题，虽然2015年4月3日卢某某在涉案借条上签字写明“先把本金还清，后协助追回韦某某所欠的违约金”，但卢某某于2017年5月7日在借条上签字写明“继续担保”，由此可以认定卢某某是作为本案债务的保证人。黄某某主张因涉案债务已经转移而卢某某已成为借款本金35万元的债务人，因提供的证据不足以证实其与卢某某、韦某某之间就债务转让达成一致意思表示，故其该项上诉主张依据不足，不予支持。依照《中华人民共和国民事诉讼法》第170条第1款第1项规定，判决：

驳回上诉，维持原判。

【适用解析】

《中华人民共和国民法典》（以下简称《民法典》）第681条规定：“保证合同是为保障债权的实现，保证人与债权人约定，当债务人不履行到期债务或者发生当事人约定的情形时，保证人履行债务或者承担责任的合同。”该条规定明确了保证合同的定义。相较于《中华人民共和国担保法》（以下简称《担保法》）第6条[①]关于保证的界定，《民法典》对于保证合同的规定有两点变化，一是明确了目的，即增加规定订立保证合同的目的是“保障债权的实现”，二是完善了承担保证责任的情形，即增加规定“发生当事人约定的情形”时，保证人亦应承担保证责任。

保证合同的最终目的是保障债权的实现，而司法实践中，原保证合同的保证期间届满、债权人因怠于履行对保证人享有的担保权导致债权未能实现的案例较多，对于其中保证期间届满后保证人重新作出承担责任的意思表示或者其他行为，如何

---

① 《担保法》第6条：本法所称保证，是指保证人和债权人约定，当债务人不履行债务时，保证人按照约定履行债务或者承担责任的行为。

认定其性质和效力，债权人能否据此要求原保证人继续承担保证责任或主张成立新的保证合同，值得探析。《最高人民法院关于适用〈中华人民共和国民法典〉担保制度的解释》（以下简称《担保制度解释》）第34条①就保证期间适用的相关问题作出规定，明确人民法院应当依职权查明保证期间是否届满、债权人未在保证期间依法行使权利引起保证责任消灭的后果，新的保证合同成立对原保证责任的影响等问题，特别是对实践中常见的保证期间届满后，保证人在债权人的书面通知上签字、捺印等行为，明确规定不能作为其承担保证责任的依据，除非成立了新的保证合同。类似于本案，在保证责任因保证期间届满而消灭的情形下，如何认定新的保证合同是否成立，成为案件审理的关键问题。

合同成立必要三要素，即主体、客体、内容，具备前述三项必要要素，一般应认定合同成立，但是法律有规定或者当事人有约定的除外。保证合同亦是如此，在实质内容上具备了明确的各方当事人、被担保的债权、被担保的债权的数额三项要素，应当认定保证合同成立。但是，《民法典》第685条规定“保证合同可以是单独订立的书面合同，也可以是主债权债务合同中的保证条款。第三人单方以书面形式向债权人作出保证，债权人接收且未提出异议的，保证合同成立”，保证合同是要式合同，应当有书面形式。故判断保证合同成立与否（包括原保证合同消灭后新保证合同成立与否），应当充分结合案件实际情况的前提下，分析争议的法律关系是否同时具备保证合同成立该有的实质内容以及形式表现，二者缺一不可。

一、保证期间的含义及保证期间届满的法律后果

（一）含义

保证期间，又称“承担保证责任的期间”，是指在保证合同中当事人之间的约定，或者依照法律规定，保证人才承担保证责任的期间，即超过该期限，保证人不再承担保证责任。基于保证合同的单务性，保证期间的约定或法定，意义在于督促债权人及时行使权利、保护保证人的权利。保证期间分为约定的保证期间和法定的

---

① 《最高人民法院关于适用〈中华人民共和国民法典〉有关担保制度的解释》第34条：人民法院在审理保证合同纠纷案件时，应当将保证期间是否届满、债权人是否在保证期间依法行使权利等事实作为案件基本事实予以查明。债权人在保证期间未依法行使权利的，保证责任消失。保证责任消灭后，债务人书面通知保证人要求承担保证责任，保证人在通知书上签字、盖章或者按指印，债权人请求保证人继续承担保证责任的，人民法院不予支持，但是债权人有证据证明成立了新的保证合同的除外。

保证期间。对于约定的法定期间，只要债权人与保证人约定的保证期间不早于主债务的履行期限或者与主债务履行期限相同的，一般来说，当事人之间的约定成立。对于法定的保证期间，根据《民法典》第 692 条[①]之规定，没有约定或者约定不明的，保证期间均为主债务履行期限届满之日起六个月。相较于《最高人民法院关于适用〈中华人民共和国担保法〉若干问题的解释》（以下简称《担保法解释》）第 32 条“约定不明，保证期间为主债务履行期届满之日起二年”的规定，《民法典》施行后，没有约定或者约定不明的保证期间均已统一为主债务履行期限届满后六个月。

（二）保证期间届满的法律后果

在保证期间内，如果债权人没有依法主张权利，则保证责任消灭，债权人无法依照原保证合同要求保证人承担保证责任。即意味着，保证期间的届满，保证责任消灭。债权人是否在保证期间向保证人主张权利是认定保证责任是否消灭的关键所在。对于一般保证，债权人在保证期间未对债务人提起诉讼或者申请仲裁，则保证人的保证责任免除。对于连带保证，债权人未在保证期间向保证人主张承担保证责任，保证人的保证责任免除。

（三）法院依职权查明届满的后果

区别于诉讼时效期间，保证期间届满后直接导致保证责任的实体权利消灭，此时的主债务依然存在。而诉讼时效期间届满后，义务人享有时效已过的抗辩权，权利人丧失胜诉权，但是双方实体权利义务并不因为诉讼时效届满而消灭，故对于诉讼时效期间是否已届满，法院不能主动审查。但是，对于保证期间是否已届满，属于法院应当依职权主动审查的范围，这也是基于保证合同的单务性及保护保证人权利角度，若法院不主动审查保证期间是否已过，那么在实践中可能因保证人未提出保证期间已经过的抗辩而直接认定保证人应当就已超过保证期间的债务承担保证责任，这就加大了保证人承担责任的风险，也与保证期间设置的立法初衷相悖，故法

---

① 《民法典》第 692 条：保证期间是确定保证人承担保证责任的期间，不发生中止、中断和延长。债权人与保证人可以约定保证期间，但是约定的保证期间早于主债务履行期限或者与主债务履行期限同时届满的，视为没有约定；没有约定或者约定不明确的，保证期间为主债务履行期限届满之日起六个月。债权人与债务人对主债务履行期限没有约定或者约定不明确的，保证期间自债权人请求债务人履行债务的宽限期届满之日起计算。

院应当主动审查。法院依职权对保证期间是否已过进行审查，若查明后确认保证期间已过，即使保证人未提出保证期间已过的抗辩，保证人也不再承担保证责任。

二、保证期间届满后保证人没有明示承担保证责任的不再承担保证责任

《担保制度解释》第 34 条规定，保证责任消灭后，债权人书面通知保证人要求承担保证责任，保证人在通知书上签字、盖章或者按指印，债权人请求保证人继续承担保证责任的，人民法院不予支持。即保证人在催款书面通知上单纯签字、捺印或盖章，不发生保证人继续承担保证责任的后果。这是从避免过度加重原保证人责任角度进行的利益衡量，也是对债权人怠于在保证期间行使权利的“后果警告”。

（一）从合同成立的角度看，合同成立需要双方当事人意思表示达成一致

合同是当事人之间意思表示一致的结果，本质上属于当事人合意，保证合同亦是如此。因此，在司法实践中，保证人是否有保证的意思表示，对于判断保证合同成立并生效具有关键作用。保证的意思表示是指保证人承担保证责任的明确的意思表示，如第三人在主合同中以保证人的身份签字或捺印、以合同相对方的身份在保证合同上签字或捺印等，以明确的行为或明示“承担保证责任”的意思表示，债权人与保证人就该意思表示达成一致的，保证合同成立。

（二）从利益平衡角度分析，保证期间承担着平衡债权人和保证人利益的功能

保证合同是为了保证债权的实现，保证人与债权人签订的保证人对债权人负有单向义务的合同。保证合同属于单务、无偿合同，主要目的是保护债权，债权人对保证人不负有对待给付义务，这就决定了如果不对债权人享有的权利加以限制，则会对保证人利益保护造成不利。债务人的履行能力因其财产状况而发生改变，而这种状况并非一成不变，当债权人怠于行使其对保证人享有的权利时，如果不对这种权利的行使加以期限的限制，那么随着时间的变化，债务人财产状况发生变化，也会增加保证人承担债务的风险。故保证期间的设置，是为了督促债权人及时行使对保证人享有的权利，进一步平衡债权人与保证人二者之间的利益。

（三）从立法理念上看，民法典担保制度加强了对保证人权益的保护

从《民法典》第 686 条规定来看，当事人对保证方式没有约定或者约定不明的，按照一般保证承担保证责任。相较于《担保法》第 19 条的规定，《民法典》施行后，没有约定或者约定不明的，保证方式的推定已从连带保证责任向一般保证责任转变。《民法典》第 692 条同样对于保证期间没有约定或者约定不明的均按主

债务履行期限届满之日起六个月认定，相较于《担保法解释》第 32 条第 2 款的规定，《民法典》施行后，“约定不明”的保证期间的认定已从“保证期间为主债务期限届满之日起二年”向“保证期间为主债务期限届满之日起六个月”转变。而从上述立法转变来看，针对保证人的权利保护，《民法典》的担保制度则是更加贯彻了民法的公平原则，保护了保证人的权利，更利于保证作用的发挥。

三、保证期间届满后是否成立新的保证合同的认定

（一）双方另行签订独立的保证合同

当保证期间届满后，原保证责任消灭，保证人不用基于原保证合同再承担保证责任。但是，如果保证期间届满后，原保证人与债权人重新订立独立的保证合同，且保证合同符合前述合同成立必要三要素，双方当事人意思表示真实时，则新的保证合同成立并生效，保证人按照新的保证合同承担保证责任。

（二）催款通知书的内容构成保证合同的新要约，保证人承诺的

原则上保证人在催款通知书上的签字、盖章或者捺印的行为不必然产生保证人继续承担保证责任的法律效力。在通常情况下，保证合同的双方当事人对各自的权利义务是明知的，对保证期间及保证期间届满的后果也有明确的认知。保证期间届满，保证责任消灭，债权人再向原保证人发出通知书，属于债权人的单方行为，此时应将该通知书视为一种要约邀请，保证人在该通知书上签字、盖章或捺印，而未明确作出继续承担保证责任意思表示的，那么该行为应视为一般收件意义上的签收，不应当等同于签订合同的盖章、签字或捺印。换言之，保证人在通知书上签字、盖章或捺印的行为仅证明收到了该通知，该行为并不必然成立新的保证合同，人民法院不能依据通知书认定保证人继续承担保证责任。所以，原保证期间届满后，债权人在书面通知书上要求保证人继续承担保证责任，保证人在通知书上仅仅是简单地签字、盖章或捺印，不应作扩大化解释，仅应视为保证人已经收到了债权人发出的通知，故此时债权人要求保证人继续承担保证责任的，人民法院不应当支持。

例外的是，当通知书的内容符合一个保证合同的新要约而非要约邀请时，保证人在通知书上的签字、盖章或者捺印行为足以构成承诺时，即保证人明确表示对通知书上的要约内容予以认可并接受的，此时新保证合同成立，人民法院应当予以确认，对债权人提出的按照新的保证合同要求保证人承担保证责任的主张予以支持。

那么如何判断保证人在通知书上签字、盖章或捺印是否成立了新的保证合同，则

应当严格依据《民法典》有关保证合同成立要件与生效的相关规定进行综合认定。

首先，通知书上的内容应当能够构成一个保证合同的要约。通知书应有要保证人承担保证责任的明确要求，即要求保证人继续履行对原担保债务承担保证责任。最重要的是，通知书不是要求保证人履行其原保证责任，而是要求保证人按照通知书内容对原担保的债务承担新的保证责任。要求保证人对原债务承担新的保证责任形式表现可以是通知书上明确原债务数额、原债务人、债权人、保证人等，如果具备以上内容或其他可认定为合同的要约的其他内容时，通知书则已经具备合同成立必备要件，那么应将通知书视为要约。

其次，保证人签字或者盖章构成承诺。保证人单纯的签字、盖章或捺印通常不能认定保证人即构成承诺。只有保证人表明同意或者接受通知书中的保证责任要求时，保证人的签字、盖章或捺印的行为才构成承诺。另外值得注意的是，"保证人的签字、盖章或捺印"的行为应做狭义解释，即应限定为保证人本人行为，对于保证人专门接收信件职员的签收行为或者其他人员用保证人的签章盖章的签收等行为，不宜认定为保证人所做的承诺，以防止保证人承担保证责任的法律风险扩大化的发生。

所以，当通知书内容符合《民法典》关于保证合同成立的规定，且能够认定成立新的保证合同的，法院可据此认定保证人按照新保证合同的约定承担保证责任。由此可见，《担保制度解释》第 34 条虽然明确了保证人无须继续承担保证责任的情形，但是并非所有的在书面通知书上签字、捺印或盖章的行为均不成立新的保证合同，具体实践中，要结合具体案情以及综合分析当事人意思表示等进行综合认定。

（三）在原主债务合同上继续以担保人身份签字、盖章或捺印的

在原保证期限届满后保证人以担保人的身份继续在主债务合同上签字、捺印或盖章的，能否认定新的保证合同的成立，也应从合同成立要件及生效条件综合分析。《民法典》第 685 条规定："保证合同可以是单独订立的书面合同，也可以是主债权债务合同中的保证条款。第三人单方以书面形式向债权人作出保证，债权人接收且未提出异议的，保证合同成立。"可见，保证合同虽然必须是书面形式，但可以是单独的书面保证合同，也可以是以"主债权债务合同中的保证条款"形式而成立的保证合同。原保证期间届满后，保证人没有重新出具新的保证合同，而是在原主债务合同上以担保人的身份签字捺印或者在原主债务合同签字捺印的同时表示承

担保证责任的，也应当认定新的保证合同成立，那么此时的保证合同存在形式则表现为依附于主债务合同的“简式保证合同”，债权人基于新的保证合同同样可以要求保证人承担保证责任。本案正是此种情况，卢某某在借条成立时，以担保人的身份在借条上签字捺印，卢某某基于该行为成为保证人，对债权人黄某某承担保证责任。但是保证期间，黄某某没有向卢某某主张保证责任，那么卢某某的保证责任消灭。而到了 2017 年 5 月 7 日，卢某某又在借条上签字并写下“继续担保”，那么此时新的保证合同成立，卢某某应基于 2017 年 5 月 7 日新成立的保证合同承担保证责任，但在该保证合同的保证期间黄某某再次怠于履行其享有的权利，保证责任消灭。

保证属于人的担保，区别于物的担保，保证合同更多的是以保证人的个人信用为债务的履行提供的担保。且基于保证合同本身具备单务合同的特性，保证人对于主债务的履行承担着较大的保证责任的风险，对于原保证合同保证期间届满后，如何认定新的保证合同的成立，应当视案件具体情况进行严格审查，从严解释，以确保司法实践与保证合同设立保证期间、为保护保证人的合同权利及督促债权人及时行使权利的立法目的一致。

编写人：广西壮族自治区贵港市中级人民法院　韦英

【第 34 条　债权人在保证期间内行使权利的认定】

20

银行作为债权人主动扣划连带保证人账户存款的行为能否认定为向保证人在保证期间主张责任

——A 银行诉 B 房地产开发公司、韩某保证合同案

【基本信息】

1. 裁判书字号

青海省西宁市中级人民法院（2020）青民终 301 号民事判决书

2. 案由：保证合同纠纷

3. 当事人

原告（上诉人）：A 银行

被告（被上诉人）：B 房地产开发公司、韩某

【基本案情】

2013 年 9 月 24 日，A 银行与案外人韩某明及 B 房地产开发公司、韩某签订《个人购房担保借款合同》，约定 A 银行向韩某明出借 7300 万元，借款利率为 7.205%，借款期限自 2013 年 9 月 24 日至 2023 年 9 月 23 日，保证期间为借款到期日起二年，同时约定阶段性保证人自借款发放之日起，至借款人取得房地产权属证书，并办妥以贷款人为抵押权人的抵押登记手续之日止为借款人的债务承担连带保证责任。B 房地产开发公司作为保证人在合同尾部签章，韩某作为共同抵押人在合同尾部签章。同日，A 银行与韩某明签订《房地产抵押合同》，以韩某明所有的房产提供抵押，韩某作为共同抵押人在合同尾部签字，韩某明和韩某共同向 A 银行出具了两份《同意房产抵押承诺书》，后上述房产依法办理了预购商品房抵押权预告登记。同时，B 房地产开发公司于 2013 年 9 月 14 日作出《董事会决议》，决议对韩某明的借款提供全程担保，并于 2013 年 9 月 17 日向 A 银行出具《全程性担保承诺书》，承诺对韩某明的借款履行全程性担保责任的义务。2013 年 9 月 26 日，A 银行依约向韩某明发放贷款 7300 万元。在合同履行过程中，韩某明未按照合同的约定履行还本付息义务，A 银行向韩某明催收未果，遂向法院提起诉讼。

【案件焦点】

B 房地产开发公司应否承担连带保证责任，即保证期间是否经过的问题。

【裁判要旨】

青海省西宁市中级人民法院经审理认为：关于 A 银行要求 B 房地产开发公司承担保证责任的诉求，根据合同约定，B 房地产开发公司对韩某明的借款提供连带保证责任，合同特别条款约定的保证期间为自借款发放之日起至借款人取得房地产权属证书，并办妥以贷款人为抵押权人的抵押登记手续之日止，借款人韩某明至今未取得房地产权属证书，该约定属于约定不明，应以合同一般条款约定的保证期间

即借款到期日起两年为准。A 银行于 2018 年 4 月 9 日向法院起诉主张主合同债权，应将其主张权利之日视为主合同债务履行期限届满之日并开始计算保证期间，即保证期间于 2020 年 4 月 8 日届满，A 银行未提交证据证明其在保证期间内向 B 房地产开发公司主张了保证责任，根据《中华人民共和国担保法》第 26 条“连带责任保证的保证人与债权人未约定保证期间的，债权人有权自主债务履行期限届满之日起六个月内要求保证人承担保证责任。在合同约定的保证期间和前款规定的保证期间，债权人未要求保证人承担保证责任的，保证人免除保证责任”之规定，保证期间经过，B 房地产开发公司的保证责任免除，A 银行的该项诉求不能成立，应予驳回。依照《中华人民共和国担保法》第 6 条、第 18 条、第 26 条，《中华人民共和国民事诉讼法》第 134 条第 1 款、第 142 条规定，判决：

驳回 A 银行的全部诉讼请求。

A 银行不服一审判决，提起上诉。青海省高级人民法院经审理认为：双方当事人对 B 房地产开发公司依照合同约定承担连带保证责任无异议，争议焦点为本案是否超过保证期间。

1. 关于保证期间的问题。《最高人民法院关于适用〈中华人民共和国民法典〉时间效力的若干规定》第 1 条规定：“民法典施行后的法律事实引起的民事纠纷案件适用民法典的规定。民法典施行前的法律事实引起的民事纠纷案件，适用当时的法律、司法解释的规定，但是法律、司法解释另有规定的除外。民法典施行前的法律事实持续至民法典施行后，该法律事实引起的民事纠纷案件，适用民法典的规定，但是法律、司法解释另有规定的除外。”本案担保事实发生在民法典施行前，不适用《中华人民共和国民法典》，应适用《中华人民共和国担保法》和《最高人民法院关于适用〈中华人民共和国担保法〉若干问题的解释》的相关规定。《最高人民法院关于适用〈中华人民共和国担保法〉若干问题的解释》第 32 条规定：“保证合同约定的保证期间早于或者等于主债务履行期限的，视为没有约定，保证期间为主债务履行期届满之日起六个月。保证合同约定保证人承担保证责任直至主债务本息还清时为止等类似内容的，视为约定不明，保证期间为主债务履行期届满之日起二年。”本案中，合同特别条款第 37 条约定阶段性保证人的保证期间为自借款发放之日起至借款人取得房地产权属证书，并办妥以贷款人为抵押权人的抵押登记手续之日止，借款人韩某明至今未取得房地产权属证书，属于约定不明，保证期间为自贷款人确定的债务提前到期之日起两年。

2. 关于借款提前到期之日的确定问题。根据合同第 12.4 条约定，借款人未按约定按期足额偿还借款，贷款人有权采取限期纠正违约行为、停止发放借款、提前收回已发放借款等多种救济措施。在贷款人 A 银行未有效通知借款人韩某明行使权利之前，借款人并不知晓贷款人是否宣布借款提前到期。A 银行以向法院提起诉讼的方式宣布借款提前到期，应以 B 房地产开发公司签收起诉状副本、应诉通知书等文书的送达时间，即 2018 年 6 月 4 日，作为案涉债务提前到期之日。

3. 关于 A 银行是否在保证期间向 B 房地产开发公司主张保证责任的问题。本案保证期间为两年，自 2018 年 6 月 4 日至 2020 年 6 月 3 日届满。2019 年 10 月 28 日，A 银行发出《债务逾期催收通知书》1 份，通知书明确写明接收主体为韩某明（债务人）、B 房地产开发公司（保证人），已向担保人主张还款责任。关于扣划保证金的问题。从银行对账签约系统截图可知，2019 年 11 月 6 日，A 银行从 B 房地产开发公司保证金账户扣划 12142.7 元。根据《A 银行单位人民币银行结算账户管理协议》第 9 条的约定，乙方（B 房地产开发公司）到银行领取签字时视同对账信息已送达。2020 年 3 月 23 日，B 房地产开发公司、韩某明在 A 银行对账单上盖章，应视为其认可 A 银行扣划保证金。故在保证期间内，A 银行向 B 房地产开发公司主张了保证责任。综上，原审关于 A 银行主张权利之日为主合同债务履行期限届满之日并开始计算保证期间，即保证期间于 2020 年 4 月 8 日届满，A 银行未提交证据证明其在保证期间内向 B 房地产开发公司主张了保证责任，B 房地产开发公司保证责任免除的认定错误，应予纠正。综上所述，A 银行的部分上诉请求成立，二审法院予以支持；原审对 B 房地产开发公司不应承担连带保证责任的认定错误，应予纠正。依照《中华人民共和国民事诉讼法》第 170 条第 1 款第 2 项规定，判决：

一、撤销青海省西宁市中级人民法院民事判决；

二、B 房地产开发公司为韩某明偿还 A 银行本金 35236522.4 元，支付截至 2020 年 7 月 6 日的利息 6800581.41 元，并以欠付本金为基数按中国人民银行同期同类贷款基准利率为基础上浮 10%后再上浮 50%的利率标准支付至本金付清之日止的利息范围内承担连带保证责任。B 房地产开发公司承担保证责任后，有权向韩某明追偿；

三、驳回 A 银行的其他诉讼请求。

【适用解析】

保证期间，是指依据保证合同当事人约定或根据法律规定在主债务履行期届满后，债权人向保证人主张权利的最长期限。保证人承担保证责任的期间，不发生中止、中断、延长。保证期间可由当事人约定，或者依法律规定。保证人在保证期间内承担保证责任，超过保证期间的，保证人不再承担保证责任。保证期间是保证合同的组成部分，保证期间的确定有助于督促债权人及时行使权利，也有利于保护保证人的合同权利。本案关键问题为，债权人能否在保证期间内依法向连带责任保证人主张权利。即涉案保证期间是否经过；如何认定债权人向连带责任保证人主张权利的方式。前者关乎保证期间的性质、保证期间的效力、保证期间约定不明的认定、保证期间的计算等问题；后者关乎债权人主张权利与否的认定标准。《中华人民共和国民法典》（以下简称《民法典》）吸收了《中华人民共和国担保法》（以下简称《担保法》）、《最高人民法院关于适用〈中华人民共和国担保法〉若干问题的解释》（以下简称《担保法解释》）对前述问题的相关规定，着力解决实践中存在的过度担保、过度保护债权人、隐性担保影响交易安全等问题。《最高人民法院关于适用〈中华人民共和国民法典〉有关担保制度的解释》（以下简称《担保制度解释》）根据立法的重大变化，致力于平衡各方当事人的利益，消除隐性担保、过度担保。[①] 因此，本案争议焦点的法律适用应基于减轻保证人的过重负担、严格区分保证期间与诉讼时效的基本立场。

一、保证期间的性质及类型

（一）保证期间的性质

关于保证期间的性质，学术界观点不一，主要有以下三种观点：（1）诉讼时效说，主要依据是《担保法》第 25 条第 2 款规定“保证期间适用诉讼时效中断的规定”；（2）除斥期间说，主要依据是《担保法解释》第 31 条规定“保证期间不因任何事由发生中断、中止、延长的法律后果”，及《担保法》第 25 条、第 26 条规定，经过保证期间的，保证人免责，实际上消灭了债权人的实体保证债权；（3）非除斥期间和诉讼时效说，该观点认为保证期间是一种特殊的时效制度，既不同于除

---

① 《刘贵祥就民法典担保制度司法解释回答记者提问》，载最高人民法院，http://www.court.gov.cn/zixun-xiangqing-282421.html，2021 年 12 月 5 日访问。

斥期间，因为其适用于保证债权，并非形成权。也不是诉讼时效，因为其消灭保证的实体债权。并且，当事人可以约定保证期间的长短，不同于诉讼时效与除斥期间是法定时效的特征。①

1. 保证期间与诉讼时效的区别

第一，时效的产生依据不同。保证期间由当事人约定，如果没有约定或者约定不明，则适用法律规定。诉讼时效则由法律明确规定，而不能由当事人约定而变更。保证期间系基于担保债权之合同实体权利，以当事人约定为原则，法定为例外；诉讼时效系基于诉讼法制度，属强行法律规范。第二，时效经过的法律后果不同。保证期间是债权人向保证人主张实体权利的期限条件，如果债权人未在保证期间行使担保权利，保证人免除保证责任，即意味着债权人的保证债权实体权利的丧失。诉讼时效作为诉讼法领域的制度规定，是债权人享有的请求司法保护的请求权，期间届满，债权人的实体权利并未丧失，而是转化为自然债权。第三，期间的可变性不同。诉讼时效属于可变期间，能够发生中止、中断，而保证期间是不变期间，不会发生中止、中断和延长。

2. 保证期间与除斥期间的区别

第一，法律规范的性质不同。保证期间是任意法规范，当事人可以对期间的长短进行约定。除斥期间是强行性法律规范，期间一般由法律明确规定，不由当事人约定而变更。第二，适用的权利基础不同。保证期间仅适用于债权人请求保证人承担保证责任的请求权。除斥期间适用于如追认权、撤销权、解除权、抵销权等形成权。第三，期间存在的目的不同。保证期间旨在作为保证债权是否发生效力的期限条件，期间届满债权人未行使权利视为该条件未成就，保证人免除保证责任。除斥期间在于尽快消除权利义务的不确定状态，期间经过的结果就是实体权利的丧失。

根据《民法典》第692条的规定，保证期间是确定保证人承担保证责任的期间。保证期间的性质虽并未得到明确界定，但主流观点认为，可以不对保证期间的性质进行归类，其既不属于除斥期间，也不属于诉讼时效期间，而是属于《民法典》规定的一种特殊期间。② 尽管如此，审判实践仍有必要厘清保证期间与除斥期

---

① 付颖哲、陈凯：《担保法理论与实务精要》，中国法制出版社2019年版，第209页。

② 最高人民法院民法典贯彻实施工作领导小组主编：《中华人民共和国民法典合同编理解与适用（二）》，人民法院出版社2020年版，第1344页。

间、诉讼时效的界限。本案隐含的争议为：法院有无义务主动审查保证期间是否经过。《担保制度解释》对此作出明确规定："人民法院在审理保证合同纠纷案件时，应当将保证期间是否届满、债权人是否在保证期间内依法行使权利等事实作为案件基本事实予以查明。"保证期间届满消灭的是实体权利，对当事人权利义务的影响巨大，法院审理有关保证期间的事实不宜采取类似诉讼时效那样的当事人抗辩主义，而应当在向当事人释明的基础上查明与保证期间有关的基本事实。①

（二）保证期间的类型

保证期间的类型，可以分为约定的保证期间和法定的保证期间。《民法典》第692条规定："……债权人与保证人可以约定保证期间，但是约定的保证期间早于主债务履行期限或者与主债务履行期限同时届满的，视为没有约定；没有约定或者约定不明确的，保证期间为主债务履行期限届满之日起六个月。债权人与债务人对主债务履行期限没有约定或者约定不明确的，保证期间自债权人请求债务人履行债务的宽限期限届满之日起计算。"故约定的保证期间，是指债权人与保证人在保证合同中就保证期间作出约定，该约定有效时，保证人在该约定的保证期间内承担保证责任；若债权人与保证人约定的保证期间早于主债务履行期限或者与主债务履行期限同时届满的，视为没有约定。法定的保证期间，是指债权人与保证人没有约定保证期间或者约定不明确的，保证期间视为主债务履行期限届满之日起六个月。

二、"保证期间约定不明"的推定规则

根据《担保法解释》第32条第2条的规定，保证合同约定保证人承担保证责任直至主债务本息还清时为止等类似内容的，视为约定不明，保证期间为主债务履行期届满之日起两年。《民法典》第692条第2款规定，债权人与保证人可以约定保证期间，但是约定的保证期间早于主债务履行期限或者与主债务履行期限同时届满的，视为没有约定；没有约定或者约定不明确的，保证期间为主债务履行期限届满之日起六个月。《民法典》对保证期间约定不明的情形，较《担保法解释》规定的两年期限作出较大的修改，自2021年1月1日《民法典》实施后，关于保证期间约定不明的保证期间，不再适用"两年"期限，应以主债务履行期届满之日起六个月认定。

---

① 林文学、麻锦亮、杨永清、吴光荣：《民法典担保制度司法解释系列解读之三："关于保证合同"部分重点条文解读》，载《人民法院报》2021年2月11日。

三、保证期间“约定不明”的认定

保证期间是债权人能够向保证人行使权利的有效期间，对债权人实现债权至关重要。如果债权人与保证人对保证期间约定不明，则适用法定的保证期间。在审判实践中，当事人对保证期间约定不明的情形屡见不鲜，大部分约定对保证期间的截止日期无明确性，实际上加重了保证人作为从合同债务人的责任。

《担保法解释》第 32 条第 2 款规定，保证合同约定保证人承担保证责任直至主债务本息还清时为止等类似内容的，视为约定不明。《担保制度解释》第 32 条规定，保证合同约定保证人承担保证责任直至主债务本息还清时为止等类似内容的，视为约定不明。从单纯的文义解释而言，保证合同约定保证人承担保证责任直至主债务本息还清时为止，当事人对保证期间的约定是明确的，并不属于约定不明情形。[①] 但是，“视为约定不明”与法定保证期间缩短为 6 个月的配置有其政策考量。保证合同具有从属性、单务性和无偿性特征，保证人并非本位的义务履行人，过长的保证期间将不适当地加重保证人责任。[②] 在审判实务中，如“直至主债务本息还清为止”“持续不间断的”“永续的”“永久性”以及对保证期间截止日期附不确定条件等约定与保证期间制度目的相悖。

本案中，合同特别条款第 37 条约定阶段性保证人的保证期间为自借款发放之日起至借款人取得房地产权属证书，并办妥以贷款人为抵押权人的抵押登记手续之日止。而办妥抵押登记手续的约定属于对保证期间的截止日期附有不确定的条件，即办妥抵押登记手续的时间不由保证人决定，且能否办理抵押登记亦有不确定性，故应视为保证期间约定不明。因本案担保事实发生在民法典施行前，不适用《民法典》，应适用《担保法》和《担保法解释》的相关规定，故案件以两年认定保证期间。

四、债权人在保证期间向连带责任保证人主张权利方式的认定

保证债务具有或然性，其是否真正产生取决于债权人是否在保证期间内依法主张权利。就连带责任保证而言，债权人向保证人主张权利的方式并未受到明确限

---

① 王利明：《我国〈民法典〉保证合同新规则释评及适用要旨》，载《政治与法律》2020 年第 12 期。

② 最高人民法院民法典贯彻实施工作领导小组主编：《中华人民共和国民法典合同编理解与适用（二）》，人民法院出版社 2020 年版，第 1347 页。

定。《担保法》第 26 条第 2 款规定，连带责任保证的债权人在合同约定的保证期间或者法定的保证期间未要求保证人承担保证责任的，保证人免除保证责任。《民法典》第 693 条第 2 款规定，连带责任保证的债权人未在保证期间请求保证人承担保证责任的，保证人不再承担保证责任。前后立法仅将“要求”变更为“请求”，凸显了保证债权作为请求权的权能与特性，并未实质修改连带责任保证的具体法律规定与适用。

问题关键就在于，如何认定债权人向连带责任保证人“请求”承担保证责任的具体形式。本案中，A 银行作为债权人主动扣划连带责任保证人银行账户的行为，是否属于“请求”保证人承担保证责任。

首先，根据《民法典》第 142 条规定，有相对人的意思表示的解释，应当按照所使用的词句，结合相关条款、行为的性质和目的、习惯以及诚信原则，确定意思表示的含义。实践中，除了发送书面通知请求保证人承担保证责任之外，债权人具体的请求形式可以是履行债务通知、提起诉讼、向人民调解委员会申请调解等。其次，本案债权人 A 银行的主动扣划行为，虽然没有发出明确请求保证人承担保证责任的意思表示，但实际上已实现了部分担保权利。最后，根据《民法典》第 137 条的规定，以对话方式作出的意思表示，相对人知道其内容时生效。以非对话方式作出的意思表示，到达相对人时生效。前述“提起诉讼”“履行债务通知”“送达清收债权通知书”等，均以请求保证人承担保证责任的意思表示到达保证人为生效前提。具体到本案，债权人 A 银行主动扣划连带责任保证人银行账户的行为，应属于以非对话方式作出的意思表示，以到达保证人为生效要件。从民商事主体的一般交往习惯而言，B 房地产开发公司作为连带责任保证人，应当知道其专有银行账户被扣划的事实。

编写人：青海省西宁市中级人民法院　徐婷

【第 36 条　债务加入与保证的区分】

21

保证人提供担保后又出具承诺文件，构成保证行为的延续还是债务加入

——王某卉诉李某梅等民间借贷案

【基本信息】

1. 裁判书字号

北京市第二中级人民法院（2019）京 02 民终 7257 号民事判决书

2. 案由：民间借贷纠纷

3. 当事人

原告（上诉人）：王某卉

被告（被上诉人）：李某梅、王某某、A 文化公司、贾某文、贾某龙

【基本案情】

贾某文与李某梅与系夫妻关系，贾某龙系其儿子，贾某龙与王某某系夫妻关系。2014 年 4 月至 8 月，王某卉陆续向贾某文转账 300 万元。2014 年 7 月 1 日，李某梅向王某卉出具借条，借条载明："借王某卉现金 100 万元，利 1.5 分。"2014 年 8 月，A 文化公司、李某梅向王某卉出具借据，借据载明："本人因生产经营应急周转需要，今向王某卉借到人民币 200 万元，月息按 1.5 分计算，借款期限自 2014 年 8 月 9 日至 2015 年 8 月 9 日。本借款由贾某龙、王某某担保，并负责连带偿还本金及利息的一切责任。"贾某龙、王某某在"担保人"处签字。李某梅系 A 文化公司的法定代表人，该公司有 2 名股东，即李某梅、王某某。

2015 年 7 月 29 日，李某梅、王某某向王某卉共同出具《还款计划》，该还款

计划载明："2015年8月底还利息30万元。9月底还剩余利息26万元。明年3月底还本金100万元。剩余200万元本金及利息于2016年8月9日到期还款。"

【案件焦点】

保证人后续出具还款计划，是否构成债务加入。

【裁判要旨】

北京市大兴区人民法院经审理认为：本案争议焦点在于李某梅、王某某、A文化公司、贾某文、贾某龙是否应以借款人或保证人身份承担还款责任。第一，在涉及首笔借款100万元的于2014年7月1日出具的借条中，李某梅在借条落款处签字确认，该借条不能体现A文化公司系借款人的事实，能得出系李某梅向王某卉借款100万元的事实。第二，在涉及借款本金200万元的于2014年8月出具的借据中，在落款"借款人（签字盖章）"处加盖有A文化公司公章，并由其法定代表人李某梅签字确认，故应认定针对该笔借款A文化公司系借款人，李某梅在借据上签字系履行职务行为。第三，因贾某龙、王某某在2014年8月出具的借据上作为担保人签字确认，同时表明"负责连带偿还本金及利息的一切责任"，即贾某龙、王某某系该借款200万元的连带保证人。第四，在涉及借款本金合计300万元的于2015年7月29日出具的《还款计划》中，虽然由A文化公司的股东李某梅、王某某在落款处签字确认，但落款处未加盖A文化公司公章，且《还款计划》的正文中未表明相关债务均由A文化公司偿还，故不应认定李某梅、王某某在履行职务。第五，在2015年7月29日所出具的《还款计划》中，对借款300万元的利息一并进行核算，将上述2笔借款一并处理，针对借款本金300万元约定分两期偿还，针对上述款项之利息约定分三期偿还；在《还款计划》中，李某梅个人在落款处签字，无论是正文还是落款处均未载明还款义务人为A文化公司。据此，应认定存在李某梅以自己名义与出借人王某卉进行债务对账清算一节，对该实际履行借款合同义务的行为，应认定为债务加入，即对前述借款300万元，李某梅作为债务人负有还款义务。第六，虽然王某某在《还款计划》上签字，但其在于2014年8月所出具借据中的身份为连带责任保证人，故应认定王某某仍系以连带责任保证人身份在《还款计划》上签字，不构成债务加入。第七，因李某梅此时已系所涉借款300万元的债务人，又因相关款项系转入贾某文的银行账户内，并非转入A文化公司的银行账户内，即王某卉关于上述款项用于李某梅、贾某文夫妇夫妻共同生活、共同生产经营的主张，达到了高度可能性证明标准，应认定上述债务系李某梅、贾某文之夫妻共同债务，二人均应负责偿还。

贾某龙、王某某系夫妻关系，二人系上述第 2 笔借款 200 万元的连带保证人，因在借据中未约定保证期间，根据《中华人民共和国担保法》第 26 条规定，保证期间为主债务履行期届满之日起 6 个月；在借据中，借款期限至 2015 年 8 月 9 日，在《还款计划》中，借款期限至 2016 年 8 月 9 日，但无论是从上述期间中的任何一个期间起算 6 个月，王某卉均未提供充分证据证明其在法定保证期间内要求连带保证人承担保证责任，故对王某卉向贾某龙、王某某所主张的各项诉讼请求，均不予支持。

综上所述，李某梅、贾某文应偿还王某卉借款本金 300 万元，并自 2014 年 8 月 10 日起，按照月利率 1.5%的标准给付利息。A 文化公司应对上述借款中的 200 万元借款本金及相应利息承担连带还款责任。依照《中华人民共和国合同法》第 206 条、第 207 条，《中华人民共和国担保法》第 26 条，《最高人民法院关于审理民间借贷案件适用法律若干问题的规定》第 27 条、第 29 条规定，判决：

一、李某梅、贾某文于判决生效后十日内偿还王某卉借款本金 300 万元及利息（以本金 300 万元为基数，自 2014 年 8 月 10 日起算，计算至偿还上述借款本金之日止，按照月利率 1.5%计算）；

二、A 文化公司对判决第一项中借款本金中的 200 万元部分及相应利息（以本金 200 万元为基数，自 2014 年 8 月 10 日起算，计算至偿还上述借款本金之日止，按照月利率 1.5%计算）承担连带还款责任；

三、驳回王某卉的其他诉讼请求。

王某卉不服一审判决，提起上诉。北京市第二中级人民法院经审理认为：本案的争议焦点在于王某某是否应当对案涉 300 万元借款承担还款责任。从王某某于 2015 年 7 月 29 日向王某卉出具的《还款计划》的内容来看，其系针对 2014 年 7 月 1 日借款 100 万元及 2014 年 8 月借款 200 万元事宜所作的还款安排。尽管在《还款计划》出具之前，王某某仅系 2014 年 8 月借款的保证人，但其于《还款计划》中明确承诺对 2014 年 7 月 1 日借款本金 100 万元、2014 年 8 月借款 200 万元及相应利息在一定时间点予以偿还，该还款计划应当视为王某卉与王某某达成新的债权债务协议，王某某同意就上述两笔借款及相应的利息承担还款责任，应构成债务加入，王某某应当依照该还款计划承担相应的还款责任。一审认为《还款计划》中王某某的身份仍应作为保证人，并以保证期间已过免除其还款义务，该认定有误，二审予以纠正。

关于贾某龙就涉案借款 300 万元是否承担还款责任。《最高人民法院关于审理涉及夫妻债务纠纷案件适用法律有关问题的解释》第 3 条规定，夫妻一方在婚姻关系存续期间以个人名义超出家庭日常生活需要所负的债务，债权人以属于夫妻共同债务为由主张权利的，人民法院不予支持，但债权人能够证明该债务用于夫妻共同生活、共同生产经营或者基于夫妻双方共同意思表示的除外。王某某对王某卉所负的案涉债务系王某某自愿加入的债务，未有证据显示该债务用于夫妻共同生活、共同生产经营或者基于夫妻双方共同意思表示，故根据上述规定，难以认定王某某所负的涉案债务为其与贾某龙的夫妻共同债务。王某卉主张贾某龙承担还款责任，缺乏依据，不予支持。

综上所述，王某卉的上诉请求部分成立，依照《中华人民共和国合同法》第 8 条、第 206 条、第 207 条，《中华人民共和国担保法》第 26 条，《最高人民法院关于审理民间借贷案件适用法律若干问题的规定》第 27 条、第 29 条，《中华人民共和国民事诉讼法》第 170 条第 1 款第 2 项规定，判决：

一、维持北京市大兴区人民法院民事判决第二项；

二、撤销北京市大兴区人民法院民事判决第一、三项；

三、李某梅、贾某文、王某某于判决生效后十日内偿还王某卉借款本金 300 万元及利息（以本金 300 万元为基数，自 2014 年 8 月 10 日起算，计算至偿还上述借款本金之日止，按照月利率 1.5%计算）；

四、驳回王某卉的其他诉讼请求。

【适用解析】

本案提出的问题是，涉案《还款计划》应定性为保证行为的延续还是构成债务加入。一审判决认定成立保证，而二审判决认定为债务加入，该认定差异在司法实务中具有一定的代表性。债务加入与保证虽在理论上泾渭分明，但在实践中，二者都表现为以第三人的加入增加确保债权实现的责任财产数量，且通常都采取单方向债权人出具承诺函或与债权人签订协议的方式成立，难以准确识别。在《中华人民共和国民法典》（以下简称《民法典》）颁布之前，债务加入尚无明确法律规定，但为理论和实务界所认可。现《民法典》第552条对债务加入予以明确规定，《最高人民法院关于适用〈中华人民共和国民法典〉有关担保制度的解释》（以下简称《担保制度解释》）第36条对如何识别债务加入和保证作出了原则性的规定。但由于实务中承诺承担债务的情形众多，当事人约定的用语亦千变万化，在个案中如何准确识别某个法律关系究竟是债务加入还是保证担保，司法中依然颇有困惑。因债务加入与保证在法律效果上的重大差异，个案中对第三人承诺履行债务的定性，往往直接决定着第三人责任的有无及大小。因此，有必要根据《担保制度解释》第36条的要义，从二者的功能定位、体系协调的角度入手，从法律特性出发提炼区分的关键，形成对实务有指导意义、可操作性较强的区分识别方法。

一、债务加入与保证之识别难题

本案涉及的案情即为其中一种典型情形：即保证人后续又出具了借条、欠条或者是承诺共同还款。部分案件运用文义解释方法，以在后的行为具有加入债务的意思表示，认定为债务加入；部分案件则从行为延续性考量，认为出具欠条、借条、作出还款承诺的行为仅是保证行为的延续，认定为保证。

除本案情形外，识别困境还体现在：例如，对于“事先存在有效成立的债务”是否为债务加入不可变通的构成要件，即针对未来债务是否可以成立债务加入，不同案件中认识不同，有的案件支持针对未来债务可以成立债务加入，有的案件则持相反意见。再如，“或然性”特征是否是成立保证的必要条件，不同案件亦体现出不同的裁判倾向性，有的案例从尊重当事人意思表示出发，认为债务已到期不妨碍保证责任的构成，有的案例则认为债务到期，保证债务的或然性丧失，仅能构成债务加入。

在定性有争议时，部分判决在约定不明时欠缺说理，直接定性；部分判决罗列债务加入与保证的理论区分后定性，缺乏结合案情的事实归入；少数判决在依据文义即可定性的情况下依然针对数个标准详细展开，作了大量并非必要的论证。这些情况均体现出司法实务在区分适用二者时的困惑。

二、债务加入与保证区分特性之提炼

实务中的约定或承诺用语千变万化，要从根本上对债务加入和保证进行区分适用，还是应回归二者不同的法理基础、功能定位，应从二者本质相异的特点着手，提炼出法律特性上的区分关键，建立兼具理论恰当性与实务操作性的区分认定体系。

（一）债务加入与保证的体系定位与法理区分

从民法体系上看，传统意义上的担保分为人保和物保，前者典型如合同法上的保证，后者典型如物权法上的担保物权。保证位于传统担保法体系中应无疑问。而对于债务加入的体系定位颇有争议。[①] 有学者认为其应当属于担保措施[②]，甚至直言其应当作为人保的一种。[③] 另有学者指出应当警惕担保泛化倾向，区分具有担保功能的制度和担保制度本身，债务加入不应归入担保措施。[④] 但无论持何种观点的学者，皆认可债务加入具有担保功能。在已有功能类似的保证制度的情况下，债务加入依然在实践中发展起来并广泛应用，足以说明债务加入一定有保证所不具备的某种优势，《民法典》以专门条款对其加以明确规定，从立法上肯定了其独立制度价值。

从法理基础上看，债务加入与保证最根本的不同就在于从属性的有无。保证人负担的是从属债务，在发生、变更、消灭上均从属于主债务；而债务加入人负担的是独立债务，加入债务后可平行于原债务独立发展。[⑤]二者在债务范围、存续时间、抗辩事由、追偿规则上的不同，本质上都是从有无从属性延伸而来，具体详见下表：

① 从《民法典》立法来看，其将债务加入规定于合同编通则“合同的变更与转让”章节中，体系定位尚不明确。

② 史尚宽：《债法总论》，中国政法大学出版社 2000 年版，第 750~751 页。相似观点见肖俊：《〈合同法〉第 84 条（债务承担规则）评注》，载《法学家》2018 年第 2 期。

③ 史尚宽：《债法各论》，中国政法大学出版社 2000 年版，第 875 页。

④ 崔建远《“担保”辨——基于担保泛化弊端严重的思考》，载《政治与法律》2015 年第 12 期。

⑤ 史尚宽：《债法总论》，中国政法大学出版社 2000 年版，第 752 页；黄立：《民法债编总论》，中国政法大学出版社 2002 年版，第 626 页。

	保证担保	债务加入
债务范围	在无特别约定时，保证范围需延及于利息、违约金、损害赔偿金以及实现债权的费用等	通常并不及于从债务
存续时间	在诉讼时效外，还受保证期间的规制	只与诉讼时效相关
抗辩事由	保证人可以援引债务人对抗债权人的所有抗辩事由	立法尚未明确，只能根据连带债务的规则进行具体判断
追偿规则	对债务人享有追偿权	

二者理论上的区分对于理解其不同的运行机制，实有必要。但是，有无从属性与行为定性的判断，很难说何者在先；基于意思自治原则，债务承担范围可有特殊约定；而存续期间、抗辩事由和追偿规则等属于定性后产生的法律效果。故二者理论区隔显然难以成为识别具体行为性质的实操性标准，有必要进一步挖掘二者的区分特性。

（二）补充性应为债务加入与保证的区分关键

担保制度相较于具有担保功能的制度，在法律特性上除从属性外，还具有补充性。保证一经有效成立，就在主债关系的基础上补充了保证权利义务关系，即构成保证必须具有两种法律关系，一是被担保的主债关系，二是保障主债实现的法律关系，即担保法律关系，充当的是补充主债关系的权利义务关系。《民法典》将债务加入明确规定为连带债务，连带债务与债权之间的关系仅仅为单一的债的关系，不存在两种以上的法律关系。故补充性的有无，恰恰可以用以识别债务加入与保证，其也决定了第三人在债务承担上是否具有或然性。

从文义解释的角度，对比《民法典》对于债务加入与保证的法条原文，在保证担保中，保证人履行债务的前提是主债务人“不履行到期债务或发生当事人约定的情形”，是对将来可能发生的债务人不履行债务时的或有债务承担清偿责任。前提满足，保证债务方被激活。而债务加入则不以此为限，履行期届至，债权人即可直接要求债务加入人履行。因此，当事人在约定或承诺中，是否将所承担债务作为原债权债务关系的补充，是否需先向原债务人主张，即承担债务是否具有或然性，是识别的关键所在。

有论者指出，此种是否需先向原债务人主张，仅为形式或观念上之差异，实务效果并不如理论上那样醒目[①]，也有论者提出，债务加入场合也可约定债务加入人在原债务人届期不履行方承担责任，称为“附条件的债务加入”。[②] 但从体系解释的角度来看，既然立法已将二者作为不同制度加以规定，且在区分二者本就存在困难的情况下，若认同二者可无限扩大各自可自由约定的内容和范围，而保留自身性质不变，将不断加大二者规范领域的重合，从而人为模糊二者的界限，加大识别难度，实非可取。

因此，无论是从法条的文义解释出发，抑或从立法体系协调的角度，第三人的债务履行是否具有补充性，都应成为区分债务加入和保证的重要识别标志。

三、债务加入与保证区分识别之认定步骤

（一）文义解释的适用

对于文义解释，《全国法院民商事审判工作会议纪要》第 91 条明确规定，增信文件的内容符合法律关于保证的规定的，应当认定成立保证合同关系，不符合的，根据承诺文件的具体内容确定相应的权利义务关系。《担保制度解释》第 36 条第 1 款、第 2 款[③]明确规定第三人向债权人提供承诺文件，如果是作为增信措施、具有提供担保意思表示的，可认定为保证担保；如果具有加入债务或者与债务人共同承担债务等意思表示的，可认定为债务加入。此种区分认定的关键，就是对承诺文件进行符合当事人真意的文义解释。

虽在认定行为性质时以探究当事人真实意思表示为导向，但根据主客观相统一原则，意思表示仍应借助当事人约定或承诺的措辞来体现。如果文本中对责任形式明确使用“保证”或“债务加入”的措辞，原则上应当依照表述进行相应的定性，除非存在足以支持偏离文义进行解释的特殊情况。第三人以借款人身份出具借条或欠条、作出还款或共同还款承诺的，明显属于加入债务而欠缺保证的意思表示，自

---

① 王吉中：《债务加入与保证之辨析——从差异比较、意思表示解释与法律适用出发》，载《研究生法学》2015 年第 6 期。

② 夏昊晗：《债务加入与保证之识别——基于裁判分歧的分析和展开》，载《法学家》2019 年第 6 期。

③ 《最高人民法院关于适用〈中华人民共和国民法典〉有关担保制度的解释》第 36 条第 1 款、第 2 款：第三人向债权人提供差额补足、流动性支持等类似承诺文件作为增信措施，具有提供担保的意思表示，债权人请求第三人承担保证责任的，人民法院应当依照保证的有关规定处理。第三人向债权人提供的承诺文件，具有加入债务或者与债务人共同承担债务等意思表示的，人民法院应当认定为民法典第五百五十二条规定的债务加入。

当认定为债务加入。

但应该注意的是，基于汉语的多义特性，在个案判定中仍应联系上下文综合认定意思表示。例如，采用“保证还款”字眼，并非一定成立保证担保，也可理解为承诺还款，需结合文本中其他描述加以认定：假设另外约定有担保期间的内容，应视为更符合保证的特点；而作为共同还款人签字，则更符合债务加入特征。

此外，实务中有不少案例出现了保证人提供担保后又出具相关承诺文件的情况，该后续承诺行为究竟构成保证行为的延续还是债务加入，从文义解释的角度来看，如果后续承诺只是对保证担保的重申或落实，则仍成立保证担保；但若后续承诺中表明其作为借款人、共同还款人、自愿承担债务等符合债务加入的文义表达，则应构成债务加入。

本案中王某某原作为A文化公司200万元借款的保证人无疑问，一、二审的分歧在于，其在债务临到期前，与李某梅共同针对全部300万元债务向债权人王某卉出具《还款协议》的行为，是否构成对该300万元债务的债务加入。李某梅作为A文化公司的法定代表人，其对于其中100万元借款本就是借款人，对于另外以A文化公司为借款人的200万元借款，其承诺还款的行为构成债务加入较容易判断。而王某某原是《还款协议》载明的200万元债务的保证人，其在《还款协议》中与李某梅共同明确承诺对全部借款及相应利息在一定时间点予以偿还，从文义表述上具有加入承担300万元债务的意思表示，而非对保证责任的进一步安排，故认定为债务加入更为恰当。

(二) 补充性/或然性与否的确认

是否具有补充性/或然性的判断时点是第三人作出责任承担承诺之时，指向的是债务届期时，第三人是否一定承担责任。是否具有补充性应从以下两个方面考虑：一是文义表达上可以看出补充性与否；二是从实质法律关系分析是否有补充性。文义上看具有保证的意思，但实际约定的内容不具有补充性的，应当认定为债务加入。

从是否具有补充性的角度出发，可以对实务识别上颇有困惑的几种典型情形梳理如下：

情形一：债务到期前约定或承诺“债务人不还则我还”。此种情形即为前述典型的第三人履行债务具有补充性，应当认定为保证担保。

情形二：债务到期后第三人承诺提供保证担保。因债务人届期不还的事实已经发生，保证债务履行上已不具有或然性、补充性，此时的保证担保实际上是对已到期债务作出的还款承诺，因此应构成债务加入。

情形三：承诺加入未来之债。保证担保的补充性和或然性体现在，保证人对于是否需要承担保证责任是不确定的，而非对于主债务本身是否成立的或然性。针对未来之债，如果明确有债务加入的意思表示，则在该债务届履行期时，债权人无须先向主债务人主张而可直接向债务加入人主张债权，不符合保证担保的特点，可以成立债务加入。

情形四：债务到期后，为主债务人重新设定履行期，并由第三人提供保证担保。此时从第三人角度观之，相当于对未到期债务提供保证担保，其保证债务履行的补充性不受剥夺，可以成立保证担保。

若认定为保证担保后，至于是一般保证还是连带保证，实务中已有较为成熟的判断方法，《民法典》第686条也提供了新的立场，即对于保证方式没有约定或者约定不明的，推定为一般保证。

运用补充特性可以对本案认定结论加以验证。从本案《还款协议》的约定来看，明确表达了承诺人直接还款的意愿，未约定其承担债务具有补充性，应理解为《还款协议》约定的期限届至，债权人可以直接向其主张。故通过本案综合文义解释和补充特性判断，王某某的还款承诺认定为债务加入更为恰当。

（三）存疑推定规则的明确

部分案件中，对于第三人的还款责任仅约定为“承担连带责任”，从文义解释上无法判断是债务加入中的连带债务还是保证中的连带责任担保，也没有关于债务承担是否有补充性的约定，此种情况下，存疑推定规则有其适用空间。至于存疑时推定为债务加入还是保证，实务中有推定为债务加入的倾向。现《担保制度解释》第36条第3款已经明确规定，第三人提供的承诺文件难以确定是保证还是债务加入的，人民法院应当将其认定为保证。即存疑时应当推定为保证担保。应当注意的是，存疑推定作为兜底规则，发挥的是约定不明时的人为拟制作用。故其应当在依文义解释、补充特性都无法判断时，方才启用。否则，将造成实务中类案在是否引入存疑推定上的错乱，造成不同判决结论。

本案中，因依据文义解释、补充特性的有无即可作出判断，故无存疑推定规则适用的空间。

债务加入和保证的性质识别是二者进一步区分适用的基础。以《担保制度解释》第36条为基本依据，强调文义解释，将补充性的有无提炼为二者识别的关键，以此为核心构建区分定性方法论，便于司法中确立统一、完善的审理思路，也可为后续抗辩、追偿等更加详细地区分适用规则的深入研究提供根基。

编写人：北京市第二中级人民法院　韩耀斌　陈碧玉

【第36条　债务加入与保证的区分】

22

债务加入和保证的区分认定

——潘某诉A开发公司、杨某合同案

【基本信息】

1. 裁判书字号

山东省淄博市博山区人民法院（2021）鲁0304民初2090号民事判决书

2. 案由：合同纠纷

3. 当事人

原告：潘某

被告：A开发公司、杨某

【基本案情】

2020年1月9日，A开发公司与潘某签订股权转让协议，约定：A开发公司将其5%的股权以200万元转让给潘某，经工商行政管理机关同意并办理股东变更登记后，潘某即成为A开发公司的股东，按出资比例及章程规定分享土石方利润，其余盈亏与潘某无关。双方于同日签订补充协议，约定：潘某于签订协议3日内向A开发公司支付定金150万元，剩余50万元，从潘某所承建工程的工程结算款中予以扣除；潘某认购股权后获得的权利包括公司运营项目分红的权利（仅限于土石方排渣所产生的利润）、优先承包公司项目相关工程的权利。

潘某分别于2020年1月13日、14日各向A开发公司账户转款100万元、50万元。A开发公司于1月14日向潘某出具收据一份，载明收到入股金150万元。

同年10月11日，潘某与A开发公司、杨某签订股权退出协议一份，约定潘某退出合作，对于潘某150万元股权认购金作以下处理：A开发公司于2021年2月11日前、6月11日前分别退还潘某50万元、100万元。杨某在该股权退出协议上签字并注明："如果A开发公司不能按本合同按时还款，剩余款项由杨某2021年7月31日前全部付清，含银行存款利率，现金结清。"

A开发公司及杨某均未按照股权退出协议的约定履行义务。潘某遂起诉至法院。

【案件焦点】

杨某对A开发公司的债务系提供保证担保还是债务加入。

【裁判要旨】

山东省淄博市博山区人民法院经审理认为：A开发公司、潘某于2020年1月9日签订的协议、补充协议系双方当事人真实意思表示，合法有效。在协议履行过程中，双方又达成协议确定潘某退出合作，A开发公司分期返还潘某出资款150万元，该退出协议亦系双方当事人真实意思表示，合法有效，双方均应按照协议约定履行各自的权利义务。现协议约定的付款期限已经届满，潘某有权要求A开发公司退还出资款150万元，并要求A开发公司自逾期之日起按照全国银行间同业拆借中心公布的一年期贷款市场报价利率3.85%支付逾期付款利息损失，据此，以50万元为基数，自2021年2月12日至2021年7月31日，利息金额为9090.28元；以100万元为基数，自2021年6月12日至2021年7月31日，利息为5347.22元，利息数额合计14437.5元，之后的逾期付款利息潘某有权请求A开发公司按照上述标准计算至实际清偿之日止。

关于杨某在本案中应承担何种责任的问题，根据杨某在股权退出协议上书写的内容，其意思表示为在约定的付款期限内 A 开发公司没有付款的，由杨某在 2021 年 7 月 31 日前付清，债务范围为本金及银行存款利息。杨某的该承诺系独立的合同，有明确的债务范围及履行期限，应为债务加入。据此，杨某应该承担的债务本金为 150 万元，利息应按照中国人民银行公布的三个月定期存款利率 1.1%分段计算，以 50 万元为基数，自 2021 年 2 月 12 日至 2021 年 7 月 31 日，利息金额为 2597.22 元；以 100 万元为基数，自 2021 年 6 月 12 日至 2021 年 7 月 31 日，利息金额为 1527.78 元，合计 4125 元。杨某应对 A 开发公司的债务在 1504125 元的范围内承担连带责任。2021 年 7 月 31 日之后的逾期付款利息，因杨某承诺的付款期限已经届满，潘某有权要求杨某按照全国银行间同业拆借中心公布的一年期贷款市场报价利率计算利息至实际清偿之日止。依照《中华人民共和国民法典》第 465 条、第 509 条、第 552 条、第 577 条，《最高人民法院关于适用〈中华人民共和国民法典〉时间效力的若干规定》第 1 条第 3 款，《中华人民共和国民事诉讼法》第 64 条，《最高人民法院关于适用〈中华人民共和国民事诉讼法〉的解释》第 90 条规定，判决：

一、A 开发公司于本判决生效之日起十日内返还潘某 150 万元，并支付截至 2021 年 7 月 31 日止的逾期付款利息 14437.5 元；

二、杨某对 A 开发公司的上述债务在 1504125 元的范围内承担连带责任；

三、A 开发公司、杨某于本判决生效之日起十日内支付潘某逾期付款利息（以 150 万元为基数，自 2021 年 8 月 1 日起，按照全国银行间同业拆借中心公布的一年期贷款市场报价利率计算，至实际清偿之日止）。

【适用解析】

实践中，民事主体基于特定的交易目的或者原因，采取向债权人提供差额补足、流动性支付等类似承诺性文件的情况时有发生。对于这些承诺文件的法律性质，实践中存在不同认识。本案就涉及对债务加入和保证的正确区分认定问题。

一、关于债务加入和保证的相关法律规定

《中华人民共和国民法典》（以下简称《民法典》）对于该类承诺性文件的规定主要体现在以下两个条款中，一是第 552 条规定"第三人与债务人约定加入债务并通知债权人，或者第三人向债权人表示愿意加入债务，债权人未在合理期限内明确拒绝的，债权人可以请求第三人在其愿意承担的债务范围内和债务人承担连带债务”；二是第685条第2款规定“第三人单方以书面形式向债权人作出保证，债权人接收且未提出异议的，保证合同成立”。根据上述法律规定，民事主体在实践中所作出的承诺文件从性质上来看大致可分为保证和债务加入两类。

债务加入与保证存在诸多相似之处，二者容易混淆。关于债务加入，从《民法典》第552条的规定来看，其是指债务人并不脱离原合同关系，第三人加入债的关系之后，与债务人共同向债权人履行义务，债权人据此可以请求第三人在其愿意承担的债务范围内和债务人承担连带责任。保证规定于《民法典》第681条：“保证合同是为保障债权的实现，保证人和债权人约定，当债务人不履行到期债务或者发生当事人约定的情形时，保证人履行债务或者承担责任的合同。”债务加入和保证均属于《民法典》合同编的调整范畴，不过相对而言，《民法典》在合同编中专设“保证合同”一章，对保证的规则进行了详细而明确的规定；但对于债务加入，则只以第552条一条进行了明确规定。为了在实践中对债务加入与保证进行正确区分，《最高人民法院关于适用〈中华人民共和国民法典〉有关担保制度的解释》（以下简称《担保制度解释》）第36条规定：“第三人向债权人提供差额补足、流动性支持等类似承诺文件作为增信措施，具有提供担保的意思表示，债权人请求第三人承担保证责任的，人民法院应当依照保证的有关规定处理。第三人向债权人提供的承诺文件，具有加入债务或者与债务人共同承担债务等意思表示的，人民法院应当认定为民法典第五百五十二条规定的债务加入。前两款中第三人提供的承诺文件难以确定是保证还是债务加入的，人民法院应当将其认定为保证。第三人向债权人提供的承诺文件不符合前三款规定的情形，债权人请求第三人承担保证责任或者连带责任的，人民法院不予支持，但是不影响其依据承诺文件请求第三人履行约定的义务或者承担相应的民事责任。”该条明确区分了债务加入与保证的基本思路，据此，对债务加入与保证予以正确区分认定，需要在明确二者联系和区别的基础上，根据案件具体情况进行合理把握。

二、债务加入与保证的联系与区别

（一）二者的联系

债务加入与保证不论是从外观表现来看，还是从内在功能来看，均存在相似之处，这也是实践中二者容易混淆的原因。债务加入与保证的联系体现在以下三个方面：第一，第三人加入他人债务与第三人为他人债务提供担保，都增加了责任财产的范围，提高了债权受偿的概率，二者发挥的功能相似。第二，债务加入与保证均体现为在一定条件下，债权人可以请求第三人就债务人的债务承担责任，第三人履行后，原债权、债务关系在相应的范围内消灭。第三，债务加入与保证有可能并存于同一债权债务关系中。对此《民法典》第 697 条第 2 款明确规定，第三人加入债务的，保证人的保证责任不受影响。

（二）二者的区别

尽管债务加入与保证存在诸多相似之处，但从本质来看，债务加入与保证属于不同的法律关系。二者的区别主要体现在以下四个方面：

第一，是否具有从属性不同。保证合同是主合同的从合同；而债务加入系独立的合同，第三人加入债务后成为主债务人之一，债权人对债务加入人享有独立的请求权。

第二，责任时限不同。债务加入不受保证期间的限制，只受诉讼时效的限制；而保证则需要受到保证期间和诉讼时效的双重限制。

第三，当事人的地位不同。第三人加入债务后享有与原债务人同等的债务人地位，只要履行期限届满，债权人即可以要求第三人承担相应的债务。而保证人由于具有从属性，不仅可以享有债务人的抗辩权，还可以基于保证合同对债权人主张抗辩权。

第四，能否进行追偿不同。首先，能否向债务人追偿不同。保证人承担保证责任后，除另有约定外，有权在其承担保证责任的范围内向债务人追偿。债务加入的第三人履行债务后是否对债务人享有追偿权，法律并未进行明确规定，当事人可以对此进行约定。其次，能否向债务人的担保人追偿不同。《担保制度解释》第 13 条规定了担保人有权向其他担保人追偿的两种情形：担保人之间约定相互追偿和担保人在同一份合同书上签字、盖章或按指印。[①] 不过法律和司法解释均未规定债务加

---

① 《最高人民法院关于适用〈中华人民共和国民法典〉有关担保制度的解释》第 13 条：同一债务有两个以上第三人提供担保，担保人之间约定相互追偿及分担份额，承担了担保责任的担保人请求其他担保人按照约定分担份额的，人民法院应予支持；担保人之间约定承担连带共同担保，或者约定相互追偿但是未约定分担份额的，各担保人按照比例分担向债务人不能追偿的部分。同一债务有两个以上第三人提供担保，担保人之间未对相互追偿作出约定且未约定承担连带共同担保，但是各担保人在同一份合同书上签字、盖章或者按指印，承担了担保责任的担保人请求其他担保人按照比例分担向债务人不能追偿部分的，人民法院应予支持。除前两款规定的情形外，承担了担保责任的担保人请求其他担保人分担向债务人不能追偿部分的，人民法院不予支持。

入人承担债务后可以向债务人的担保人追偿。

三、区分债务加入与保证的具体思路

《担保制度解释》第36条对债务加入与保证的区分认定提出了指导性意见：具有提供保证意思表示的，按保证处理；具有加入债务或者与债务人共同承担意思表示的，按债务加入处理；难以确定的，应当认定为保证。根据该条规定，在认定当事人的意思表示是否构成债务加入或保证时，应从以下几个方面进行把握。

第一，通过第三人所使用的措辞用语来认定。“意思表示必借助语言表述，文义往往成为进入意思表示意义世界的第一道关口。”[①] 要探寻当事人的真实意思表示，首先应尊重当事人使用的措辞用语，即坚持文义优先的判断原则。例如，第三人提供的承诺中明确含有“保证”“保证人”“保证期间”“提供担保”等字样的，原则上应首先认定第三人具有提供保证的意思表示，认定为保证；若第三人明确提出“加入债务”“作为共同借款（债务）人”“与债务人共同偿还”等字样的，一般应认定为第三人具有债务加入的意思表示，除非存在其他特殊情形，足以导致当事人的真实意思表示偏离文义。当事人的承诺性文件中具有纯粹一种明确意思表示的时候，可以参照上述规则进行认定。实践中，当事人的承诺中可能既有保证又有债务加入意思表述的，此时债务加入与保证的区分认定就显得较为困难。例如，第三人在承诺中表明“由本人对该笔债务提供担保，若债务人不履行，由本人负责赔偿”，该承诺中虽然既有“担保”，又有“由本人负责赔偿”，但究其本意为提供担保，此种情况不宜认定为债务加入。从《民法典》平衡保护债权人与担保人的立场出发，应当推定为保证，这也符合《担保制度解释》第36条第3款规定的精神，即存疑推定为保证。

第二，通过第三人承担的债务与原债务相比是否具有独立性来认定。保证具有从属性，保证合同是主合同的从合同。保证债务相对于主债务的从属性体现在成立、移转、内容、消灭等各个方面。[②] 而债务加入相对于保证而言则具有其独立性，债务加入人一旦加入债务后，其所承担的债务可以独立于原债务存在，债权人对第三人具有独立的请求权。因此，在个案中判断第三人的行为究竟系债务加入还是保证，最重要的是探究第三人的真实意思，以确定其意欲承担的是独立的还是从属的

---

① 朱庆育：《民法总论》（第二版），北京大学出版社2016年版，第227页。

② 高圣平：《担保法论》，法律出版社2009年版，第86页。

债务。[1] 具体而言，其关键点应注意把握以下两个方面：一方面，在保证情形中，保证合同作为主合同的从合同，其依附于保证合同而存在，主合同无效的，则保证合同作为从合同自然无效；而在债务加入情形中，债务加入的独立性决定了债务加入人在加入债务后其实际与债权人之间形成了一个新的独立的债权债务合同，该债权债务合同并不受债权人与原债务人之间的旧的债权债务合同的影响，即新旧两个合同相互之间具有独立性。另一方面，保证合同是为了保证主合同的履行而订立，其保证范围通常也包括主合同违约责任的债务范围[2]，但保证合同作为从合同，其本身不会亦无依据再设定违约责任，如保证合同再针对其本身而设定违约责任从而使保证人的担保责任范围再大于主合同的债务范围的，超出部分显然无效。[3] 而债务加入系独立的新合同，第三人加入债务后所承担的债务不从属于原债务，债权人与债务加入人因此可以对债务加入人在债务加入后的违约责任进行约定，此处约定的对债务加入人的违约责任与债权人与原债务人在原合同中约定的违约责任并行不悖，互不影响。

第三，通过第三人承担的债务内容与原债务是否具有同一性来认定。此处的同一性标准是由上述的独立性标准所决定的。即第三人愿意承担的债务内容与原债务是否具有同一性亦是区分保证和债务加入的重要标准。这种区分可以从两个方面把握：一方面，从约定的债务数额上来说，保证人往往约定的是承担主债务人不能履行的差额部分，而债务加入的约定数额往往是加入债务时的既有债务，与主债务人对于主合同的履行情况没有关系。另一方面，保证范围的约定，往往包括违约金、损害赔偿金和实现债权的费用，而在债务加入中，债务人负担债务

---

① 最高人民法院民事审判第二庭：《最高人民法院民法典担保制度司法解释理解与适用》，人民法院出版社 2021 年版，第 341 页。

② 如在金融借款合同中，银行等金融机构通常都会在对借款的保证合同中明确约定保证人承担保证责任的范围为本金、利息、违约金、损害赔偿金以及实现债权的各项费用（包括但不限于诉讼费、律师费等）。

③ 《全国法院民商事审判工作会议纪要》第 55 条：担保人承担的担保责任范围不应当大于主债务，是担保从属性的必然要求。当事人约定的担保责任的范围大于主债务的，如针对担保责任约定专门的违约责任、担保责任的数额高于主债务、担保责任约定的利息高于主债务利息、担保责任的履行期先于主债务履行期届满，等等，均应当认定大于主债务部分的约定无效，从而使担保责任缩减至主债务的范围。

的内容范围以债务加入时的原债务的内容范围为限，不包括原债务人的违约责任。[①] 从上述区分认定特征不难看出，作为保证，第三人愿意承担的债务内容与原债务有可能不具有同一性，而在债务加入中，第三人愿意承担的债务内容与原债务具有同一性。当然上述同一性区分特征都是针对约定内容而言，在债权人实际追偿中，无论对保证还是债务加入，债权人最终起诉主张的都是债务未得到清偿部分。

第四，通过第三人承担债务的顺位来认定。从债务履行顺位来说，在一般保证中，只有在主债务人不能履行债务时，才由承担一般保证的保证人承担保证责任，一般保证的保证人享有先诉抗辩权，即一般保证的保证人在主合同纠纷未经审判或者仲裁，并就债务人财产依法强制执行仍不能履行债务前，有权拒绝向债权人承担保证责任。而债务加入人不享有先诉抗辩权，债权人可以直接要求原债务人或者债务加入人承担责任。因此，一般保证与债务加入的区分可以从当事人约定的履行顺位来认定。对于连带责任保证而言，《民法典》第 688 条第 2 款规定“连带责任保证的债务人不履行到期债务或者发生当事人约定的情形时，债权人可以请求债务人履行债务，也可以请求保证人在其保证范围内承担保证责任”。“债务人不履行到期债务”这一前提条件，往往也存在于债务加入的承诺文件中。此时，债务加入与连带责任保证的外观更为相似，但可以明确的一点是，保证责任具有补充性，债务加入不具有补充性，需要通过探寻当事人的真实意思表示来确定当事人的承诺系连带保证还是债务加入。

具体到本案，应结合第三人出具的承诺文件的字面意思、愿意承担的债务范围、履行顺位等因素进行综合考虑。杨某在股权退出协议上书写的内容为“如果 A 开发公司不能按时还款”“杨某 2021 年 7 月 31 日前全部付清”“含银行存款利率”，该内容并未表明在 A 开发公司不能承担债务时才由杨某承担责任，因此不能认定为一般保证；杨某也无与 A 开发公司承担连带责任的意思表示。杨某为自己所承担的债务限定了履行期限（2021 年 7 月 31 日前）、债务范围（本金及按银行存款利率计算的利息），系独立的合同，杨某的意思表示符合《民法典》第 552 条关于债务

---

① 最高人民法院民事审判第二庭：《最高人民法院民法典担保制度司法解释理解与适用》，人民法院出版社 2021 年版，第 341 页。

加入的规定，潘某作为债权人仅能要求杨某在其明确愿意承担的债务范围内（本金及银行存款利息）和债务人承担连带责任。

编写人：山东省淄博市中级人民法院　荣明潇

山东省淄博市博山区人民法院　杜洪芳

【第 36 条　债务加入与保证的区分】

23

债务加入与保证的区别及认定

——A 纺织公司诉 B 橡塑公司、金某体分期付款买卖合同案

【基本信息】

1. 裁判书字号

江苏省无锡市惠山区人民法院（2021）苏 0206 民初 86 号民事判决书

2. 案由：分期付款买卖合同纠纷

3. 当事人

原告：A 纺织公司

被告：B 橡塑公司、金某体

【基本案情】

2014 年 4 月 3 日，A 纺织公司与 B 橡塑公司签订长期供货协议 1 份，约定由 A 纺织公司接到 B 橡塑公司的电话、传真及合同，按照 B 橡塑公司需要的品种规格、价格、交货日期、数量等要求向其提供工业导电布、网络布和网络导电布。A 纺织公司于每月 30 日前将每次发货的日期、金额传给 B 橡塑公司，B 橡塑公司收到后于 90 天内付清货款，如违约，未付的货款按 10%的储内金结付给 A 纺织公司。在协议签订后，A 纺织公司即按约履行，但 B 橡塑公司未按约支付货款。2015 年 1 月

10日，B橡塑公司出具对账承诺函1份，其主要内容为：确认结欠A纺织公司货款计2070322.4元。金某体作为债务加入方，自愿对上述债务承担偿还责任。对账承诺函加盖B橡塑公司财务专用章及金某体签名。截至2019年2月2日，B橡塑公司结欠A纺织公司货款计679810.7元。经多次催讨，B橡塑公司和金某体均未再付款。

【案件焦点】

合同外的第三人金某体向债权人A纺织公司承诺加入债务，债权人A纺织公司未作明确拒绝，金某体是否应承担责任，若承担责任，承担责任的类型为何。

【裁判要旨】

江苏省无锡市惠山区人民法院经审理认为：A纺织公司与B橡塑公司之间的买卖合同系双方真实的意思表示，合法有效。B橡塑公司收货后未按约履行付款义务，至今结欠A纺织公司货款679810.7元，构成违约，应承担逾期付款的违约责任，鉴于双方约定自B橡塑公司收到A纺织公司发货清单及数额之日起90日内付清货款，结合截至2019年2月2日确认的欠付货款的事实，认定B橡塑公司自2019年5月4日起承担逾期付款利息。因2015年1月10日B橡塑公司出具对账承诺函时，金某体自愿以债务加入的方式承担偿还责任，在A纺织公司未作明确拒绝的情形下，有权请求B橡塑公司与金某体承担连带债务，故对金某体不应承担还款责任的意见不予支持。依照《中华人民共和国合同法》第107条、第109条，《中华人民共和国民法典》第552条，《最高人民法院关于适用〈中华人民共和国民法典〉时间效力的若干规定》第1条、第3条，《中华人民共和国民事诉讼法》第144条规定，判决：

一、B橡塑公司于本判决生效后十日内支付A纺织公司货款679810.7元及逾期付款的利息损失（以679810.7元为基数，自2019年5月4日起至2019年8月19日止，按照中国人民银行同期同类人民币贷款基准利率计算；自2019年8月20日起至实际给付之日止，按照全国银行间同业拆借中心公布的贷款市场报价利率计算）；

二、金某体对B橡塑公司的上述付款义务承担连带清偿责任。

【适用解析】

债务承担是指第三方介入债权债务关系，债务人将合同义务全部或者部分转移给第三人。按照第三人承担后原债务人是否免责为标准，学理上将其分为免责的债务承担（债务移转）和并存的债务承担（债务加入）。本案属于典型的债务加入。债务加入作为市场经济下的有效增信措施，在实践中大量存在。在《中华人民共和国民法典》（以下简称《民法典》）颁布之前，并无法律对此予以明确。《民法典》第551条沿袭《中华人民共和国合同法》第84条规定了的债务转移，同时以第552条首次在法律上对债务加入制度作出规定，正式将债务加入制度，纳入法典，形成了较为完整的债务承担制度体系。由于债务加入与保证都有通过第三人介入债务履行增强债权实现保障的表征，二者在认定上极易混淆。对此，司法实践已通过案例，如“C资产管理公司诉D化肥公司等借款担保合同案”① 确立了“存疑时推定为保证”的规则。《最高人民法院关于适用〈中华人民共和国民法典〉有关担保制度的解释》（以下简称《担保制度解释》）第36条②进一步对债务加入与保证的区分认定明确了规则。

一、债务加入及其构成要件

《民法典》第552条规定：“第三人与债务人约定加入债务并通知债权人，或者第三人向债权人表示愿意加入债务，债权人未在合理期限内明确拒绝的，债权人可以请求第三人在其愿意承担的债务范围内和债务人承担连带债务。”据此可知，债务加入的成立有两种形式，一是第三人与债务人就债务加入有明确的约定并通知债权人。二是第三人单方向债权人承诺加入债务，债权人接受承诺的，当然成立债务加入；债权人未在合理期限内明确拒绝的，亦可成立债务加入。债务加入的

---

① （2005）民二终字第200号，载《最高人民法院公报》2006年第3期。

② 《最高人民法院关于适用〈中华人民共和国民法典〉有关担保制度的解释》第36条：第三人向债权人提供差额补足、流动性支持等类似承诺文件作为增信措施，具有提供担保的意思表示，债权人请求第三人承担保证责任的，人民法院应当依照保证的有关规定处理。第三人向债权人提供的承诺文件，具有加入债务或者与债务人共同承担债务等意思表示的，人民法院应当认定为民法典第五百五十二条规定的债务加入。前两款中第三人提供的承诺文件难以确定是保证还是债务加入的，人民法院应当将其认定为保证。第三人向债权人提供的承诺文件不符合前三款规定的情形，债权人请求第三人承担保证责任或者连带责任的，人民法院不予支持，但是不影响其依据承诺文件请求第三人履行约定的义务或者承担相应的民事责任。

后果是，第三人在其承诺范围内作为新债务人与原债务人一同对债权人承担连带债务。

根据《民法典》第552条和《担保制度解释》第36条规定，债务加入的构成要件主要是：（1）从债务加入的前提来看，第三人加入的债务系合法有效并实际存在，如果原债务无效或者嗣后被撤销，债务加入也将溯及无效；[①]（2）从加入的债务性质来看，所加入的债务须具有可移转性，宜由第三人承担，具有人身专属性的债务如画家作画等不宜作为债务承担的标的；（3）从债务加入的方式来看，要求当事人就债务加入达成合意，该合意属于对债权人利益的行为，无须债权人同意，但是应当通知债权人；第三人直接向债权人承诺加入债务的，需第三人同意或者未在合理期限内明确拒绝；（4）从效果上来看，原债务人不脱离债务关系，仍应当在原债务范围内承担履行义务，即第三人加入债务并不免除原债务人的履行义务，而是在原债务人的基础上增加了新的债务人，与原债务人一同承担连带债务，实质上具有担保债权实现的功能。总之，债务加入使得债权的实现增加了一层保障，作了债务履行信用的“加法”，达到了“双重保险”的效果。

二、债务加入的法律适用

司法实践中，对于债务加入的适用，主要存在两个方面的难点：一是债务加入与债务移转的辨别；二是债务加入与保证的辨别。

（一）债务加入与债务移转

债务加入与债务移转共同构成债务承担制度，债务移转是指原债务人将其债务全部或者部分转移给第三人，第三人部分或者全部地脱离债权债务关系，由第三人代替债务人的地位，此时，对于债权人来讲，只是债务履行主体实现了部分或者全部的“变更”，未实现债务履行主体的“叠加”。通过比较得知，债务加入与债务转移的区别主要表现在两个方面：一是效果上债务人是否免责；二是形式上是否需要债权人同意。债务加入不仅不会减损债权人的利益，而且着实增加了债权实现的安全性与可靠性。基于此，法律对第三人作出债务加入的承诺后，债权人的“同意”应如何认定作出了较为宽松的规定，即债务加入的意思通知债权人即可或者债权人收到债务人加入债务的意思后，未在合理期限内明确拒绝即

① 夏昊晗：《债务加入法律适用的体系化思考》，载《法律科学（西北政法大学学报）》2021年第3期。

推定为同意。《民法典》对债务加入即采取无须债权人同意但应当通知债权人的立法模式，对债务移转则要求债权人同意。在债务转移中，债务人脱离原债务关系，不再作为债务人对债权人承担履行债务的义务，而是由第三人作为债务人。《民法典》第551条第1款规定，“债务人将债务的全部或者部分转移给第三人的，应当经债权人同意”，即债务转移需要经过债权人以明示的方式作出同意，沉默则意味着拒绝，此规定主要考虑到债务人的改变对债权人关系重大，在债务移转中，第三人的资信和偿债能力将对债权的实现与否有着至关重要的影响，债权人可能面临债权无法实现的风险，故对移转的条件特别是债权人的同意规定了严格的认定标准。

实践中，在识别债务移转和债务加入时，应首先从相关函件及协议的文义解释的角度出发，结合各方协商的背景等因素探究当事人真实的意思表示，如函或者协议中明确存在债务加入的字眼，应先认定为并存的债务承担，除非存在足以支持偏离文义进行解释的事由。其次结合对债权人同意的认定标准，若无法确定当事人的意思系免责还是并存的债务承担的情况下，应从有利于债权人的角度出发，解释为原债务人应继续履行债务。

（二）债务加入与保证

因债务加入系在原债务人基础上增加一个新的债务人，故就其功能而言，债务加入与保证均具有担保债权实现之效。同时因债务加入与保证均具有无偿性，均系单务行为等特点，二者具有高度的相似性，难以区分，且实践中，作出承担债务意思表示的第三人常常存在表意不清晰、相关措辞易产生歧义或者多义等情况，导致准确辨识债务加入与保证成为长期困扰学理界与实务界的难题，同案不同判的情况亦广泛存在。对于第三人来讲，构成债务加入还是保证，法律效果差异甚大，在债务加入中，第三人将承担更重的责任，一是要承担等同于债务人的直接清偿义务，不享有保证人特有的抗辩，如不受保证期间的保护；二是不享有法定的追偿权。因此，司法实践有必要准确识别第三人的介入是债务加入还是保证。

《担保制度解释》第36条对此予以回应，对如何区分和认定保证、债务加入和其他法律关系提供了规则指引，进行了分层解释，用四款将第三人提供的承诺文件依次分为四种情形：一是有提供保证的意思表示的，按保证处理；二是具有加入债务或者与债务人共同承担债务等意思表示的，按债务加入处理；三是从意思表示难以确定是保证还是债务加入的，认定为保证；四是根据前三款的规则不能认定成立保证或债务加入的，不排除当事人之间形成其他独立的合同关系。具体适用中，首先，应适用文义解释，即从第三人出具的承诺文件的措辞出发，探究第三人作出的意思表示系债务加入抑或保证。若第三人出具的承诺文件中明确载明“债务加入”或“保证”之措辞，原则上应依其表述予以定性，除非存在特别情事足以推翻。因为一旦第三人特别系在专业法律人士协助的情况下明确使用“债务加入”的措辞，应视为其已充分认知并理解债务加入的法律意义及相应后果。其次，适用推定规则。在承诺文件的措辞不清晰或者措辞虽明确但是存在多种理解的可能性、其他内容与措辞之间相互矛盾，穷尽所有的意思表示解释方法，仍无法对第三人真实的意思表示作出认定时，应适用推定规则，即债务加入与保证存疑时推定为保证。该推定规则不仅契合了意思表示解释规则的相关精神，即在意思表示不清晰的情况下，按照司法自治的原则，负担越重的表示应越明确，若意思表示不明确，应遵循从轻解释的规则，推定第三人自愿承担较轻的责任①，如此可以有效平衡各方利益，也与《民法典》第 686 条②所彰显的担保方式意思表示不明时保护保证人权益的基本精神相统一。最后，其他法律关系的认定。如果第三人提供的承诺文件约定的权利义务关系较为复杂、难以定性，既不成立保证或债务加入，也不能依据《担保制度解释》第 36 条第 3 款推定为保证的情况下，应考虑承诺文件可能构成当事人之间的其他独立的合同关系，债权人可依据该条第 4 款请求第三人承担除了保证责任和连带责任之外的民事责任或者履行承诺文件约定的义务。

三、本案裁判的审理思路及法律适用

本案引发纠纷的法律事实发生在《民法典》施行前，根据《最高人民法院关于适用〈中华人民共和国民法典〉时间效力的若干规定》（以下简称《时间效力规定》）第 1 条的规定，原则上应适用当时的法律、司法解释的规定，但是当时的法律、司法解释对债务加入缺乏相关规定，故根据《时间效力规定》第 3 条“民法典施行前的法律事实引起的民事纠纷案件，当时的法律、司法解释没有规定而民法典

---

① 王利明：《论“存疑推定为保证”——以债务加入与保证的区分为中心》，载《华东政法大学学报》2021 年第 3 期。

② 《民法典》第 686 条第 2 款：当事人在保证合同中对保证方式没有约定或者约定不明确的，按照一般保证承担保证责任。

有规定的，可以适用民法典的规定，但是明显减损当事人合法利益、增加当事人法定义务或者背离当事人合法预期的除外”的规定，本案初步可以依据《民法典》及《担保制度解释》对债务加入的相关规定进行审查。

本案在判定金某体出具承诺函的行为性质时，首先对A纺织公司与B橡塑公司之间的债务予以审查，以确认债务承担的标的是否合法有效，是否具有可转移性。在确认其买卖合同合法有效，欠付货款的事实客观真实存在且债务具有可移转性的情况下，对该行为的性质作进一步探究。在买卖合同的双方对货款进行对账后，金某体在该对账函上签字承诺“作为债务加入人，对上述债务承担偿还责任”，从文义解释的角度出发，立足于该承诺函的内容，可知，第三人作为普通的民众，在已知晓债务的情况下明确采用“债务加入”的表述，上述承诺的措辞明确、具体，反映了金某体的内心真意，且其明确自愿对债务承担偿还责任，该承诺中无隐含承担债务的顺位性或者补充性之意，即无保证之意，亦无原债务人由此退出债务关系之措辞，即可排除债务移转，同时无其他证据充分证明该行为系保证，据此，可以认定该行为系债务加入。在金某体出具承诺函后，作为债权人的A纺织公司未在合理期限内明确拒绝，金某体债务加入的意思表示成立。

司法实践中，在准确认定承诺性文件的性质为债务加入后，还应对债务加入行为的效力予以审查。首先应对作出债务加入表意的主体进行审查，若主体为公司，《担保制度解释》第12条规定“法定代表人依照民法典第五百五十二条的规定以公司名义加入债务的，人民法院在认定该行为的效力时，可以参照本解释关于公司为他人提供担保的有关规则处理”，该条款背后的原理在于，通常情况下，债务加入的责任比保证责任更重，其对公司偿债责任的影响较保证有过之而无不及，公司对外担保尚需按照《中华人民共和国公司法》（以下简称《公司法》）第16条规定的特别程序经公司有权机关决议通过，举重以明轻，对于公司加入债务更应予以严格限制，可以参照适用担保的有关规则处理，以防公司的法定代表人为一己之私而以“债务加入、为债权人提供差额补足”等方式回避“保证”之措辞，规避《公司法》第16条的规定。当然，本案中作出债务加入意思表示的主体系自然人，在查明其具有相应民事权利能力和民事行为能力的基础上，不存在对债务加入行为程序方面的审查。故金某体以其已经从B橡塑公司离职为由拒绝履行债务加入义务的意见，无法律和法理上的根据，法院对此不予采纳。

在对债务加入及其效力予以认定后，需对债务加入人承担责任的范围及方式予以确定。债务加入虽然成立时具有从属性，但是之后其具有相对的独立性，债务加入人承担的责任以加入时的债务内容为限，与原债务具有内容上的同一性。本案中，金某体系在 2015 年 1 月 10 日承诺对欠付的货款计 2070322.4 元承担责任，后债务人偿还部分欠款，截至 2019 年 2 月 2 日，尚欠付货款计 679810.7 元，债权人据此要求债务人及第三人承担支付货款 679810.7 元的义务。问题在于，第三人加入债务后原债务发生了变更，此时对第三人的效力如何。此时，笔者认为可以类推适用《民法典》第 695 条第 1 款“债权人和债务人未经保证人书面同意，协商变更主债权债务合同内容，减轻债务的，保证人仍对变更后的债务承担保证责任；加重债务的，保证人对加重的部分不承担保证责任”的规定，从债务加入具有相对独立性及尊重第三人意思表示的角度出发，认定对于重于原债务的部分第三人无须承担责任，对于减轻的部分，因对第三人有利，故第三人承担的债务也应作相应缩减。综上，金某体应对 B 橡塑公司欠付的货款 679810.7 元承担责任。对于第三人加入债务后，应以何种形式与原债务人承担责任，理论界曾有不同声音，《民法典》第 552 条对此予以明确规定“债权人可以请求第三人在其愿意承担的债务范围内和债务人承担连带债务”，据此，法院判定由第三人金某体对债务人的债务承担连带责任。另外，本案中，合同约定自 B 橡塑公司收到发货的日期、金额之日起 90 日内付清货款，而金某体加入债务后，与债务人并未按约支付货款，构成违约，应承担相应的违约责任，故法院判定 B 橡塑公司与金某体均应支付相应的利息。

最后，回归到《时间效力规定》第 3 条，本案适用债务加入的相关规定，不仅尊重了当事人的意思表示，符合各方当事人的预期，而且不存在明显减损当事人合法利益、增加当事人法定义务的情形，故适用《民法典》及《担保制度解释》具有合理性和正当性。

编写人：江苏省无锡市惠山区人民法院　邵明舟　刘效庆

【第 36 条第 4 款　债务加入与保证之外的无名合同的成立】

24

保证责任无效不影响保证人依据承诺文件履行约定义务

——金某诉 A 控股公司保证合同案

【基本信息】

1. 裁判书字号

上海市黄浦区人民法院（2019）沪 0101 民初 6921 号民事判决书

2. 案由：保证合同纠纷

3. 当事人

原告：金某

被告：A 控股公司

第三人：B 基金公司

【基本案情】

2017 年 9 月，B 基金公司作为某私募基金的管理人与金某签订《某私募基金合同》，就该私募基金计划募集总额、投资范围、存续期限、收益分配、违约责任、争议处理方式及法律适用等问题作出约定，并明确基金收益分配顺序不构成管理人对基金收益或基金本金不受损失的任何承诺。金某作为基金委托人、投资者认购 100 万元。B 基金公司交付金某的法律文件组成部分的《某私募基金份额转让确认函》载明：本基金投资期满一年之后转让对应的业绩比较基准为，投资金额大于等于 100 万元，小于 300 万元，基准 10%。上述协议成立后，金某向 B 基金公司指定的银行账户汇入投资本金 100 万元。同年 9 月 5 日，某私募基金正式成立，基金存续期限为 24 个月。2018 年 9 月 4 日，B 基金公司向基金全体投资人发出《基金份额转让说明函》，载明，如投资人有基金份额转让需求，可以于基金投资满一年之后提交申请，基金管理人将协助安排投资人和项目公司推荐的合格投资人于六个月内进行基金份额转让，同时在转让流程完成后，按照转让协议约定金额对需要转让的投资人进行转让。11 月 28 日，A 控股公司向包括金某在内的基金投资人出具《担保函》一份。A 控股公司在该份函中承诺，对该产品的偿付在原有增信措施的基础上，追加不可撤销的无限连带责任担保，担保义务范围包括应支付的全部偿付价款（本产品的本金、收益、违约金及相关的各项费用）。上述基金存续期届满后，金某要求 A 控股公司兑付投资本金及预期的收益未果，遂诉至法院。

【案件焦点】

A 控股公司是否应向金某承担偿付投资本金及收益的保证责任。

【裁判要旨】

上海市黄浦区人民法院经审理认为：担保合同是主债权债务合同的从合同，具有从属性，该从属性不仅体现在成立上的从属性，更表现在范围及强度上的从属性，即担保人承担的担保责任范围及强度不应当大于主债务。本案中，作为主债权债务合同的《某私募基金合同》，根据其内容基金管理人 B 基金公司仅负有到期清算并分配剩余资金之义务，同时，按照本案法律文件及说明函显示，B 基金公司也仅承诺协助投资人转让投资份额，并不负有向金某直接清偿投资本金及收益的义务。现金某要求 A 控股公司作为保证人清偿本金及收益，其保证责任的范围及强度显然已超过主债务。根据“担保人承担的担保责任范围及强度不应当大于主债务”之原理，就担保的具体内容而言，A 控股公司作为担保人不应承担兑付投资本金及收益的担保责任。

然而，虽然 A 控股公司不应承担兑付投资本金及收益的担保责任，但此项仅系法院针对 A 控股公司的担保责任范围所作的司法评价。事实上，A 控股公司在担保函中明确表示全部偿付投资人的本金及收益，该项承诺系其真实意思表示，金某对此亦予以接受，此举应当视作金某和 A 控股公司间已达成一项新的债权债务关系，即 A 控股公司自愿补偿金某的投资损失，偿付金某投资本金 100 万元及 10% 的收益。现 A 控股公司未及时履行该项义务，显属违约，应当承担继续清偿之责任。依照《中华人民共和国合同法》第 107 条规定，判决：

A 控股公司于本判决生效之日起十日内给付金某投资本金 100 万元及投资收益（自 2017 年 9 月 5 日起至实际清偿日止，以本金 100 万元按年利率 10%计付）。

【适用解析】

本案中对 A 控股公司出具的担保函中超出主债务范围的条款的效力认定值得关注与探究。虽然本案在判决时，《中华人民共和国民法典》（以下简称《民法典》）尚未施行，但其审理思路具有一定的创新性和突破性，并且符合《最高人民法院关于适用〈中华人民共和国民法典〉有关担保制度的解释》（以下简称《担保制度解释》）第 36 条[①]的立法本意和法理内涵。

一、关于民法典担保制度的功能价值

担保制度具有保证债权实现的功能，也具有促成资金高效率运用的功能。[②] 在保证债权实现方面，有担保的债权越多，越有利于债权的实现；在促进资金高效运作方面，担保制度是否发达，对金融行业发展和创新都有着深刻影响。所以担保制度的完善关乎市场经济的整体健康发展，是市场经济制度完善的关键一环，并且和世界银行营商环境评估中"获得信贷"的指标相对应。另外，鼓励担保的效果优劣也是优化营商环境重要的评估指标和内容之一。如此可以看出，现代民法发展的一个很重要的趋势就是完善担保制度和丰富担保形式，并进而产生尽可能鼓励担保的效果，即"各种债务和付款义务在双方之间都能得到担保"。[③]

为了适应营商环境改善的需要，《民法典》在编纂过程中对担保制度进行了重大的完善和修改，在司法实践中对切实规范担保交易秩序，减轻融资成本，促进资

---

① 《最高人民法院关于适用〈中华人民共和国民法典〉有关担保制度的解释》第 36 条：第三人向债权人提供差额补足、流动性支持等类似承诺文件作为增信措施，具有提供担保的意思表示，债权人请求第三人承担保证责任的，人民法院应当依照保证的有关规定处理。第三人向债权人提供的承诺文件，具有加入债务或者与债务人共同承担债务等意思表示的，人民法院应当认定为民法典第五百五十二条规定的债务加入。前两款中第三人提供的承诺文件难以确定是保证还是债务加入的，人民法院应当将其认定为保证。第三人向债权人提供的承诺文件不符合前三款规定的情形，债权人请求第三人承担保证责任或者连带责任的，人民法院不予支持，但是不影响其依据承诺文件请求第三人履行约定的义务或者承担相应的民事责任。

② 谢在全：《担保制度的成长与蜕变》，载《法学家》2019 年第 1 期。

③ 王利明：《担保物权制度的现代化与我国〈民法典〉的亮点》，载《上海政法学院学报（法治论丛）》2021 年第 1 期。

金融通，扩大增信手段，保障债权实现，缓解中小企业融资难融资贵等问题具有重要意义。①

综上，担保制度在民法典中的重要性不言而喻。而担保制度的修订不仅需要考虑到利益衡量、经济政策等各方面，还需要在保护债权人信赖利益和维护市场交易安全等各组关系中寻求平衡，这是《担保制度解释》的立法本意，同时也考验着规则制定者和司法裁判者的智慧。

二、关于担保责任范围能否大于主债务

虽然鼓励担保是担保制度现代化的必然趋势，但是担保基于其从属性的特点在设立时仍有一定的限制条件。关于担保责任范围能否大于主债务这一问题存在两种观点，一种观点认为即使担保人承担的责任范围超过主债务人所应承担责任的范围，只要有担保人真实意思表示就可以认可，另一种观点认为担保人承担的担保责任范围不能大于主债务，是担保从属性的必然要求，大于主债务部分的约定因违反担保的从属性而无效。②

根据《民法典》第691条规定，“保证的范围包括主债权及其利息、违约金、损害赔偿金和实现债权的费用。当事人另有约定的，按照其约定”。可以看出，虽然保证人承担保证责任的范围有约定按约定，实行意思自治，但是因为保证合同相对于主合同而言具有从属性的必然要求，所以保证责任的范围和强度都不应大于主债务。

实践中，当事人约定保证责任的范围大于主债务的情形主要体现在保证合同中约定了主债务之外的违约金条款，若该条款获得支持，债权人将从保证人处额外获得从主债务人处不能得到的利益，而且由于债权人与保证人在保证合同中特别约定的违约金只针对保证人，不属于主债务的范围，故保证人承担保证合同约定的责任后将无法向主债务人追偿，这将使当事人之间的利益关系失衡，所以当事人约定的保证责任应当缩减至主债务的范围。③

---

① 郭锋：《〈民法典〉实施与司法解释清理制定》，载《上海政法学院学报（法治论丛）》2021年第1期。

② 曹明哲：《〈民法典担保制度司法解释〉对担保从属性的贯彻与适用》，载《法律适用》2021年第9期。

③ “C证券公司诉D公司等合同案”［（2019）最高法民终1353号］，载中国裁判文书网，https：//wenshu. court. gov. cn/website/wenshu/181107ANFZ0BXSK4/index. html？docId=026c5790dc7745fdb678ab2f00c1e93a，2022年3月12日访问。

综上，虽然鼓励担保是趋势，但是超出主债务部分的担保责任将不能得到支持。本案中，就担保函的形式上来看，双方之间约定的担保责任的范围及强度明显大于主债务，就担保责任范围方面分析，A 控股公司不应当承担兑付投资本金及收益的保证责任。

三、关于增信措施性质的认定

增信措施主要是指第三方提供差额补足、代为履行到期回购义务、流动性支持等承诺文件，随着经济发展，目前该类承诺文件的文字表述呈现出多样化的特点，所以在司法实践中认定此类增信文件的性质是一大难点。总的来看，主要可以分为保证、债务加入和无名合同这三类。

1. 保证。关于承诺文件是否构成保证合同，主要以其是否符合《民法典》中关于保证合同的规定为判断依据，可以结合《民法典》第 686 条（保证方式及其推定）、第 687 条（一般保证）、第 688 条（连带责任保证）等进行认定。

2. 债务加入。又称并存债务承担，是指第三人加入到合同关系中，与债务人共同承担合同义务的债务承担方式。之前我国相关法律法规并未就这种债务承担方式进行规定，但该种方式在司法实践中十分常见，后《民法典》在编纂过程中对此进行了完善。《民法典》第 552 条规定："第三人与债务人约定加入债务并通知债权人，或者第三人向债权人表示愿意加入债务，债权人未在合理期限内明确拒绝的，债权人可以请求第三人在其愿意承担的债务范围内和债务人承担连带债务。"让增信文件在性质上是否属于债务加入有了判断依据。结合《全国法院民商事审判工作会议纪要》（以下简称《九民会议纪要》）第 91 条"信托合同之外的当事人提供第三方差额补足、代为履行到期回购义务、流动性支持等类似承诺文件作为增信措施，其内容符合法律关于保证的规定的，人民法院应当认定当事人之间成立保证合同关系。其内容不符合法律关于保证的规定的，依据承诺文件的具体内容确定相应的权利义务关系，并根据案件事实情况确定相应的民事责任"的规定可以分析得出，认定承诺文件性质是否为债务加入主要有以下几个特点：（1）明确共同承担债务的意思表示；（2）没有对保证期间的约定；（3）没有主债务人先承担债务的约定；（4）无追偿权。

3. 无名合同。由于司法实践中的案件情况较为复杂，以上两种情况未必能够涵盖交易实践中的全部情形，当承诺文件既不符合保证合同的构成要件又不符合债务加入的条件时，即构成无名合同，可参见《九民会议纪要》第91条中“其内容不符合法律关于保证的规定的，依据承诺文件的具体内容确定相应的权利义务关系，并根据案件事实情况确定相应的民事责任”的情形。

综上，增信措施的性质可以概括为保证、债务加入和无名合同三种类型。分析本案，从实质而言，《某私募基金合同》和《担保函》实质表达的内容分属两种不同的法律关系，前者是基金的清算法律关系，后者是还本付息的清偿法律关系。由于基础法律关系不同，《担保函》内容不应视为是A控股公司担保的意思表示，否则将扩大担保责任的范围，同时该《担保函》亦不符合债务加入的特征，故落入第三种法律性质，即双方之间成立了保证和债务加入之外的新的合同关系。

四、关于《担保制度解释》第36条的适用分析

《担保制度解释》第36条①是对增信文件性质认定的一大创新、整合。创新在于之前的《担保法》及其司法解释并未就有关增信措施作出规定；整合在于该条文是结合了《民法典》第552条和《九民会议纪要》第91条的规定，很好地发挥了填补漏洞、明确界限及补充解释的功能，进一步完善了我国的担保制度。

其中第4款规定，第三人提供的承诺文件不构成保证或债务加入，“债权人请求第三人承担保证责任或者连带责任的，人民法院不予支持，但是不影响其依据承诺文件请求第三人履行约定的义务或者承担相应的民事责任”，在一定程度上延续了《九民会议纪要》第91条中的相关规定。可以看出其本意是保护交易秩序、积极鼓励担保，在承诺文件不符合前三款规定的情形时不轻易否定文件中其他约定内容的法律效力。基于《民法典》合同编的一般原理，只要当事人的约定满足合同成立、生效的一般要件，法律对其效力形态不应作出完全否定的评价，否则不利于保护交易安全，也

① 《最高人民法院关于适用〈中华人民共和国民法典〉有关担保制度的解释》第36条：第三人向债权人提供差额补足、流动性支持等类似承诺文件作为增信措施，具有提供担保的意思表示，债权人请求第三人承担保证责任的，人民法院应当依照保证的有关规定处理。第三人向债权人提供的承诺文件，具有加入债务或者与债务人共同承担债务等意思表示的，人民法院应当认定为民法典第五百五十二条规定的债务加入。前两款中第三人提供的承诺文件难以确定是保证还是债务加入的，人民法院应当将其认定为保证。第三人向债权人提供的承诺文件不符合前三款规定的情形，债权人请求第三人承担保证责任或者连带责任的，人民法院不予支持，但是不影响其依据承诺文件请求第三人履行约定的义务或者承担相应的民事责任。

有悖于诚实信用原则。所以当条款的内容已经实际构成新的债权债务关系时，就依法认定成立的新的合同，受到法律的保护，对当事人具有法律约束力，当事人应当按照约定履行自己的义务。第 4 款也正是体现了这样的立法本意和价值功能。

本案中，双方之间的承诺文件实质上是成立了新的债权债务关系，属于成立了无名合同，符合《担保制度解释》第 36 条第 4 款所述的适用情形，A 控股公司不履行相关义务已构成违约，应当承担相应的法律责任，从侧面也可以反映出该条款是对本案处理结果的一个肯定性的评价。

综上所述，对于增信承诺文件中当事人约定内容的效力认定，需要对条款内容作具体分析，根据当事人的真实意思表示考察其法律性质，厘清保证和债务加入之间的区别，在属于保证的情况下还需考察担保责任范围是否存在超出主债务范围的情形而无效，当文件表述既不符合保证也不符合债务加入的意思表示时考察是否成立了新的合同关系。

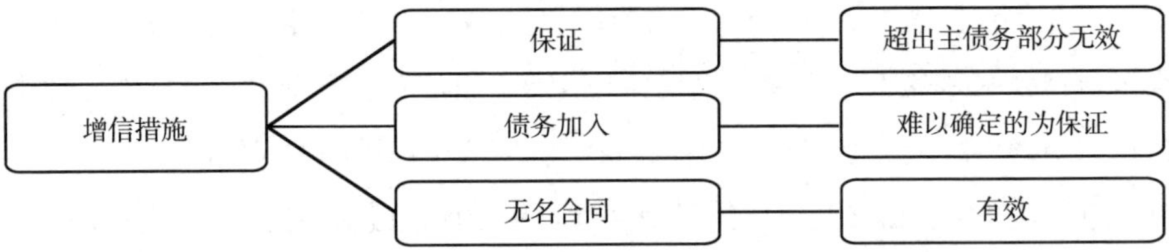

在我国对待独立保证制度较为谨慎的背景下，既要坚持保证合同的从属性效力，又要鼓励担保、兼顾当事人的意思自治，所以在实践中认定效力时应充分权衡各方利益，作出既符合法理又利于维护交易秩序的公正处理结果。

对于本案需补充说明的是，由于双方就还本付息内容达成的新合意，A 控股公司对 B 基金公司并不享有保证合同项下的追偿权。同时，根据《民法典》第 985 条的规定，"得利人没有法律根据取得不当利益的，受损失的人可以请求得利人返还取得的利益"，若 A 控股公司认为金某或 B 基金公司会因 A 控股公司的给付行为获得不当利益，可通过不当得利的法律关系进行救济。

编写人：上海市黄浦区人民法院　沈澜　汤安捷

第三部分　担保物权

【导言】①

1. 关于抵押合同及抵押权的效力

《中华人民共和国民法典》（以下简称《民法典》）第399条规定，所有权、使用权不明或者有争议的财产以及依法被查封、扣押、监管的财产不得抵押。笔者认为，当事人以上述财产设定担保，如不存在其他无效情形，一般应当认定担保合同有效，因为这些财产只要不是违法财产，就不存在因标的违法而无效的问题，且根据区分原则，《民法典》第399条规定的不得抵押的情形，即使构成无权处分，也不应影响抵押合同的效力。值得注意的是，当事人以权属不明或者有争议的财产设立抵押，经人民法院审查后可能有两种结果：一是抵押人有权处分；二是抵押人无权处分。在抵押人有权处分的场合，不仅抵押合同效力不受影响，抵押权的设立也应认定有效。在抵押人无权处分的场合，抵押合同虽然不因抵押人无权处分而受影响，但抵押权的设立取决于债权人是否满足善意取得的条件：满足善意取得的条件的，债权人可主张行使抵押权；不满足善意取得条件的，债权人无权主张行使抵押权，真正的权利人可以请求注销抵押登记。至于当事人以被查封、扣押、监管的财产设定抵押，债权人请求行使抵押权时，如果查封、扣押或者监管措施已经解除的，人民法院应予支持；抵押人以抵押权设立时财产被查封或者扣押为由主张抵押合同无效的，人民法院不予支持。

此外，《最高人民法院关于适用〈中华人民共和国民法典〉有关担保制度的解释》（以下简称《担保制度解释》）沿袭《全国法院民商事审判工作会议纪要》的

---

① 林文学、杨永清、麻锦亮、吴光荣：《〈关于适用民法典有关担保制度的解释〉的理解和适用》，载《人民司法》2021年第4期。

相关规定，明确在不动产抵押中，如果当事人签订抵押合同但未办理抵押登记，则仅仅抵押权没有设立，抵押合同的效力不受影响，债权人可以请求抵押人继续办理抵押登记。在不能继续办理抵押登记的情况下，笔者认为应区分是否因可归责于抵押人的原因进行不同的处理：一是不可归责于抵押人的原因导致不能办理抵押登记，如自然灾害导致标的物灭失的，除抵押人因此取得抵押财产的代位物而须在代位物的价值范围内依其过错程度承担违约损害赔偿责任外，其他情形下抵押人不应承担赔偿责任；二是可归责抵押人的原因导致不能办理抵押登记，如抵押人将抵押财产转让给他人，此时抵押人应在约定的担保范围内承担违约损害赔偿责任，但是不得超过抵押权能够设立时抵押人应当承担的责任范围。

2. **关于抵押财产转让**

一是明确禁止或者限制转让的约定不影响转让合同的效力。《民法典》第 406 条在允许抵押人自由转让抵押财产的同时，规定当事人另有约定的，按照其约定。根据区分原则，无论当事人关于限制或者禁止抵押物转让的约定是否登记，都不应影响抵押财产转让合同的效力。

二是明确禁止或者限制转让的约定经登记的，具有对抗效力。在限制或者禁止抵押物转让的约定已经登记的情形下，如果抵押人将抵押财产转让给他人且已经办理了过户登记，抵押权人主张抵押物所有权变动无效的，人民法院应予支持。之所以作此种规定，是因为当前，抵押权的追及力实际上受到很多限制，如买受人在受让已经设立抵押的房屋后，若该房屋是买受人及其所扶养家属生活所必须的居住房屋，人民法院就不得拍卖、变卖，这就损害了抵押权人的利益。为落实《民法典》有关保护抵押权人利益的精神，有必要通过赋予经登记的限制或者禁止转让的约定以类似于预告登记的效力，从而有条件地否定转让行为的物权效力。这样规定的另一个理由是，《民法典》第 406 条规定的情形多发生于不动产交易，不动产买受人购买不动产时应当查询不动产是否已经抵押登记。如限制或者禁止转让的约定已经依法登记，其查询时自然也应知道。最后一个理由是，在《民法典》施行后，是否存在禁止或限制转让不动产的约定将是不动产登记簿上可以登记的事项，因而该规定具有可操作性。

需要注意的是，对消费者进行特殊保护是长期以来坚持的一项司法政策，在作为消费者的购房人从房地产开发商处购买商品房的情况下，关于抵押权人能否向购房人主张权利，以及购房人能否排除抵押权人申请的强制执行等问题，根据司法解释的分工，将由其他司法解释进行规定，《担保制度解释》未予涉及。

3. 关于主债权诉讼时效期间届满的法律后果

《民法典》仅规定抵押权在主债权诉讼时效期间未行使的，人民法院不再予以保护。由于担保物权从属于主债权，因此，在主债权因诉讼时效届满而成为自然债务后，抵押权也不再受人民法院的保护。问题是，在抵押权不再受人民法院保护的情形下，抵押人能否提起诉讼，请求抵押权人协助办理注销抵押登记？笔者认为，既然抵押权已经不再受到人民法院的保护，与其让抵押登记的存在影响抵押人处分抵押物，不如明确抵押人有权请求抵押权人协助办理注销抵押登记，以充分发挥物的效用，这也是物尽其用原则的基本要求。但考虑到《民法典》并无主债权诉讼时效届满导致担保物权消灭的规定，而《全国法院民商事审判工作会议纪要》对此问题已经作出规定，为稳妥起见，《担保制度解释》未就抵押权登记的注销问题作出规定。

另外，实践中较有争议的是，质权和留置权是否也会因主债权诉讼时效届满而不再受人民法院的保护？对此有两种意见。第一种意见认为，《民法典》第 419 条明确规定抵押权人未在主债权诉讼时效期间行使抵押权的，人民法院不予保护，而关于留置权，《民法典》第 454 条则规定债务人可以请求留置权人在债务履行期限届满后行使留置权。从《民法典》的上述规定可以看出，主债权诉讼时效期间届满对于权利人行使权利的影响并不相同，即明确了人民法院对于抵押权不予保护，但对于留置权的保护问题并未予以规定。考虑到抵押权一般以登记为生效要件，而留置权以债权人占有标的物为前提，因此对于权利人保护方式和处理结果上应有所区别，留置权不因主债权已过诉讼时效而不受人民法院的保护，在主债权诉讼时效期间届满后，债务人或者留置财产的所有权人虽然不能要求返还留置财产，但可以请求拍卖、变卖留置财产以清偿债务。第二种意见认为，留置权人留置债务人的财产，应视为主张权利的方式，因此无主债权诉讼时效已过的问题。《担保制度解释》采纳了第一种意见。此外，对于质权而言，以登记作为生效要件的权利质权与抵押权相似，可能发生因主债权已过诉讼时效而不再受人民法院保护的问题，应参照适用《担保制度解释》第 44 条第 1 款的处理规则；动产质权、交付权利凭证为生效要件的权利质权，因质押财产及权利凭证由质权人占有，则应参照适用《担保制度解释》第 44 条第 2 款的处理规则。

4. **关于抵押预告登记**

由于《民法典》对于抵押预告登记的效力未作明确规定，因此实践中对于当事人在签订抵押合同后未办理抵押登记但已办理预告登记，预告登记权利人能否主张行使抵押权的问题一直存在争议。笔者认为，预告登记是在本登记暂时无法办理时，当事人为确保将来取得物权而办理的一种特殊登记。由于抵押权本身无法阻止抵押人转让抵押物或者在抵押物上为他人再次设定抵押权，因此，债权人办理抵押预告登记后，亦无法阻止抵押人转让标的物或者再次以标的物设定担保物权。就此而言，当事人办理抵押预告登记的目的在于当能够办理抵押登记时，其能获得较之其他担保物权人更加优先的顺位，而不在于防止抵押人再次处分标的物，因此并无《民法典》第221条关于"预告登记后，未经预告登记的权利人同意，处分该不动产的，不发生物权效力"之规定适用的余地。

此外，为避免诉累，虽然当事人办理的只是抵押预告登记而非抵押登记，但在诉讼过程中经人民法院审查具备办理抵押登记的条件的，预告登记权利人即可主张已经取得抵押权，而无须判决认定预告登记权利人只有在办理抵押登记后才能主张抵押权。至于办理抵押登记的条件，是指建筑物已经办理首次登记。也就是说，只要在预告登记的有效期内建筑物已经办理了首次登记，人民法院就认定预告登记权利人可直接主张行使抵押权。当然，如果当事人不具备办理抵押登记条件，预告登记权利人请求行使抵押权的，人民法院自不应予以支持，但不影响其在具备抵押登记条件时再行使抵押权。

值得注意的是，在抵押人破产的情况下，考虑到抵押预告登记权利人无法等到办理抵押登记的条件具备时再主张优先受偿权，《担保制度解释》参照《中华人民共和国企业破产法》关于破产程序中债权加速到期的相关规定，赋予抵押预告登记具有抵押登记的效力，抵押预告登记权利人可以就抵押财产优先受偿。但是，为了不妨碍和解协议和重整程序的顺利进行，笔者认为，预告登记权利人的优先受偿范围应以受理破产申请时抵押财产的价值为限。另外，《中华人民共和国企业破产法》第31条第3项规定，人民法院受理破产申请前1年内，债务人对没有财产担保的债务提供财产担保的，管理人有权请求人民法院予以撤销。据此，债务人在人民法院受理破产申请前1年内办理的，且系为没有财产担保的债务设立的抵押预告登记，不享有破产保护效力。

5. **未办理登记的动产抵押权的效力**

《民法典》第 403 条规定，以动产抵押的，抵押权非经登记，不得对抗善意第三人。如何界定善意第三人的范围，存在不同理解。笔者认为，准确理解善意第三人的范围，应把握以下几点：一是这里的第三人不包括抵押权人、质权人、留置权人等担保物权人，因为担保物权人之间的顺位，根据《民法典》第 414 条、第 415 条确立的规则确定即可，无须考虑彼此之间是否为善意，否则有悖于建立统一的可预测的优先顺位规则的目的。二是这里的善意第三人主要是指已经取得对标的物占有的买受人或者承租人，因为在第三人是普通债权人的情形下，基于物权优先于债权的民法理论，无论第三人为善意还是恶意，抵押权人都是可以对抗的，而已经取得占有的买受人或者承租人要么已经取得物权，要么取得了具有一定物权效力的债权，因此只有在第三人为恶意的情形下，抵押权人才能对其主张权利。三是有必要进一步区分第三人是买受人还是承租人。在第三人为买受人时，涉及抵押权是否对买受人有追及效力，即抵押权人能否向买受人主张抵押权的问题；在第三人为承租人时，涉及租赁合同是否因标的物已经抵押而受到影响，即抵押权实现时是否须“带租拍卖”的问题。

值得注意的是，为落实《民法典》消除“隐形担保”的目的，笔者认为，如果抵押人的其他债权人已经申请人民法院对标的物采取了查封、扣押措施，则未经登记的抵押权人不能向其主张优先受偿。此外，在抵押人进入破产程序后，由于抵押人的其他债权人既有可能是善意的，也有可能是恶意的，认定未经登记的抵押权具有对抗效力将可能带来不公平的结果，也与破产程序追求债权人公平受偿的理念相冲突，因此，未办理抵押登记的抵押权人主张优先受偿的，人民法院亦不应予以支持。

6. **关于正常经营活动中的买受人**

动产抵押以登记作为公示方法，但动产类型众多、数量很大，且有些动产价值较低，采用登记作为公示方法无疑将会大幅增加当事人的查询成本。为了避免动产抵押给人们的正常生活造成干扰，同时防止加重当事人的交易成本，《民法典》第 404 条规定：“以动产抵押的，不得对抗正常经营活动中已经支付合理价款并取得抵押财产的买受人。”笔者认为，该条规定的“正常经营活动”，从文义上看固然针对的是出卖人正常经营活动，即其在营业执照明确记载的经营范围内从事经营活动且持续经营同类商品的销售，但考虑到设立上述规则的主要目的在于明确哪些情况下可以豁免买受人的查询义务，因而还有必要考察买受人的有关情况。如果买受人知道或者应当知道标的物已被设定担保物权，此时其就不能援引该项规则阻却抵押权的追及效力。为了便于法官判断买受人何时可以无须查询抵押登记，《担保制度解释》第 56 条将下列情形的买受人排除在正常经营活动之外：（1）购买商品的数量明显超过一般买受人；（2）购买出卖人的生产设备；（3）订立买卖合同的目的在于担保出卖人或者第三人履行债务；（4）买受人与出卖人存在直接或者间接的控制关系；（5）买受人应当查询抵押登记而未查询的其他情形。此外，考虑到《民法典》已将所有权保留买卖和融资租赁中的所有权规定为非典型担保物权，《担保制度解释》将正常经营买受人规则的适用范围扩及已经办理登记的所有权保留、融资租赁。

7. 关于价款优先权

《民法典》第 416 条规定："动产抵押担保的主债权是抵押物的价款，标的物交付后十日内办理抵押登记的，该抵押权人优先于抵押物买受人的其他担保物权人受偿，但是留置权人除外。"这一规定在学理上被称为价款优先权或者价款超级优先权。笔者将这一规定在实践中的运用区分为两种情形：一是债务人在设定动产浮动抵押后又购入新的动产时，为担保价款的支付而在该动产上为出卖人设定抵押权；二是在动产买卖中，买受人通过赊销取得动产后立即为他人设定担保物权，出卖人为担保价款支付而在该动产上设定抵押权。

需要说明的是，前一种情形主要是为了解决中小企业在将现有的和将有的动产设定浮动抵押后的再融资能力问题，因为如果动产浮动抵押设定在前且已经办理登记，则抵押人新购入的动产也将自动成为浮动抵押权的客体，即使买受人在新购入的动产上为担保价款债权的实现而为出卖人设定了抵押权，由于该抵押权登记在后，根据《民法典》第 414 条关于担保物权清偿顺序的规定，出卖人的交易安全也无法获得有效保障，从而影响到出卖人与抵押人进行交易的积极性。价款超级优先权旨在打破《民法典》第 414 条的清偿顺序，赋予后设立的抵押权优先于先设立的浮动抵押权的效力，从而增强了抵押人的再融资能力，具有正当性。

不过，后一种情形下价款优先权的正当性遭到了部分学者的质疑，因为该种情形针对的仅仅是买受人尚未将以赊购方式买入的动产"焐热"，即又在该动产上为第三人设定担保物权，从而导致出卖人的价款可能无法实现的行为。这虽然有利于保障出卖人的交易安全，但却可能威胁到已经在标的物上设定担保物权的第三人的交易安全。从文义上看，《民法典》第416条应包括此种情形，因此本解释从尽量尊重立法原意的角度，对此种情形下的价款优先权亦予以承认，至于由此带来的第三人交易安全的问题，则可由第三人通过尽职调查等方式予以克服。

此外，考虑到实践中对价款支付进行担保的手段除了以标的物设定抵押权外，还存在所有权保留、融资租赁等方式，因此，《担保制度解释》将上述两种情形下可以主张价款优先权的主体规定为三类当事人：一是在该动产上设立抵押权或者保留所有权的出卖人；二是为价款支付提供融资而在该动产上设立抵押权的债权人；三是以融资租赁方式出租该动产的出租人。

8. 关于仓单质押

实践中，存在所谓仓单乱象，即保管人就同一批货物开出数份仓单，导致存货人将仓单多次质押或者转让，或者保管人在开出仓单后，仍然允许存货人无单取货或者以货物再次进行质押、抵押等情况。为了明确仓单作为货权凭证的法律地位，并通过司法裁判引导和规范仓单质押的实践，《担保制度解释》首先明确了仓单质押的成立要件，即仓单质押并非仅仅交付仓单即可，而是应当进行质押背书并由保管人签名或者盖章。此外，考虑到《国务院关于实施动产和权利担保统一登记的决定》规定仓单可以进行质押登记，因而《担保制度解释》规定，没有权利凭证的仓单，依法可以办理出质登记的，仓单质权自办理出质登记时设立。其次，根据《民法典》第414条、第415条的规定，笔者认为，在出质人既以仓单出质又以仓储物设立担保的情况下，应按照公示的先后确定清偿顺序；难以确定先后顺序的，按照债权比例清偿。在保管人为同一货物签发多份仓单，而出质人又在多份仓单上设立多个质权的情况下，应按照公示的先后确定清偿顺序；难以确定先后顺序的，按照债权比例受偿。最后，考虑到实践中上述问题的出现，往往是存货人与保管人共同侵权的结果，故有过错的保管人应与存货人对因此受到损失的债权人承担连带赔偿责任。

9. 关于应收账款质押

中国人民银行发布的《应收账款质押登记办法》第2条规定，应收账款是权利人因提供一定的货物、服务或者设施而获得要求义务人付款的权利以及依法享有的其他付款请求权，包括现有的、将有的金钱债权，但不包括因票据或者其他有价证券而产生的付款请求权以及法律、行政法规禁止转让的付款请求权。现有的应收账款，主要是指出质时应收账款债务人、质押标的都能够确定或者特定的金钱债权；将有的应收账款，是指出质时应收账款债务人或者质押标的尚未确定或者特定的金钱债权，主要包括不动产收费权、依法可以出质的其他收费权以及其他将有的应收账款出质。

关于以现有的应收账款出质，实践中主要的问题是应收账款不存在或者虚构应收账款时该如何分配举证责任以及确定责任。为此，《担保制度解释》第 61 条第 1 款和第 2 款规定：一是应收账款债务人向质权人确认应收账款的真实性后，又以应收账款不存在或者已经消灭为由主张不承担责任的，人民法院不予支持。二是应收账款债务人未确认应收账款的真实性，质权人以应收账款债务人为被告，请求就应收账款优先受偿，能够举证证明办理出质登记时应收账款真实存在的，人民法院应予支持；质权人不能举证证明办理出质登记时应收账款真实存在，仅以已经办理出质登记为由，请求就应收账款优先受偿的，人民法院不予支持。

现有的应收账款出质后，应收账款债务人应当向谁履行是另一个问题。鉴于应收账款质押与债权转让有很大程度的相似性，为此《担保制度解释》第 61 条第 3 款参照民法典关于债权转让经通知债务人后对其具有约束力的规定，规定应收账款债务人接到质权人要求向其履行的通知前，可以向应收账款债权人履行；接到通知后，只能向应收账款质权人履行。现有的应收账款，质权人可以直接请求应收账款债务人向自己履行。

将有的应收账款质押，实践中主要体现为各种收费权，其区别于现有的应收账款的一大显著特征是：出质以及实现时应收账款债务人均难以确定。为此，质权人不能直接向应收账款债务人主张权利，故其权利实现方式主要是由质权人直接请求应收账款债权人履行，实践中又要区分是否已经设定特定账户等情形：一是当事人为应收账款设定特定账户，质权人可以请求就该特定账户内的款项优先受偿；二是特定账户内的款项不足以清偿债务或者未设定特定账户，质权人可以请求折价或者拍卖、变卖收费权并就所得的价款优先受偿。

【第 37 条　当事人违反《民法典》第 399 条第 4 项、第 5 项规定所订抵押合同之效力】

25

民间借贷的时间效力和担保制度的新旧应用

——马某某诉杨某某、朱某民间借贷案

【基本信息】

1. 裁判书字号

甘肃省甘谷县人民法院（2021）甘 0523 民初 530 号民事判决书

2. 案由：民间借贷纠纷

3. 当事人

原告：马某某

被告：杨某某、朱某

【基本案情】

2019 年 4 月 22 日，杨某某向马某某借款 25 万元，但双方约定提前支付利息，实际借款为 20.5 万元，并约定借款利息为月息 2.5 分，借期为 6 个月（2019 年 4 月 22 日至 10 月 22 日），朱某为该笔借款承担连带保证责任，杨某某用汽车做抵押担保。借款到期后，杨某某未能按照约定还本付息，于 2020 年 3 月 22 日出具承诺书一份，承诺书载明：杨某某已经拖欠马某某借款 5 个月，经双方协调同意延期，3 个月内一次性还本付息，利息为 2 分，还款日期为 2020 年 6 月 22 日，并载明担保人：朱某。杨某某于 2020 年 4 月 6 日归还马某某 5000 元，之后未再还过欠款。

【案件焦点】

1. 关于本案的利息问题；2. 关于抵押权能否实现的问题；3. 关于朱某的担保

责任。

【裁判要旨】

甘肃省甘谷县人民法院经审理认为：马某某与杨某某协商借款为25万元，实际发生借款20.5万元，故对马某某请求杨某某归还借款20.5万元的诉讼请求，予以支持。

关于本案的利息问题。根据自2021年1月1日起施行的《最高人民法院关于审理民间借贷案件适用法律若干问题的规定》第31条第1款、第2款规定："本规定施行后，人民法院新受理的一审民间借贷纠纷案件，适用本规定。2020年8月20日之后新受理的一审民间借贷案件，借贷合同成立于2020年8月20日之前，当事人请求适用当时的司法解释计算自合同成立到2020年8月19日的利息部分的，人民法院应予支持；对于自2020年8月20日到借款返还之日的利息部分，适用起诉时本规定的利率保护标准计算。"现马某某主张按照法律规定分段计算利息符合法律规定。签订合同及出具承诺书时的司法解释为自2015年9月1日起施行的《最高人民法院关于审理民间借贷案件适用法律若干问题的规定》，其中第26条第1款规定："借贷双方约定的利率未超过年利率24%，出借人请求借款人按照约定的利率支付利息的，人民法院应予支持。"即法律支持最高年利率为24%。马某某、杨某某2019年4月22日签订个人借款合同时约定借款年利率为30%（月息为2.5分），2020年3月22日杨某某出具承诺书时约定年利率为24%（月息为2分）。现马某某主张2019年4月22日至2020年8月19日利息，按照年利率24%计算为6.56万元，未超过双方约定，也符合法律规定，予以支持。自2021年1月1日起施行的《最高人民法院关于审理民间借贷案件适用法律若干问题的规定》第25条第1款规定："出借人请求借款人按照合同约定利率支付利息的，人民法院应予支持，但是双方约定的利率超过合同成立时一年期贷款市场报价利率四倍的除外。"现马某某主张自2020年8月20日起至借款实际清偿之日的利息按年利率15.4%计算。因违约行为一直在继续，利息也在产生，故对马某某请求杨某某归还借款至本金清偿之日的利息，予以支持。

关于抵押权能否实现的问题。《中华人民共和国民法典》第395条规定，债务人或者第三人可以对自己有权处分的财产设立抵押权。债务人与第三人签订了房屋买卖合同，但并未进行物权变更登记。《中华人民共和国民法典》第209条第1款规定："不动产物权的设立、变更、转让和消灭，经依法登记，发生效力；未经登记，不发生效力，但是法律另有规定的除外。”关于不动产物权变动的生效要件是登记公示主义。经法院于2021年3月16日在甘谷县不动产登记事务中心依职权调取证据证实，杨某某名下无房产，房屋没有登记在债务人名下，故债务人对设定抵押的房产无所有权。债务人将自己没有所有权的房屋对本案原告债权设定抵押，构成无权处分，符合《最高人民法院关于适用〈中华人民共和国民法典〉有关担保制度的解释》第37条的情形。《最高人民法院关于适用〈中华人民共和国民法典〉有关担保制度的解释》第37条第1款规定：“当事人以所有权、使用权不明或者有争议的财产抵押，经审查构成无权处分的，人民法院应当依照民法典第三百一十一条的规定处理。”参照《中华人民共和国民法典》第311条的规定，债务人为债权人提供的抵押房屋不享有所有权，则不发生抵押权设立的法律效力，且债权人不存在善意取得的情形，故该抵押无效。

债务人将自己兄弟名下的汽车给本案原告债权设定抵押，因汽车系特殊动产，本案债务人取得该汽车的所有权必须符合动产所有权变动的生效要件即交付，本案债务人对该车辆是否有所有权，无证据证明，2021年4月6日经法院在甘谷县公安局交通警察大队调取证据证实，杨某某名下无车辆登记信息，经法院依职权调查，该车辆已经办理过户给第三人，第三人已经善意取得此车辆的所有权。故债务人用他人名下的汽车对债权人债权设定抵押，符合《最高人民法院关于适用〈中华人民共和国民法典〉有关担保制度的解释》第37条规定的债务人以所有权不明的财产设定抵押，经法院查明构成无权处分的情形。故对马某某请求判令抵押房屋及车辆折价、拍卖、变卖偿还本息的诉讼请求，不予支持。

关于朱某的担保责任。《最高人民法院关于适用〈中华人民共和国民法典〉时间效力的若干规定》第2条规定，民法典施行前的法律事实引起的民事纠纷案件，当时的法律、司法解释有规定，适用当时的法律、司法解释的规定。马某某与朱某于2019年4月22日签订的保证合同及2020年3月22日签订的承诺书，约定朱某对杨某某的债务承担连带偿还责任。依照签订合同时的司法解释，朱某保证期间为2019年10月23日至2021年10月22日。故对王某某请求朱某承担保证责任的诉讼请求，予以支持。

甘肃省甘谷县人民法院判决如下：

一、杨某某于判决生效后10日内一次性返还马某某借款本金20.5万元及利息

6.56 万元（自 2019 年 4 月 22 日至 2020 年 8 月 19 日），此后利息以借款本金 20.5 万元为基数，按年利率 15.4%，自 2020 年 8 月 20 日至实际清偿之日止（执行时，扣除杨某某已经支付的利息 5000 元）；

二、朱某对上述还款义务承担连带责任；

三、驳回马某某的其他诉讼请求。

【适用解析】

一、民间借贷相关法条的渊源

1991 年最高人民法院颁行《关于人民法院审理借贷案件的若干意见》，首次以司法解释的形式对民间借贷作出明确规范后，最高人民法院又于 2011 年先后下发《关于依法妥善审理民间借贷纠纷案件　促进经济发展维护社会稳定的通知》等司法政策文件，重点加强在民间借贷案件审理过程中的证据审查、利息与高利的认定、防范惩治虚假诉讼与刑事犯罪行为等方面工作的指导。2015 年，在民间借贷纠纷案件数量急剧增长、审理难度不断加大的审判压力下，最高人民法院颁布施行了《关于审理民间借贷案件适用法律若干问题的规定》，对于规范民间借贷行为、统一法律适用标准、解决民间借贷纠纷案件中的实体与程序问题起到积极作用，成为人民法院审理民间借贷纠纷案件的重要依据。上述民间借贷司法解释自 2015 年 9 月 1 日正式施行以来，社会各界给予充分肯定和积极评价，但随着我国经济社会不断发展、市场与供求关系不断变化、金融体制改革不断深入，民间借贷在有效缓解中小企业融资难的同时也出现了一些新问题，民间借贷领域出现的借贷主体多元化、借贷关系复杂化、纠纷类型多样化等新情况，在客观上放大了民间借贷的风险隐患。近年来，各级法院在审理案件的过程中，也总结民间借贷纠纷案件呈现的新特点，反映民间借贷司法解释在适用中存在的问题。最高人民法院高度重视，继续深入调研民间借贷相关问题。2017 年，最高人民法院印发《关于进一步加强金融审判工作的若干意见》，规范和引导民间融资秩序，依法对民间借贷纠纷案件中预扣本金或者利息、变相高息等规避民间借贷利率司法保护上限的合同条款效力作出规范。2018 年 8 月，针对社会上经常出现的通过虚增债务、伪造证据、恶意制造违约、收取高额费用等方式非法侵占财物的“套路贷”犯罪行为，最高人民法院印发《关于依法妥善审理民间借贷案件的通知》进行专项规范。直至 2019 年，《全国法院民商事审判工作会议纪要》进一步明确“人民法院在审理借款合同纠纷案件过程中，要根据防范化解重大金融风险、金融服务实体经济、降低融资成本的精神，区别对待金融借贷与民间借贷，并适用不同规则与利率标准。要依法否定高利转贷行为、职业放贷行为的效力”，司法对民间借贷的规制一直延续。

2020年年初，最高人民法院正式启动对民间借贷司法解释的修改工作。此次修改以规范与保护民间借贷为目的，针对民间借贷合同效力、利率利息等重要问题作出研究。值得注意的是，2020年5月28日，我国民法典正式颁布，最高人民法院随即展开了对民法典相关司法解释和规范性文件的清理工作，故民间借贷司法解释的此次修改还承担了贯彻落实民法典精神实质的重要任务。2020年8月18日，最高人民法院审判委员会第1809次会议通过《最高人民法院关于修改〈关于审理民间借贷案件适用法律若干问题的规定〉的决定》，修改后的民间借贷司法解释于2020年8月20日施行。民间借贷司法解释规定的内容是以民法典作为实体法依据。作为民法典相关司法解释清理工作必不可少的部分，结合司法解释施行后社会各界反馈的意见，最高人民法院决定再次对民间借贷司法解释进行修改。2020年12月，司法解释清理工作全面完成，根据2020年12月23日最高人民法院审判委员会第1823次会议通过的《最高人民法院关于修改〈最高人民法院关于在民事审判工作中适用《中华人民共和国工会法》若干问题的解释〉等二十七件民事类司法解释的决定》，第二次修正后的新民间借贷司法解释自2021年1月1日起与民法典同步施行。

二、民间借贷案件相关法条与担保制度的深度应用

现代担保制度的理论发展更加符合经济流通和高速发展的需求。特别是动产担保制度的特点突出反映了这一规律。动产担保制度的基本规则包括以下几个方面：一是将不转移占有的动产担保形式作为最基本和最主要的担保形式；二是除典型担保外，担保方式还应包括所有具有担保功能的非典型担保，如让与担保、所有权保留、融资租赁、保理等；三是担保范围应当包括所有的动产和权利；四是担保权通过担保协议设立，允许企业为任何类型的债务设定担保，允许对担保物和担保债务进行概括描述；五是担保资产上的担保权延及可识别的收益、产品和替代品；六是建立统一的公示对抗效力规则，并明确登记是担保权取得对抗第三人效力的主要公示方法；七是建立全国集中统一的登记机构和登记系统，提供电子化的登记公示服务；八是建立统一清晰、可预测的优先权规则；九是建立高效的担保权执行程序，支持庭外执行。优化营商环境是担保制度承担的一项重要社会功能。因此，我国担保制度的发展，在借鉴担保理论最新成果的基础上，充分适应了社会经济需要。

（一）扩大可抵押财产的范围，加大保护债权人利益的力度

《中华人民共和国民法典》第395条规定，债务人或者第三人有权处分的下列财产可以抵押：（一）建筑物和其他土地附着物；（二）建设用地使用权；（三）海域使用权；（四）生产设备、原材料、半成品、产品；（五）正在建造的建筑物、船舶、航空器；（六）交通运输工具；（七）法律、行政法规未禁止抵押的其他财产。抵押人可以将前款所列财产一并抵押。《中华人民共和国民法典》第395条关于抵押财产的规定，在沿袭了《中华人民共和国担保法》关于抵押财产的规定的同时，增加了一些生产设备、原材料、半成品、产品；正在建造的建筑物、船舶、航空器；海域使用权。新的民法典关于对抵押财产的设立，扩大了抵押财产的设定范围，打破了对抵押物享有所有权的传统观念的束缚，规定使用权依然可以设定抵押，最大限度地保障了债权人利益，加大交易安全，促进经济繁荣。

（二）更细化以权属不明或有争议财产设立的抵押的不同情形

《中华人民共和国民法典》第399条规定，所有权、使用权不明或者有争议的财产以及依法被查封、扣押、监管的财产不得抵押。当事人以上述财产设定担保，如不存在其他无效情形，一般应当认定担保合同有效，因为这些财产只要不是违法财产，就不存在因标的违法而无效的问题，且根据区分原则，《中华人民共和国民法典》第399条规定不得抵押的情形，即使构成无权处分，也不应影响抵押合同的效力。值得注意的是，当事人以权属不明或者有争议的财产设立抵押，经人民法院审查后可能有两种结果：一是抵押人有权处分；二是抵押人无权处分。在抵押人有权处分的场合，不仅抵押合同效力不受影响，抵押权的设立也应认定有效。在抵押人无权处分的场合，抵押合同虽然不因抵押人无权处分而受影响，但抵押权的设立取决于债权人是否满足善意取得的条件：构成善意取得的，债权人可主张行使抵押权；不符合善意取得条件的，债权人无权主张行使抵押权。

《最高人民法院关于适用〈中华人民共和国民法典〉有关担保制度的解释》第37条第1款规定："当事人以所有权、使用权不明或者有争议的财产抵押，经审查构成无权处分的，人民法院应当依照民法典第三百一十一条的规定处理。"

（三）增加优化营商环境的具体条款

《最高人民法院关于适用〈中华人民共和国民法典〉有关担保制度的解释》的很多条文，都体现了优化营商环境的要求，如第38条至第42条有关担保物权的不可分性、抵押权及于从物、抵押权及于添附物、抵押权的物上代位效力的规定，体现的就是担保资产上的担保权延及可识别的收益、产品和替代品这一要求；第45条有关担保物权实现程序的规定，体现的是建立高效的担保权执行程序，支持庭外执行这一要求；第53条允许对抵押财产进行概括描述，体现了允许对担保物和担保债务进行概括描述的要求；第54条关于未办理登记的动产抵押权效力的规定，体现了建立统一清晰、可预测的优先权规则的要求；有关所有权保留、融资租赁、保理、让与担保等条文的规定，体现了功能主义担保的要求。可以说，优化营商环境是担保制度司法解释的重要着力点。如何寻求新的有效担保方式，规范担保交易秩序，已经成为经济发展中的重要环节。除《中华人民共和国民法典》第399条规定的财产不得抵押，第426条规定的法律、行政法规禁止转让的动产不得出质外，本解释第63条允许以法律、行政法规尚未规定可以担保的财产权利设立担保，并确认了该类合同的效力，以及可以请求按照担保合同的约定折价、变价受偿，丰富了当事人担保的方式和类型；第55条明确了质权设立的条件，明确了监管人的责任，有利于规范质押担保时的交易秩序。在非典型担保部分，本解释明确了融资租赁、保理、让与担保等非典型性担保合同的性质，并规定了债权人实现担保物权的方式，丰富了担保交易的类型，拓宽了获得信贷的途径。类似的规定还有很多。作出此类规定的本意也是从服务实体经济的角度出发，预防化解金融交易风险点，促进市场主体规范经营，繁荣社会主义市场经济。

（四）按照时间效力正确应用相关担保制度规定

《最高人民法院关于适用〈中华人民共和国民法典〉时间效力的若干规定》第2条规定，民法典施行前的法律事实引起的民事纠纷案件，当时的法律、司法解释有规定，适用当时的法律、司法解释的规定。本案涉及案件事实发生的时间效力问题，又结合《中华人民共和国民法典》相关担保制度的规定依法进行了判决，使民间借贷的相关法条和担保制度的规定进行了深度辨法析理，既彰显了法律的公平正义，又及时有效地保护了债权人的合法权益，社会效果、法律效果良好，当事人服判息诉，达到一次性案结事了的效果。

编写人：甘肃省甘谷县人民法院　张虎成　王林成

【第 43 条　抵押期间转让抵押财产的效力】

26

抵押人未经抵押权人同意可以转让抵押房产

——郑某某诉金某房屋买卖合同案

【基本信息】

1. 裁判书字号

江苏省江阴市人民法院（2020）苏 0281 民初 8981 号民事判决书

2. 案由：房屋买卖合同纠纷

3. 当事人

原告：郑某某

被告：金某

【基本案情】

2017 年 11 月 8 日，原告郑某某与被告金某签订《房地产买卖合同》，约定金某将某处房屋作价人民币 65 万元出卖给郑某某。因该房屋系金某的拆迁安置房，在签订合同时金某尚未取得房屋产权证，故双方在合同中约定，金某在获得房屋产权证书后过户至郑某某名下，过户费用由郑某某负担。合同签订后郑某某支付了全部购房款。金某随后向郑某某交付了房屋的钥匙，郑某某取得房屋后进行了装修，并一直居住。2020 年 1 月 8 日，金某取得了房屋产权证书，同年 1 月 21 日，4 月 15 日，金某两次将房屋抵押给了赵某某，并办理了抵押登记，抵押债权金额共计 50 万元。因抵押登记存在，金某至今未履行房屋过户义务，故郑某某起诉至法院要求判决：1. 双方的房屋买卖合同有效；2. 金某协助郑某某将房屋过户至郑某某名下。金某庭审中认可取得产权证后因借款将房屋抵押给赵某某的事实并表示愿意处理好抵押后将房屋过户给郑某某。

【案件焦点】

1. 未经抵押权人同意抵押人能否处分抵押房产；2. 抵押人处分抵押财产，抵押权是否受影响。

【裁判要旨】

江苏省江阴市人民法院经审理认为，郑某某与金某于2017年11月8日签订的房屋买卖合同合法有效，郑某某支付购房款后，金某依合同约定应当在取得房屋产权证后1个月内履行房屋产权的过户变更登记，但金某未能履行约定的义务，郑某某有权要求金某办理产权变更登记。

金某在取得房屋产权证后，隐瞒房屋已实际出售的事实，将房屋抵押给他人，郑某某在知道房屋存在抵押权，金某有可能无法消灭抵押权的情况下，坚持要求金某办理房产的过户登记，并没有违反法律禁止性规定，且即使该房屋存在抵押权，该房屋产权变更并不能对抵押权人的抵押权产生实际性损害。故对郑某某的诉讼请求，法院依法予以支持。

【适用解析】

一、抵押房屋转让合同继续履行之判决

笔者在中国裁判文书网上检索了《中华人民共和国民法典》（以下简称《民法典》）施行前抵押房产转让合同继续履行的判决，检索结果显示，多数情况下，房屋存在按揭贷款的，抵押权人是出让人买房时按揭贷款的银行，法院一般会判决由受让人清偿出让人的抵押贷款后过户。在非按揭贷款的情况下，出现了三种模式：

（一）抵押权非善意取得，抵押权注销后过户

本案中的抵押物为“先转后押”，在类似的案例中存在抵押人为规避合同继续履行而与抵押权人恶意串通设立抵押权的情况，故在司法审判中，尽管买受人仅对买卖合同纠纷之诉提起对房产完成过户的要求，但房屋设定抵押权形成了产权过户的障碍，为避免诉累，法院通常追加抵押权人为第三人，将买卖合同纠纷与抵押合同纠纷一并审理，确定抵押权人是否善意取得抵押权。如抵押权人非善意第三人，则判决抵押人与抵押权人共同注销抵押权，抵押权注销后抵押人协助

受让人办理过户手续。[①] 笔者认为，在此类案件中，需要受让人举证证明抵押权并非善意取得，有加重受让人举证义务之嫌，对于抵押权为善意取得的情形，并不适用。

（二）以法律上履行不能为由，驳回继续履行诉请

抵押权人依法取得抵押权，在受让人不同意代抵押人清偿债务行使涤除抵押权的情况下，受让人起诉抵押人协助完成抵押房屋过户的，因行政机关对权利转移作出限制，法院可能以法律上或事实上履行不能判决驳回受让人过户的诉讼请求。[②] 笔者认为，房屋转让合同签订后，出让人将房屋抵押给他人，在买卖合同关系中，出让人已经构成了违约，该种判决难以对不诚信行为进行纠正。

（三）认定转让合同有效，判决合同继续履行

根据物权债权区分原则，未办理抵押登记，不影响买卖合同效力，故法院认定买卖合同合法有效，同时，虽然行政机关对房屋转移作出限制，但物权并未消灭，不能认定为法律上或事实上履行不能，故在向受让人释明无法执行之风险后，判决合同继续履行，抵押人注销抵押权后配合受让人完成过户登记。[③] 笔者认为，该种判决对抵押人的违约行为予以纠正，在法律上保护了受让人的权益，同时也未损害了抵押权人的权利，但是如果抵押人没有能力偿还抵押权人的债务并注销抵押权，则抵押人配合受让人完成过户的判决可能会面临执行不能的风险。

二、《民法典》关于不动产抵押物转让规则的构建

《民法典》第406条对抵押物转让规则进行了重新构建。总结之前司法实践的探索经验，立法者针对抵押物转让设计了不同的模式，总体上经历了从严格限制到放松管制再到严格限制转让的过程。

---

① “何某进诉陈某、N酒店管理公司房屋买卖合同案”［（2019）川13民终1245号］，载中国裁判文书网，https：//wenshu. court. gov. cn/website/wenshu/181107ANFZ0BXSK4/index. html？docId＝55613863148640079f73aaa001644af2，2022年4月18日访问。

② “徐某武诉闫某华房屋买卖合同案”［（2020）鲁01民终4997号］，载中国裁判文书网，https：//wenshu. court. gov. cn/website/wenshu/181107ANFZ0BXSK4/index. html？docId＝13a5d2d9d42b4394be33ac0700ffc8c6，2022年4月18日访问。

③ “兰某诉叶某强、祝某丽房屋买卖合同案”［（2017）沪01民终734号］，载中国裁判文书网，https：//wenshu. court. gov. cn/website/wenshu/181107ANFZ0BXSK4/index. html？docId＝3211033121354c8f8126a74800f911c9，2022年4月18日访问。

（一）不动产抵押物转让的立法转变

最早的《最高人民法院关于贯彻执行〈中华人民共和国民法通则〉若干问题的意见（试行）》（以下简称《民法通则意见》）第115条确定了未经同意转让无效的规则，该规则着重保护抵押权人担保债权的实现，但对抵押权的追及效力缺乏必要的认识，限制了抵押人对抵押物的处分权。原《中华人民共和国担保法》（以下简称《担保法》）第49条规定了通知转让有效，原《最高人民法院关于适用〈中华人民共和国担保法〉若干问题的解释》（以下简称《担保法司法解释》）第67条确定已登记的抵押权具有追及效力，同时规定了取得抵押物所有权的受让人享有涤除权。担保法显然采纳了主流学说，放宽了抵押物转让的条件，平衡了抵押权人实现担保债权、抵押人对抵押物自由处分权、买受人取得抵押物所有权的关系，但原《担保法》及《担保法司法解释》并未明确肯定抵押物可以自由转让。原《中华人民共和国物权法》（以下简称《物权法》）第191条确定了未经同意不得转让抵押财产的规则，同时又以受让人代为清偿债务为例外，该条并未完全沿袭原《担保法》及《担保法司法解释》的相关规定，而是在一定程度上又回到了原《民法通则意见》的态度，对不动产抵押权采取了更为严格的限制，该条最大限度地减轻了抵押权人和买受人的风险。[①]

（二）《民法典》肯定抵押权追及效力，允许抵押物转让

《民法典》第406条在承认抵押权具有追及力的基础上，以认可抵押人有权转让抵押财产为原则，以当事人特别规定为例外。

《民法典》之前的立法之所以要对抵押财产转让进行限制，主要是为了降低因抵押财产转让给抵押权人或者抵押人造成的风险。比如，转让已设定抵押但未办理登记的汽车，如买受人根据善意取得制度取得所有权，则抵押权消灭，对抵押权人不利；如买受人取得的是有抵押权负担的抵押财产，则对买受人不利，但实际上此种担心既没必要，也不符合民法原理。因为从民法理论上来看，所有权是对物的使用价值和交换价值进行全面支配的物权，抵押权作为担保物权是以物的交换价值为内容的物权。在不动产上设定抵押权仅是限制了交换价值，抵押人并未丧失对抵押物的所有权，从所有权的权能上来看，其仍旧能够进行处分，包括转让抵押财产的

---

① 参见叶峰：《不动产抵押物转让规则之检讨与构建》，载《上海政法学院学报（法治论丛）》2015年第2期。

权利，故对抵押财产转让进行限制的法理依据不足。在抵押权已经进行登记的情况下，买受人对受让有负担的所有权是明知且愿意承担的，根据抵押权的追及效力，允许抵押权人向买受人主张抵押权，对买受人并未造成不公，因此《民法典》允许抵押物转让，保护抵押人及抵押权人的利益，也与现行民法体系是相契合的。

《民法典》在保障所有权人的处分权，允许抵押物转让的同时，通过规定抵押物的追及效力来实现对抵押权的保护。物权的追及效力，是指物权成立后，其标的物不论辗转于何人之手，物权人均得追及物之所在，而直接支配其物的权利。[①] 就抵押权来说，其追及力表现为，在抵押人将抵押物转让他人的情况下，抵押权人可以向受让人主张抵押权，即受让人取得的是有抵押权负担的财产，抵押权人在债务履行期限届满未获清偿时，仍可就原抵押物折价、拍卖、变卖的所得价款优先受偿。抵押权的追及效力应当区分抵押权是否已经进行登记而予以区别对待。已经登记的抵押权原则上可以对抗买受人，即便买受人已经取得抵押财产所有权，抵押权人仍然可以根据抵押权的追及效力，向受让人主张权利。反之，已设立但未经登记的动产抵押权，不能对抗善意买受人，买受人取得无权利负担的抵押财产所有权。

《民法典》允许抵押权可以转让的同时，也允许当事人另有约定，如果抵押合同约定，抵押财产不能转让，或者转让须经抵押权人同意的，根据意思自治原则，此种约定在当事人之间有效，但此种约定不得对抗善意第三人。

（三）以通知、提前清偿或提存制度以保证抵押权人的利益

《民法典》第406条第2款规定了抵押人转让抵押财产有通知抵押权人的义务，需要注意该条规定抵押人转让抵押财产的，应当及时通知抵押权人。通知义务性质上属于附随义务，抵押人未尽通知义务不影响转让合同效力。就此而言，与原《担保法》第49条未通知转让行为无效的规定不同。之所以规定抵押人负有通知义务，是因为《民法典》第406条第2款借鉴了原《担保法》《物权法》有关提前清偿债务或者提存的规定，但不同的是，抵押权人只有在能够证明抵押财产转让可能损害抵押权的情况下，才有权利要求清偿或者提存。

同时应当注意，《民法典》关于抵押物转让规则中并没有规定涤除权。原《担保法司法解释》第67条规定了涤除权，即取得抵押财产所有权的受让人，可以通

① 王泽鉴：《民法物权》，北京大学出版社2010年版，第50页。

过代替债务人清偿其全部债务的方式，使抵押权归于消灭的权利。涤除权产生的前提是受让人取得了有权利负担的抵押财产所有权，这就需要以抵押财产可以自由转让，且抵押权具有追及力为前提，故在《民法典》抵押物转让规则中，受让人当然享有涤除权，行使方式可为受让人代替债务人清偿全部债务后，有权要求抵押人和抵押权人共同办理注销登记，受让人代为清偿造成的损失可以向抵押人追偿。

三、本案判决抵押房屋过户的考量

本案中，金某为借款隐瞒房屋已经出售的事实而将房屋抵押给赵某某，赵某某以房产证登记信息认定金某为所有人，其对登记的信赖利益应予以保护，赵某某善意取得抵押权；郑某某已经全额支付了购房款，不同意代为清偿金某的债务，故本案无法直接判决抵押人与抵押权人共同注销抵押权。

郑某某作为受让人已经履行了付款义务，因其购置的为拆迁安置房，买卖合同成立时金某并未取得房屋产权证，故未能过户。金某在取得房屋产权证后本应按照合同约定协助履行过户义务，但其却为自身利益两次抵押案涉房屋，明显有悖诚信原则，法律理应予以纠正，本案如以行政履行可能存在障碍为由驳回郑某某的诉讼请求，对金某的恶意违约行为并未予以任何纠正或处罚，会造成实体上的不公。

本案在判决之前《民法典》虽未生效，但运用抵押权的追及效力原理，判决金某履行过户义务并不会对抵押权人赵某某的利益造成损害，而且金某对于涉讼房屋过户存在的障碍同意采取相应措施予以消除。同时，法院释明受让人判决过户可能存在履行不能的风险，受让人愿意承担相应的风险，不同意变更诉讼请求为解除合同、赔偿损失，坚持要求判决房屋产权变更，为尊重受让人对权利的自由处分，本案最终判决金某将房屋产权变更至郑某某名下。

另外，《最高人民法院关于适用〈中华人民共和国民法典〉时间效力的若干规定》第 3 条规定，在没有明显减损当事人合法权益、增加当事人法定义务或者背离当事人合理预期的情形下，民法典施行前的法律事实引起的民事纠纷案件，当时的法律、司法解释没有规定而民法典有规定的，可以适用民法典的规定。笔者认为如抵押人转让抵押财产，受让人诉请转让人办理过户手续，即使抵押权成立于《民法典》施行之前，在不损害抵押权人合法权益的情况下，一般应当支持受让人的诉讼请求。

编写人：江苏省江阴市人民法院 邓云 相娟

【第 45 条 担保物权实现程序】

27

担保合同中约定仲裁条款时担保物权的非诉执行裁判规则探析

——A 夹层基金与邓某申请实现担保物权案

【基本信息】

1. 裁判书字号

北京市昌平区人民法院（2020）京 0114 民特 180 号民事裁定书

2. 案由：申请实现担保物权纠纷

3. 当事人

申请人：A 夹层基金

被申请人：邓某

【基本案情】

2016 年 4 月 15 日，A 夹层基金与 B 餐饮公司以及包括邓某在内的 B 餐饮公司 13 名股东签署了《股份认购合同》，约定 A 夹层基金以 3000 万元向 B 餐饮公司增资入股。同日，各方又签署了《股东协议》，约定了 A 夹层基金行使回购权的条件及违约责任。

2016 年 5 月 11 日，A 夹层基金全额支付增资款 3000 万元成为 B 餐饮公司的股东。

2016 年 11 月 9 日，各方又签署了《补充协议》，约定：若 A 夹层基金到截止日（2017 年 11 月 10 日）未通过全国中小企业股份转让系统转让其认购的 B 餐饮公司的股份，则有权要求被申请人邓某平价回购，若发生争议向中国国际经济贸易仲裁委员会仲裁。为担保上述股份回购等一系列债权的实现，A 夹层基金又和邓某签订《主债权和房屋抵押合同》，约定：抵押财产担保债权数额为 1.6 亿元，抵押财产为房屋，担保范围为主合同约定的全部贷款本息、股权回购价款、融资服务费用，包括但不限于债务本金、违约金、赔偿金、其他款项、实现债权的费用，主合同的范围包括《股份认购合同》《股东协议》《补充协议》。合同签订后，双方就该抵押房屋办理了抵押登记。

2017 年 11 月 10 日（截止日）后，A 夹层基金未通过全国中小企业股份转让系统转让认购股份，故其按照约定要求邓某支付股权回购款 3000 万元，邓某却一直未予支付，A 夹层基金遂于 2018 年 8 月 23 日申请仲裁，要求邓某支付股权回购款。2019 年 7 月 29 日，中国国际经济贸易仲裁委员会作出裁决书，认定《股份认购合同》《股东协议》《补充协议》均合法有效，并裁决邓某向 A 夹层基金支付股权回购款 3000 万元、违约金及实现债权的费用。裁决书送达后，邓某至今仍未付款，已累计拖欠本息超过 4000 万元。之后，A 夹层基金对邓某等提起诉讼，要求确认对涉案房屋享有抵押权。湖北省高级人民法院作出生效民事裁定书，认定 A 夹层基金对邓某提起的诉讼，应当由中国国际经济贸易仲裁委员会仲裁。

现申请人 A 夹层基金向北京市昌平区法院提起实现担保物权的特别程序申请，请求人民法院通过非诉程序，拍卖、变卖抵押房屋，并将拍卖、变卖所得价款优先偿还邓某欠付 A 夹层基金的债务（包括股权回购款 3000 万元、违约金及实现债权费用）。

【案件焦点】

1. 邓某以存在仲裁条款为由主张驳回申请的情况下，如何确定主管机关和管辖法院；2. 在邓某提出存在实质性争议的情况下，本案是否符合通过非诉执行程序准许拍卖、变卖担保财产的情形。

【裁判要旨】

北京市昌平区人民法院经审理认为：关于法院对该案是否享有管辖权的问题。依据《中华人民共和国民事诉讼法》（2017 年）第 196 条规定："申请实现担保物权，由担保物权人以及其他有权请求实现担保物权的人依照物权法等法律，向担保财产所在地或者担保物权登记地基层人民法院提出。"现 A 夹层基金申请实现担保物权的房屋位于昌平区，且双方于昌平区不动产登记中心办理房屋抵押登记，故法院作为担保财产所在地及担保物权登记地的基层法院，对此案应享有管辖权。对于邓某所提出的作为《主债权及房屋抵押合同》主合同的《补充协议》中已经就争议解决方式约定为向中国国际经济贸易仲裁委员会申请仲裁，故应当按照该主合同的约定确定仲裁管辖的意见，法院不予采信，具体论述如下：首先，依据实现担保物权作为特别程序的非讼案件性质，其并不能约定以仲裁方式主管；其次，依据非讼法理，非讼案件的管辖权虽然在法律条文中未明确使用“专属管辖”的用词，但由于非讼管辖的目的在于追求迅速及符合公益目的，且其经常涉及第三人的权益，其管辖应有定性为专属管辖的必要，即不可适用约定管辖及应诉管辖；再次，《最高人民法院关于适用〈中华人民共和国担保法〉若干问题的解释》第129条规定，主合同和担保合同选择管辖法院不一致的，应当根据主合同确定案件管辖，此条文中规定的情形应为主合同和担保合同发生纠纷均属人民法院管辖时，以主合同的约定确定主管法院。而本案的主合同约定以仲裁方式解决争议，排除了法院主管，故邓某主张以主合同约定的仲裁条款管辖的理由亦不能成立；又次，即便原主合同中约定的管辖条款是法院管辖，而当其约定管辖的法院与《中华人民共和国民事诉讼法》第196条规定的特别程序管辖法院不一致的情况下，依然无法改变特别程序案件中法定管辖的规定；最后，湖北省高级人民法院出具的（2019）鄂民终952号民事裁定书中载明，“申请人A夹层基金对被申请人邓某等提起诉讼，依据的是《补充协议》，但该补充协议约定了仲裁条款，故A夹层基金对邓某等提起的诉讼，应当由仲裁解决”。该生效裁定书中的论述系指A夹层基金对邓某提起诉讼或仲裁时的争议解决条款，而不是对申请人申请实现担保物权时适用特别程序的管辖法院的认定，故与法院观点亦不存在冲突之意。综上，法院认为，法院对此案应享有管辖权。

关于该案担保物权条件是否成就的问题。法院认为，依据《最高人民法院关于适用〈中华人民共和国民事诉讼法〉的解释》第371条和第372条之规定，人民法院应当就主合同的效力、期限、履行情况，担保物权是否有效设立、担保财产的范围、被担保的债权范围、被担保的债权是否已届清偿期等担保物权实现的条件，以及是否损害他人合法权益等内容进行审查。审查后按照下列情形处理：当事人对实现担保物权无实质性争议且实现担保物权条件成就的，裁定准许拍卖变卖担保财产；当事人对实现担保物权有部分实质性争议的，可以就无争议部分做出裁定；当事人对实现担保物权有实质性争议的，裁定驳回申请，告知向法院起诉。该案具体分析如下：首先，《主债权和房屋抵押合同》为本案设定担保物权的从合同，其主合同的范围包括《股份认购合同》《股东协议》及《补充协议》，以上协议经（2019）中国贸仲京裁字第1121号生效裁决书中确认均为合法有效；其次，（2019）中国贸仲京裁字第1121号生效裁决书亦载明了被担保债权的范围，即邓某未在债务履行期限届满前支付3000万元股权回购款已经构成违约，邓某应立即向申请人支付股权回购款3000万元、违约金（从2018年8月23日起至实际付清之日止，按照每日万分之五计算）、实现债权的费用和仲裁费；再次，《不动产登记证明》载明，抵押人邓某已经就涉案房屋向A夹层基金设定了抵押权，且被担保债权数额上限为1.6亿元；又次，即便如邓某抗辩所称涉案房产存在轮候查封的情况，但依据抵押权优先的原则，各方可在拍卖、变卖的执行程序中按照执行程序方面法律规定的顺序予以解决，目前也并没有其他证据表明涉案抵押权的实现将损害他人的合法权益；最后，邓某在询问笔录中表示对仲裁裁决中已经生效的《股东协议》中涉及的债权部分没有异议，仅对同样作为主合同的其他协议中的债权范围尚有争议，即对于A夹层基金申请实现的债权范围并无争议。综上，结合本案查明情况和前述法律规定，在邓某对A夹层基金所主张的（2019）中国贸仲京裁字第1121号生效裁决书中载明的、邓某对A夹层基金所负的债权范围并无异议且实现担保物权条件已经成就的情况下，依照《中华人民共和国民事诉讼法》第197条，《最高人民法院关于适用〈中华人民共和国民事诉讼法〉的解释》第372条第1项规定，裁定：

准予对邓某名下的房屋进行拍卖、变卖，用于优先清偿A夹层基金对邓某享有的债权［股权回购款3000万元、违约金（以3000万元为基数，支付从2018年8月23日起至实际付清之日止，按照每日万分之五为标准计算）、实现债权的费用991535元及仲裁费354666元］。

【适用解析】

担保物权的实现是担保物权最重要的效力，也是担保物权人最主要的权利。在主债务履行期届满债权人未受清偿或出现当事人约定的实现担保物权的情形时，担保物权人实现担保物权的方式，不但关系到担保物权人利益的实现，而且关系到整个交易秩序的安全与效率。尽管当事人可以在担保合同中约定担保物权人可以自行实现担保物权，但在因担保人的原因导致无法自行实现时，还是应通过诉讼或者非诉的方式请求法院处理，而不能采取私力救济的方式，自行扣押担保财产并对担保财产进行拍卖变卖优先受偿。一方面是确保拍卖变卖的合法进行，避免损害担保人的利益；另一方面是避免私力救济中以暴力方式的出现损害社会的和平秩序。

为了给担保物权的非诉执行提供程序法依据，2013 年施行的《中华人民共和国民事诉讼法》（以下简称《民事诉讼法》）在特别程序一章增设“实现担保物权案件”一节，第 196 条和第 197 条明确规定：“申请实现担保物权，由担保物权人以及其他有权请求实现担保物权的人依照物权法等法律，向担保财产所在地或者担保物权登记地基层人民法院提出。”“人民法院受理申请后，经审查，符合法律规定的，裁定拍卖、变卖担保财产，当事人依据该裁定可以向人民法院申请执行；不符合法律规定的，裁定驳回申请，当事人可以向人民法院提起诉讼。”因此，实现担保物权案件应适用《民事诉讼法》规定的特别程序，由担保物权人及其他人有权请求实现担保物权的人向担保财产所在地或者担保物权登记地基层法院提出。《最高人民法院关于适用〈中华人民共和国民事诉讼法〉的解释》（以下简称《民诉法解释》），对实现担保物权案件的具体问题进行了规定，如申请的主体、实现权利质权等特殊案件的管辖、申请材料要求、法院审查的内容及裁定、救济程序等。《最高人民法院关于适用〈中华人民共和国民法典〉有关担保制度的解释》（以下简称《担保制度解释》）第 45 条明确了当事人间约定由担保物权人自行拍卖、变卖并就所得的价款优先受偿的有效性，体现了司法支持庭外执行，以建立高效的担保权执行程序的目的。同时，该条第 2 款在《民诉法解释》第 370 条的基础上，针对实现担保物权案件中被申请人以担保合同约定仲裁条款为由主张驳回申请的，根据是否存在担保物权的实质性争议明确了不同的处理规则。从上述规定可知，对于该类案件，法院审查的重点主要是：程序上，案件是否属于受诉法院管辖；实体上，是否具备法律规定的实现担保物权的条件。

本案系典型的通过非诉程序实现担保物权的案例，法院从程序上和实体上两个方面分别进行了多层次论述，最终确定法院有权对该案行使管辖权，并支持了申请人实现担保物权的请求。本案因对赌协议纠纷引发，A 夹层基金对目标公司进行了金额巨大的股权投资，约定在一定条件触发时原股东将产生股权回购义务，案涉抵押权系为以上股权回购债权而设定的担保物权，加之被申请人提出应以仲裁条款排除法院管辖的抗辩，案件审查具有一定的难度。其所体现的裁判思路，对于准确理解和适用《民法典》第410条和《担保制度解释》第45条的规定，具有参考价值。

一、众说纷纭——司法实践中对约定有仲裁条款的实现担保物权案件的裁判方式存在乱象

在《担保制度解释》施行之前，司法实践中对于担保合同约定有仲裁条款是否会对适用实现担保物权的特别程序产生影响，一直存在很大争议。主要体现为否定说和肯定说两种观点。

否定说认为，从仲裁制度本身来看，仲裁系一种基于私权处分、由当事人意定选择的纠纷解决方式。既然当事人对于担保合同约定了仲裁条款，从而排除了法院的管辖，那么就意味着法院的司法裁判权不应当干涉担保物权的处理。无论适用诉讼程序还是特别程序，都改变不了法院变换程序干涉了当事人意思自治约定的仲裁条款的事实。[①] 在（2020）京0102民特2945号B科技公司与C投资公司申请实现担保物案的民事裁定书中，法院认为，"本案中，《借款合同》与《股票质押合同》均约定争议解决方式为提交太原仲裁委员会进行仲裁裁决，因此本案不应规避上述仲裁条款，而在申请实现担保物权程序中由该院直接对《借款合同》与《股票质押合同》进行审查。上述关于争议解决方式的约定实际上排斥了人民法院对案件的管辖，本案不属于人民法院的受案范围，因此，B科技公司实现担保物权的申请依法应当予以驳回"。除此之外，（2019）辽0114民特6号、（2018）冀0902民特4号、（2017）晋0502民特41号、（2016）渝0116民特140号案件持同样观点。[②] 还

---

① 赵文梅、陈健：《实务探讨——金融案件争议解决条款冲突问题研究》，载微信公众号"上海仲裁委员会"2020年6月23日，2021年5月15日访问。

② （2020）京0102民特2945号，载中国裁判文书网，https：//wenshu. court. gov. cn/website/wenshu/181107ANFZ0BXSK4/index. html？ docId = 8e7a8dc80136479b9a90ac9d000a9c58，2022年6月6日访问；（2019）辽0114民特6号，载中国裁判文书网，https：//wenshu. court. gov. cn/website/wenshu/181107ANFZ0BXSK4/index. html？ docId = 9b41e34bf73b43249ebeaa6c01050375，2022年6月6日访问；（2018）冀0902民特4号，载中国裁判文书网，https：//wenshu. court. gov. cn/website/wenshu/181107ANFZ0BXSK4/index. html？ docId = 95dbe905e3f84a488c11a98300ad6f46，2022年6月6日访问；（2017）晋0502民特41号，载中国裁判文书网，https：//wenshu. court. gov. cn/website/wenshu/181107ANFZ0BXSK4/index. html？ docId = f527b19a022246fbb0f4a8b00097a917，2022年6月6日访问；（2016）渝0116民特140号，载中国裁判文书网，https：//wenshu. court. gov. cn/website/wenshu/181107ANFZ0BXSK4/index. html？ docId = bf5dcfa5dd3b49a2b48bca89e48f59b4，2022年6月6日访问。

有的案例认为只要主合同约定了仲裁条款，即使担保合同未约定仲裁条款，因法院无权对主合同进行审查，故债权人无权向法院提出申请实现担保物权的特别程序。在（2019）冀 0425 民特 2 号裁定书中，法院认为，因实现担保物权特别程序的审查范围包括“主合同的效力、期限、履行情况”，故即使担保合同未约定仲裁，但本案主合同约定了仲裁条款，法院亦无权对主合同进行审查，债权人也无权向法院提出申请实现担保物权的特别程序。（2019）湘 0102 民特 31 号对此持同样观点。[①]

肯定说则认为，实现担保物权特别程序本身就是与包括诉讼、仲裁在内的诉讼解决机制及强制执行公证特殊纠纷机制并行的一项特别程序，是可以由权利人自由选择的一项制度，因此约定仲裁并不会对实现担保物权特别程序的适用产生排他性的影响，问题的核心还是要看是否存在《民诉法解释》第 370 条规定的“实质性争议”。[②] 如在（2017）闽 0902 民特监 1 号民事裁定书中，法院认为，“D 公司选择物权特别程序向该院申请实现抵押权，与案涉主合同和从合同约定的争议解决方式没有必然的冲突，因为实现担保物权特别程序案件的受案管辖应按照《民事诉讼法》第 196 条的规定处理，而不能适用约定管辖或者应诉管辖”。[③] 本案例亦持同样的观点，认为依据非讼法理，非讼案件的管辖权虽然在法律条文中未明确使用“专属管辖”的用词，但由于非讼程序的目的在于追求效率价值及符合公益目的的需求，且其经常涉及第三人的权益，其案件管辖应定性为专属管辖。

二、深层剖析——司法实践中对约定有仲裁条款的实现担保物权案件裁判不一的根源探寻

经分析检索到的相关案例，发现持否定说的案例数量居多。之所以出现裁判尺度不统一甚至完全相左的情形，主要有以下三个方面的原因：

---

① （2019）冀 0425 民特 2 号，载中国裁判文书网，https：//wenshu. court. gov. cn/website/wenshu/181107ANFZ0BXSK4/index. html？ docId = ec168d1b9ab04a07a9b9aa9e00132bf5，2022 年 6 月 6 日访问；（2019）湘 0102 民特 31 号，载中国裁判文书网，https：//wenshu. court. gov. cn/website/wenshu/181107ANFZ0BXSK4/index. html？ docId = 82fca5a9e0db4d32a668aa720182d763，2022 年 6 月 6 日访问。

② 赵文梅、陈健：《实务探讨——金融案件争议解决条款冲突问题研究》，载微信公众号“上海仲裁委员会”2020 年 6 月 23 日，2021 年 5 月 15 日访问。

③ 载中国裁判文书网，https：//wenshu. court. gov. cn/website/wenshu/181107ANFZ0BXSK4/index. html？ docId = 4a06fb550d874573b888a84a0131dfd5，2022 年 6 月 6 日访问。

（一）直接原因——实现担保物权特别程序的立法尚不完善

法律的发展是一个随着经济社会的发展而不断变化的过程。担保物权的实现程序，在我国经历了一个从诉讼到非诉再到允许当事人自由约定的发展过程。[①]《担保法》及《担保法解释》中并未规定实现担保物权特别程序的内容，《物权法》首次为抵押权的非诉执行提供了实体法的依据，《民事诉讼法》及其司法解释为担保物权的非诉执行提供了程序法的依据，但以上规定均未对担保合同约定有仲裁条款时法院的管辖规则予以明确规定，也并未在解释、答复及文件中对于实现担保物权特别程序案件的非讼案件性质及管辖的专属性进行强调，故在司法实践中产生了法律空白。

（二）根本原因——对诉讼案件和非讼案件的性质区分不准确

诉讼案件与非讼案件的实质区别在于，前者双方当事人之间存在民事权益争议，后者则没有实质性争议。适用担保物权实现程序的案件，应当不存在权利义务的争议，具有非讼性。担保物权实现程序的非争议性，是由物权法公示公信原则所决定的。申请人申请法院拍卖、变卖担保物，实质是要求通过司法程序实现已经双方协议认可并经公示程序确认的担保物权，并非请求法院解决民事争议。虽然被申请人可能提出异议，但其异议不是对双方民事权利义务关系的抗辩，不影响该程序的非讼性质。诉讼案件与非讼案件在程序上的区别在于，诉讼程序采取当事人主义、直接言词主义，其制度价值在于准确查明案件事实解决争议，保障当事人的程序参与权，以裁判结果的实体公正为核心目标。非讼程序奉行职权主义、简易主义，裁判周期短，体现了效率价值，其程序目的也不在于争议解决。[②] 如案件属于民事权益争议，则不应提起特别程序，根据《民事诉讼法》第 186 条规定，法院在依照特别程序审理第 184 条规定的案件的过程中，发现属于民事权益争议的，应当裁定终结特别程序，并告知利害关系人可以另行起诉。因此，提起诉讼或仲裁与申

---

① 尽管本文主要讨论实现担保物权特别程序案件中约定有仲裁条款的处理，但同样重要的是，《最高人民法院关于适用〈中华人民共和国民法典〉有关担保制度的解释》第 45 条第 1 款中对于当事人自由约定担保物权的实现方式进行了肯定，以尽可能满足当事人通过诉讼外的方式实现担保物权的需求，从而降低担保物权的实现成本，回应世界银行营商环境评估指标体系中关于“扩大担保物权实现机制”的要求。基于主题和篇幅，本文不再展开论述。

② 邢嘉栋：《案析担保物权特别程序的适用》，载微信公众号“天同诉讼圈”2014 年 12 月 27 日，2021 年 5 月 15 日访问。

请实现担保物权特别程序，系两种不同维度下的实现担保物权的路径。合同约定诉讼管辖或仲裁均是以当事人意思自治原则为基石，实现担保物权特别程序是法定的非讼审查程序，二者并行。进一步言之，在合同约定仲裁的情形下，允许债权人申请实现担保物权特别程序，也不会架空仲裁条款。因为在实现担保物权特别程序审查过程中，如果当事人对实现担保物权有实质性争议的，法院会裁定驳回申请，告知申请人提起仲裁解决纠纷。

（三）其他原因——法官行使裁判权时的心理考量

对于担保合同约定有仲裁条款时的实现担保物权特别程序案件，若被申请人（抵押人）提出对主管和管辖的异议，从法官的角度来讲，倾向于支持异议、驳回申请人申请的心理原因大致有三：一是驳回申请并不会影响申请人（抵押权人）主张权利，申请人可以即刻向仲裁机构申请仲裁；二是若未以存在仲裁条款为由驳回申请，则需要对主债权中主合同的效力、期限、履行情况，担保物权是否有效设立、担保财产的范围、被担保的债权范围、被担保的债权是否已届清偿期等担保物权实现的条件，以及是否损害他人合法权益等内容进行审查。如被申请人或者利害关系人提出异议的，人民法院也应当一并审查。以上审查工作量较大，且需要在立案之日起 1 个月内完成，往往比较困难；三是基于裁判质效的考虑，在支持申请人申请的情况下，若审查要素中任何一个要素出现问题，当事人一方依据审判监督程序提起再审，都会对案件质量产生影响，且不利于生效裁判的稳定性和严肃性。

除此之外，还包括司法裁判尺度统一背景下对在先判例的参考等因素。

三、顺应潮流——《担保制度解释》第 45 条关于约定有仲裁条款时实现担保物权的非诉执行裁判规则的明确

担保本身是以物的交换价值实现债权的保障，物尽其用，货畅其流，担保越多，越有利于债权的实现，因此，担保制度的现代化关系着整个市场经济的健康发展，完善担保制度、丰富担保形式和高效实现担保权益，是优化营商环境的重要内容。通过诉讼的方式来实现担保物权，程序繁杂、周期较长，不利于债权人利益的保障，而以简便的非讼方式实现担保物权，就成为优化营商环境中完善法治保障的必然要求，也是法院多元解纷、高效便捷司法理念在裁判方式上的重要体现。从比较法的角度而言，国外立法例上担保物权也主要以简便的非讼方式实现。

主流观点认为，担保物权的非诉执行仅仅是为了提高担保物权实现的效率，降低担保物权实现的成本，而并非要解决当事人之间的实体争议。因此，即使当事人在担保合同中约定了仲裁条款，但如果当事人之间就涉及担保物权实现的事项不存在实质性争议，自然无须申请仲裁，可以直接向法院申请实现担保物权的特别程序。当然，如果担保人或者利害关系人提出异议，则应参照《民事诉讼法》中非讼程序转化为诉讼程序的相关规定予以处理。①

因此，《担保制度解释》第45条对实现担保物权的特别程序进行了规定，“当事人约定当债务人不履行到期债务或者发生当事人约定的实现担保物权的情形，担保物权人有权将担保财产自行拍卖、变卖并就所得的价款优先受偿的，该约定有效。因担保人的原因导致担保物权人无法自行对担保财产进行拍卖、变卖，担保物权人请求担保人承担因此增加的费用的，人民法院应予支持。当事人依照民事诉讼法有关‘实现担保物权案件’的规定，申请拍卖、变卖担保财产，被申请人以担保合同约定仲裁条款为由主张驳回申请的，人民法院经审查后，应当按照以下情形分别处理：（一）当事人对担保物权无实质性争议且实现担保物权条件已经成就的，应当裁定准许拍卖、变卖担保财产；（二）当事人对实现担保物权有部分实质性争议的，可以就无争议的部分裁定准许拍卖、变卖担保财产，并告知可以就有争议的部分申请仲裁；（三）当事人对实现担保物权有实质性争议的，裁定驳回申请，并告知可以向仲裁机构申请仲裁”。

综上，《民法典》第410条和《担保制度解释》第45条施行之后，实现担保物权特别程序案件得到了进一步的明确，对于提高行权效率和降低诉讼成本起到了重要的作用。同时，还应该注意到，在实体中存在以下几个方面的问题：一是是否可以对被申请人进行公告送达。该问题目前在司法实践中尚未统一，有观点认为公告程序后无法对是否存在实质性争议进行实体审查，保证效率的同时会损伤公正。但笔者认为，即便在诉讼程序进行公告送达仍然存在抗辩权受损的可能，故在特别程序中适用公告送达并不违反立法本意，仅需明确公告期间可以扣除审限。二是案件受理费的收取标准。目前司法实践中收费标准五花八门，各地高级人民法院各自出台了关于收费的细则规定，此类案件从不收费到35元、70元、100元，再到以标

① 最高人民法院民事审判第二庭：《最高人民法院民法典担保制度司法解释理解与适用》，人民法院出版社2021年版，第403页。

的额计算正常案件受理费收取1/3、1/2，均有出现。三是是否可以提起管辖异议的问题。笔者认为，管辖异议程序是诉讼程序中纠正管辖错误的制度，对于以实现效率为基本原则的非诉制度并不适用，但法院应在裁定书对主管和管辖问题予以回应。

编写人：北京市昌平区人民法院　杨杰　刘洋洋

【第47条　担保债权的范围】

28

登记簿未设置担保范围项目时，不动产抵押权担保范围应当以合同约定为准

——A商业银行诉B广告公司等借款合同案

【基本信息】

1. 裁判书字号

河南省信阳市中级人民法院（2020）豫15民终5432号民事判决书

2. 案由：借款合同纠纷

3. 当事人

原告（上诉人）：A商业银行

被告（被上诉人）：B广告公司、周某某、余某某、关某、黄某某

【基本案情】

2018年8月9日，B广告公司以公司承接广告工程流动资金不足为由，向A商业银行申请借款540万元；同日周某某、余某某向A商业银行出具《A商业银行（个人）信贷业务担保申请书》。2018年9月19日，A商业银行与B广告公司签订了《最高额流动资金借款合同》，合同约定借款期限为36个月，自2018年9月19

日起至2021年9月19日止，月借款利率为8.4‰，逾期罚息利率在原利率基础上加收50%。

2018年9月19日，周某某、余某某向A商业银行出具《担保承诺书》，自愿用两套门面房为该笔贷款提供抵押担保，并于当天与A商业银行签订《最高额抵押合同》。《最高额抵押合同》约定："为确保B广告公司（以下简称债务人）与抵押权人在2018年9月19日至2021年9月19日连续签署的一系列合同（以下简称主合同）的切实履行，保障抵押权人债权的实现，抵押人作为债务人的抵押人，自愿用自有商住房两套抵押作为抵押物，经评估后价值911.25万元，抵押人愿意为债务人依主合同与抵押权人所形成的债务提供抵押保证，为明确双方权利义务，根据我国物权法和担保法及其他有关法律、法规，经双方当事人协商一致，特订立本合同；担保主债权：抵押权人对债务人授信的累积未清偿余额在债权发生期间内最高不能超过人民币伍佰肆拾万元整（大写金额）；抵押担保的范围：包括主合同项下的债务本金、利息、逾期利息、复利、罚息、违约金、损害赔偿金以及诉讼费、律师费等抵押权人实现债权的一切费用。"2020年9月20日，双方对上述房产办理不动产抵押登记证明，根据该证明记载，被担保债权金额为540万元。

2018年9月19日，关某、黄某某与A商业银行签订《最高额保证合同》，合同约定："为确保B广告公司（以下简称债务人）与债权人在2018年9月19日至2021年9月19日连续签署的一系列合同（以下简称主合同）及债权人所形成的债务保证，为明确双方权利义务，根据我国担保法及其他有关法律、法规，经当事人协商一致，特订立本合同；债权人对债务人授信的累计未清偿额在债权发生期间内最高不能超过人民币伍佰肆拾万元整（大写金额）；保证范围：包括主合同项下的债务本金、利息、逾期利息、复利、罚息、违约金、损害赔偿金以及诉讼费、律师费等抵押权人实现债权的一切费用，保证方式为连带责任保证。如债务人不按主合同的约定偿付借款本息和相应费用，债权人有权直接向保证人追偿。"后A商业银行于2018年9月22日依据合同约定向B广告公司发放了540万元贷款，B广告公司将以上借款利息付至2019年4月21日止，本金至今未偿还。

【案件焦点】

如何确定周某某、余某某、关某、黄某某担保责任的范围。

【裁判要旨】

河南省新县人民法院经审理认为:《最高额流动资金借款合同》《最高额抵押合同》《最高额保证合同》均系当事人真实意思表示,不违反法律法规的强制性规定,依法成立并有效,各方当事人均应依约履行义务。B 广告公司未能按约付息,已构成违约,A 商业银行有权宣布案涉借款提前到期并要求 B 广告公司承担偿本付息的违约责任。关于周某某、余某某在本案中应承担的责任问题。根据《最高额抵押合同》的约定,周某某、余某某自愿提供抵押担保,此后 A 商业银行取得不动产登记证明,抵押权依法设立,在债务人 B 广告公司不履行债务时,A 商业银行对周某某、余某某提供抵押的两套商住房享有抵押权并对上述抵押物拍卖、变卖所得价款在最高额抵押金额 540 万元内享有优先受偿权。

关于关某、黄某某在本案中应承担的责任问题。2018 年 9 月 19 日,关某、黄某某与 A 商业银行签订《最高额保证合同》合法有效 ,故保证人关某、黄某某应当按照合同中明确的连带责任保证方式对案涉借款在最高额担保金额 540 万元范围内承担连带清偿责任,其在承担连带清偿责任后,有权向 B 广告公司追偿。

一审宣判后,A 商业银行不服,提出上诉。河南省信阳市中级人民法院经审理认为:关于周某某、余某某的担保范围的问题。首先,2018 年 9 月 19 日,周某某、余某某向 A 商业银行出具《担保承诺书》中对于担保的范围约定为主合同项下的债务本金、利息、逾期利息、复利、罚息、违约金、损害赔偿金以及诉讼费、律师费等抵押权人实现债权的一切费用。该承诺系周某某、余某某的真实意思表示,承诺内容不违反法律的禁止性规定,属有效民事法律行为。据此,从当事人的真实意思表示看,抵押的范围应该包括本金、利息、罚息、违约金以及实现债权的费用等。其次,周某某、余某某在与 A 商业银行达成担保合意以后,就约定内容办理了抵押登记,正常而言,双方当事人办理抵押登记时的担保范围应该与约定的担保范围相一致。但是本案中,案涉他项权证书中仅在“债权数额”栏目中记载了 540 万元,该权利证书中并未记载担保范围。而根据《中华人民共和国物权法》第 185 条“设立抵押权,当事人应当采取书面形式订立抵押合同。抵押合同一般包括下列条款:(一)被担保债权的种类和数额;(二)债务人履行债务的期限;(三)抵押财产的名称、数量、质量、状况、所在地、所有权归属或者使用权归属;(四)担保的范围”的规定,“债权数额”与“担保范围”分属他项权证书中应当登记的两项内容，二者并非同一概念。因此，一审将案涉他项权证书中记载的“债权数额”理解为“担保范围”的记载，属适用法律不当。最后，《中华人民共和国物权法》第173条规定：“担保物权的担保范围包括主债权及其利息、违约金、损害赔偿金、保管担保财产和实现担保物权的费用。当事人另有约定的，按照约定。”由此，本案抵押物的担保范围依照双方的约定予以确定，既符合当事人的真实意思表示，也符合法律规定。

关于关某、黄某某的保证范围的问题。2018年9月19日关某、黄某某与A商业银行签订《最高额保证合同》，对保证责任的范围约定为主合同项下的债务本金、利息、逾期利息、复利、罚息、违约金、损害赔偿金以及诉讼费、律师费等抵押权人实现债权的一切费用。因此，按照双方合同约定，被上诉人关某、黄某某应当对主合同项下的本金、利息、逾期利息、复利、罚息、违约金、损害赔偿金以及诉讼费、律师费等抵押权人实现债权的一切费用承担保证责任。

【适用解析】

物权具有绝对性和排他效力。为保护当事人的信赖利益和维护交易安全，各国立法通常将公示原则作为不动产物权变动基本原则。根据物权公示原则，不动产权登记簿应当作为确定物权归属的依据。以基于法律行为的物权变动是否需要公示为标准，不动产物权变动模式可以分为意思主义和形式主义两种类型。意思主义是指仅需当事人的意思表示即可产生物权变动的效果，形式主义是指物权基于法律行为发生变动，除当事人之间的债权合意外，还需要履行登记或交付等形式。根据我国《中华人民共和国民法典》（以下简称《民法典》）第402条等规定，我国不动产物权变动采取债权形式主义模式，不动产抵押实行登记生效主义，登记具有公示效力。未经登记不影响抵押合同的效力，但是债权人对抵押物不享有优先受偿权。

一、未登记担保范围时担保范围之确定

从法律规定来看，《民法典》第400条沿袭了《中华人民共和国物权法》（以下简称《物权法》）第185条对抵押合同形式与内容的规定。由此可见，“债权数额”与“担保范围”分属他项权证书中应当登记的两项独立事项，二者并非同一概念。被担保债权的数额通常是指主债权数额，而担保范围则指向被担保的主债权的范围。依据《民法典》第389条的规定，担保范围原则上及于主债权及附属债权，但当事人另有约定的，从其约定。一审将不动产登记证明所载的债权数额直接等同于担保范围，是概念混淆引起的适用法律不当。

在实践中，不动产登记簿中未记载担保范围主要是由于不动产登记制度的有待完善，多数省份不动产登记机构提供的不动产登记簿上仅有“被担保主债权数额（最高债权数额）”的表述，且只能填写固定数字。鉴于此种情形下未登记担保范围系登记机关所致，不能归责于债权人，如果一概以登记为准，显然有失公平，故在登记簿未设置担保范围项目时，不动产抵押权担保范围应当以合同约定为准。目前《全国法院民商事审判工作会议纪要》和《中华人民共和国民法典物权编理解与适用（下）》均支持这种观点。[①]

二、合同约定与抵押登记一致情形下担保范围之确定

法律规定不动产登记簿作为物权归属和内容的依据，是为了维护交易秩序，确保交易安全，这是建立不动产登记制度的国家所普遍认可的原则。登记作为不动产物权的公示方法，具有推定权利正确性的效力。鉴于不动产抵押权采取登记生效主义的立法模式，抵押合同所载担保范围应当与抵押登记内容保持一致，从而确保不动产登记具有物权推定效力。正如，《民法典》第216条第1款之规定，不动产登记簿是物权归属和内容的根据。此时应当按照不动产登记簿记载的担保范围来确定不动产抵押权的优先受偿范围。

三、合同约定与抵押登记不一致时担保范围之确定

一般而言，抵押合同约定的担保范围应当与抵押登记内容相一致，但是实践中也时常会出现合同约定与抵押登记不一致的情形。从司法实践来看，出现这种不一致主要是由于登记系统设置有待完善。2007年《物权法》颁布实施后，我国开始逐步推进不动产登记的统一。2014年12月，国务院公布了《不动产登记暂行条例》，该条例明确我国不动产统一登记制度于2015年3月1日起正式确立。我国真正建立以公示为目的的现代意义上的不动产登记制度始于2015年，目前该制度仍处于完善与发展之中。

关于不动产登记簿与合同约定不一致时如何确定担保范围，2000年发布并实

① 最高人民法院民法典贯彻实施工作领导小组主编：《中华人民共和国民法典物权编理解与适用》（下），人民法院出版社2020年版，第1067~1068页。

施的《最高人民法院关于适用〈中华人民共和国担保法〉若干问题的解释》（以下简称《担保法解释》）第61条规定："抵押物登记记载的内容与抵押合同约定的内容不一致的，以登记记载的内容为准。"司法解释虽然作出了规定，但是国土资源部2015年下发的《国土资源部关于启用不动产登记簿证样式（试行）的通知》（国土资发〔2015〕25号）规定对抵押权权利信息仅记载"抵押方式"和"被担保的主债权金额"，并未强制要求记载"担保范围"。实践中多数省、市的登记系统未设置担保范围栏目，仅有"被担保主债权数额（最高债权数额）"的表述，且只能填写固定数字，此种登记系统设置和登记规则造成一些地区担保物权登记范围与合同约定不一致。基于现实的考量，司法实践中对此有一些不同的处理方式，如最高人民法院（2019）最高法民再69号判决①便支持了以约定为准的主张。2019年12月发布的《全国法院民商事审判工作会议纪要》第58条规定："以登记作为公示方式的不动产担保物权的担保范围，一般应当以登记的范围为准。但是，我国目前不动产担保物权登记，不同地区的系统设置及登记规则并不一致，人民法院在审理案件时应当充分注意制度设计上的差别，作出符合实际的判断……"简言之，如果是登记系统设置及登记规则造成的一些地区担保物权登记范围与合同约定不一致时，应当以约定为准。《全国法院民商事审判工作会议纪要》的规定在当时是妥当的选择，考虑了各地的实际情况，但出现省（市、区）之间裁判不一的情形，在法理上也不够一致，是一种过渡性安排。②

为了解决这种不统一，《最高人民法院关于适用〈中华人民共和国民法典〉有关担保制度的解释》（以下简称《民法典担保制度解释》）第47条沿袭了原《担保法解释》第61条的精神，即不动产登记簿就抵押财产、被担保的债权范围等所作的记载与抵押合同约定不一致的，人民法院应当根据登记簿的记载确定抵押财产、被担保的债权范围等事项。

具体到本案，案涉抵押合同中约定的担保范围包括主债权及其利息、违约金等

---

① （2019）最高法民再69号，载中国裁判文书网，https：//wenshu. court. gov. cn/website/wenshu/181107ANFZ0BXSK4/index. html? docId = 13b3f0c0575b4aecb7f1aad300cab6e3，2022年4月15日访问。

② 最高人民法院民事审判第二庭：《中华人民共和国民法典担保制度司法解释理解与适用》，人民法院出版社2021年版，第417~418页。

附属债权，该合同是双方当事人的真实意思表示，而B广告公司作为案涉借款合同的主债务人，并非不动产物权公示制度的保护对象，且本案债权人A商业银行未能将利息、复利、逾期罚息等附属债权在不动产登记证明中明确予以登记，具有不能归责于抵押权人的客观原因。第一，案涉判决作出时间为2020年12月，此时不动产登记机构的登记制度并未强制强求记载“担保范围”，不动产登记簿中并无“担保范围”栏目。直至2021年4月，自然资源部下发的《自然资源部关于做好不动产抵押权登记工作的通知》（自然资发〔2021〕54号）第4条才明确修改不动产登记簿样式，在“抵押权登记信息”页、“预告登记信息”页均增加“担保范围”栏目。第二，《民法典》施行之前，河南省不动产登记簿中债权金额仅能写固定数字，而利息、罚息等是合同履行过程中基于主债权和违约情形的出现才产生的，附属债权的数额属于不确定的状态，无法直接固定为具体数字。第三，不动产登记制度设立的目的在于保护交易相对方的合理信赖利益和交易安全，以合同约定为准的担保范围确立准则对先顺位债权人和后顺位债权人是同等保护标准，因此并不会损害善意第三人的利益。

单纯从理论上来讲，依据不动产登记簿记载的内容确定担保范围显然更有利于保护交易安全和善意第三人的信赖利益。出于平衡利益的考量，在登记簿未设置担保范围项目时，由于无法登记担保范围不能归责于当事人，应当以合同约定确定不动产抵押权担保范围。任何制度从建立到完善，必然需要经历一个发展阶段。需要注意的是，目前我国不动产登记部门已经对抵押权登记栏目进行了完善。最新的不动产登记簿样式已经增加了担保范围，完全可以实现合同约定与登记簿记载的一致，今后应当坚持以不动产登记簿记载内容作为认定担保范围的依据。当然，如果不动产登记簿记载的担保范围大于合同约定的被担保债权范围，则仍然应当依据合同约定确定担保范围。

编写人：河南省信阳市中级人民法院　李艺璇　付巍

【第 47 条 担保债权的范围】

29

不动产抵押登记系统未设置“担保范围”时，应当按照抵押合同的约定确定抵押权担保范围

——王某诉 P 投资担保公司执行分配方案异议之诉案

【基本信息】

1. 裁判书字号

北京市第一中级人民法院（2020）京 01 民终 3337 号民事判决书

2. 案由：执行分配方案异议之诉纠纷

3. 当事人

原告（上诉人）：王某

被告（上诉人）：P 投资担保公司

【基本案情】

P 投资担保公司对案外人何某某享有债权，债权本金为 1800 万元，何某某以涉案房产提供抵押。双方签订的《抵押合同》约定，担保范围包括但不限于本金、利息、罚息、违约金、实现债权的费用以及借款合同项下其他到期应付的款项，同时双方办理了抵押登记，登记簿中载明的债权数额为 1800 万元。因何某某未履行到期债权，P 投资担保公司提起诉讼，广东省深圳市福田区人民法院作出民事调解书，调解协议确认了 P 投资担保公司对何某某的债权金额为 25040752.55 元，且 P 投资担保公司对涉案房产享有抵押权，在何某某未按协议约定履行还款义务时，P 投资担保公司对涉案房产拍卖、变卖所得价款享有优先受偿权。

何某某另与案外人甲公司存在债权债务关系，何某某以涉案房产提供抵押，抵

押登记的债权金额为2000万元，后甲公司将债权转让给王某。

2019年5月30日，北京市昌平区人民法院作出执行财产分配方案，该分配方案载明，截至拍卖成交日2018年9月19日，被执行人何某某共需支付P投资担保公司代偿款本金及违约金25040752.55元、加倍支付迟延履行期间的债务利息2283090.61元，合计27323843.16元；分配方案认为：本院因拍卖涉案房产所得待分配案款为3000万元，其中本案的执行申请费、评估费，应当先予扣除，剩余案款29832559元，应依法予以分配。关于优先受偿的范围，虽然他项权利证书载明的债权数额为1800万元，但双方当事人在相关部门备案的《抵押合同》中明确约定了优先受偿的范围为代偿的全部款项（包括但不限于本金、利息、罚息、违约金、实现债权的费用以及借款合同项下其他到期应付的款项），故P投资担保公司应优先分配的案款为代偿款本金及违约金、加倍支付迟延履行期间的债务利息。综上所述，债权人受偿如下：一、P投资担保公司受偿案款27323843.16元；二、王某受偿案款2508715.84元。

执行分配方案作出后，王某于2019年6月18日向北京市昌平区人民法院提出异议，要求对执行财产进行重新分配，P投资担保公司对王某的异议提出反对意见，北京市昌平区人民法院于2019年9月28日将P投资担保公司的反对意见通知王某，王某于2019年10月11日向该院提起执行分配方案异议之诉，主张P投资担保公司仅能在登记的债权数额1800万元范围内享有优先受偿权，对超出部分不享有优先受偿权。

【案件焦点】

1. 不动产登记簿中仅记载“债权金额”，未设置“担保范围”栏目，抵押权的担保范围应当如何确定；2. 在无特别约定时，债务人依法应当加倍支付的迟延履行期间的债务利息是否属于抵押权担保范围。

【裁判要旨】

北京市昌平区人民法院经审理后认为，登记簿中并未记载担保范围，原因在于不动产登记制度有待完善，而不可归咎于任何一方当事人。假设登记簿中存在“担保范围”这一登记事项，在抵押合同就担保范围作出明确约定的情况下，很难想象抵押权人会在登记时放弃相关权利，因此，如果按照登记的“债权数额”确定抵押权人享有的优先受偿范围则会让第一顺位抵押权人承担不公的后果；当然，如果按照抵押合同确定抵押权人享有的优先受偿范围，则后顺位抵押权人关于公示效力的质疑也颇有道理。经过充分讨论，合议庭认为，应当按照P投资担保公司与何某某签订的《抵押合同》中约定的担保范围确定优先受偿范围。合议庭得出上述结论除依据上已述及的未登记“担保范围”不可归咎于P投资担保公司的理由外，还基于以下两点理由：第一，虽然P投资担保公司与何某某签订的《抵押合同》不具有公示效力，但关于抵押权的担保范围，法律亦作出了明确规定。后顺位的抵押权人在知晓P投资担保公司享有第一顺位抵押权且登记簿对于担保范围没有记载的情况下，理应尽到更加审慎的查询义务并对P投资担保公司所享有的抵押权的担保范围包括违约金、利息等附属债权抱有充分的心理预期。第二，司法裁判所适用的规则应当追求普遍的公平而非个案的公平。从普遍意义上来看，依据本案所适用的裁判规则，后顺位抵押权人在登记簿上记载的事项尽管也没有“担保范围”，但是其优先受偿的范围同样及于利息、违约金等附属债权，相比更后顺位的抵押权人，对其的保护也是相对周全的、公平的。

关于分配方案将何某某应当加倍支付的迟延履行期间的债务利息2283090.61元纳入P投资担保公司的优先受偿范围，合议庭认为，迟延履行期间的债务利息属于《中华人民共和国民事诉讼法》规定的当被执行人未按生效法律文书指定的期间履行金钱给付义务时的惩罚性责任，目的在于督促被执行人及时履行义务，更侧重执行程序中的惩戒、遏制功能，而不是充分弥补优先受偿权人的损失，与双方当事人约定的利息、违约金等在法律性质上具有本质区别，且《抵押合同》的约定中并未将其纳入优先受偿范围，故加倍支付的迟延履行期间的债务利息应当按照普通债权受偿。

据此，北京市昌平区人民法院判决认定：P投资担保公司优先受偿的范围包括债务本金及违约金，但不包括迟延履行期间的债务利息。

王某与P投资担保公司不服一审判决，均提起上诉，北京市第一中级人民法院采纳了一审法院的观点，判决如下：

驳回上诉，维持原判。

【适用解析】

抵押权素有“担保之王”的美誉，因其不转移物的占有，且能够充分保障物的使用价值，故在实践中备受青睐。虽然立法对于抵押权做了较为详尽的规定，但受限于不动产登记制度不够完善，登记簿中仅记载了“被担保债权数额”而缺乏“担保范围”的设置等原因，司法实践对于抵押权的担保范围仅限于登记簿中记载的“被担保债权数额”还是可以及于当事人的约定存在争议。本案在充分剖析引起争议的原因后，通过价值平衡的方法，寻找实现“普遍公平”而非“个案公平”的解决路径，为同类案件的处理提供了借鉴。

一、厘清逻辑起点

在讨论本案争议时，讨论者往往将本案争议定义为：当合同约定的担保范围与登记簿记载不一致时，应当如何确定担保范围。对于这一争议，一种观点认为，根据《中华人民共和国民法典》（以下简称《民法典》）第216条第1款的规定，不动产登记簿是物权归属和内容的根据。登记作为不动产物权设立的公示手段，目的在于让不特定人了解抵押物的权利状态，尤其对于能否对抗买受人以及后顺位抵押权人具有重要意义，正因如此，抵押登记具有对抗当事人约定的效力，在当事人约定的抵押担保范围与登记簿记载不一致时，应当以登记簿的记载为准。① 另一种观点认为，《民法典》第389条规定：“担保物权的担保范围包括主债权及其利息、违约金、损害赔偿金、保管担保财产和实现担保物权的费用。当事人另有约定的，按照其约定。”据此，如果担保合同约定的担保范围包括利息、违约金、损害赔偿金、保管担保财产和实现担保物权的费用等，尽管在登记簿上没有登记，也应当以合同约定为准。②

笔者认为，从法理上来讲，第一种观点是正确的，原因主要基于以下两点：

一是符合物权变动的公示、公信原则。《民法典》第208条确立了物权变动的公示原则，即不动产物权的设立、变更、转让和消灭，应当依照法律规定登记。物权是对标的物为直接支配的权利，具有对世性和排他效力。由于物权的效果不仅与交易关系的直接当事人相关，还潜在地对所有民事主体产生影响，因此，法律必须将一定的公示方法规定为物权变动效果发生的要件，以使得物权的主体、客体、内容均具有外在可识别性。公信原则，是指对于通过法定的公示方法所公示出来的权

---

① 最高人民法院民事审判二庭主编：《〈全国法院民商事审判工作会议纪要〉理解与适用》，人民法院出版社2019年版，第357页。

② 最高人民法院民事审判二庭主编：《〈全国法院民商事审判工作会议纪要〉理解与适用》，人民法院出版社2019年版，第358页。

利状态，相对人有合理的理由相信其为真实的权利状态。[①] 公示原则与公信原则是密切联系在一起的，如果公示不能产生公信力，则公示的效力自然形同虚设，不利于维护交易安全。物权的公示与公信原则，自然引导出权利正确性推定原则，即公示的权利人应当推定为真实的权利人，公示的权利内容应当推定为真实的权利内容。《民法典》第216条对于不动产登记簿的权利正确性推定原则进行了具体规定，即不动产登记簿是物权归属和内容的根据。不动产登记簿记载的权利和事实上的权利应当是一致的，法律也要求登记机构正确履行职责，如实记载登记事项，但是由于现实经济生活的复杂性，也会出现两者不符合的情形。正因如此，该条规定才显得意义重大，当第三人因信赖登记簿的记载而发生交易时，其信赖利益应当得到尊重与保护，否则第三人将不得不去深入考究标的物的实际权利状态，并付出极高的交易成本，社会的交易秩序与交易安全将被破坏，物权的公示与公信效力也会荡然无存。原《最高人民法院关于适用〈中华人民共和国担保法〉若干问题的解释》第61条规定："抵押物登记记载的内容与抵押合同约定的内容不一致的，以登记记载的内容为准。"具体到本案中，对于第二顺位的抵押权人而言，如果以合同约定的担保范围为准，因合同没有公示手段，在合同约定的担保范围与登记簿记载的担保范围不一致时，必然侵害了第二顺位抵押权人的信赖利益，违背了物权的公示、公信原则。第二顺位抵押权人基于对不动产登记簿中记载的担保范围的信赖而与抵押人发生交易，应当推定不动产登记簿中记载的担保范围是正确的，并对第三人的信赖利益给予充分保护。

二是与《民法典》第389条的规定不存在矛盾。本条的规定属于任意性规范，赋予当事人约定担保范围的权利，但该规定仅着眼于抵押人与抵押权人的内部关系，赋予双方在法律规定的抵押权担保范围内作出调整的权利，并不包含当合同约定与登记簿记载不一致时以合同约定为准的意思。抵押人与抵押权人关于担保范围的约定，属于债的范畴，仅在抵押人与抵押权人内部发生效力，不具有对世效力。当然，法律同样赋予了当事人将该约定通过登记进行公示的权利，只有进行了登记，才能转化为抵押权的具体内容，具有对世效力。

如果按照上述逻辑起点进行推论，则会得出以登记簿记载为准确定担保范围的

---

① 谢在全主编：《民法物权论》（上册），中国政法大学出版社2011年版，第85页。

结论。这与本案处理结果似乎是相悖的，其实不然，原因就在于逻辑起点的找寻误差。剖析本案案情，我们应当注意到，登记簿中记载的“被担保主债权数额”与“担保范围”并非同一概念。“被担保主债权数额”是指抵押登记作出时被担保的债权金额，即“本金”；“担保范围”是指当实现抵押权的情形出现时抵押权所担保的债权金额，除“本金”外，还可能包含损害赔偿金、保管担保财产和实现担保物权的费用，具体范围如何需要当事人另行约定。如果登记簿的设计合理，当事人在登记簿中就担保范围作出了明确记载，即便该记载内容与双方合同约定的内容不一致，也应当按照登记簿的记载确定优先受偿范围。本案争议的出现，原因就在于不动产登记簿的设计有待完善。一些地区的不动产登记簿仅有“被担保主债权数额”的栏目，缺少“担保范围”的栏目设置，且“被担保主债权数额”一栏只能填写固定数字，而当事人之间在担保合同中往往约定担保物权的担保范围包括主债权及利息、违约金等附属债权。因此，讨论本案的逻辑起点应当为：登记簿中并未设置“担保范围”栏目时，抵押权的担保范围应当如何确定，是按照登记簿中“被担保主债权数额”确定还是按照当事人合同约定确定。

二、寻找价值衡平

通过分析我们可以看出，这一争议的出现，原因在于登记簿设置有待完善，不可归咎于任何一方当事人，在此情况下，让第一顺位抵押权人承担损失显然有失公平，本案的原告也是以此为由提起诉讼，而被告所主张的“保护信赖利益”的观点似乎更符合法理；更大的困境在于，无论司法如何选择，总有一方会成为遭受损失的当事人。但司法的意义就在于，当法律没有作出明确规定，各方当事人又没有过错时，通过寻找价值衡平，以实现最大的公平。

三、走向制度完善

本案的一审判决是2020年3月作出的，裁判文书中提到，“这一困境的最终解决，有赖于不动产登记制度的完善”。我们也注意到，针对这一制度漏洞，立法与实践都进行了相应完善。尤其是在《民法典》颁布后，为贯彻实施《民法典》第210条第2款关于“国家对不动产实行统一登记制度。统一登记的范围、登记机构和登记办法，由法律、行政法规规定”的规定，国家有关部门采取了一系列措施，优化完善登记制度。国务院发布了《关于实施动产和权利担保统一登记的决定》（国发〔2020〕18号），决定自2021年1月1日起，在全国范围内实施动产和权利担保统一登记。自然资源部印发的《关于做好不动产抵押权登记工作的通知》（自然资发〔2021〕54号）第2条规定："明确记载抵押担保范围。当事人对一般抵押或者最高额抵押的主债权及其利息、违约金、损害赔偿金和实现抵押权费用等抵押担保范围有明确约定的，不动产登记机构应当根据申请在不动产登记簿'担保范围'栏记载；没有提出申请的，填写'/'。"第4条规定："完善不动产登记簿。对《国土资源部关于启用不动产登记簿证样式（试行）的通知》（国土资发〔2021〕25号）规定的不动产登记簿样式进行修改：1. 在'抵押权登记信息'页、'预告登记信息'页均增加'担保范围'、'是否存在禁止或限制转让抵押不动产的约定'栏目。2. 将'抵押权登记信息'页的'最高债权数额'修改为'最高债权额'并独立为一个栏目，填写最高额抵押担保范围所对应的最高债权数额。"

相应地，对于"当合同约定的担保范围与登记簿记载不一致时，应当如何确定担保范围"这一理论争议，最高人民法院也通过司法解释的形式作出明确回应，《最高人民法院关于适用〈中华人民共和国民法典〉有关担保制度的解释》第47条规定："不动产登记簿就抵押财产、被担保的债权范围等所作的记载与抵押合同约定不一致的，人民法院应当根据登记簿的记载确定抵押财产、被担保的债权范围等事项。"

自然资源部发布新规正式将"担保范围"列为不动产登记簿的必要记载事项之一，最高人民法院的司法解释明确规定了担保范围以登记簿记载为准。上述新规相互配套，彻底解决了本案面临的司法困境。在新规实施后，如果当事人在登记簿"担保范围"栏目中仅记载了债权"本金"，则抵押权优先受偿范围也应当仅仅限定于债权本金，而不能及于利息、违约金、实现债权的费用等附属债权。当然，对于新规实施之前已经存在的没有在登记簿中记载担保范围的情形，根据法不溯及既往的原则，在不动产登记簿作出修改之前办理抵押登记的，法院不应当援引《最高人民法院关于适用〈中华人民共和国民法典〉有关担保制度的解释》第47条的规定，即按照登记簿的记载确定担保范围，本案的处理结果为此类案件提供了很好的借鉴。

编写人：北京市昌平区人民法院 王筠韬

【第 47 条　担保债权的范围】

30

抵押权担保范围在合同约定与抵押登记不一致时的正确认定

——A 农村商业银行诉 B 经贸公司金融借款合同案

【基本信息】

1. 裁判书字号

山东省淄博市中级人民法院（2018）鲁民终 957 号民事判决书

2. 案由：金融借款合同纠纷

3. 当事人

原告（上诉人）：A 农村商业银行

被告（被上诉人）：B 经贸公司

【基本案情】

2014 年 8 月 27 日，B 经贸公司作为借款人与 A 农村商业银行签订借款合同，合同约定 B 经贸公司向 A 农村商业银行借款 650 万元，借款到期日为 2017 年 8 月 26 日，同时对借款利息、还款时间、违约责任等进行了约定。同日，B 经贸公司与 A 农村商业银行签订最高额抵押合同，B 经贸公司以其名下相关土地使用权为上述借款提供抵押担保，该抵押合同中双方约定：抵押人所担保的主债权在人民币壹仟零陆拾万贰仟壹佰元整的最高余额内，抵押权人依据与 B 经贸公司签订的借款合同而享有的对债务人的债权。同时该合同约定，抵押人最高额抵押担保的范围包括主债权本金、利息、罚息、复利、违约金、损害赔偿金以及实现抵押权的费用（包括但不限于诉讼费、律师费、评估费等）。该抵押合同签订后双方办理了抵押登记，抵押登记的抵押金额为 650 万元。借款合同到期后，B 经贸公司未按时还款。2017

年8月26日，A农村商业银行与B经贸公司签订展期协议，展期金额为6499000元，展期到期日为2018年8月25日，展期协议同时对借款利息、还款时间、违约责任等进行了约定。展期到期后，B经贸公司未能及时归还借款本金及利息。A农村商业银行起诉要求判令B经贸公司归还借款本金6498999元、利息671560.77元及自2020年1月4日至借款本息实际还清日按照借款合同约定利率计算的利息，并对最高额抵押合同项下的不动产抵押价值享有优先受偿权。

【案件焦点】

A农村商业银行对B经贸公司的抵押权的抵押担保范围如何认定。

【裁判要旨】

山东省淄博市临淄区人民法院经审理认为：A农村商业银行与B经贸公司签订的合同，均真实、合法有效，A农村商业银行依约向B经贸公司发放贷款，B经贸公司应按约还本付息，在A农村商业银行对B经贸公司展期后，B经贸公司仍未及时归还借款本息，故A农村商业银行主张B经贸公司归还借款本息，并主张对B经贸公司抵押财产行使优先受偿权，依法应予支持。

山东省淄博市临淄区人民法院判决如下：

一、B经贸公司归还A农村商业银行借款本金6498999元，于本判决生效后十日内付清；

二、B经贸公司支付A农村商业银行利息（以6498999元为本金，自2018年8月21日起至实际给付之日止，按合同约定的利率计算利息），与第一项同时付清；

三、A农村商业银行对B经贸公司抵押财产的变价款在抵押金额650万元范围内享有优先受偿权。

A农村商业银行不服一审判决提起上诉，主张不动产中心的登记系统设置不规范，未设置“担保范围”，仅有“抵押金额”的描述，且只能填写固定数字，并且在A农村商业银行向不动产中心同时提交借款合同、最高额抵押合同等文本情况下，不动产中心依旧只按照主合同借款本金、借款期限出具他项权证，但A农村商业银行与B经贸公司已经过充分协商，在最高额抵押合同中对抵押担保的最高余额、担保范围均有明确约定，故A农村商业银行应当依据合同的约定对抵押物变价款享有优先受偿权。

山东省淄博市中级人民法院经审理认为：A农村商业银行的上诉焦点问题是其

对B经贸公司享有抵押权的抵押范围如何认定。《中华人民共和国物权法》第173条规定："担保物权的担保范围包括主债权及其利息、违约金、损害赔偿金、保管担保财产和实现担保物权的费用。当事人另有约定的，按照约定。"A农村商业银行与B经贸公司在最高额抵押合同中明确约定"抵押人最高额抵押担保的范围包括：主债权本金、利息、罚息、复利、违约金、损害赔偿金以及实现抵押权的费用等""抵押人所担保的主债权在人民币壹仟零陆拾万贰仟壹佰元整的最高余额内，抵押权人依据与B经贸公司签订的借款合同而享有的对债务人的债权"。本案中，A农村商业银行与B经贸公司在办理抵押登记时，因不动产中心登记系统未设置"担保范围"栏目，仅有"抵押金额"的表述，且只能填写固定数字，致使合同约定的担保范围与登记不一致。这种不一致是由于登记系统设置及登记规则造成的，不能否定A农村商业银行与B经贸公司之间关于担保范围的约定，亦不能以他项权证上记载的抵押金额作为最高抵押限额。因此，A农村商业银行在最高额抵押合同约定的担保范围内对抵押物享有优先受偿权。一审判决认定A农村商业银行在他项权证记载的抵押金额650万元范围内享有优先受偿权，实属不当，依法应当予以纠正。综上所述，A农村商业银行的上诉请求成立，予以支持。

山东省淄博市中级人民法院依照《中华人民共和国物权法》第173条、第195条，《中华人民共和国民事诉讼法》第170条第1款第2项规定，判决如下：

一、维持山东省淄博市临淄区人民法院民事判决第一、二项；

二、变更山东省淄博市临淄区人民法院民事判决第三项"A农村商业银行对B经贸公司抵押财产的变价款在抵押金额650万元范围内享有优先受偿权"为：A农村商业银行有权就B经贸公司设定抵押的土地使用权以折价或者拍卖、变卖所得的价款在主债权最高余额10602100元及相应利息范围内优先受偿。

【适用解析】

本案主要涉及抵押权的担保范围在合同约定与抵押登记不一致时的正确认定问题。

一、观点碰撞：抵押权担保范围在合同约定与抵押登记不一致时的不同意见及其理由

关于抵押财产内容和被担保债权范围，实践中确实存在抵押合同约定与不动产登记记载内容不一致的现象。而当出现这种不一致的情况时，抵押权人和抵押人双方往往会就抵押财产内容和被担保债权范围产生争议。本案即这种情况下的典型案例。本案中，借贷双方签订最高额抵押合同对涉案借款设定了抵押权，但对于抵押权担保范围，双方合同约定的内容和在不动产登记机构的登记内容并不一致。而本案一审、二审对此项内容的不同判决结论实际上也代表了当前实践对抵押合同约定与抵押登记记载不一致时的两种不同意见：第一种是以合同约定为准；第二种则是以抵押登记为准。

第一种意见认为应以合同约定为准，其理由在于：《中华人民共和国民法典》（以下简称《民法典》）第389条和之前的《中华人民共和国物权法》（以下简称《物权法》）第173条均规定："担保物权的担保范围包括主债权及其利息、违约金、损害赔偿金、保管担保财产和实现担保物权的费用。当事人另有约定的，按照约定。"因此，既然法律已经明确规定了担保物权的范围以及对此还可以另有约定，那么像抵押合同这样的担保合同中约定的担保范围依法就应当包括利息、违约金、损害赔偿金、保管担保财产和实现担保物权的费用等约定费用，即使这些范围性内容没有在登记簿上登记，也应当依照上述法律规定以担保合同约定的内容为准。

第二种意见认为应以抵押登记为准，其理由在于：《民法典》第216条和之前的《物权法》第16条均明确规定："不动产登记簿是物权归属和内容的根据。不动产登记簿由登记机构管理。"据此，不动产物权登记具有公示公信的效力，其无论是作为不动产担保物权变动的成立要件，还是作为动产担保物权变动的对抗要件，依法均应具有对抗当事人约定的效力。故在不动产登记记载内容与当事人合同约定的内容不一致的情况下，从对外公示公信效力和据此导出的优先保护相对人的合理信赖利益的角度出发，应当以不动产登记记载的抵押范围内容为准。

二、规范探究：抵押权担保范围在合同约定与抵押登记不一致时的制度安排及其考量

（一）《全国法院民商事审判工作会议纪要》（以下简称《九民会议纪要》）之过渡安排

从本案来看，实践中存在着抵押财产及其被担保债权范围出现抵押合同约定与

不动产登记记载不一致的情况。这并非《民法典》第389条和第216条之间的冲突造成的，而实际上这两处法律规定从理论上讲也不应存在冲突。

首先，就抵押担保范围来看，《民法典》第389条明确规定了担保物权的担保范围，即抵押作为典型的担保物权，其只要依约设定，那么其范围就应依法包括主债权及其利息、违约金、损害赔偿金、保管担保财产和实现担保物权的费用，当然当事人对此可以另有约定。其次，从抵押登记来看，《民法典》第216条明确规定"不动产登记簿是物权归属和内容的根据"，这也集中体现了物权法定和物权公示之原则。最后，二者从理论上来讲不应存在冲突，则是因为抵押作为担保物权的一种，其依法应当登记设定，双方在形成抵押合同后必须依法进行不动产权登记方可最终成立合法的抵押权，即先通过合同约定再进行抵押登记而使抵押权生效。所以，从理论上讲抵押财产及其被担保债权范围在合同约定后再去进行不动产登记，是法律规定的流程，不应出现内容上矛盾冲突。而现实中出现上述内容上的矛盾冲突，则通常都是因为一些地区不动产登记机构提供的不动产登记簿上仅有"被担保主债权数额"或"最高债权数额"的表述，并没有"担保范围"这样与法律规定一致的栏目称呼，且不动产登记机构的登记规则要求此项只能填写固定数字。但实践中的抵押合同的签订都是为了最大限度地保证债权人的权益，其中一般都会约定抵押担保范围包括主债权及其利息、违约金及实现债权和抵押权的费用等。由此可见，这一问题的出现根源在于不动产登记机构对于抵押登记的栏目设置上，而不在于法律本身或当事人本身。

因此，2019年11月14日正式发布实施的《九民会议纪要》基于解决现实紧迫问题和平衡各方利益的考虑，其在第58条"担保债权的范围"部分对此问题首次明确了裁判思路和处理规则，要求分两种情况予以处理：第一种情况是一些地区而且是"多数省区市"不动产担保物权登记的系统设置和登记的规则设计不规范，从而造成不动产担保物权登记记载与担保合同约定不一致，这种情况下人民法院须以担保合同约定来认定担保物权的担保范围；第二种情况则是一些地区不动产担保物权登记的系统设置和登记的规则设计已经比较规范，担保物权登记范围与合同约定一致在该地区已经是常态或者普遍现象，这种情况下人民法院在审理案件时就应当以登记的担保范围为准。[①] 从《九民会议纪要》的这一规定内容不难看出，这样的区别性规定充分考虑了各地不同的实际情况，不失为一种较为稳妥的选择，但实践中也确实会导致出现各地区之间对此问题裁判不一致的情形，只能说是一种过渡性的制度安排。

（二）《最高人民法院关于适用〈中华人民共和国民法典〉有关担保制度的解释》（以下简称《民法典担保制度解释》）之规则设定

2021 年 1 月 1 日起《民法典》正式实施后，最高人民法院为之配套出台的一系列司法解释也随之施行，《民法典担保制度解释》就是其中非常重要的一项司法解释。《民法典担保制度解释》在第 47 条对于抵押财产、被担保的债权范围等出现合同约定与抵押登记不一致时的问题进行了相应规定："不动产登记簿就抵押财产、被担保的债权范围等所作的记载与抵押合同约定不一致的，人民法院应当根据登记簿的记载确定抵押财产、被担保的债权范围等事项。"《民法典担保制度解释》的这一规定已经不再像《九民会议纪要》第 58 条规定那样予以区分情况的对待，而是形成了统一规范，即明确规定对于抵押财产、被担保的债权范围等内容，不动产登记簿记载与抵押合同约定不一致的，应以不动产登记簿记载为准予以确定。之所以如此规定，其原因主要有以下两个方面。

第一，不动产登记部门对抵押权登记信息进行了完善。为贯彻实施《民法典》第 210 条第 2 款关于"国家对不动产实行统一登记制度。统一登记的范围、登记机构和登记办法，由法律、行政法规规定"的规定，国家有关部门也采取了一系列措

---

① 《全国法院民商事审判工作会议纪要》第 58 条：【担保债权的范围】以登记作为公示方式的不动产担保物权的担保范围，一般应当以登记的范围为准。但是，我国目前不动产担保物权登记，不同地区的系统设置及登记规则并不一致，人民法院在审理案件时应当充分注意制度设计上的差别，作出符合实际的判断：一是多数省区市的登记系统未设置'担保范围'栏目，仅有'被担保主债权数额（最高债权数额）'的表述，且只能填写固定数字。而当事人在合同中又往往约定担保物权的担保范围包括主债权及其利息、违约金等附属债权，致使合同约定的担保范围与登记不一致。显然，这种不一致是由于该地区登记系统设置及登记规则造成的该地区的普遍现象。人民法院以合同约定认定担保物权的担保范围，是符合实际的妥当选择。二是一些省区市不动产登记系统设置与登记规则比较规范，担保物权登记范围与合同约定一致在该地区是常态或者普遍现象，人民法院在审理案件时，应当以登记的担保范围为准。

施，优化完善登记制度。[①] 如国务院发布了《关于实施动产和权利担保统一登记的决定》（国发〔2020〕18 号），决定自 2021 年 1 月 1 日起，在全国范围内实施动产和权利担保统一登记。自然资源部也相应印发了有关通知[②]从而完善了不动产登记的具体操作规定。

第二，契合并实现《民法典》第 216 条的规定。不动产物权的设立、变更、转让和消灭依法应当登记的，其效力依法自记载于不动产登记簿时发生。一旦登记生效后，根据《民法典》第 216 条的规定，不动产登记簿便成为物权归属和内容的根据。这是不动产物权公示原则的当然体现，也是保障物权变动安全的必要手段。[③]尽管由于现实经济生活的复杂性，实践中也会出现两者不符合的情形，[④] 但正因不动产登记簿有此效力，第三人依据登记簿进行的交易才受到法律的保护。这种不动产登记簿所记载的权利的正确性推定效力显然是维护社会正常的交易秩序的基石，此实际系从国家公信力的角度对物权相对人的利益进行保护，其目的就在于据此建立一种将客观标准予以可视化的公正交易秩序。

当然实践中需要注意的一点是，尽管《民法典担保制度解释》第 47 条规定了对于抵押财产、被担保的债权范围等内容，不动产登记簿记载与抵押合同约定不一致的，应以不动产登记簿记载为准，但是如果不动产登记簿记载的被担保债权范围大于担保合同约定的被担保债权范围，这明显是一种不正常现象，依法应当依据担

---

① 参见最高人民法院民事审判第二庭：《最高人民法院民法典担保制度司法解释理解与适用》，人民法院出版社 2021 年版，第 418 页。

② 自然资源部印发的《关于做好不动产抵押权登记工作的通知》（自然资发〔2021〕54 号）第 2 条……当事人对一般抵押或者最高额抵押的主债权及其利息、违约金、损害赔偿金和实现抵押权费用等抵押担保范围有明确约定的，不动产登记机构应当根据申请在不动产登记簿"担保范围"栏记载；没有提出申请的，填写"/"。第 4 条……对《国土资源部关于启用不动产登记簿证样式（试行）的通知》（国土资发〔2015〕25 号）规定的不动产登记簿样式进行修改：1. 在"抵押权登记信息"页、"预告登记信息"页均增加"担保范围"、"是否存在禁止或限制转让抵押不动产的约定"栏目。2. 将"抵押权登记信息"页的"最高债权数额"修改为"最高债权额"并独立为一个栏目，填写最高额抵押担保范围所对应的最高债权数额。

③ 参见黄薇主编：《中华人民共和国民法典物权编释义》，法律出版社 2020 年版，第 22 页。

④ 如当事人自己出现错误或者登记机构出现错误，就可能导致出现登记的权利和事实上的权利不一致的情况。

保合同的约定来确定抵押权人优先受偿的范围。①

三、实践把握：抵押权担保范围在合同约定与抵押登记不一致时的裁判思路及其要求

本案裁判作出系在《民法典》和《民法典担保制度解释》实施前，A农村商业银行与B经贸公司在办理抵押登记时，因不动产中心登记系统未设置“担保范围”栏目，仅有“抵押金额”的表述，且只能填写固定数字，致使合同约定的担保范围与登记不一致。这种不一致显然是由于登记系统设置及登记规则造成的，并非A农村商业银行的原因，不能因此否定A农村商业银行与B经贸公司之间关于抵押担保范围的约定，故不能以他项权证上记载的抵押金额作为最高抵押限额。因此，A农村商业银行依法应在最高额抵押合同约定的担保范围内对抵押物享有优先受偿权。故本案二审法院按照《九民会议纪要》的意见予以改判无疑是正确的。如前所述，《民法典》及其配套出台的包括《民法典担保制度解释》在内的一系列司法解释已经于2021年1月1日起正式实施。即使如此，自2021年起，对于人民法院受理的抵押权担保范围存在合同约定与抵押登记不一致情形的案件而言，其在具体的审理和裁判时仍然是需要区别情况来对待的。对此需要严格根据《最高人民法院关于适用〈中华人民共和国民法典〉时间效力的若干规定》（以下简称《民法典时间效力规定》）的相关规定进行个案判断。具体从抵押担保事实发生时间来看可以区分为以下两种情况：

一是抵押担保的事实发生在2021年1月1日《民法典》实施后。在此情况下，因抵押担保这一法律事实发生时《民法典》已经正式生效施行，故根据最基本的法律适用原理和《民法典时间效力规定》第1条第1款之规定②，对于此情形下因抵押担保事实发生法律纠纷引发民事诉讼的，人民法院在审理时应当适用《民法典》的规定进行裁判。而《民法典担保制度解释》系专门针对《民法典》适用的配套司法解释，既然此情形下在裁判时应适用《民法典》，那么同时也应当适用《民法典担保制度解释》。因此，在此情形下，对于抵押权担保范围问题，如果出现合同约定与抵押登记不一致的，应根据《民法典》第216条、第389条和《民法典担保

① 参见最高人民法院民事审判第二庭：《最高人民法院民法典担保制度司法解释理解与适用》，人民法院出版社2021年版，第420页。

② 《最高人民法院关于适用〈中华人民共和国民法典〉时间效力的若干规定》第1条第1款：民法典施行后的法律事实引起的民事纠纷案件，适用民法典的规定。

制度解释》第47条之规定，以抵押登记为准进行认定。

二是抵押担保的事实发生在2021年1月1日《民法典》实施前。对于这种情况，《民法典时间效力规定》第1条第2款有原则性规定：“民法典施行前的法律事实引起的民事纠纷案件，适用当时的法律、司法解释的规定，但是法律、司法解释另有规定的除外。”这一规定亦符合“法不溯及既往”的法律适用基本原理。在2021年1月1日《民法典》实施前，关于抵押权担保范围存在合同约定与抵押登记不一致的情况，并没有像《民法典担保制度解释》第47条这样明确的规定，故在裁判时仍应当按照《九民会议纪要》第58条的思路予以区分处理，从而确保个案在实体上公平正义。具体而言：

第一，对于不动产担保物权登记的系统设置和登记的规则设计不规范的地区而言，造成不动产担保物权登记记载与担保合同约定不一致的原因并不在于当事人本身，而在于不动产登记机构的系统设置和规则设计。当然此时如果抵押登记记载的被担保债权范围大于担保合同约定的被担保债权范围，则应当依据担保合同的约定来确定抵押权人优先受偿的范围，这种情形自不必说。但如果抵押登记记载的被担保债权范围小于担保合同约定的被担保债权范围，此时若仍按抵押登记内容来确认抵押担保范围，无疑会造成守约方当事人的损失，而这种损失之产生并不能归责于当事人，而在于不动产登记机构的系统设置和规则设计。故按抵押登记内容来确认抵押担保范围显然有失公平正义，应按照合同约定来认定抵押权的担保范围。

第二，对于不动产担保物权登记的系统设置和登记的规则设计已经比较规范的地区而言，这些地区担保物权登记范围与合同约定一致在该地区已经是常态或者普遍现象。在这种情况下，如果案件中抵押权担保范围仍出现合同约定与抵押登记不一致的，属于少数的不正常现象，此时显然也不能再归责于不动产登记机构的系统设置和规则设计，其相应法律后果应当依法由当事人自行承担，即此时若抵押登记记载的被担保债权范围小于担保合同约定的被担保债权范围的，人民法院应当依据抵押登记内容来确认抵押担保范围。当然此时如果亦有抵押登记记载的被担保债权范围大于担保合同约定的被担保债权范围情形的，则还应依据担保合同的约定来确定抵押权人优先受偿的范围。

编写人：山东省淄博市中级人民法院　荣明潇　杨富元

山东省淄博市临淄区人民法院　刘海红

【第 51 条 房地分别抵押】

31

土地使用权设立抵押时的登记效力及于已建成的建筑物

——W 担保公司诉 T 置业公司破产债权确认案

【基本信息】

1. 裁判书字号

江苏省无锡市梁溪区人民法院（2020）苏 0213 民初 964 号民事判决书

2. 案由：破产债权确认纠纷

3. 当事人

原告：W 担保公司

被告：T 置业公司

第三人：X 投资中心

【基本案情】

2012 年 11 月 1 日，T 置业公司向案外人朱某某借款 4000 万元。同日，T 置业公司、朱某某、W 担保公司签订《反担保抵押合同》，约定由 W 担保公司为 T 置业公司向朱某某的借款提供担保，T 置业公司将其所有的某土地使用权抵押给 W 担保公司。同日，T 置业公司与 W 担保公司签订《抵押合同》，约定 T 置业公司将某土地使用权抵押给 W 担保公司，抵押金额为 4000 万元；土地使用权抵押时，其地上建筑物、构筑物随之抵押。同年 11 月 6 日，双方仅就上述土地使用权办理了抵押登记，抵押金额为 4000 万元，并未就该土地上已建成的地下室 1~4 层、地上 1~3 层办理登记。

后 T 置业公司因开发广场项目需要，于 2013 年 7 月 15 与第三人 X 投资中心签订《最高额抵押合同》，约定 T 置业公司同意在最高债权额限度内为 X 投资中心与其签订的《公司委托贷款合同》项下债务向X投资中心提供抵押担保，合同附件抵押物清单列明了在建工程具体房号、楼层、用途、建筑面积及抵押价值等，共计64套（其中包含本案所涉地上1~3层及地下1层001、002号）。合同签订后，双方于2013年8月20日办理了上述在建工程抵押登记。因T置业公司未能及时清偿债务，X投资中心于2016年5月3日向上海市第二中级人民法院提起诉讼，要求对T置业公司提供抵押的上述在建工程折价或者以拍卖、变卖的该抵押物所得价款优先受偿。同年11月2日，上海市第二中级人民法院作出民事判决：X投资中心可以与T置业公司协议，以T置业公司提供的抵押物折价或者申请以拍卖、变卖该抵押物所得的价款优先受偿。

2018年5月，因T置业公司无力偿还到期债务，其债权人N建筑公司向法院提出对T置业公司进行破产清算的申请。法院经审理后裁定受理了N建筑公司对T置业公司的破产申请，并依法指定了管理人。

2019年12月，T置业公司管理人向W担保公司发送《关于有财保债权分配相关事项的通知函》，载明：现T置业公司实物资产均已变现，其中抵押物某土地使用权的变现值为29593286元，根据有关法律法规以及《破产财产分配方案》的相关规定，管理人应支付给W担保公司有财保债权金额为29593286元。收到上述通知函后，W担保公司提出异议，认为其抵押财产的范围应当认定为某土地使用权以及该地块在设立抵押登记时已建成的建筑物（地下室1~4层、地上1~3层），并要求对土地使用权抵押登记时已建成的建筑物在抵押金额4000万元范围内亦享有优先受偿权。针对W担保公司提出的异议，T置业公司管理人作出回函，认为W担保公司在办理土地使用权抵押时并未办理对已建成建筑物的抵押登记，现上述建筑物已抵押登记给第三人X投资中心，并经法院生效判决确认，故W担保公司主张对土地使用权设立抵押登记时已建成的建筑物享有优先受偿权没有事实和法律依据，不予认可。W担保公司遂向法院提起诉讼。

【案件焦点】

在抵押人T置业公司仅就建设用地使用权办理抵押登记、后该土地上的建筑物被抵押给他人并办理抵押登记的情况下，原抵押权人W担保公司的抵押范围应当如何界定。

【裁判要旨】

江苏省无锡市梁溪区人民法院经审理认为：《中华人民共和国物权法》第182条规定："以建筑物抵押的，该建筑物占用范围内的建设用地使用权一并抵押。以建设用地使用权抵押的，该土地上的建筑物一并抵押。抵押人未依照前款规定一并抵押的，未抵押的财产视为一并抵押。"该规定体现了我国对不动产抵押采取"地随房走、房随地走"的"房地一体"原则。依据该规定，当事人应对土地使用权及其地上建筑物一并抵押，如果当事人未按照该条第1款规定一并抵押时，则法律直接规定"视为一并抵押"。本案中，W担保公司与T置业公司签订的《抵押合同》约定，土地使用权抵押时，其地上建筑物、构筑物随之抵押。即便某土地使用权在设立抵押时，该土地上已建成的地下室1~4层、地上1~3层建筑物未办理抵押登记，也视为一并抵押，故W担保公司对案涉土地上已建成的地下室1~4层、地上1~3层亦享有抵押权，有权就该部分在抵押金额4000万元范围内享有优先受偿权。

关于T置业公司提出的地上1~3层及地下1层001、002号已抵押给X投资中心，并办理了相应的抵押登记手续，且经人民法院生效判决作出认定，与W担保公司主张的诉请存在冲突的抗辩意见，本院认为，T置业公司在案涉土地使用权抵押给W担保公司后，又将该土地地上1~3层及地下1层001、002号抵押给X投资中心，即便该地上1~3层及地下1层001、002号办理了抵押登记并经法院生效判决确认，其仅在W担保公司与X投资中心两名抵押权人之间产生抵押顺位问题，此时应根据《中华人民共和国物权法》第199条规定的清偿顺序进行处理，但并不能据此排除W担保公司享有的抵押权，亦不会对法院生效判决的既判力产生影响。

江苏省无锡市梁溪区人民法院依照《中华人民共和国物权法》第182条之规定，作出如下判决：

确认W担保公司对某土地使用权在设立抵押时该土地上已建成的建筑物（地下室1~4层、地上1~3层）拍卖所得价款在4000万元范围内享有优先受偿权。

【适用解析】

建筑物及其专用范围内的建设用地使用权虽各为独立的不动产（权利），但基于"房"与"地"之间的天然联系，以及实现建设用地使用权的设立目的，为使建筑物取得使用土地的正当源泉，我国法律确立了“房地一体”原则以及“房地一体抵押”原则。实践中，在当事人同时以建筑物及其占用范围内的建设用地使用权进行抵押时，一般不会出现抵押权范围及效力的冲突问题，但是，由于不动产所有权和土地使用权价值的可分性，以及不动产所有权和土地使用权登记制度的割裂，导致经常发生房地分抵并经合法登记的现象，继而产生了抵押财产范围和抵押权利的冲突问题。对该问题的解答需要正确厘清法律对于房地产这一特殊抵押财产的范围界定，通盘考察“房地一体抵押”原则的规范要义。

一、“房地一体抵押”原则的法律渊源及其实质内涵

“地随房走，房随地走”的权利合一原则是我国房地产权属的一贯原则，体现在不动产抵押领域就是房地一体抵押原则，即在抵押权设定时，建筑物和其占用范围内的建设用地使用权被视为一个整体，两者一并抵押。从法律渊源上来说，随着土地有偿使用制度的确立，1990 年《中华人民共和国城镇国有土地使用权出让和转让暂行条例》第 23 条、第 24 条、第 33 条首次在行政法规层面将“房地一体”原则予以明文规定；1994 年《中华人民共和国城市房地产管理法》第 31 条、第 41 条、第 47 条第 1 款、第 51 条首次在法律层面上规定了“房地一体”原则；1995 年《中华人民共和国担保法》第 36 条、第 55 条确立了抵押交易领域的“房地一体”原则；以及至 2007 年的《中华人民共和国物权法》（以下简称《物权法》），更是从基本法律的角度强化了“房地一体”原则。根据该法第 146 条的规定，建设用地使用权转让、互换、出资或者赠与的，附着于该土地上的建筑物、构筑物及其附属设施一并处分。第 147 条规定，建筑物、构筑物及其附属设施转让、互换、出资或者赠与的，该建筑物、构筑物及其附属设施占用范围内的建设用地使用权一并处分。除此之外，该法第 182 条还对“房地一体抵押”原则予以明确与强化。根据该条之规定：“以建筑物抵押的，该建筑物占用范围内的建设用地使用权一并抵押。以建设用地使用权抵押的，该土地上的建筑物一并抵押。抵押人未依照前款规定一并抵押的，未抵押的财产视为一并抵押。”2021 年 1 月 1 日，《中华人民共和国民法典》（以下简称《民法典》）施行后，《物权法》不再具备法律效力，但《民法典》第 356 条、第 357 条、第 397 条将《物权法》上述规定予以全盘吸收，反映了立法者对“房地一体”原则以及“房地一体抵押”原则的确认与肯定。此外，《最高人民法院关于适用〈中华人民共和国民法典〉有关担保制度的解释》第 51 条更是对房地一体抵押原则予以细化，根据该条第1款之规定，当事人仅以建设用地使用权抵押，债权人主张抵押权的效力及于土地上已有的建筑物以及正在建造的建筑物已完成部分的，人民法院应予支持。

就本质而言，“房地一体抵押”原则中的“视为一并抵押”是一种法定抵押权，是一种无须登记即设立的抵押权，即如果抵押人只为房屋或者建设用地使用权之一办理了抵押登记，即使另外一项没有办理抵押登记，抵押权人的抵押权范围亦自然涵盖未办理抵押登记的另一财产，就未抵押财产抵押权人取得的是法定抵押权，建筑物和建设用地使用权构成了债权人的共同抵押财产。

二、从比较法角度分析“房地一体抵押”原则的理论基础

从自然属性上来看，建筑物无法脱离土地而单独存在。但在法律属性上，土地和建筑物是否可各为独立的物，比较法上有两种不同的立法例。一为吸收主义或一元主义。此模式不承认建筑物为独立的不动产，其必须依附于土地，二者在法律上不可分离，并相互结合为一种不动产物权。德国法是这种模式的典型立法例。例如，德国《地上权条例》规定，房屋是地上权的必要组成部分；《德国民法典》第93条规定，物的相互不可以分开的、失去它则将毁坏或改变本质的组成部分（主要组成部分），不能独立作为权利的客体。二为分离主义或二元主义。在这种模式下，建筑物不是土地或地上权的必要组成部分，而是所有权的客体，建筑物所有权与地上权是两种相互独立的不动产物权。日本是这种模式的典型立法例。

与对房屋和建设用地使用权关系的不同认识相适应，不同国家或地区房地抵押原则的选择也各不相同。在采取吸收主义的国家或地区，房地抵押一般采用结合抵押原则，即将土地与建筑物视为一个整体并作为一项财产进行抵押。在采取分离主义的国家或地区，根据设定抵押时是否可将房屋和建设用地使用权分别抵押以及实现抵押权时是否可将房屋和建设用地使用权单独处分，其房地抵押原则又可具体分为单独抵押、分别抵押、一并抵押三种具体原则。所谓单独抵押，即分别抵押、单独处分，抵押人可就房屋或地上权分别设定抵押，同时，抵押权人在实现抵押权时可以单独处分房屋或单独处分地上权。所谓分别抵押，即分别抵押、一并处分，抵押人可分别就房屋或地上权分别设定抵押，但在实现抵押时须将房屋和地上权一并处分，抵押权人仅得就抵押财产卖得价款优先受偿。所谓一并抵押，即一并抵押、一并处分，房屋和建设用地使用权必须同时抵押，在实现抵押权时也必须一并处分。我国立法采用的就是这种抵押原则。一并抵押和结合抵押的相同之处在于都要求房屋与建设用地使用权或地上权同时抵押；不同之处在于，一并抵押承认房屋所有权与建设用地使用权为两种独立的物权，而结合抵押认为房屋是地上权的必要组成部分，不能独立为所有权的客体。

从我国实际情况来看，我国实行土地公有制，土地所有人只能是国家和集体，而地上建筑物的所有权主体并无限制，故而在所有权层面上，土地和建筑物就成了不同的不动产。为了避免建设用地使用权和地上建筑物所有权异其权利主体的情形，并避免不动产法律关系的复杂化，我国在立法上确立了“房地一体”原则，即建设用地使用权处分时，该土地上的建筑物一并处分；地上建筑物处分时，该建筑物占用范围内的建设用地使用权一并处分，如此也就形成了我国不同于其他国家或地区的规定，即虽采取房地分离主义立法模式，但坚持“房地一体处分”原则。该原则存在的理论基础为：

1. “房依地建，地为房在。”土地为任何地上建筑物的基础及本质的组成部分，如无对土地的使用权，即无权在该土地之上建造并保有建筑物。建设用地使用权的设立本旨及社会机能主要在于调和土地与地上建筑物之间的利用关系，建筑物不能脱离土地而存在，两者必须相互结合才能发挥其经济效用。由此，“房地一体”原则可使土地与建筑物的关系简单化，有利于土地及建筑物的使用与经营，对物的利用效益而言最具有效率。

2. 建筑物所有权、建设用地使用权的归属虽然具有相对独立性，但在处分中必须实行“房地一体”原则，如果建设用地使用权单独转让或抵押，而地上建筑物未同时转让或抵押，即可发生建设用地使用权与地上建筑物所有权权利主体不一致的现象，进而会引发权利冲突，权利主体甚至面临被判定为无权占有、被诉请拆屋还地甚至返还不当得利的命运，直接危及交易安全，不利于社会秩序的稳定。

三、“房地一体抵押”原则在实践中的具体适用

尽管从法律层面早已确定“房地一体抵押”原则，但由于法律并未明令禁止房、地分别抵押，加之在不动产统一登记制度尚未完全推广开之前，我国登记机构分散不一，房屋和土地的登记职责分属不同部门，当事人在设定抵押权时出于种种原因未就房、地一体办理登记手续，导致司法实践中建筑物和建设用地使用权出现分别抵押的情形，由此产生了抵押权的范围界定和权利冲突问题，本案纠纷即因此而起。当出现房、地分别抵押或重复抵押的情形时，由于上述行为并未违反法律或行政法规的强制性规定，因此，不应否定任一抵押合同的效力，两个抵押权均属合法有效。关于抵押权的范围，具体到本案，虽然 W 担保公司与 T 置业公司在签订抵押合同后 T 置业公司仅就土地使用权办理了抵押登记，但由于此时该土地上已建成了地下室 1~4 层及地上 1~3 层，根据“房地一体抵押”原则，该已建成的建筑物应视为一并抵押，故即便就该部分建筑物 T 置业公司并未办理抵押登记，W 担保公司享有的抵押权范围仍及于该建筑物，据此，W 担保公司主张其对该部分建筑物享有抵押权人的优先受偿权，法院依法予以支持

本案中还需注意的一个问题是，由于建设用地使用权抵押后，抵押人仍然有权依法对该土地进行开发，建造建筑物，而对于该土地上新增的建筑物而言，其是否属于抵押财产呢？根据《民法典》第 417 条（原《物权法》第 200 条）的规定，“建设用地使用权抵押后，该土地上新增的建筑物不属于抵押财产。该建设用地使用权实现抵押权时，应当将该土地上新增的建筑物与建设用地使用权一并处分，但是，新增建筑物所得的价款，抵押权人无权优先受偿”。此条规定明确了建设用地使用权单独抵押后新增建筑物的抵押权归属问题，也被称为“房地一体抵押”原则的例外，即新增建筑物不应视为与土地使用权一并抵押，不属于抵押财产。《最高人民法院关于适用〈中华人民共和国民法典〉有关担保制度的解释》第 51 条对“新增建筑物”进行了细化，依据该条规定，债权人主张抵押权的效力及于正在建造的建筑物的续建部分以及新增建筑物的，人民法院不予支持。新增建筑物不视为一并抵押的主要理由在于：一是基于房与地的相互依附性，参照民法中主物与从物的关系原理，在设立抵押时新增建筑物尚未建成，其与建设用地使用权并不存在依附或主从关系，不属于土地使用权抵押设定时的“从物”，因此，建设用地使用权抵押范围应以设立抵押时建筑物的客观现状为限，新增建筑物不应受建设用地使用权抵押的效力约束；二是建设用地使用权抵押时，新增建筑物并不存在，究其双方签订抵押合同时的本意，当事人并无就未来新增建筑物设定抵押的意思表示，因此，建设用地使用权设立抵押时的登记效力仅及于已建成的建筑物，并不包含该土地上新增的建筑物。故在本案中，若 W 担保公司就地下室 1~4 层、地上 1~3 层以外的其他新增建筑物主张享有抵押权，则不会得到支持，但在实现抵押权时，仍可以将其与建设用地使用权一并处分。在处分后，由于新增的建筑物不属于抵押财

产，处分新增建筑物所得的价款，W担保公司不享有优先受偿的权利，只能作为普通债权人行使权利。

综上，房屋与土地具有一体性，只有二者构成一个整体，才能最大限度地发挥物的效用，减少分别处置带来的审理与执行混乱。本案对房地分抵问题的处理，在正确适用"房地一体抵押"原则的基础上，充分考虑到了实际情况与法律规定之间的关系，兼顾了各抵押权人的利益，具有一定的指导意义。

编写人：江苏省无锡市梁溪区人民法院　罗扬

【第52条　抵押预告登记效力】

32

预告登记权利人就已办理抵押预告登记和所有权首次登记的抵押财产享有优先受偿权

——G银行支行诉张某某、J置业公司金融借款合同案

【基本信息】

1. 裁判书字号

广西壮族自治区南宁市中级人民法院（2020）桂01民初3162号民事判决书

2. 案由：金融借款合同纠纷

3. 当事人

原告：G银行支行

被告：张某某、J置业公司

【基本案情】

2015年4月23日，G银行支行（贷款人、抵押权人）与张某某（借款人、抵押人）、J置业公司（保证人）签订一份《个人购房借款/担保合同》，约定：被告

张某某为购房，向G银行支行贷款347000元，贷款期限为360个月，即自2015年4月27日起至2045年4月27日止，贷款利率以贷款发放日适用的中国人民银行公布的同期同档次人民币贷款利率为基准利率上浮5%确定，借款人未按合同约定日期偿还的贷款，贷款人有权按罚息利率按日计收罚息，对不能按时支付的利息，按罚息利率计收复利，罚息利率在贷款利率基础上加收50%确定；借款人连续三个月或累计六次未按时足额偿还贷款本息的，则贷款人有权停止发放贷款，宣布本合同项下未偿还的借款立即到期，要求借款人立即清偿未偿还款项以及所产生的利息、罚息及其他费用，解除合同，要求借款人赔偿因其违约给贷款人造成的损失；被告张某某以其所购买的某房产为本案贷款提供抵押担保，担保范围包括本合同项下贷款本金、利息、罚息、复利、违约金、补偿金、贷款人实现债权的费用和借款人所有其他应付费用；J置业公司作为保证人为本案贷款提供连带责任保证担保。被告张某某在前述合同落款处签字，并就前述抵押房产办理了抵押权预告登记手续，G银行支行领取了《预告登记证明》。上述合同签订后，G银行支行依约向被告张某某发放了347000元贷款，履行完毕了借款合同的己方义务。被告张某某在偿还了部分本息后未继续偿还，截至2020年6月12日，被告张某某已累计逾期还款43期，拖欠贷款本金313263.85元及利息33577.97元、罚息2049.34元、复利3047.45元，为此G银行支行特向法院提起诉讼。前述抵押房产已办理建筑物所有权首次登记。

【案件焦点】

预告登记权利人是否有权就仅办理了抵押预告登记的抵押财产享有优先受偿权。

【裁判要旨】

广西壮族自治区南宁市中级人民法院经审理后认为，根据《最高人民法院关于适用〈中华人民共和国民法典〉有关担保制度的解释》第52条第1款规定，当事人办理抵押预告登记后，预告登记权利人请求就抵押财产优先受偿，经审查已经办理建筑物所有权首次登记，且不存在预告登记失效等情形的，人民法院应予支持，并应当认定抵押权自预告登记之日起设立。

张某某向G银行支行借款，J置业公司为本笔借款提供保证担保，各方成立合法有效的金融借款合同、保证合同法律关系。因此，张某某应向G银行支行偿还借款本息及由此而产生的利息、罚息、复利，并依约支付律师费，J置业公司对张某某的前述债务承担连带清偿责任。

关于G银行支行是否对办理预告登记的抵押财产享有优先受偿权的问题。张某某以其名下的某房产为其向G银行支行的借款提供抵押担保，双方就抵押房产办理了抵押权预告登记，截至庭审之日，该抵押权预告尚未失效，另外，该抵押房产已办理建筑物所有权首次登记，因此，根据《最高人民法院关于适用〈中华人民共和国民法典〉有关担保制度的解释》第52条第1款的规定，G银行支行请求以前述抵押房产折价或者以拍卖、变卖该抵押房产的价款优先受偿，于法有据，法院予以支持。

依照《中华人民共和国合同法》第196条、第198条、第204条、第205条、第206条、第207条，《中华人民共和国担保法》第6条、第18条、第21条、第41条、第42条，《中华人民共和国民事诉讼法》第64条、第144条和《最高人民法院关于适用〈中华人民共和国民法典〉时间效力的若干规定》第1条、第2条，《最高人民法院关于适用〈中华人民共和国民法典〉有关担保制度的解释》第52条之规定，法院判决张某某应向G银行支行偿还借款本金及相应的利息、罚息、复利，并赔偿律师代理费，J置业公司对张某某的前述债务承担连带清偿责任，G银行支行对张某某所有的某房产，有权以该财产折价或者以拍卖、变卖该抵押财产的价款优先受偿。

【适用解析】

担保作为一项重要的民事法律制度，涉及民事法律体系的各个方面，因此担保制度的完善对于促进经济发展起着至关重要的作用，而关于预告登记的效力问题，一直是困扰司法实践的疑难问题。在担保制度司法解释起草的过程中，最高人民法院坚持以问题为导向，在尊重立法原意的前提下，合理引导预期，对预告登记的效力问题进行了相应的规范，明确了不具备办理抵押登记条件的，预告登记权利人不享有优先受偿的效力，但又特别规定了“已经办理建筑物所有权首次登记，且不存在预告登记失效”这一例外情形，建立了统一清晰、可预测的优先权规则，这也符合对标世界银行营商环境指标、优化我国营商环境的基本要求。

一、关于新旧法衔接处理的问题

本案的审理过程正好横跨新旧法的交接时期，涉及新旧法的衔接适用问题，根据《最高人民法院关于适用〈中华人民共和国民法典〉时间效力的若干规定》第2条之规定："民法典施行前的法律事实引起的民事纠纷案件，当时的法律、司法解释有规定，适用当时的法律、司法解释的规定，但是适用民法典的规定更有利于保护民事主体合法权益，更有利于维护社会和经济秩序，更有利于弘扬社会主义核心价值观的除外。"具体到本案，《最高人民法院关于适用〈中华人民共和国民法典〉有关担保制度的解释》（以下简称《民法典担保制度解释》）系自2021年1月1日起施行的新司法解释，显然就本案的情况而言，适用新的司法解释更有利于保护预告登记权人的合法权益，也更有利于维护社会和经济秩序，为充分发挥预告登记这一民事法律行为的法律作用，故应当在本案中适用新司法解释即《民法典担保制度解释》的相关规定。

二、关于预告登记的基本法理及相关立法模式

预告登记是为保全一项以将来发生房产物权变动为目的的请求权，由请求权人向登记机关申请而进行的预先登记，也就是说，预告登记是在本登记暂时缺位的情况下当事人为确保将来取得物权而办理的一种特殊登记。预告登记是以将来发生房产物权变动为目的的请求权，但该请求权本身并没有物权效力，只是登记的公示行为，才使这种请求权具有了排他效力，具有物权属性，从而起到权利保全的作用。预告登记的权利保全主要是通过限制预告登记义务人对该不动产实施处分行为，从而保障债权实现。

从比较法上来看，此种限制主要有两种立法模式：相对无效模式和限制处分模式。德国采取的是相对无效模式，即只有损害权利人利益时，登记义务人对不动产的处分行为才是无效的。如《德国民法典》第883条第2款规定，如果处分行为将会破坏或者妨害债权请求权实现时，该处分不生效力。而我国民事立法则采取限制处分模式，《中华人民共和国民法典》第221条规定，预告登记后，未经预告登记的权利人同意，处分该不动产的，不发生物权效力。《最高人民法院关于适用〈中华人民共和国民法典〉物权编的解释（一）》进一步明确了"处分物权"的方式：转移不动产所有权、或者设定建设用地使用权、地役权、抵押权等其他处分物权行为的，不发生效力；当预告登记所保全的请求权因登记条件成就而转化为物权时，

该物权的顺位依据预告登记时间予以确定，即预告登记的作用在于当能够办理抵押登记时，其能获得较之其他担保物权人更加优先的顺位，而非防范抵押人再次处分抵押物。同时，通过登记的形式将不动产的债权请求权向公众公开，使公众了解该请求权具有排他的效力，以此来消除交易中的风险。但在司法实务中，因预告登记的时限性与现实中抵押财产办理抵押登记手续时会出现的各种困难，导致预告登记的法律作用被“架空”，加上预告登记发生物权效力的情形受限，其在法律效力的认定和法律适用方面更一度成为困扰司法实践的难题。

不动产抵押预告登记究竟具有何种法律效力，理论界与实务界一直存在争议。第一种观点认为，正式的抵押登记是一种债权人对抵押物所享有担保物权的确定性登记，而预告登记仅是一种在抵押登记暂时缺位时的临时性登记，二者存在根本性区别。只有在办理抵押登记的情况下，债权人才能拥有对抵押物的优先受偿权，仅有预告登记，是不能据此享有与抵押登记一样的法律效力的。① 第二种观点认为，尽管预告登记只是一种在抵押登记暂时缺位时的临时性登记，但在债权人依据其办理的预告登记向人民法院请求确认对抵押物的优先受偿权时，人民法院应当主动审查其是否已经具备了办理抵押登记的条件：经审查，如果已具备办理抵押登记的条件，则可支持债权人的请求；经审查，如尚不具备办理抵押登记的条件，则不应支持债权人的请求，但必须注意的是，这并不意味着债权人自始不享有物的优先受偿权，若此后具备了办理抵押登记的条件时，债权人依旧可以主张优先受偿权。②

三、关于适用规则及难点

（一）预告登记在实务中的运用

根据《中华人民共和国民法典》第221条第1款规定：“当事人签订买卖房屋的协议或者签订其他不动产物权的协议，为保障将来实现物权，按照约定可以向登记机构申请预告登记。预告登记后，未经预告登记的权利人同意，处分该不动产的，不发生物权效力。”预告登记既可适用于房屋买卖，也可以适用于当事人订立的其他不动产物权的协议，一经登记，依据前述法律规定，即具有“未经预告登记

① 最高人民法院民事审判第二庭：《最高人民法院民法典担保制度司法解释理解与适用》，人民法院出版社2021年版，第452页。

② 最高人民法院民事审判第二庭：《最高人民法院民法典担保制度司法解释理解与适用》，人民法院出版社2021年版，第452页。

的权利人同意，处分该不动产的，不发生物权效力”的作用。从实践情况来看，房屋行政管理部门为加强对房地产市场的监管而建立的网签制度，因其本身并不具有民法上的效力，所以不能取代预告登记，其虽与预告登记一样，都具有防止出卖人“一物多卖”的作用，但由于不动产抵押合同的签订没有网签的要求，且网签制度仅在部分省市得以施行，因此落实网签制度的积极性并不高，而预告登记制度得到了广泛的运用。

应当指出的是，尽管《中华人民共和国民法典》中关于预告登记的规定已将预告登记的适用范围扩大至除了房屋买卖合同之外的其他不动产物权协议，但立法在对预告登记的效力进行规定时，还是仅限于以房屋买卖合同情形为主要规制对象的范围内。

（二）不动产抵押预告登记的顺位效力

司法实践中，曾一度以“抵押预告登记不能直接产生抵押权，债权人不能据此请求行使抵押权，待抵押登记办理后，才能行使抵押权”为主流观点。但是，一方面赋予预告登记可以排除他人物权效力的法律效力，另一方面却又否认预告登记能产生与抵押权一样的法律效果，这种观点显然存在逻辑上的矛盾。最高人民法院民事审判第二庭在《最高人民法院民法典担保制度司法解释理解与适用》[①] 一书中阐述认为：“抵押预告登记是在抵押登记暂时无法办理时当事人为确保将来取得抵押权而办理的一种特殊登记，其目的并不在于防止抵押人再次处分标的物，而是当能够办理抵押登记时，预告登记权利人能够获得较之其他担保物权人或者债权人更加优先的地位。也就是说，即使抵押人在办理抵押预告登记之后对标的物进行了处分，只要具备办理抵押登记的条件，预告登记权利人即可申请办理抵押登记，并主张其抵押权自预告登记之日设立。”对此，域外大陆法系国家或地区对于预告登记的此种顺位效力也有类似的规定。

（三）预告登记权利人办理抵押登记的条件及审查

首先，为避免讼累，人民法院应当有权在诉讼中直接对预告登记权利人是否具备抵押登记条件进行审查，再结合预告登记是否仍有效的情况，进而对预告登记权利人是否能够行使抵押权作出判断，无须先对预告登记权利人请求确认优先受偿权

---

① 最高人民法院民事审判第二庭：《最高人民法院民法典担保制度司法解释理解与适用》，人民法院出版社 2021 年版，第 454~456 页。

的诉讼请求予以驳回，又在其办理抵押登记后再行提起的诉讼中审查抵押权。经审查，如办理抵押登记的条件已具备，则对预告登记权利人的请求予以支持，如仍不具备办理抵押登记的条件，则应当驳回预告登记权利人的诉讼请求。

其次，《民法典担保制度解释》第 52 条第 1 款规定：“当事人办理抵押预告登记后，预告登记权利人请求就抵押财产优先受偿，经审查存在尚未办理建筑物所有权首次登记、预告登记的财产与办理建筑物所有权首次登记时的财产不一致、抵押预告登记已经失效等情形，导致不具备办理抵押登记条件的，人民法院不予支持；经审查已经办理建筑物所有权首次登记，且不存在预告登记失效等情形的，人民法院应予支持，并应当认定抵押权自预告登记之日起设立。”适用本条款必须同时具备以下两种情形：

1. 抵押的建筑物已经办理所有权首次登记

根据《不动产登记暂行条例》《不动产登记暂行条例实施细则》的相关规定，不动产首次登记，是指不动产权利第一次登记。依法利用国有建设用地建造房屋的，并已合法取得国有建设用地使用权且已办理首次登记的，可以申请国有建设用地地上房屋所有权首次登记，应当具备以下条件：（1）国有建设用地上房屋已规划验收合格的；（2）国有建设用地上房屋已竣工验收完毕的；（3）国有建设用地上房屋已出具实测报告；（4）国有土地使用权已办理首次登记的，有查封、抵押等限制情形的，应当征得相关部门或单位的书面同意。房屋所有权办理首次登记的，应当提交下列材料：（1）不动产权属证书或者土地权属来源材料；（2）建设工程符合规划的材料；（3）房屋已经竣工的材料；（4）房地产调查或者测绘报告；（5）相关税费缴纳凭证；（6）其他必要材料。不动产的所有权首次登记是对不动产最初的权利归属进行记载，目的在于对不动产最初的权利归属进行初步固定，防止权属不明，进而导致当事人的权利处于不稳定的状态，不利于对当事人权利的保护。本案中，案涉的抵押房产已经办理了所有权的首次登记。

2. 已经办理抵押预告登记且抵押预告登记尚未失效

根据《中华人民共和国民法典》第 221 条第 2 款之规定：“预告登记后，债权消灭或者自能够进行不动产登记之日起九十日内未申请登记的，预告登记失效。”如何判断何时为“能够进行不动产登记之日”呢？显然，不动产登记之日并非不动产首次登记之日，否则会导致在适用上出现相互矛盾的情况，因此能够进行不动产登记之日应当是指不动产可以办理正式登记手续的条件成就之日，自办理预告登记之日至能够进行不动产登记之日起 90 日内，预告登记发生法律效力，在此期间未经预告登记的权利人同意，处分该不动产的，不发生物权效力。

建筑物的所有权首次登记和抵押预告登记结合在一起可以达到等同于抵押权的物权法律效果，预告登记权利人据此享有对抵押建筑物拍卖、变卖或折价所得价款的优先受偿权。

编写人：广西壮族自治区南宁市中级人民法院　覃斯

【第 52 条　抵押预告登记效力】

33

抵押预告登记权利人在符合规定条件时有权就抵押财产优先受偿

——Z 银行西乡塘支行诉陆某某、B 房地产公司金融借款合同案

【基本信息】

1. 裁判书字号

广西壮族自治区南宁市西乡塘区人民法院（2020）桂 0107 民初 13997 号民事判决书

2. 案由：金融借款合同纠纷

3. 当事人

原告：Z 银行西乡塘支行

被告：陆某某、B 房地产公司

【基本案情】

2017 年 1 月 23 日，Z 银行西乡塘支行（贷款人）与陆某某（借款人）、B 房地

产公司（保证人）签订《个人一手住房贷款合同》，约定：贷款金额为522000元；贷款期限为30年/360个月，贷款期限自贷款人实际放款日起算；贷款用途为购买住房，房屋地址：南宁市西乡塘区罗文大道×号×小区×栋×层×号；贷款利率为中国人民银行公布的相应期限贷款基准利率，利率定价方式为浮动利率方式，首次定价日为实际放款日，首次定价日的贷款利率为定价日当日适用的基准利率，重新定价日的贷款利率采用重新定价日当日适用的基准利率，每12个月为一个浮动周期；付息方式为按月付息；逾期贷款罚息利率为本合同约定的贷款利率水平上加收50%，若借款人未按约定期限还款，就逾期部分，从逾期之日起按照逾期贷款罚息利率按日计收利息，直至清偿本息为止；按罚息利率计收利息的，计息公式为利息=（本金+应付未付利息）×实际天数×日罚息利率；首期还款日为放款日在第一个还款周期对应日之前的最后一个10日；还款方式为等额本息，还款周期为月；借款人以本合同项下贷款所购房屋（以下简称抵押物）向贷款人提供抵押担保；保证人提供阶段性连带责任保证担保；自借款人办妥本合同项下贷款所购房屋抵押登记手续并且贷款人收到他项权证之日起，保证人在本合同项下不再承担新的保证义务和责任，但对于在该日之前已到期的本合同项下债务，以及该日之前发展保证人或/及借款人违约而引起的本合同项下的债务，保证人仍应承担相应的保证责任；抵押担保范围为本合同项下借款人全部债务，包括本金、利息（包括利息、复利、罚息）、违约金、损害赔偿金、贷款人实现债权的费用（包括但不限于诉讼费、律师费、公证费、执行费等）、因借款人违约而给贷款人造成的损失和其他所有应付费用；本合同项下保证期间为借款人债务履行期届满（包括贷款提前到期的情形）之日起两年，若主债务为分期履行的，则保证期间为自本合同生效之日起至最后一期债务履行期届满之日后两年；本债务在本保证之外同时存在其他物的担保或保证的，不影响贷款人本保证项下的任何权利及其行使；借款人未按期归还贷款本息或应支付的其他费用的构成违约，贷款人有权分别或同时采取下列措施……（2）宣布本合同项下贷款本息全部或部分提前到期……（6）要求借款人赔偿因其违约而给贷款人造成的损失，包括因实现债权而导致的律师费、诉讼费等相关费用损失……（8）依法及本合同约定对抵押房屋行使抵押权……（10）要求保证人承担保证责任。

《个人一手住房贷款合同》签订后，Z银行西乡塘支行依约于2017年2月6日向陆某某提供案涉贷款，《Z银行城北支行借款借据》记载的借款期限为30年，最后到期日为2047年2月6日，月利率为4.083333‰，还款方式为分360期归还。陆某某在该借据落款处签字确认。

2017年11月30日，陆某某与Z银行西乡塘支行就上述约定的抵押物办理预售商品房抵押权预告登记，抵押权人为Z银行西乡塘支行，义务人即房屋所有人陆某某，至开庭时，案涉抵押物仍未办理正式抵押登记手续。

陆某某未依约按时足额归还贷款本息，根据Z银行西乡塘支行提交的陆某某《逾期未还款查询》显示：截至2020年11月13日，陆某某逾期12期，尚欠Z银行西乡塘支行全部未还本金496747.3元（其中未到期本金487692.96元，逾期未还本金9054.34元），利息24139.35元，罚息1171.18元（其中拖欠本金的罚息316.3元，应收利息的罚息854.88元）。至开庭时，陆某某仍未依约向Z银行西乡塘支行偿还贷款本息。

Z银行西乡塘支行为实现债权提起本案诉讼。

【案件焦点】

1. 本案应否适用《中华人民共和国民法典》及《最高人民法院关于适用〈中华人民共和国民法典〉有关担保制度的解释》的规定；2. 仅办理抵押预告登记的房屋，抵押预告登记权利人是否有权就抵押财产优先受偿。

【裁判要旨】

广西壮族自治区南宁市西乡塘区人民法院经审理认为：Z银行西乡塘支行与陆某某、B房地产公司签订的《个人一手住房贷款合同》是合同当事人的真实意思表示，不违反法律、行政法规的强制性、禁止性规定，合法有效，各方当事人均应恪守履行。Z银行西乡塘支行作为合法设立的金融机构，已履行发放贷款本金的义务，陆某某未按期足额偿还贷款本息，其行为已构成违约，应承担相应的违约责任。因此，Z银行西乡塘支行要求陆某某偿还尚欠全部贷款本金496747.3元并按《个人一手住房贷款合同》约定的计算方式计付利息、罚息的诉讼请求，合法有据，本院予以支持。

根据各方合同约定，B房地产公司对陆某某合同项下的债务提供阶段性连带责任保证担保，现本案抵押物尚未办理正式抵押登记手续，Z银行西乡塘支行也未收到他项权证，故B房地产公司的连带保证责任尚未免除，且各方在合同中已明确约定在B房地产公司提供的保证之外同时存在其他物的担保或保证的，不影响Z银行西乡塘支行在该保证项下的任何权利及其行使，因此Z银行西乡塘支行要求B房地产公司对陆某某的上述债务承担连带保证责任，合法有据，本院予以支持。B房地产公司承担保证责任后，有权向陆某某追偿。

陆某某以坐落于南宁市西乡塘区罗文大道×号×小区×栋×层×号房为本案贷款提供抵押担保，并办理了抵押权预告登记。《最高人民法院关于适用〈中华人民共和国民法典〉有关担保制度的解释》第52条第1款规定："当事人办理抵押预告登记后，预告登记权利人请求就抵押财产优先受偿，经审查存在尚未办理建筑物所有权首次登记、预告登记的财产与办理建筑物所有权首次登记时的财产不一致、抵押预告登记已经失效等情形，导致不具备办理抵押登记条件的，人民法院不予支持；经审查已经办理建筑物所有权首次登记，且不存在预告登记失效等情形的，人民法院应予支持，并应当认定抵押权自预告登记之日起设立。"本案抵押物已办理建筑物所有权首次登记，且没有证据证明存在抵押预告登记失效等情形，故Z银行西乡塘支行要求以涉案抵押物即折价或以拍卖、变卖该抵押物所得价款优先受偿于法有据，本院予以支持。

【适用解析】

本案涉及抵押物仅办理抵押权预告登记时，预告登记权利人是否有权就抵押财产优先受偿的问题。该问题经常存在于金融借款合同纠纷、抵押合同纠纷、保证合同纠纷案件中，此类案件的处理对按揭贷款及商品房交易市场的发展会产生重大影响，受到包括购房者、银行、开发商在内的社会各界人士的广泛关注。笔者将从概念、立法、理论争鸣及司法实践四个维度对我国抵押权预告登记制度在优先受偿效力方面的内容进行分析，并进一步论述《最高人民法院关于适用〈中华人民共和国民法典〉有关担保制度的解释》（以下简称《民法典担保制度解释》）第52条的规定及重要意义。

一、抵押权预告登记的概念

抵押权预告登记，即为保全一项以将来发生不动产物权变动为目的的请求权的不动产登记。[①] 不动产抵押权预告登记包括现房抵押权预告登记、建设用地使用权抵押权预告登记、预购商品房抵押权预告登记等，较常见于预购商品房按揭贷款领

① 最高人民法院物权法研究小组编著：《〈中华人民共和国物权法〉条文理解和适用》，人民法院出版社2007年版，第103页。

域，是一种“债权公示行为”。该制度的设立旨于保障债权人将来实现不动产物权，对不动产所有权人处分抵押物的权利加以限制，防范按揭贷款业务的信贷风险。本案为典型的预购商品房抵押权预告登记，其模式为购房者向开发商购买正在建设的房屋，购房者支付首付款后，向银行申请就剩余购房款进行按揭贷款。因房屋未建设完毕，无法办理房屋所有权转移登记及抵押权登记，为保障银行将来实现对房屋的抵押权，保证购房者依约还贷，防止开发商“一房数卖”，银行及购房者对上述预购商品房可进行抵押权预告登记。此时，银行为抵押预告登记权利人，购房者为抵押预告登记义务人，一般情况下银行会要求开发商在办理房屋抵押权登记之前作为阶段性连带保证担保人。

二、抵押权预告登记的立法

抵押权预告登记制度在大陆法系国家由来已久，德国、日本对此均进行了法律规定，其中德国民法对预告登记的规定有担保效力、顺位效力及“完全效力”（破产保护效力及对抗强制执行效力）。[①]

我国在1995年颁布的《中华人民共和国担保法》为预售房屋作为抵押财产的可能性留下了空间。2000年《最高人民法院关于适用〈中华人民共和国担保法〉若干问题的解释》规定，针对依法完成审批程序但并没有完成的建造物，抑或在建房屋以及使用其他建筑进行抵押，当事人进行抵押登记的申请，法院可判定该抵押行为具备效力。2007年颁布的《中华人民共和国物权法》（以下简称《物权法》）第20条首次从法律层面对预告登记制度进行了规定，而《最高人民法院关于适用〈中华人民共和国物权法〉若干问题的解释（一）》及《不动产登记暂行条例》等法律法规也对抵押权预告登记的适用范围、发生条件、效力的产生和消灭等作了更具体的规定。但以上立法对于抵押预告登记权利人是否有权就抵押财产优先受偿的问题仍无明确规定，导致理论界和司法实践对该问题引发争议，无法充分发挥抵押权预告登记制度应有的作用。

三、抵押权预告登记的理论争鸣

对于抵押权预告登记的性质问题，我国理论界主要存在以下几种观点：一是“准物权说”，认为预告登记使债权具有物权性质，为准物权；[②] 二是“债权担保手

---

① 方刚：《论预购商品房抵押预告登记的法律效力》，华东政法大学2018年硕士学位论文。

② 王利明：《物权法研究》，中国人民大学出版社2002年版，第213页。

段说”，认为预告登记实质就是特殊的债权保全措施，是借助公示性，赋予请求物权效力，从而保障债权；[①] 三是“两性说”，认为预告登记系介于债权与物权之间，性质上物权性和债权性均有；[②] 四是“特殊债权说”，认为预告登记将物权的排他效力赋予属于债权法的请求权，是债权物权化、物权债权化的表现。[③] 以上各种观点讨论的关键在于抵押预告登记权利人享有的是物权支配权还是债权请求权。

四、抵押权预告登记的司法实践

支持方持抵押预告登记优先受偿效力肯定说，认为预告登记在一定意义上可以等同于正式抵押登记，抵押权已设立；在抵押预告登记权利人对预告登记无法转为正式登记并无过错时，或者房屋所有权人拒不办理正式抵押登记时，抵押预告登记权利人对抵押物享有优先受偿权。而反对方则持抵押预告登记优先受偿效力否定说，认为登记是不动产物权设立的法定要件，抵押权预告登记并非抵押权登记，仅赋予了抵押预告登记权利人在抵押物可以办理抵押权登记的情况下可以请求办理抵押登记的权利，并可排他性地对抗房屋所有权人对抵押财产的处分，但不能以此认定抵押权已设立，抵押预告登记权利人对抵押物行使优先受偿权的条件未成就。抵押权预告登记的本质属性仍为债权性质，将抵押权预告登记视为抵押权登记，并认为是抵押权已设立的观点，既混淆了预告登记与本登记之间的界限，也混淆了债权与物权之间的界限。[④] 这也是学界和司法界的主流观点，如 G 银行上海青浦支行诉 D 房地产公司保证合同纠纷案[⑤]即持此观点。

以上审判思路，均无法很好地协调物权法规定与实践需求之间的关系。一方面，支持抵押预告登记权利人享有优先受偿权的判决，有违物权法关于预告登记及抵押权登记的立法规定之嫌，但其却符合实践需要；而否定抵押预告登记权利人享有优先受偿权的判决，虽符合法律规定，但却不符合实践需求。[⑥] 实际上，一味否

---

① 孙宪忠：《中国物权法总论》，法律出版社 2018 年版，第 419 页。

② 王泽鉴：《民法物权》，北京大学出版社 2010 年版，第 92 页。

③ 孙鹏：《不动产预告登记》，载《法治论丛》2003 年第 5 期。

④ 夏正芳、顾韬：《抵押权预告登记纠纷案件的相关问题》，载《人民司法·应用》2017 年第 31 期。

⑤ 载最高人民法院公报 2014 年第 9 期。

⑥ 林秀榕、陈光卓：《抵押预告登记权利人无过错时对商品房优先受偿》，载《人民司法》2016 年第 14 期。

定抵押预告登记具有优先受偿效力有悖于预告登记制度保护权利人的初衷，而在特殊条件下赋予抵押预告登记权利人优先受偿权，并不会对各方主体的合法权益造成实质损害结果。此外，否定抵押预告登记权利人享有优先受偿权，会导致预告登记与诉讼保全之间的效力冲突。预告登记权利人的权利与诉讼保全债权人的权利顺位是以登记先后为准还是同顺位按各自债权比例受偿？类似冲突在法院案件中屡见不鲜，而不同法院的审判思路也常有分歧。再者，否定抵押预告登记权利人享有优先受偿权，会加重开发商的负担，因为如果银行无法享有优先受偿权，其实现债权最快的方式就是要求开发商承担保证责任，而开发商承担保证责任后通常会要求解除商品房买卖合同并要求购房者承担违约责任，无疑将浪费司法资源、不利于交易稳定。

另一方面，《物权法》及《中华人民共和国企业破产法》（以下简称《企业破产法》）对破产程序中抵押预告登记债权如何处理并无专门规定，破产实务中对仅办理抵押预告登记的权利是否具有破产保护效力的问题也有不同意见，但主流做法为债权人如仅对抵押财产办理了抵押权预告登记，其债权只能被列为普通债权。按照《企业破产法》规定的破产财产分配顺位规定，预告登记权利人的普通债权能够获得清偿的数额较低。如预告登记权利人为金融机构，会因此遭受巨大损失，长此以往，也会导致金融机构控制发放预告登记贷款，增加购房者贷款及企业融资难度，阻碍经济发展；如预告登记权利人为普通购房者，将引发普通购房者与法院、破产管理人之间的矛盾，影响经济秩序。

五、《民法典担保制度解释》第 52 条的规定及重要意义

2021 年 1 月 1 日起施行的《民法典担保制度解释》第 52 条对抵押预告登记权利人可就抵押财产优先受偿的条件作出了明确规定，具体分为以下两种情况：

（一）抵押人处于正常经营状态时

根据《民法典担保制度解释》第 52 条第 1 款规定，抵押财产已经办理建筑物所有权首次登记，预告登记的财产与办理建筑物所有权首次登记时的财产一致，且不存在预告登记失效等情形的，人民法院对预告登记权利人就抵押财产优先受偿的请求应予支持，并应当认定抵押权自预告登记之日起设立。笔者认为，该款规定并没有僵化地以抵押权预告登记不等于抵押权登记为由，完全排除抵押预告登记权利人的优先受偿权，而是承认在一定条件下抵押预告登记权利人具有优先受偿权。这并非突破抵押权预告登记的债权属性，而是放宽了对抵押权预告登记法律关系中各方当事人的约束，顺应了现实需求，创设了预告登记可设立抵押权效力的条件，在完全符合以上三个条件的情况下，办理抵押权登记的条件事实上已经成就。当然，如果当事人不具备办理抵押权登记条件，预告登记权利人请求行使抵押权的，人民法院不应予以支持，但不影响其在具备抵押权登记条件时再行使抵押权。

（二）抵押人已进入破产程序时

根据《民法典担保制度解释》第 52 条第 2 款规定，在人民法院受理抵押人破产申请之日一年前，抵押财产已经办理抵押预告登记，经审查抵押财产属于破产财产的，人民法院对预告登记权利人就抵押财产优先受偿的请求应予支持，但不得超过受理抵押人破产申请时抵押财产的价值范围。笔者认为，该款规定是考虑到在抵押人破产的情况下，抵押财产具备办理抵押登记条件的难度较大，抵押预告登记权利人无法正常等待行使优先受偿权，因此参照了《企业破产法》关于破产程序中债权加速到期的相关规定，明确赋予抵押权预告登记的破产保护效力，即在抵押人破产，但预告登记权利人请求权的履行期限尚未届满或履行条件尚未成就时，预告登记权利人可以将抵押财产独立于其他破产财产以外，从而使其享有的请求权具有对抗其他债权人，优先于其他破产债权的效力。同时，该款规定还明确了在此情况下优先受偿权的价值范围及排除适用期限。预告登记具有破产保护效力的排除适用期限为法院受理抵押人的破产申请前一年内，与《企业破产法》第 31 条第 3 项的规定相符，即人民法院受理破产申请前一年内，债务人对没有财产担保的债务提供财产担保的，管理人有权请求人民法院予以撤销，既避免了抵押人与债权人恶意串通侵害其他债权人的利益，也确立了以担保物权取得时间作为判断抵押人是否在一年内提供担保的标准，妥善处理了在司法实践中如何认定《企业破产法》第 31 条第 3 项规定的时间点的问题。

《民法典担保制度解释》第 52 条所代表的是抵押预告登记优先受偿效力附条件说，该规定重新规范了抵押权预告登记与抵押权登记之间的衔接和关系，填补了《物权法》预告登记制度的漏洞，进一步完善了抵押权预告登记制度，从根本上解决了抵押人不配合、抵押人破产等各种原因而导致无法办理抵押权登记的现实困难，保护了抵押权预告登记的顺位效力，为守约方的合法权益提供了有力保障，遏制了债务人的失信行为，有利于保护各方当事人的利益，更好地维护合同稳定和市场交易安全。

回归到本案中，笔者认为，虽然本案合同签订于《中华人民共和国民法典》施行前，但当时的法律、司法解释对抵押预告登记权利人是否有权就抵押财产优先受偿的问题并无细化规定，而《民法典担保制度解释》对此有明确规定，故依照《最高人民法院关于适用〈中华人民共和国民法典〉时间效力的若干规定》的规定，本案应适用《中华人民共和国民法典》及《民法典担保制度解释》的相关规定。根据不动产产权证明的记载，本院先认定本案抵押物已办理建筑物所有权首次登记，且不存在预告登记失效等情形，再判决债权人即预告登记权利人可就抵押财产优先受偿，符合现行法律的规定及立法本意。本案判决有利于统一同类案件的裁判尺度，对《民法典担保制度解释》新规下的此类案件审判实践具有较强的参考和指导意义。

编写人：广西壮族自治区南宁市西乡塘区人民法院　许晓彤

【第 52 条　抵押预告登记效力】

34

预告登记权利人就抵押财产优先受偿的条件

——P 银行洛阳分行诉 Z 房地产公司等借款合同案

【基本信息】

1. 裁判书字号

河南省洛阳市中级人民法院（2021）豫 03 民终 1487 号民事判决书

2. 案由：借款合同纠纷

3. 当事人

原告（被上诉人）：P 银行洛阳分行

被告（上诉人）：Z 房地产公司

被告：闫某、王某

【基本案情】

2018年5月31日，闫某、王某与P银行洛阳分行签订《个人购房担保借款合同》，约定闫某、王某向P银行洛阳分行申请贷款220000元、230000元、390000元、230000元用于购买位于河南省洛阳市涧西区某处704号、705号、716号、717号房产，贷款期限自2018年6月28日起至2028年6月28日止，执行利率为6.86%，罚息利率为8.918%，还款方式为等额本息。Z房地产公司作为保证人自愿对上述债务承担阶段性连带保证责任，保证责任自房屋抵押登记正式办理之日止。保证期间为自本合同签订之日起至借款人的债务履行期届满之日两年止。抵押概况：闫某作为抵押人将其名下位于洛阳市涧西区某处704号、705号、716号、717号的房产抵押给P银行洛阳分行并办理了抵押预告登记。履行情况：P银行洛阳分行实际发放贷款时间为2018年6月19日及20日，实际贷款金额为220000元、230000元、390000元、230000元，实际贷款到期日为2028年6月19日及20日；2020年6月1日出现首次逾期，2020年11月30日最后一次还款，此后再无还款。截至2021年2月17日，闫某、王某尚欠逾期本金874107.24元、利息14864.67元、罚息440.4元。其中，Z房地产公司于2020年11月30日向P银行洛阳分行代偿款项共计75614.07元。该部分款项的追偿权，Z房地产公司已向洛阳市涧西区人民法院起诉且已经生效判决确认。

截至2021年1月5日，Z房地产公司与闫某签订借据编号为××号合同本金余额为318599.84元、编号为×××号合同本金余额为179723.02元、编号为××××号合同本金余额为187892.19元、编号为×××××号合同本金余额为187892.19元。2019年1月16日，包括案涉四套房产在内的河南省洛阳市涧西区某处450套房产已办理首次登记。

【案件焦点】

1. 案涉房产已办理抵押权预告登记，抵押权人何时具备优先受偿的条件；2. 若预告登记已失效，预告登记权利人能否请求就抵押财产优先受偿。

【裁判要旨】

河南省洛阳市西工区人民法院经审理认为：闫某、王某向P银行洛阳分行借款，P银行洛阳分行已依约发放款项，闫某、王某未按时足额归还借款本息，P银行洛阳分行有权宣布贷款提前到期。P 银行洛阳分行明确贷款提前到期之后的罚息仍是以每期应还未还及前期拖欠的本金为基数，而非以全部剩余本金为基数计算罚息，其主张的诉讼请求中包含本金、利息、罚息，且罚息中包含复利。双方合同中对于计收复利的基数并未明确约定，在庭审中，银行工作人员表示复利为银行系统单方计算，其未向法院明确复利的计算方法及计算基数，故其对复利的收取视为约定不明确。关于 P 银行洛阳分行主张的复利，借款人逾期还款的违约行为，给银行产生的损失主要为资金占用损失，银行已经收取了利息和罚息，其主张的利息、罚息足以弥补因借款人违约而产生的损失，且 P 银行洛阳分行的罚息利率系在合同约定正常利率基础上加收 30%，已高于合同约定的正常利率标准。由于罚息本质上亦是一种违约责任的承担方式，已经体现了对借款人逾期还款行为的惩罚性，若再对逾期利息计收复利，则有违公平和补偿原则。对 P 银行洛阳分行主张的复利，不予支持。Z 房地产公司在涉案合同上签字确认，该笔债务并未超过保证期间，Z 房地产公司应承担连带保证责任。保证人承担保证责任后，可向主借款人闫某、王某追偿。Z 房地产公司辩称因 P 银行洛阳分行已办理了预告抵押登记，其担保责任应予解除。但根据《个人购房担保借款合同》约定，Z 房地产公司的担保责任自房屋办理正式抵押登记之日解除。故对于 Z 房地产公司的辩称意见，不予支持。因 P 银行洛阳分行对案涉抵押物并未办理抵押登记手续，故其主张对该抵押物享有优先受偿权的诉讼请求，不予支持。

河南省洛阳市西工区人民法院判决如下：

一、闫某、王某于本判决生效后 10 日内偿还 P 银行洛阳分行借款本金 874107.24 元（该数额系截至 2021 年 2 月 17 日）；

二、闫某、王某于本判决生效后 10 日内偿还 P 银行洛阳分行贷款利息及罚息（具体数额以 P 银行洛阳分行新一代零售信贷服务系统 V7.4.4 记载的数据为准，但复利部分不予支持）；

三、Z 房地产公司对上述第一、二项全部借款本息承担连带清偿责任，其履行清偿后，可向主债务人闫某、王某追偿（2020 年 11 月 30 日之前的代偿款，Z 房地产公司已经行使其追偿权）；

四、驳回 P 银行洛阳分行的其他诉讼请求。

Z 房地产公司不服一审判决，提出上诉。河南省洛阳市中级人民法院经审理同意一审法院裁判意见，判决如下：

驳回上诉，维持原判。

【适用解析】

《最高人民法院关于适用〈中华人民共和国民法典〉有关担保制度的解释》（以下简称《民法典担保制度解释》）对预告登记制度作出了新规定，学界认为预告登记是与本登记[①]相对应的一种旨为确保一项发生在未来的物权变动的债权请求权的实现，而向登记机构申请办理的预先登记[②]。这一制度是预售商品房买售中防范法律风险的重要手段，是完善不动产抵押制度的重要一环。

一、预告登记的法律渊源

（一）历史起源

预告登记最早来源于普鲁士法的异议登记，其发展过程分为前后两期。前期的普鲁士法有两种异议登记，第一种是固有异议登记，又称为保全权利和顺位的异议登记，它具有保全权利的消极效力和保全顺位的积极效力；第二种异议登记仅具有保全权利的消极效力，如为保全抗辩的异议登记和禁止处分的异议登记。后期的普鲁士法认可两种预告登记：一是为保全已经成立的物权预告登记；二是为保全物权的转移、消灭的债权请求权的预告登记。究其根本，第二种预告登记，即为保全物权的转移、消灭的债权请求权的预告登记，才具有与现代预告登记制度相同的立法目的，可视为其真正发端。

普鲁士法的异议登记后为德国、奥地利、日本等国家所继受，其中《德国民法典》创立了真正意义上的预告登记制度，《德国民法典》第 883 条第 1 款体现了预告登记的本质，即为保护以不动产物权变动为目的的债权请求权顺利实现，权利人请求变更不动产物权的内容和权利顺位时，其内容和范围需要按照物权法定原则予以登记确认。《德国民法典》着重规定了预告登记的效力，包括保全权利、破产保护、对抗强制执行等效力。在典型的大陆法系国家中，预告登记制度发展已相当成熟，除德国的“预告登记”外，还有日本的“假登记”等，制度名称虽不同，但

---

① 程啸：《不动产登记法研究》，法律出版社 2011 年版，第 49 页。

② 王利明等：《中国民法典学者建议稿及立法理由（物权编）》，法律出版社 2005 年版，第 52 页。

都认同预告登记是为了保全以物权变动为内容的债权权利而为的具有时效性的登记措施，承继了普鲁士法异议登记之立法目的和规制手段。

（二）从比较法上看预告登记制度

大陆法系强调一物一权，讲究物权与债权的两分理论，认为债权和物权是不同性质的权利，应当严格划分，适用不同的规则，债权具有相对性，物权则具有绝对的对世效力。而预告登记制度是典型的赋予债权请求权以物权属性的现象，它是为保全在不动产交易过程中作为弱势方的买受人的合同债权，借助赋予债权部分物权的特性，使其具有诸如对抗第三人、破产保护、优先受偿等绝对物权效力，来保障买受人的预期物权权益。换言之，预告登记制度使债权请求权具有了排他效力，具备了物权属性。而英美法系讲究制度的实用性，可以一物数权，可为担保现有的或将来的一项或数项债权设立抵押权，如果是担保将来的债权，需是数额确定的债权，若是在限度以内，抵押权既可以用来向原债权人提供担保，也可向新的债权人提供担保。

根据《德国民法典》第883条①预告登记的效力要件规定，预告登记系针对土地上的权利、义务的请求权或将来的附条件的请求权，要求在土地登记簿上进行，并按照登记顺位行使权利。预告登记的效力禁止了妨碍或侵害请求权的、对于土地或权利所进行的处分，该处分甚至包含强制执行、扣押或破产管理人的处置。《德国民法典》第885条②对于预告登记的要件也进行了明确，需依土地或权利人的许可证书为之，此时，将要建设的房屋因无许可证书，恐无登记的可能。与此同时，《德国民法典》第1179条约定了涂销的预告登记的要件，即抵押权与所有权混同于

① 《德国民法典》第883条：(1) 为保全旨在给予或废止土地上的权利或对土地设定负担的义务上的权利的请求权，或旨在变更此种权利的内容或顺位的请求权，可以在土地登记簿上进行预告登记。为保全将来的或附条件的请求权，也允许进行预告登记。(2) 在预告登记后就土地或权利所为的处分，在它会妨碍或侵害请求权的限度内，不发生效力。即使处分系以强制执行或假扣押方式或由支付不能程序中的管理人为之，亦同。(3) 在请求权以权利的给予为目的的情况下，该项权利的顺位按预告登记予以确认。《德国民法典》，陈卫佐译，法律出版社2020年版，第398~399页。

② 《德国民法典》第885条：(1) 预告登记，依假处分或依其土地或权利为预告登记所涉及的人的许可证书为之。无须为发布假处分而证明所要保全的请求权受到了危害。(2) 为详细地表明所要保全的请求权，可以在登记时援用假处分或登记许可证书。《德国民法典》，陈卫佐译，法律出版社2020年版，第399页。

一人时。《法国民法典》第2420条[①]规定了也可以用将来的不动产设立抵押权，这就打破了物必须存在的限制，对于不占有现在动产的人，赋予了将日后取得的财产用于设定抵押的权利；现有财产灭失或者受到损坏，也可以由债务人设定后续全部财产予以担保。此外，更重要的是对于他人土地有权占有的人可以抵押其已经开始建筑或仅仅是计划建筑的建筑物，这就突破了物的现实属性，直接在未来之物上设定了权利。而在前述建筑物被毁的情况下，抵押权依法转移至在同一场地建起的全部新建筑。

由此可见，虽同为大陆法系国家，《德国民法典》的预告登记制度的基础始终为权利请求权，《法国民法典》则直接允许享有土地使用的人对正在建造或仅仅是计划的建筑进行抵押，而无须进行预告登记，直接实现了权利的根本保障。从我国的司法实践来看，对于保守的《德国民法典》和开放的《法国民法典》的相关规定均未直接予以采纳，而是结合两者，又参考了我国香港特别行政区所使用的按揭制度，对预告登记进行了设计，延续了法学传统认识，且更符合我国国情。这无疑是一种成文法体系中的一次创新。

二、预告登记的本土化

（一）《中华人民共和国物权法》关于预告登记的规定

《中华人民共和国物权法》（以下简称《物权法》）第20条[②]在借鉴我国香港

---

① 《法国民法典》第2420条：尽管有前一条规定，依照下列情况与条件，也可以同意用将来的不动产设立抵押权：1. 不占有现在的可自由处分之动产的人，或者占有的不动产数量不足以担保债权的人，可以同意将日后取得的每一项财产，随其取得，均用于债权的清偿；2. 设定抵押权的现有财产已经灭失或者受到损坏，据使其不足以担保债权时，同样可以照第一条规定办理，但不影响债权人从现时起即追偿债务；3. 占有准许在他人土地上进行建筑之现时权利的人可以抵押其已经开始建筑或仅仅是计划建筑的建筑物，在建筑物被毁的情况下，抵押权当然转移至在同一场地建起的全部新建筑。《法国民法典》，罗结珍译，北京大学出版社2010年版，第533页。

② 《物权法》第20条：当事人签订买卖房屋或者其他不动产物权的协议，为保障将来实现物权，按照约定可以向登记机构申请预告登记。预告登记后，未经预告登记的权利人同意，处分该不动产的，不发生物权效力。预告登记后，债权消灭或者自能够进行不动产登记之日起三个月内未申请登记的，预告登记失效。

特别行政区楼花按揭担保[①]制度的同时，结合我国实际，首次规定了具有中国特色的预告登记制度——即通过不动产变动登记的公示公信效力，限制预告登记义务人对该义务的处分行为，从而保障债权人的权利。在《物权法》第20条中，预告登记制度已具备明显的前置性、从属性、时效性。依据该条规定，预告登记前置于不动产登记，体现其前置性；预告登记所依赖的基础债权债务关系消灭时，预告登记随之消灭，体现其从属性；预告登记权利人在符合本登记条件后，在法定期限内怠于完成不动产物权变动的，该权利消灭，体现其时效性。

（二）《中华人民共和国民法典》及《民法典担保制度解释》对预告登记的完善

鉴于预告登记制度在公众生活中的重要意义，如何完善这一制度，如何更好地保护抵押预告登记权利人的合法权益，如何发挥抵押预告登记的最大效用，成为《中华人民共和国民法典》（以下简称《民法典》）编纂的一大难点。2021年公布实施的《民法典》继承了《物权法》中的预告登记制度并进行完善，在其原有的对抗第三人效力、权利保全效力的基础上增加了优先受偿性、溯及性、破产保护效力等规定，是结合司法实践对预告登记制度的一大补充和完善。《民法典担保制度解释》第52条在《民法典》的基础上对抵押预告登记制度作了进一步完善，其优先受偿效力和破产保护效力直接起到定分止争的作用，人民法院关于此类案件裁判有了直接依据，类案不同判的情形将大为减少；关于追及力的规定，也解决了预告登记所产生的优先受偿权可自何时生效的问题，此举有利于保护交易稳定性。

三、预告登记的实践情形

我国预告登记的类型主要有以下四种：1. 不动产买卖、抵押的预告登记；2. 商品房等不动产预售的预告登记；3. 预购商品房抵押的预告登记；4. 法律、行政法规规定的其他情形。[②] 实践中，不动产买卖、抵押可径行变更不动产登记证书，

---

① “楼花按揭担保，是指房屋预售合同中的买方向房地产开发商支付部分购楼款后，将其根据合同取得房屋的期待权让渡给银行作为取得贷款的担保，贷款额度为尚未支付的购楼款。如果买方还清所有贷款本息后将期待权赎回，取得房屋产权；如果买方未能依约履行还本付息的义务，就丧失了赎回这种期待权的权利，银行有权处分按揭房屋并优先清偿其贷款。建筑物竣工后，楼花按揭即转为房屋抵押。”人民法院出版社编：《司法解释理解与适用全集合同卷1》，人民法院出版社2019年版，第351页。

② 李玉林：《〈民法典〉预告登记制度的司法适用——以效力问题为中心》，载《法律适用》2021年第8期。

因此办理预告登记并且适用相关法律制度的情形不是很多。在审判实践中引起的纠纷主要有以下两种情形：

一为所有权的预告登记。商品房等不动产预售的预告登记，系针对已经批准尚未建造或在建的商品房等不动产，买受人常常已缴纳全部或部分房款，因房产未建成未交付，不能办理所有权证，无法产生法律意义上的对世权，此时，在房屋上设定预告登记，可以充分保障买受人的权利，防止开发商因价格上涨等原因“见利起意”一房数卖，损害合同稳定性及诚信社会的建立。

二为抵押权的预告登记。预购商品房抵押的预告登记，主要适用于商品房预售情形，用以保全预购人的购房预期利益，以及相应的购房融资担保需求。购买住房常被认为是生活刚需，且属于超出个人或家庭收入及存款水平的大额消费，买受人在购买预售商品房时因资金不足，多需向银行申请贷款，银行为保民生、保经济，在提供贷款时不便以所购房屋已登记在买受人名下为前提，此时，符合国情的制度设计成为必要，银行通过预告登记制度，则可以实现社会功能及业务保障双方面的效果。实践中，因从办理抵押预告登记到办理抵押登记时间较长，受个人及社会经济发展影响，容易出现买受人逾期还贷，买受人因其他债务进入执行等情况，常困扰司法实践。

本案就属于抵押预告登记，是买受人以预购商品房作为抵押进行贷款之后逾期还贷产生的民事纠纷。本案中，开发商已经办理首次登记，但买受人未办理不动产登记，属于“能办而未办”的情形，此时开发商应督促买受人及时办理不动产登记证并通知银行办理抵押权登记。本文即以此为切入点，对本案及类似情形予以评析。

四、预告登记的法律效力

预告登记在实践中的运用广泛，由此引起的各种纠纷的数量较大。笔者于 2021 年 9 月 10 日在法信系统上以“预告登记”为关键词进行检索，可以搜索到有关预告登记纠纷的案件共 163869 件，其中民事案件达 134661 件。可见在实践中，因预告登记引起的纠纷不在少数，然而，关于预告登记的法律效力，自《物权法》颁布以来，权利保全效力、对抗第三人的效力、对抗执行的效力学界和实践中都予以认可，但是其是否具有优先受偿性具有争议，《民法典担保制度解释》关于预告登记的新规定正是为了力求解决实践中的相关问题。

1. 优先受偿的问题。在《民法典担保制度解释》出台之前，关于抵押权预告登记是否具有优先受偿效力这一问题，理论界和司法实践中存在分歧。主流观点是抵押权预告登记介于物权和债权之间，我国《物权法》讲究“物权法定”，抵押权预告登记未在不动产上设定，其虽具有物权效力，但不具有优先受偿权，预告抵押登记权利人就正式设立抵押权这一物权变动来说，存在无法办理预告登记转为正式抵押登记的风险，抵押权预告登记往往形同虚设。该风险主要来源于房地产开发商未能将房屋进行竣工验收、购房人因疏忽或故意拖延办理本登记手续、法院查封或其他因素的介入，而这些因素均非预告抵押登记权利人的原因，让其在承受如此巨大风险的情况下，仅以未办理抵押登记，就不让其享有优先受偿权，于公平原则不相符合。此次《民法典担保制度解释》结合司法实践需要，回应理论争议，承认在特定条件下保护抵押预告登记权利人的优先受偿权，明确了预告登记在某种情形下的优先受偿效力，即（1）已经办理建筑物所有权首次登记；（2）不存在预告登记失效等情形。这两种情形在未办理本登记的情况下，赋予抵押预告登记权利人以优先受偿权，有利于发挥预告登记制度保障债权实现的功能，也提高了预告登记抵押权人实现债权的效率，以特别的物权视同登记的规定，大大优化了法律的实践性。

2. 破产保护的问题。在《民法典担保制度解释》实施之前，预告登记是否具有破产保护效力在理论界和实务界都存在争议，有观点认为《最高人民法院关于人民法院办理执行异议和复议案件若干问题的规定》第 30 条已赋予预告登记对抗破产中概括金钱债权执行的效力，[①] 但实质上这一规定并不明确。而《民法典担保制度解释》对此作出明确法律规定，根据第 52 条第 2 款[②]，在抵押人破产且预告登记的抵押财产属于破产财产的情况下，抵押预告登记权利人可在特定条件下就抵押财产优先受偿，以此预防抵押登记权利人在破产财产分配后未能办理正式抵押登记而造成自身债权无法实现的情形出现。此种特定情形不包含债务人对没有财产担保的债务设立抵押预告登记的情况，以此预防债务人利用《民法典担保制度

① 蔡虹、邓沁婷：《预告登记权利人“排除异议”的判定——以〈异议复议规定〉第 30 条为中心》，载《河北法学》2020 年第 5 期。

② 《最高人民法院关于适用〈中华人民共和国民法典〉有关担保制度的解释》第 52 条第 2 款：当事人办理了抵押预告登记，抵押人破产，经审查抵押财产属于破产财产，预告登记权利人主张就抵押财产优先受偿的，人民法院应当在受理破产申请时抵押财产的价值范围内予以支持，但是在人民法院受理破产申请前一年内，债务人对没有财产担保的债务设立抵押预告登记的除外。

解释》第52条逃避债务。

3. 追及力的问题。法律适用的基本原则是不溯及既往，但是预告登记制度具有使被保全的权利与其顺位同时登记的作用，此时优先受偿权的设立时间对权利人至关重要。《民法典担保制度解释》中预告登记的顺位不是依本登记的日期确定，而是以预告登记的日期为准加以确定①。另外，预告登记后，如符合前述司法解释条件，即便未进行本登记，优先受偿权的效力亦追及于预告登记之时，这一点在实践中尤其值得引起注意。

五、预告登记的失效条件

在确定的财产权登记条件已经具备，或者所附条件具备以及所附期限到来时，预告登记权利人应当积极申请登记，实现请求权指向的物权变动的效果。如果此时预告登记权利人消极怠于行使权利，必将造成现实登记权利人处分权行使的长期限制，给登记权利人带来不利，有悖于民法公平原则以及“物尽其用，鼓励交易”的民事财产立法宗旨。因此，《民法典担保制度解释》对预告登记的失效作出的相关规定，满足了经济社会发展以及法治国家建设的需要。根据《民法典担保制度解释》第52条第1款规定，在出现如下两种情况时，预告登记将自动失效：

1. 债权消灭。关于债权消灭的原因，《最高人民法院关于适用〈中华人民共和国物权法〉若干问题的解释（一）》第5条列明为“买卖不动产物权的协议被认定无效、被撤销、被解除，或者预告登记的权利人放弃债权”，而《最高人民法院关于适用〈中华人民共和国民法典〉物权编的解释（一）》第5条规定为：“预告登记的买卖不动产物权的协议被认定无效、被撤销，或者预告登记的权利人放弃债权的，应当认定为民法典第二百二十一条第二款所称的‘债的消灭’。”前后相比较，后者删除了不动产物权协议被解除的情形，即预告登记不因不动产物权协议的解除而解除。以后在处理类似案件时需引起注意。

2. 预告登记权利人怠于进行不动产物权登记。即预告登记权利人自能够进行

---

① 《最高人民法院关于适用〈中华人民共和国民法典〉有关担保制度的解释》第52条第1款：当事人办理抵押预告登记后，预告登记权利人请求就抵押财产优先受偿，经审查存在尚未办理建筑物所有权首次登记、预告登记的财产与办理建筑物所有权首次登记时的财产不一致、抵押预告登记已经失效等情形，导致不具备办理抵押登记条件的，人民法院不予支持；经审查已经办理建筑物所有权首次登记，且不存在预告登记失效等情形的，人民法院应予支持，并应当认定抵押权自预告登记之日起设立。

不动产登记之日起90日内未申请登记，怠于行使其权利。其中能够进行不动产登记指的是进行不动产登记的客观条件已经具备，如（1）预售的商品房已经建成且办理了首次登记；（2）开发商愿意积极配合办理转移登记等。本案中，根据法院查明的事实，案涉四套房产已于2019年1月16日办理首次登记，但至2021年2月18日，P银行洛阳分行诉至法院，预告登记权利人仍未申请办理正式的不动产抵押登记，远远超过本条所规定的90日，因此预告登记已失效，P银行洛阳分行不能就此享有预告登记权利人优先受偿权。

六、预告抵押登记与开发商阶段性保证责任的承担

如前述案件中，P银行洛阳分行因预告登记已失效，不能就此享有预告登记权利人优先受偿权，此时将预告抵押登记与开发商的阶段性保证责任同时设定成了实践中经常出现的情形。本案正是因这种双重担保的设置，保证了银行的权利，但是如何在此类案件中协调处理好银行与开发商的矛盾，也将成为实践的重点。

（一）开发商的阶段性保证责任承担与免除

开发商阶段性保证责任的保证期间在合同中常约定为购房人贷款合同生效至房屋竣工办理产权登记和他项权证时止，此时银行的抵押权已由预告登记转为本登记，开发商对于保证期间届满后借款人的违约还贷行为不用承担保证责任。① 故开发商的阶段性保证责任不同于连带责任，是附解除条件的保证责任，解除条件是银行取得不动产房屋的抵押权。

若房屋因未竣工验收，导致不能办理不动产登记，此时银行不具有优先受偿权，开发商应承担阶段性保证责任这一点并无异议；但在已经具备首次登记条件，而购房人出于种种原因拒不配合，造成客观上无法办理的情况下，银行也无法办理抵押登记手续，此时银行应当依照《民法典担保制度解释》第52条规定积极主张优先受偿权，开发商的保证期间可因银行得以实现而届满。虽学界有人认为依据《民法典》第159条②规定，当事人为自己的利益不正当阻止条件成就的，视为条件已成就，若开发商的房产已经具备首次登记条件，视为其已经履行全部合同义

① 李劼：《预购商品房预抵押登记及开发商阶段性保证效力的认定》，载《人民司法（案例）》2016年第14期。

② 《民法典》第159条：附条件的民事法律行为，当事人为自己的利益不正当地阻止条件成就的，视为条件已经成就；不正当地促成条件成就的，视为条件不成就。

务，因购房人原因不办理不动产登记证的，视为条件已成就，开发商不应再承担保证责任。[①] 但笔者认为这观点是不妥当的，一是与当事人合同约定的在房屋竣工办理产权登记及他项权证后，开发商的连带责任保证即终止的约定不相符合。二是房屋具备办理首次登记条件与房屋已办理不动产登记不是对等条件，若自具备首次登记之日起 90 日未办理不动产登记，届期预告抵押登记权利人将丧失优先受偿权，这种情形下若再有购房人逾期还贷情形，径行解除开发商的阶段性担保证责任会造成预告抵押登记权利人的权利无从保护的局面，也与预告登记的立法宗旨相违背。故开发商的阶段性保证责任解除条件是预告抵押登记权利人取得不动产房屋的抵押权。

（二）开发商与银行的破局与双赢

银行之所以对优先受偿权如此看重，多是因为开发商因经济实力原因，承担保证责任的能力往往不一而足，但房屋作为物的存在，其权利保障高于依靠开发商的经济实力，这就造成银行迫切要求优先受偿权的实现。同时，开发商因担保房屋众多，将会不可避免地承担保证人的风险，此时，其也往往期待解除保证责任。为实现破局，银行作为办理抵押登记的主体应当关注房屋的登记情况，与此同时，开发商作为是否可以办理房屋权属证书的第一手信息人，如想摆脱其阶段性保证责任，应在房屋已经竣工验收并具备办证条件时及时督促购房人尽快提供办理房屋权属证书的相关材料，并及时通知银行办理正式抵押登记。若因购房人的原因导致不能办理不动产登记，开发商应保留通知购房人办理不动产登记的相应证据，并及时告知银行，便于银行通过法律途径，维护自己的权利，此时，如银行怠于行使权利，则开发商的阶段性保证责任亦可解除，最高人民法院的案例对此也予以已经明确[②]。因此，附随义务的积极履行才使双赢成为可能，诚信与善意正是破局的关键。

除此之外，开发商另有解除责任的方式，即若购房人多次逾期还贷，出现违反房屋预售合同约定的情形，开发商可依据合同约定解除房屋预售合同，并向银行结

---

① 李劼：《预购商品房预抵押登记及开发商阶段性保证效力的认定》，载《人民司法（案例）》2016 年第 14 期。

② （2017）最高法民申 3474 号，载中国裁判文书网，https：//wenshu. court. gov. cn/website/wenshu/181107ANFZ0BXSK4/index. html？ docId = 88c8754343404db09372a84b00bf59d5，2022 年 4 月 17 日访问。

清该笔贷款，其保证责任因债务履行完毕而解除。

七、《民法典担保制度解释》第52条适用的其他问题

审判实践中，适用本条还需要注意以下几个问题：一是房屋买卖合同的效力认定。实践中，房地产开发商将已办理预告登记的预售商品房又另行出售给第三人的情形时有发生，应将合同效力与处分行为的效力进行分别认定。就开发商与第三人之间的房屋买卖合同而言，如无致使合同无效或可撤销的情形，则该房屋买卖合同有效。就开发商对预售房屋的处分行为而言，因已经办理的预告登记具有对抗第三人效力，开发商的行为属无权处分，第三人不能凭房屋买卖合同取得房屋所有权，但第三人可以基于房屋买卖合同提出开发商承担违约责任的诉讼请求，人民法院应予支持。二是预告登记权利人享有的权利。该权利的本质仍为债权请求权，预告登记仅使得被登记的不动产请求权具有了权利保全、对抗第三人、对抗执行等物权效力，但是预告登记权利人与相对人之间的基础法律关系并不发生改变。如果相对人不履行合同约定，预告登记权利人就无权依据已经办理的预告登记直接取得不动产物权，而是通过请求相对人继续履行合同的方式，实现不动产物权。三是房屋买卖合同解除后，贷款保证合同的效力。关于此点，结合审判实践，笔者认为房屋买卖合同是主合同，其解除后，作为从合同的保证合同也应随之解除，因商品房买卖合同是担保借款合同的存在前提，但贷款保证合同中贷款合同为主合同，保证合同系从合同，如目的性的房屋买卖合同已解除，则贷款购买房屋的目的已落空，贷款保证合同的合同目的亦无法实现。依据《最高人民法院关于审理商品房买卖合同纠纷案件适用法律若干问题的解释》第20条规定①，贷款保证合同也应解除，但解除后出卖人应当将收受的购房贷款和购房款的本金及利息分别返还担保权人和买受人②。

编写人：河南省洛阳市中级人民法院　董艳　陈兴治　赵艳洁

① 《最高人民法院关于审理商品房买卖合同纠纷案件适用法律若干问题的解释》（法释〔2020〕17号）第20条：因商品房买卖合同被确认无效或者被撤销、解除，致使商品房担保贷款合同的目的无法实现，当事人请求解除商品房担保贷款合同的，应予支持。

② 《最高人民法院关于审理商品房买卖合同纠纷案件适用法律若干问题的解释》（法释〔2020〕17号）第21条第2款：商品房买卖合同被确认无效或者被撤销、解除后，商品房担保贷款合同也被解除的，出卖人应当将收受的购房贷款和购房款的本金及利息分别返还担保权人和买受人。

【第 55 条　流动质押的设立与监管人的责任】

35

质押监管人违约责任的认定

——M 银行诉 X 资产管理公司保管合同案

【基本信息】

1. 裁判书字号

安徽省滁州市中级人民法院（2019）皖 11 民终 913 号民事判决书

2. 案由：保管合同纠纷

3. 当事人

原告（上诉人）：M 银行

被告（被上诉人）：X 资产管理公司

第三人：Z 电源公司

【基本案情】

2014 年 11 月 5 日，M 银行与 Z 电源公司签订《商品融资合同》《质押合同》。同日，M 银行（甲方）与 Z 电源公司（乙方）、X 资产管理公司（丙方）签订《质押监管协议（适用动态质押）》（以下简称案涉质押监管协议），约定：X 资产管理公司接受 M 银行的委托并按照 M 银行的指示监管 Z 电源公司的质物。质押物为 950 吨铅极板、板栅及其他铅制品，约定价值为 1282.5 万元。该协议第 4.2 条约定，X 资产管理公司应妥善保管质物。如对质物的保管有特殊的要求，乙方应当提前书面告知甲方和丙方。监管期间，因各种原因质物发生短少、损毁、变质、灭失等可能影响甲方权益的情形，丙方应当在 24 小时内通知甲方和乙方，并采取适当的应急措施。发生保险事故时，丙方应当协助保险公司办理事故审查以及理赔事宜。第 4.5 条约定，监管期间，丙方应当建立质物登记统计制度，定期对质物进行查验、核对种类、清点数目、检查包装和标识；应当建立完善的出入库台账登记记录，对质物的出入库的时间、数量以及质物的现状进行记录。第 5.2.3 条约定，质物的实际价值等于或低于甲方要求的最低价值时，甲方指定人员签署且加盖甲方预留印鉴的《提货通知书》为乙方办理提货的唯一有效凭证。第 10.1 条约定，在监管期间，除不可抗力的事件，自然损耗以及乙方未按本协议第 4.2 条告知丙方质物的特殊保管要求的情况外，质物毁损灭失或由于丙方未尽到保管责任导致质物价值受影响的，丙方应承担实际损失的赔偿责任，甲方对赔偿款项享有优先受偿权。

2014 年 11 月 5 日，M 银行和 Z 电源公司向 X 资产管理公司发出出质通知书，X 资产管理公司向 M 银行出具出质通知书回执。同日，X 资产管理公司与 Z 电源公司签订《仓库租赁协议》，约定其向 Z 电源公司租赁仓库作为监管区用于押品的监管工作。

2015 年 10 月 10 日，部分质押物被 Z 电源公司的债权人运走，X 资产管理公司派驻 Z 电源公司工作人员当即劝阻并报案，公安人员出警未能阻止。次日，X 资产管理公司向 M 银行汇报，并向 Z 电源公司发出补货通知。后 Z 电源公司作出说明，并确认库存为 214.08 吨，铅粉数量难以清点，暂估价值为 326.592 万元。2016 年 3 月 1 日至 4 月 14 日 Z 电源公司补货 341.16 吨，2016 年 4 月 14 日至 27 日库存为 555.24 吨。2016 年 4 月 28 日部分质押物又被 Z 电源公司的债权人强行运走，X 资产管理公司工作人员当即劝阻并报案，公安人员出警未能阻止。2016 年 4 月 29 日，Z 电源公司与 X 资产管理公司盘点不包括车间内铅粉数量的库存为 146.40 吨，同日，Z 电源公司作出说明，并确认被强行拉走的质物为 228 吨。2016 年 5 月 17 日，车间铅桶内未倒出铅粉，缺失 180.84 吨。2016 年 5 月和 11 月，M 银行与 Z 电源公司协商，Z 电源公司出售剩余所有质押物价款 1036718 元，用于偿还借款本金。

2015 年 7 月 31 日，被盗 40 根铅条，价值 20000 元；2016 年 9 月 14 日，被盗 27 块铅块，价值 15000 元。

2017 年 8 月 23 日，M 银行提出两起诉讼，请求判决 Z 电源公司偿还借款及承兑汇票本息，同时请求严某、蒋某某、X 资产管理公司对上述借款本息承担连带偿还责任，安徽省明光市人民法院作出两份判决。该两份判决经强制执行，未找到可执行财产。2018 年 7 月 6 日，M 银行就 X 资产管理公司监管不力，导致质押物毁损灭失并造成借款本息损失提起诉讼，要求 X 资产管理公司在毁损灭失的质押物价值范围内承担赔偿责任。

【案件焦点】

1. 案涉质物是否实际交付，M 银行的质权是否设立及案涉质押监管协议是否有效；2. X 资产管理公司是否存在违约行为，是否应当对 M 银行主张的损失承担赔偿责任。

【裁判要旨】

安徽省明光市人民法院经审理认为：在合同履行中三方没有严格地执行约定的“交付”方式，三方的现实“交付”行为也不能视为法律意义上的物权交付。故 M 银行要求 X 资产管理公司承担质押物损失赔偿责任不予支持。

安徽省明光市人民法院依据《中华人民共和国合同法》第 365 条、第 367 条作出如下判决：

驳回 M 银行的诉讼请求。

M 银行不服一审判决，提起上诉。安徽省滁州市中级人民法院经审理认为：关于案涉质押监管协议法律关系性质的问题。M 银行作为质权人，Z 电源公司作为出质人，X 资产管理公司作为监管人签订案涉质押监管协议。案涉质押监管协议明确约定 X 资产管理公司履行接收、保管、监控质物的义务，监管期间，要求建立质物登记统计制度，建立完善的出入库台账登记记录，按照 M 银行的书面指示给予乙方提货等。根据上述合同约定，该质押监管协议具有保管合同义务的法律特征。

关于案涉质物是否实际交付，M 银行的质权是否设立及案涉质押监管协议是否有效的问题。案涉质押监管协议约定：X 资产管理公司接受 M 银行的委托并按照 M 银行的指示监管 Z 电源公司的质物。案涉质押监管协议签订之后，M 银行、Z 电源公司按照约定完成了对质物的移交占有，X 资产管理公司在《出质通知书（回执）》上明确认可 Z 电源公司已按照案涉质押监管协议交付质物，X 资产管理公司按照该协议接受质物并开始履行监管职责，并派出专人在 Z 电源公司仓库对 X 资产管理公司提供的质物进行监管，对 Z 电源公司每天进出的质物数量按照不低于最低价值的标准进行控制，即超过该最低价值的质物可以由 Z 电源公司出库，低于最低价值时按照 M 银行的书面指示和案涉质押监管协议的约定给予 Z 电源公司提货，从而完成了对质物的实际占有和管控，故案涉质物已经完成了实际交付，M 银行的质权从 X 资产管理公司实际控制质物之日起设立。案涉质押监管协议是各方当事人的真实意思表示，不违反法律法规禁止性规定，X 资产管理公司亦未举证证明协议存在《中华人民共和国合同法》第 52 条规定的合同无效情形，故该协议合法有效，当事人应当按照约定全面履行合同义务。

关于 X 资产管理公司是否存在违约行为，是否应当对 M 银行主张的损失承担赔偿责任，若承担，具体数额如何确定的问题。本案质物的短少包括三个部分：一是在 2015 年 10 月 10 日及 2016 年 4 月 28 日发生的案外人强行出库的短少；二是 2016 年 3 月 1 日至 5 月 17 日除案外人强行出库外发生的短少；三是 2015 年 7 月 31 日及 2016 年 9 月 14 日，因盗窃发生的短少。关于案外人强行出库发生短少的责任承担问题。X 资产管理公司在发生强行出库情况后 24 小时内及时通知 M 银行，并采取了适当应急措施，公安机关接警后亦不能有效制止；X 资产管理公司亦通知 Z 电源公司补齐质物。故由此产生的质物短少与 X 资产管理公司没有因果关系，其不存在违约行为，不应当承担赔偿责任。关于 2016 年 3 月 1 日至 5 月 17 日除案外人强行出库外发生短少的责任承担问题。对于该部分短少，X 资产管理公司辩称可能是统计错误或是在 Z 电源公司生产线上未予统计，不论是哪种情形，X 资产管理公司都存在违约行为。若是统计错误，X 资产管理公司未能及时发现质物价值减少，并于 24 小时内告知 M 银行，采取适当应急措施，存在违约行为；若是在生产线上未予统计，2015 年 10 月 10 日之后，质物的数量一直低于案涉质押监管协议最低价值要求，X 资产管理公司未举证证明系按照 M 银行的书面指示和案涉质押监管协议的约定给予 Z 电源公司办理提货，存在违约行为。综上，根据案涉质押监管协议第 10.1 条约定，X 资产管理公司应当对该部分短少承担赔偿责任。

关于盗窃发生短少的责任承担问题。根据案涉质押监管协议第 4.2 条、第 10.1 条约定，X 资产管理公司存在违约行为，应当对该部分短少承担赔偿责任。

关于赔偿数额确定问题。案涉质押监管协议对应一份《商品融资合同》、两份《银行承兑汇票承兑合同》。根据安徽省明光市人民法院作出的两份民事判决书，Z 电源公司应当偿还 M 银行：（1）借款本金 2961868.94 元及逾期利息（2015 年 11 月 5 日至 2016 年 11 月 28 日计 528711.24 元，2016 年 11 月 29 日至本息结清之日以

29618683.94 元为基数按逾期利率 12.6%计息）；（2）承兑汇票垫款本金 400 万元及利息（自 2015 年 11 月 5 日至本息结清之日以 200 万元为基数按日息万分之五计息，自 2015 年 11 月 6 日至本息结清之日以 200 万元为基数按日息万分之五计息）。2018 年 1 月 29 日，M 银行就上述两案向一审法院申请执行，5 月 31 日，一审法院未发现可执行财产裁定终结执行程序。案涉质押监管协议虽然约定质物单价为 13500 元/吨，但 2016 年 5 月 18 日至 11 月 18 日 M 银行实际处置剩余质物时单价为 10800 元/吨，鉴于 M 银行是在不能清偿的债权范围内对质物享有优先受偿的权利，故 X 资产管理公司应当承担赔偿责任的范围是 1988072 元（180.84 吨×10800 元/吨+20000 元+15000 元）。

安徽省滁州市中级人民法院依照《中华人民共和国民事诉讼法》第 170 条第 1 款第 3 项规定作出如下判决：

一、撤销安徽省明光市人民法院民事判决；

二、X 资产管理公司对安徽省明光市人民法院作出的两份民事判决书确定的原审第三人 Z 电源公司应当偿还的本金及利息不能清偿的部分在 1988072 元范围内向 M 银行承担赔偿责任；

三、驳回 M 银行的其他诉讼请求。

【适用解析】

动产质押监管合同属于《中华人民共和国民法典》（以下简称《民法典》）合同编未明文规定的非典型合同，《最高人民法院关于适用〈中华人民共和国民法典〉有关担保制度的解释》（以下简称《民法典担保制度解释》）第 55 条[①]规定弥

---

① 《最高人民法院关于适用〈中华人民共和国民法典〉有关担保制度的解释》第 55 条：债权人、出质人与监管人订立三方协议，出质人以通过一定数量、品种等概括描述能够确定范围的货物为债务的履行提供担保，当事人有证据证明监管人系受债权人的委托监管并实际控制该货物的，人民法院应当认定质权于监管人实际控制货物之日起设立。监管人违反约定向出质人或者其他人放货、因保管不善导致货物毁损灭失，债权人请求监管人承担违约责任的，人民法院依法予以支持。

在前款规定情形下，当事人有证据证明监管人系受出质人委托监管该货物，或者虽然受债权人委托但是未实际履行监管职责，导致货物仍由出质人实际控制的，人民法院应当认定质权未设立。债权人可以基于质押合同的约定请求出质人承担违约责任，但是不得超过质权有效设立时出质人应当承担的责任范围。监管人未履行监管职责，债权人请求监管人承担责任的，人民法院依法予以支持。

补了现行法律对于动产质押监管这一创新型融资模式规定的空白，对于解决此类新型案件有极大的作用。本案是一起典型的动产质押监管纠纷，此类案件一般表现为：质押物是否实际完成交付，债权人的质权是否设立；监管人在履约过程中是否存在违约行为，就违约行为如何向债权人承担赔偿责任等。

一、动产质押监管合同下质权的设立

根据《民法典担保制度解释》第55条规定，动产质押监管合同中动产质权的设立必须具备两个条件：一是监管人接受债权人委托监管货物；二是监管人实际控制质押的货物。动产质押监管实践中存在三种监管情形：监管人库监管、第四方库监管和出质人库监管。监管人库监管，一般是出质人将质物转移至监管人的仓库中或质物在质押监管合同签订前已在监管人仓库内存储，由监管人代理质权人占有质物，这种情况下应构成现实交付或简易交付，质权有效成立。第四方库监管一般是指质物已在第四方的仓库内存储，动产质押监管合同签订后，监管人至第四方处对质物进行监管。出质人库监管是目前运用最普遍的情形，如在本案中，涉案质物就存放于出质人仓库，由监管人派员监管，双方当事人争议的焦点之一就是涉案质物是否已经实际完成交付。

笔者认为，质物交付实质上是管理权和控制权的移交，而不能狭义地理解为空间上的转移。出质人库质押监管，虽然从表面上看质物仍由出质人占有，但实际上质物的进出库已受到严格的限制，尤其在未经监管人与质权人同意的情况下，出质人不能取走货物，故货物的管控权事实上已经发生移转，质权人实现了留置的效力，具备一定的公示作用，可以认定质权已经设立。本案中，X资产管理公司在《出质通知书（回执）》上明确认可Z电源公司已按照案涉质押监管协议交付质物，X资产管理公司按照该协议接受质物并开始履行监管职责，派出专人在Z电源公司仓库对Z电源公司提供的质物进行监管，对Z电源公司每天进出的质物数量按照不低于最低价值的标准进行控制，应认定完成了对质物的实际占有和管控，故案涉质物已经完成了实际交付，M银行的质权从X资产管理公司实际控制质物之日起设立。

二、动产质押监管合同下监管人的义务及司法认定

动产质押监管协议中对监管人义务的约定，是判断监管人是否存在违约行为的重要依据。实践中，监管人的义务包括以下几种：

（一）审查义务

监管人的审查义务是指对质押物的真实性进行审查，确保出质人交付的质物与质押合同及质押清单项下质物明细相一致，一旦发现出质人交付的质物存在问题，监管人应立即向质权人报告情况。监管人一般仅对质物外观或表面进行审查，若质押监管协议明确约定监管人对质物进行实质审查，则监管人就负有实质审查义务。本案中，Z 电源公司、M 银行向 X 资产管理公司发出出质通知书，X 资产管理公司在对质物进行外观审查后向 M 银行出具出质通知书回执，并附监管质物的清单。

（二）监管义务

动产质权设立后，监管人主要负担监督、建议出质人行为和管控质物进出库的义务，根据实际监管情况适时履行建议义务、监控义务、保管义务、通知义务、报告义务、阻止义务等监管义务，排除出质人对质物的绝对支配，随时掌控进出仓库质物的数量、质量、价值量等，保证被监管质物价值不低于最低价值控制线。本案中，案涉质押监管合同约定监管人必须履行的监管义务如：（1）妥善保管质物。监管期间，因各种原因质物发生短少、损毁、变质、灭失等均可能影响甲方权益的情形，丙方应当在 24 小时内通知甲方和乙方，并采取适当的应急措施。（2）建立质物登记统计制度，定期对质物进行查验、核对种类、清点数目、检查包装和标识；建立完善的出入库台账登记记录，对质物的出入库时间、数量以及质物的现状进行记录。

三、动产质押监管合同下监管人的赔偿责任

《民法典担保制度解释》第 55 条规定监管人承担两种赔偿责任：一是在质权设立的情况下，监管人违反约定向出质人或者其他人放货、因保管不善导致货物毁损灭失的违约责任；二是在质权未设立的情况下，监管人未履行监管职责的赔偿责任。具体到本案，质物的短少包括三个部分：一是在 2015 年 10 月 10 日及 2016 年 4 月 28 日发生的案外人强行出库的短少；二是 2016 年 3 月 1 日至 5 月 17 日除案外人强行出库外发生的短少；三是 2015 年 7 月 31 日及 2016 年 9 月 14 日，因盗窃发生的短少。针对第一部分短少，X 资产管理公司适时地履行了监督义务、建议义务、管控义务、风险提示义务、报告义务、阻止义务及穷尽合法手段不能避免质物毁损、灭失，其公司已经履行了监管义务，无须承担赔偿责任。针对第二部分短少，根据案涉质押监管协议约定，X资产管理公司未能及时发现质物价值减少，并于24小时内告知M银行，采取适当应急措施，存在违约行为；另外，2015年10月10日之后，质物的数量一直低于案涉质押监管协议最低价值要求，X资产管理公司未按照M银行的书面指示和案涉质押监管协议的约定给予Z电源公司办理提货，存在违约行为，X资产管理公司按约定承担违约责任。针对第三部分短少，根据案涉质押监管协议约定，X资产管理公司未能履行妥善保管义务，应当承担违约责任。

编写人：安徽省滁州市中级人民法院　周颖竹

【第61条　应收账款的质押】

36

通过伪造公司印章形成对账单办理的应收账款质押效力剖析

——X商贸公司诉黄某等第三人撤销之诉案

【基本信息】

1. 裁判书字号

广西壮族自治区柳州市中级人民法院（2020）桂02民终34号民事判决书

2. 案由：第三人撤销之诉纠纷

3. 当事人

原告（上诉人）：X商贸公司

被告（被上诉人）：黄某、陈某、J塑料制品厂

【基本案情】

J塑料制品厂系个体工商户，经营者为陈某。2014年12月24日，J塑料制品厂、陈某与黄某签订《借款保证协议书》，约定向黄某借款106万元，同日，黄某

向各方确认的指定账户即苏某某名下7741账户转入100万元，形成相应金额的建行转账凭条。2015年5月22日，黄某与J塑料制品厂、陈某签订《应收账款质押合同》，约定以J塑料制品厂对D饮食管理公司享有的100万元应收账款质押给黄某。2015年5月26日，黄某、J塑料制品厂及陈某就应收账款质押普通贷款业务在中国人民银行征信中心进行动产权属统一登记，登记证明编号尾数为47××，登记质押财产的价值为100万元。

2015年6月10日，黄某就《借款保证协议书》项下借款债权以J塑料制品厂、陈某为被告，向柳州市柳南区人民法院（以下简称柳南法院）提起民间借贷纠纷诉讼，形成案件（以下简称14××号案）。黄某起诉请求陈某与J塑料制品厂共同向其归还借款本金100万元及支付利息，并主张对编号为47××应收账款质押登记证明项下的应收账款享有优先受偿权。在该案审理期间，J塑料制品厂因与D饮食管理公司买卖合同纠纷一案诉至柳州市城中区人民法院（以下简称城中法院），该院于2015年6月17日作出调解书（以下简称75×号案），确认D饮食管理公司向J塑料制品厂返还作为保证金的货款90万元及利息3万元。2015年6月18日，黄某与J塑料制品厂、陈某再次签订《应收账款质押合同》，并于2015年6月29日在征信中心进行变更登记，登记证明编号尾数为91××，登记质押财产的价值为90万元。之后，柳南法院针对债权人黄某一案的借款事宜进行了审查，并根据变更后的应收账款质押登记于2015年7月28日作出1491号民事判决书，判决：一、J塑料制品厂、陈某共同向黄某偿还借款本金100万元及利息；二、黄某对征信中心动产权属统一登记—变更登记，登记编号尾数为91××的应收账款质押项下的应收账款享有优先受偿权。

2015年7月16日，X商贸公司因与J塑料制品厂买卖合同纠纷诉至柳南法院，形成案件（以下简称48×号案）。在该案中，柳南法院根据X商贸公司的保全申请，于2015年7月16日作出民事裁定书，裁定冻结J塑料制品厂暂留存在D饮食管理公司的应收货款93万元，柳南法院于2015年7月17日向D饮食管理公司送达查封裁定。其后，该院于2015年11月16日作出48×号案民事判决书，判决J塑料制品厂向X商贸公司支付货款567300元及违约金。

2018年6月6日，柳州市柳南区人民检察院（以下简称柳南检察院）作出柳南检公诉刑不诉〔2018〕22号不起诉决定书。决定书查明：2015年5月，陈某在多次向D饮食管理公司要回93万元供货保证金无果的情况下，伪造一枚“D饮食管理公司”印章，并在双方确认的对账单上加盖该枚印章，用该对账单办理了应收账款质押手续及向法院起诉D饮食管理公司索要保证金，柳南检察院认为陈某的犯罪情节轻微，具有坦白情节，决定对陈某不起诉。

X商贸公司认为，黄某无权就陈某伪造D饮食管理公司印章所办理的质押登记享有优先受偿的权利，且陈某伪造印章的行为造成X商贸公司的债权未能得到执行，侵害了该公司合法权益。此外，黄某与苏某某2014年12月24日的银行流水显示，当日，系先由苏某某名下账户向黄某名下账户转款100万元后，再由黄某向苏某某转回此款，X商贸公司认为陈某实际并未向黄某借款100万元，而是套用了其与苏某某的资金往来凭据伪造该案所谓的借款关系，属于捏造事实的虚假诉讼，该公司遂于2018年11月16日向一审法院递交起诉材料，请求撤销14××号案民事判决书，形成本案第三人撤销之诉。

柳南法院经审查后对X商贸公司的第三人撤销主张予以驳回，该公司不服上诉至柳州中院。柳州中院在二审期间查明如下事实：

其一，黄某、苏某某、浦某某以及黄某的母亲曾某某，在2014年12月24日至12月29日围绕案涉100万元存在8次关联转款。苏某某、黄某、曾某某均自认，款项最初由黄某向银行贷款后转入指定对手浦某某名下账户，最后由曾某某应黄某的要求在第8次流转中接收了权属属于黄某的款项，而黄某在14××号案中所提交自己向苏某某转入100万元建行转账凭条对应的转款行为，实为其中的第3次倒账。

关于黄某、苏某某一方与陈某、J塑料制品厂之间的债权债务关系，陈某在14××号案的审理中对黄某的诉请金额、所举证据及相应借贷关系均予以认可，在本案一审中，陈某表示其系向黄某借款用于偿还欠苏某某的债务，但是，陈某于2017年9月13日在河西刑侦队制作的讯问笔录中，就所欠黄某一方的债务金额却称仅有共计54万元左右。对此，X商贸公司在本案二审申请的证人丁某某陈述称，其曾听黄某、苏某某表示，陈某、J塑料制品厂所欠苏某某、黄某一方借款约50万元，并未听说双方有金额达到100万元的债权债务关系，X商贸公司认为丁某某的证言基本属实。

2014年12月24日至12月29日，黄某、苏某某、浦某某、曾某某之间倒账经过

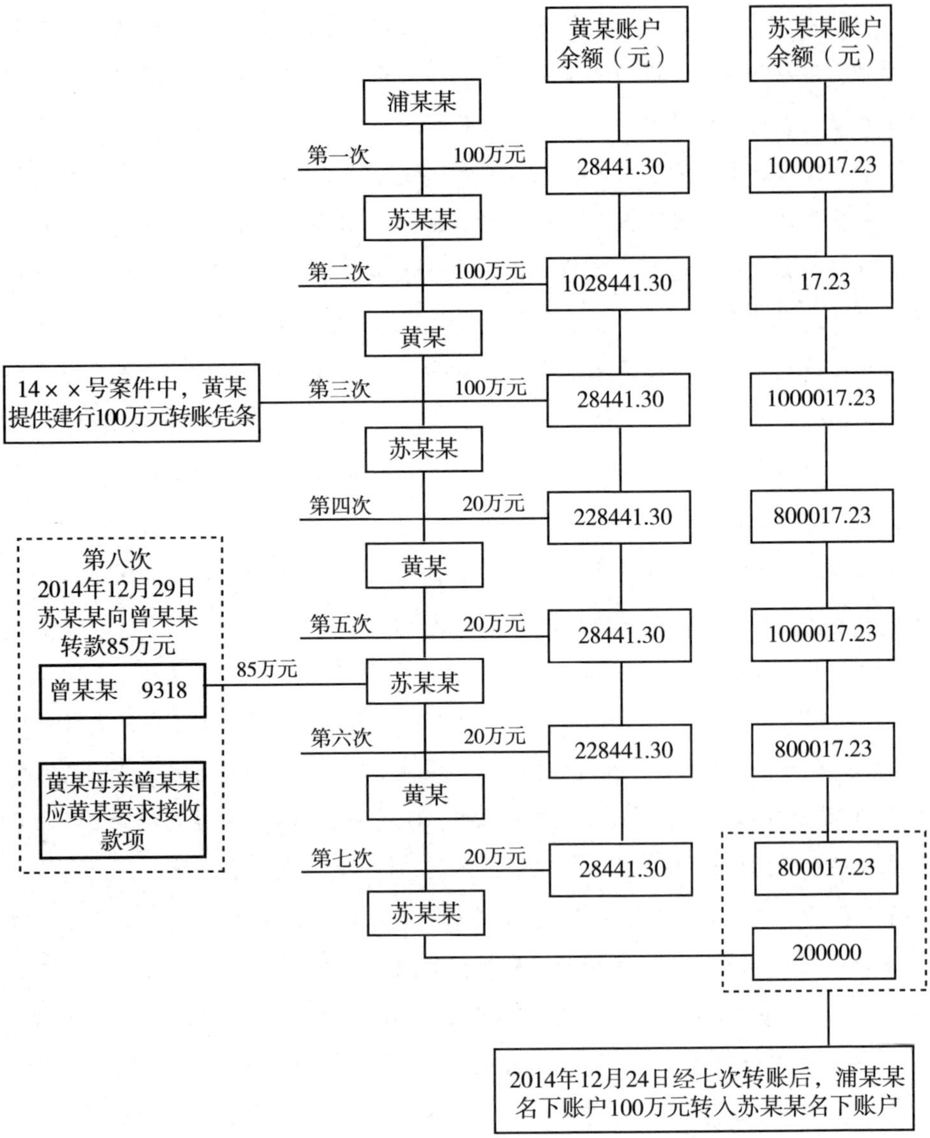

其二，黄某为证实在《借款保证协议书》签订之前，陈某、J塑料制品厂负有金额达到100万元的借款债务，故而在本案一审时提交了四笔借款的借款合同或债权凭证（详见下表一）。证人苏某某对相应合同及债权凭证原件均予以认可，并表示自己才是实际出借人，所出借款项系以现金或转账的方式交付。黄某、陈某对苏某某以上自认予以认可。

表一　黄某提交陈某与苏某某之间贷款债权凭证整理

	时间	合同或债权凭证	记载出借人	借款人	约定金额	约定借款期间	备注
1	2012.3.19	《借条》	潘某	陈某	4万元	《借条》落款当日起	
		《现金收条》					
2	2012.11.28	《借款合同》	苏某某	陈某	20万元	2012.11.28~2013.1.27	
		《借条》					
3	2013.4.10	《借款合同》	卢某	陈某	10万元	2013.4.10~2013.6.10	
		《借条》					
4	2013.11.12	《借款合同》	黄某	陈某	40万元	2013.11.12~2014.1.12	1. 本案一审中，黄某明确表示此款与黄某当日转账给陈某的18.4万元并非同一笔借款
		《收条》					2. 本案二审中，黄某与苏某某均认可，此款与黄某当日转账给陈某的18.4万元为同一笔借款，此笔40万元的借款中，除向陈某转账的18.4万元外，其余款项均系以现金交付的
合计			75万元				

其三，在14××号案及本案一审、二审期间，黄某与苏某某就《借款保证协议书》项下黄某对陈某、J塑料制品厂所享有债权的性质作出了不同的陈述。二人称黄某实际对苏某某享有100万元的借款债权，而《借款保证协议书》实为苏某某将对陈某、J塑料制品厂原享有的债权转让给黄某，形成苏某某用转让债权清偿对黄某所负100万元借款债务的事实。

黄某为证实确实对苏某某享有100万元借款债权，在本案一审中提交了其名下银行账户流水，称双方借款关系始于2012年8月18日，黄某于当日取款34万元后将其中的17.5万元现金出借给苏某某。至于黄某主张对苏某某享有的其余借款债权，具体如下表二：

表二　黄某一审中提交与苏某某之间五笔债务对应流水

	日期	金额（元）	主张出借款项		归还/倒账金额（元）	剩余金额（元）
			支付方式及对手信息	金额（元）		
第一笔	2012/8/18	175000	现金	175000	0	175000
第二笔	2013/7/31	600000	黄某转苏某某	600000		
	2013/8/2	400000	苏某某转黄某		400000	200000
第三笔	2013/8/20	400000	黄某转苏某某	400000		
	2013/9/9	400000	苏某某转黄某		400000	
	2013/9/11	400000	黄某转苏某某	400000		400000
第四笔	2013/10/31	300000	黄某转苏某某	300000		
	2013/11/4	240000	苏某某转黄某		240000	60000
第五笔	2013/11/12	184000	黄某转陈某	184000		184000

黄某称表中2013年11月12日的第5笔借款，系根据苏某某的要求向陈某转入18.4万元，此为黄某借给苏某某20万元借款扣除1.6万元利息后，再由苏某某出借给陈某，黄某在一审中还明确表示，此次转款并非黄某与陈某于2013年11月12日签订金额为40万元的《借款合同》及相应《收条》项下苏某某出借给陈某的款项，即款项并非指向于前表一中第4笔40万元的借款。

但是在二审询问中，黄某与苏某某对二人间借款关系的具体构成进行了重新表述，并称前述第二笔中的40万元，以及第三笔中二人三次关于40万元的转款均属于倒账；第五笔中的18.4万元，实为陈某与苏某某之间当日形成的借款，即为黄某与陈某于2013年11月12日签订金额为40万元的《借款合同》及相应《收条》项下苏某某出借给陈某的第4笔借款。

黄某与苏某某最终确定二人间借款具体如下：第一笔，2012年8月18日，形成17.5万元借款关系；第二笔，2013年7月31日，形成60万元借款关系；第三笔，2013年10月31日，形成6万元借款关系。

关于相应还款，苏某某自认，黄某名下银行账户流水显示，2012年8月18日之前由自己向黄某转入的3500元均系其向黄某支付的利息，该流水记录中有规律的具体金额，以及2013年9月27日至2014年9月19日九次向黄某转入的1.6万元，亦均系按2%/月标准支付的利息。黄某对苏某某的此部分陈述予以认可。

【案件焦点】

1. X 商贸公司是否为本案第三人撤销之诉的适格原告；2. 14××号民事判决是否应予以撤销，如撤销前述生效判决，又应如何裁判。

【裁判要旨】

广西壮族自治区柳州市柳南区人民法院经审理认为，关于焦点一，原告主体是否适格，一直系第三人撤销之诉纠纷首要审查的问题。根据《中华人民共和国民事诉讼法》第 56 条第 3 款，以及《最高人民法院关于〈中华人民共和国民事诉讼法〉的解释》第 292 条的规定可知，提起第三人撤销之诉的主体应当是对当事人双方的诉讼标的有独立请求权的第三人，或者对该诉讼标的虽没有独立请求权，但案件处理结果与其有法律上利害关系的无独立请求权第三人。同时，第三人撤销之诉的请求成立，必须满足以下四个条件：其一，因不能归责于本人的事由未参加诉讼；其二，发生法律效力的判决、裁定、调解书的全部或者部分内容错误；其三，发生效力的判决、裁定、调解书内容错误损害该第三人的民事权益；其四，应当知道或者知道其民事权益受到损害之日起六个月内，向作出生效裁判的法院提起撤销诉讼。关于 X 商贸公司在本案中对生效民事判决提起撤销权之诉是否具备原告主体资格的认定，关键在于该案的判决结果是否错误或部分错误，并侵害了其权利。由于 14××号民事判决书认定黄某对陈某、J 塑料制品厂享有借款债权，并对案涉保证金应收账款享有优先受偿的权利，而 48×号生效判决亦认定 X 商贸公司对 J 塑料制品厂享有债权，且该案确实查封了前述应收账款，再结合两案的执行情况来看，尚未能查明陈某、J 塑料制品厂还存在其他可供执行的财产或具有充足的清偿能力，则 14××号生效裁判文书认定的主债权金额，以及黄某享有的优先受偿权是否合法有效，对 X 商贸公司债权的实现具有利害关系。又因，不起诉决定书认定陈某伪造 D 饮食管理公司印章并在对账单上加盖该枚印章后，用对账单办理了应收账款质押手续以及向法院起诉 D 饮食管理公司索要保证金，陈某实施了《中华人民共和国刑法》第 280 条第 2 款规定的伪造公司印章罪的行为，因此，该刑事案件的认定结果及在侦查中查明的事实，对 14××号生效判决的认定是否有影响，亦将涉及 X 商贸公司债权的实现。再从不起诉决定书作出的时间来看，自柳南检察院不起诉决定书作出之日至该公司向一审法院提起本案诉讼尚未超过 6 个月，X 商贸公司提起本案第三人撤销之诉符合《中华人民共和国事诉讼法》第 56 条第 3 款规定的期限，一审法院认为X商贸公司系本案第三人撤销之诉原告主体适格的观点正确，二审法院予以维持。

关于焦点二，黄某与陈某、J塑料制品厂之间的民间借贷法律关系有《借款保证协议书》《应收账款质押合同》及转款凭证为据，从黄某提交的证据以及苏某某的证言可知二人存在经济往来，故X商贸公司提供的证据不足以推翻生效民事判决的认定，该院判决驳回X商贸公司的撤销主张。

广西壮族自治区柳州市中级人民法院首先查明，黄某、苏某某等四人围绕案涉100万元实际进行了8次流转，案涉100万元建行转账凭条仅系当日倒账中的一次转款环节，故14××号民事判决根据该转账凭条认定黄某已履行出借款义务的观点错误。其后，黄某与苏某某进一步辩称，围绕案涉《借款保证协议书》各方实际形成了债权转让的法律关系，即苏某某向黄某转让了对陈某、J塑料制品厂享有的100万元借款债权，与之同时结清了苏某某欠黄某的借款债务。故本案审理至此，须进一步审查黄某与苏某某之间，以及苏某某与陈某、J塑料制品厂之间的债权债务关系，并围绕债权转让法律关系的构成要件，查明在《借款保证协议书》形成之日即2014年12月24日，苏某某对陈某及J塑料制品厂是否享有债权金额达到100万元的可合法转让债权。经对黄某与苏某某之间数年银行流水以及苏某某与陈某之间债权凭证项下借款逐笔进行分析，综合全案证据均尚不足以证实前述待证事实，亦未能证实截至2014年12月24日前黄某累计对苏某某享有金额达到100万元的借款债权，二审法院依据《最高人民法院关于〈中华人民共和国民事诉讼法〉解释》第90条的规定，对黄某与苏某某的抗辩观点不予采信，该案生效判决应予以撤销。

又因，本案同时查明，陈某在数年间向苏某某陆续出具了金额合计为74万元的债权凭证，且有银行流水佐证陈某确实获得了部分转款，而X商贸公司对其自行申请证人丁某某陈述陈某、J塑料制品厂欠黄某、苏某某约50万元债务的证言未持异议，再结合陈某在刑事案件侦查过程中自认尚欠黄某54万元借款，从前述74万元债权凭证中扣减黄某、苏某某自认尚未足以证实的20万元现金出借款，剩余相应债务金额与陈某自认的欠款吻合，亦未与X商贸公司申请证人的证言相违背。据此，二审法院参照《最高人民法院关于〈中华人民共和国民事诉讼法〉解释》第108条第1款的规定，并综合各方的举证、质证意见及证人证言，对陈某自认的借款债权本金54万元予以采信。

二审法院认为，陈某在办理案涉应收账款质押时提交的对账单上虽使用了伪造的D饮食管理公司印章，但该行为并不影响陈某、J塑料制品厂与黄某之间质押合意的形成，各方已签订了书面《应收账款质押合同》，且在中国人民银行征信中心的登记公示系统办理了出质登记，在应收账款债权金额发生变动后又在登记公示系统办理了变更登记，则登记编号为91××应收账款质权的设立，符合《中华人民共和国物权法》第228条规定的设立条件，故黄某有权就已依法设立的质押担保物权，在本案所认定的债权范围内享有优先受偿的权利。

二审法院根据另查明的事实，一并撤销本案一审判决及14××号生效民事判决，改判陈某、J塑料制品厂向黄某返还借款本金54万元及支付利息，同时判令黄某有权就前述债权在登记编号为91××应收账款项质押项下，享有优先受偿的权利。

【适用解析】

《中华人民共和国物权法》实施以前，应收账款在我国只是作为会计学上的一个概念被应用，没有被明确规定在《中华人民共和国担保法》之中作为一种融资担保的工具发挥其潜在价值，但《中华人民共和国担保法》在第75条第4项规定，“依法可以质押的其他权利”亦可成为权利质押的标的，此项弹性条款在立法上对其他权利成为权利质权标的预留了相应的空间。2007年《中华人民共和国物权法》的正式实施，历史性地将应收账款吸纳为权利质权的范围，为经济主体的融资拓宽了新的担保渠道。《中华人民共和国物权法》第228条第1款规定：“以应收账款出质的，当事人应当订立书面合同。质权自信贷征信机构办理出质登记时设立。”根据该条的规定可知，应收账款出质，应当符合书面要式条件，以及需满足至信贷征信机构办理登记的设立条件。《中华人民共和国民法典》第445条不仅延续了《中华人民共和国物权法》的做法，在权利质权项下规定了应收账款质押，还将应收账款的范围扩充为包括现有的以及将有的应收账款，扩大了应收账款质押的范围，给予经济主体更为广阔的融资途径。

应收账款质权作为基于合同产生的普通金钱债权质权的一种，被纳入民法典担保物权分编之中，可知其兼具物权和债权两种特征。一方面，应收账款质权作为一类担保物权，当债务人不履行到期债务或发生当事人约定实现担保物权的情形时，质权人可就质押标的的交换价值享有优先受偿的权利；另一方面，应收账款质权实质上是以一种请求担保另一种请求权的实现，而主债权人的债权能否实现，最终依赖于次债务人即应收账款债务人的履行[①]。因此，《中华人民共和国民法典》所确立应收账款质权的实现，同质权指向的出质人与应收账款债务人的基础债权，以及出质人与质权人之间的主债权均密不可分。在此法律意义上，质权可解读为以债权为基础的担保物权，质权的实现依赖于前述两个债权均真实存在且有效，而其担保功能相对有限，明显不如以特定有体物设立的物权担保安全可靠[②]。如在本案例中，J塑料制品厂与D饮食管理公司的保证金债权以及黄某基于债权转让对J塑料制品厂享有的债权是否真实有效，均对黄某案涉优先受偿请求权是否能获得支持具有影响，而黄某权利最终的实现程度又依赖于D饮食管理公司的实际履行。

我国立法虽已对应收账款质押制度予以明确，然而对质权人权利的最终实现，尤其是出质人与应收账款债务人之间债权争议的解决并未作出明确规定。应收账款质押设立，无论是《中华人民共和国物权法》还是之后的《中华人民共和国民法典》，均采取了书面合同加登记的方式。书面的质押合同，一方面，体现了出质人与质权人之间一致的合意；另一方面，在发生纠纷时能很好地起到证据的作用，至于质押合同的效力，仍属于民法典民事法律行为一章或合同编调整的范畴。而关于质押登记，实则是应收账款质押担保物权属性公示原则的体现，旨在于规范对质押人、出质人以及应收账款债务人之外第三人的效力。《中华人民共和国民法典》第445条虽未规定应收账款质押的登记机构，但《中华人民共和国民法典》如此规定并不代表对《中华人民共和国物权法》原有规定登记机构的否定，而是在有关法律、行政法规没有新的规定时，原有登记机构继续负有应收账款质押登记的职责，当然，此举也是为了下一步统一有关担保物权或者权利质权的登记机构预留空间[③]。

---

① 最高人民法院民法典贯彻实施工作领导小组主编：《中华人民共和国民法典物权编理解与适用》（下），人民法院出版社2020年版，第1273页。

② 张晓磊：《应收账款质押制度的司法认知》，载《人民司法》2016年34期。

③ 最高人民法院民法典贯彻实施工作领导小组主编：《中华人民共和国民法典物权编理解与适用》（下），人民法院出版社2020年版，第1273~1274页。

《最高人民法院关于适用〈中华人民共和国民法典〉有关担保制度的解释》第61条针对前述情况，就应收账款质押制度在审判实务操作中的具体适用，指出了清晰的裁判方向。从该条规定内容来看，前三款是对现有应收账款质押作出的规定，其中第2款，即针对应收账款债务人在未确认应收账款的真实性时，进一步明确了质权人的举证证明责任。《中华人民共和国民法典》虽规定将登记作为应收账款质权设立的条件，但应收账款质押涉及质权人、出质人以及应收账款债务人三方主体，《中华人民共和国民法典》并未要求应收账款债务人参与至出质登记办理的环节之中，且笔者在前文已经分析，中国人民银行征信中心的应收账款质押登记系统实际仅具有警示和确定优先顺位的功能，并不能像不动产登记簿那样具有公信力，导致质权人权利的实现最终依赖于债权的真实有效以及应收账款债务人的履行，因此办理质押登记这一事实本身并不当然意味着应收账款真实存在，在质权人不能举证证明应收账款真实存在的情况下，其仍然不能就应收账款优先受偿。据此，《最高人民法院关于适用〈中华人民共和国民法典〉有关担保制度的解释》第61条第2款规定，“……质权人不能举证证明办理出质登记时应收账款真实存在，仅以已经办理出质登记为由，请求就应收账款优先受偿的，人民法院不予支持”。该条款以司法解释的形式明确了质权人对应收账款在办理出质时的真实存在负有举证证明责任，为因《中华人民共和国民法典》与现行应收账款出质登记模式均仅将质权人与出质人作为出质关系的当事人，并未将应收账款债务人作为参与者纳入应收账款质押法律关系之中，以及应收账款质押登记簿不具有公信力等原因，导致真实权利状态与登记权利状态不一致所造成纠纷的解决，提供了明确的裁判思路，对质权人应收账款质权的实质行使提供了司法指引。

回归至本案中，判断黄某主张的应收账款债权是否依法设立，仍需紧扣应收账款质押担保物权设立的法定构成要件进行审查，一方面需查明是否符合书面要式要求，另一方面需审查当事人是否至信贷征信机构办理出质登记，又因本案尚无证据证实应收账款债务人曾向质权人黄某确认应收账款的真实性，则质权人黄某仍应举证证明案涉应收账款在办理出质登记时相应债权真实存在。具体而言，首先，陈某虽在办理案涉应收账款质押登记时，实施了《中华人民共和国刑法》第280条第2款的行为，并将盖有伪造D饮食管理公司印章的对账单作为办理质押登记的材料之一予以提交，但陈某涉嫌伪造公司印章罪的行为，以及部分应收账款质押登记材料的瑕疵，并不影响陈某与黄某约定将J塑料制品厂对D饮食管理公司享有的保证金债权，作为陈某、J塑料制品厂所负黄某债务的担保并办理应收账款出质登记而达成的合意，且黄某与陈某、J塑料制品厂签订了书面的《应收账款质押合同》，亦在办理出质登记时将该合同向信贷征信机构的登记公示系统提交，则本案已符合应收账款设定的法定要式条件。其次，黄某与陈某、J塑料制品厂就约定予以出质的应收账款已在登记公示系统办理了出质登记，在75×号案生效调解书确认D饮食管理公司向J塑料制品厂返还保证金及利息债权合计93万元后，再根据生效文书确定的债权金额，将质押财产的价值在登记公示系中变更登记为90万元，则编号为91××应收账款的出质登记行为，符合应收账款质押制度法定的公示条件，相应质权已依法设立。最后，关于在办理出质登记时出质人与应收账款债务人之间的债权，以及质权人与出质人之间债权方面的审查。一方面，D饮食管理公司对陈某伪造其公司印章的行为虽进行了报案，但该公司对尚欠陈某、J塑料制品厂保证金债务的事实予以认可，并且本案已经充分论证，黄某对陈某的确享有真实的债权，则案涉质权人与出质人协商作为担保的债权真实存在，并非虚假；另一方面，当事人约定出质债权的金额，虽与人民法院的认定结果不一致，但黄某基于债权转让对陈某、J塑料制品厂享有的债权亦真实存在，且本案不具有民事法律行为或合同无效的情形，故综合全案证据举证足以证实在办理出质登记时，出质人与应收账款债务人之间以及质权人与出质人之间，均具有真实有效的债权，则黄某就已依法设立的质押担保物权，在本案所认定的债权范围内，享有优先受偿的权利。

编写人：广西壮族自治区柳州市中级人民法院　李婷婷

第四部分　非典型担保

【导言】[①]

1. 关于所有权保留

在分期付款买卖中，当事人约定在标的物交付买受人后由出卖人继续保留所有权的情况在实践中较为常见。出卖人保留所有权的目的，显然是担保价款债权的实现，因此出卖人保留的所有权被认为是一种非典型担保物权。关于所有权保留买卖，合同法已有明确规定，但由于合同法没有规定公示方式，因此第三人无法从外观上识别出卖人所保留的所有权，从而对第三人的交易安全构成了一定的威胁。《中华人民共和国民法典》（以下简称《民法典》）为消除此种隐形担保，明确规定出卖人保留的所有权非经登记，不得对抗善意第三人（第 641 条第 2 款）。不仅如此，在同一标的物上存在数个担保物权时，即使其中有出卖人保留的所有权，也应根据《民法典》第 414 条第 2 款的规定处理数个担保物权之间的清偿顺序。

值得注意的是，为了确保出卖人保留的所有权发挥其担保价款债权实现的功能，《民法典》第 642 条第 1 款不仅规定了出卖人可以取回标的物的几种情形，而且于该条第 2 款规定在发生出卖人可以取回标的物的情形下，出卖人可以与买受人协商取回标的物；协商不成的，可以参照适用担保物权的实现程序。对此，一种意见认为，在当事人就出卖人取回标的物协商不成的情形下，出卖人只能请求参照担保物权的实现程序，申请人民法院拍卖、变卖标的物并就所得价款受偿。笔者认为，《民法典》第 642 条第 2 款规定的“可以”不能理解为“只能”，因此，在当事人不能协商取回标的物时，《民法典》实际上一方面允许当事人通过非讼程序的

---

① 林文学、杨永清、麻锦亮、吴光荣：《〈关于适用民法典有关担保制度的解释〉的理解和适用》，载《人民司法》2021 年第 4 期。

方式实现担保物权，另一方面也允许出卖人通过诉讼取回标的物。

问题在于，如果出卖人不通过非讼程序实现担保物权，而是径行通过诉讼请求取回标的物，是否存在损害买受人利益的可能？从实践的情况看，出卖人不能通过协商一致取回标的物，往往是因为买受人已经支付了大部分价款，且标的物的价值又超过买受人欠付的价款及其他费用，买受人担心出卖人取回标的物后自己无力依据《民法典》第643条进行回赎，而出卖人又不以合理价格转卖标的物并将超过欠付价款及其他费用的部分返还自己，将导致买受人的利益受到损害。为了避免上述情形的发生，笔者认为，如果出卖人不通过非讼程序请求人民法院拍卖、变卖标的物并以所得价款受偿，而是以诉讼的方式请求取回标的物，则应根据买受人是否提出抗辩或者反诉来审理案件：如果出卖人虽然有权取回标的物，但买受人反诉请求出卖人将标的物价值超过欠付价款及其他费用的部分予以返还，或者出卖人虽然有权取回标的物，但买受人抗辩标的物的价值大于欠付价款及其他费用，请求人民法院拍卖、变卖标的物，则人民法院对于买受人的主张应一并予以处理。

当然，无论是出卖人通过协商还是诉讼取回标的物，根据《民法典》第643条的规定，买受人一方面有权在合理期间回赎标的物，也有权在放弃回赎后请求出卖人以合理价格转卖标的物并将超过买受人欠付价款及其他费用的部分予以返还。如果出卖人不以合理价格转卖标的物并将超过买受人欠付价款及其他费用的部分返还给买受人，买受人也仍然有权请求参照担保物权的实现程序，申请人民法院拍卖、变卖标的物。

2. 关于融资租赁

在融资租赁中，出租人对租赁物享有的所有权亦具有担保功能。与对待所有权保留一样，《民法典》为消除隐形担保，于第745条规定："出租人对租赁物享有的所有权，未经登记，不得对抗善意第三人。"此外，《民法典》第752条规定，如果承租人经催告后在合理期限内仍不支付租金的，出租人既可选择请求支付全部租金，也可以选择解除合同，收回租赁物。值得注意的是，与关于所有权保留的规定有所不同，《民法典》在这里不仅明确了收回租赁物的前提是解除合同，也没有规定如果当事人就租赁物的取回协商不一致，可以请求参照适用担保物权的实现程序。可见，《民法典》对于融资租赁出租人所享有的所有权，在其担保功能的实现上采取了不同于所有权保留的思路。据此，如果承租人欠付租金导致出租人有权解除合同并收回租赁物，而双方无法就合同解除和租赁物的收回达成一致，出租人自可起诉到人民法院，请求解除合同并收回租赁物。

不过，如果当事人约定租赁期限届满租赁物归承租人所有，且承租人已经支付大部分租金，只是无力支付剩余租金，此时出租人享有的所有权就与出卖人保留的所有权极为类似，都可能涉及承租人的利益保护问题。也正因如此，《民法典》第758条规定，出租人因此解除合同收回租赁物，收回的租赁物的价值超过承租人欠付的租金以及其他费用的，承租人可以请求相应返还。问题是，如果当事人就租赁物的价值发生争议，如何确定租赁物的价值？显然，由于融资租赁出租人的目的是解除合同收回租赁物，因此承租人不能主张参照适用担保物权的实现程序由人民法院通过拍卖、变卖来确定租赁物的价值，也不能在诉讼程序中请求人民法院对租赁物进行拍卖、变卖来确定租赁物的价值。关于租赁物的价值，笔者的意见是，融资租赁合同有约定的，按照其约定；融资租赁合同未约定或者约定不明的，可以根据约定的租赁物折旧以及合同到期后租赁物的残值来确定；如果根据前述方法仍难以确定，或者当事人认为依照前述方法确定的价值严重偏离租赁物实际价值的，可以请求人民法院委托有资质的机构评估。

3. 关于保理

依据《民法典》第761条的规定，保理合同是应收账款债权人将现有的或者将有的应收账款转让给保理人，保理人提供资金融通、应收账款管理或者催收、应收账款债务人付款担保等服务的合同。需要说明的是，该条所谓保理人提供的应收账款债务人付款担保服务，系指保理人就应收账款债务人的付款义务向债权人提供担保，它是保理服务的常见内容之一，但这并非保理合同本身的担保功能。保理合同的担保功能仅仅存在于有追索权的保理，因为无追索权保理仅仅是保理人为赚取应收账款与保理融资款之间的差价而受让应收账款。根据《民法典》第766条的规定，在有追索权的保理中，保理人可以向应收账款债权人主张返还保理融资款本息或者回购应收账款债权，也可以向应收账款债务人主张应收账款债权；保理人向应收账款债务人主张应收账款债权，在扣除保理融资款本息和相关费用后有剩余的，剩余部分应当返还给应收账款债权人。可见，在有追索权的保理中，应收账款虽然名义上已经转让给保理人，但其目的在于担保保理人对应收账款债权人所享有的保理融资款本息。就此而言，有追索权的保理与应收账款质押一样，其功能都是为了担保债权的实现。也正因如此，与同一应收账款可能发生多次质押或者多次转让一样，同一应收账款也可能发生多重保理。对此，《民法典》第768条规定："应收账款债权人就同一应收账款订立多个保理合同，致使多个保理人主张权利的，已经登记的先于未登记的取得应收账款；均已经登记的，按照登记时间的先后顺序取得应收账款；均未登记的，由最先到达应收账款债务人的转让通知中载明的保理人取得应收账款；既未登记也未通知的，按照保理融资款或者服务报酬的比例取得应收账款。"尽管本条针对的是就同一应收账款订立多个保理合同的情形，但考虑到实践中也可能发生就同一应收账款同时存在保理、应收账款质押或者债权转让的情形，故上述规则应类推于就同一应收账款同时存在保理、应收账款质押或者债权让与的场合。

此外，需要说明的是，《民法典》第766条规定当事人约定有追索权保理的，保理人可以向应收账款债权人主张返还保理融资款本息或者回购应收账款债权，也可以向应收账款债务人主张应收账款债权。据此，保理人分别以应收账款债权人和债务人为被告提起诉讼，人民法院应予受理。问题是，如果保理人以应收账款债权人或者应收账款债务人一并提起诉讼，人民法院是否应予受理？对此存在争议。笔者认为，有追索权的保理实质上是应收账款债权人为保理人不能从应收账款债务人处收回约定的债权而提供的担保，这也是有追索权的保理被视为其他具有担保功能的合同的原因。既然是担保，自应适用担保的一般规则，即保理人应有权同时起诉应收账款债务人和债权人。从类案检索的情况看，有追索权的保理合同纠纷中，此类案件中保理人一般都会将应收账款的债权人和债务人作为共同被告一并提起诉讼，故本解释规定："保理人一并起诉应收账款债权人和应收账款债务人的，人民法院可以受理。"

4. 关于让与担保

让与担保有广义和狭义之分。广义让与担保，包括买卖式担保和让与式担保。所谓买卖式担保，又称卖与担保、卖渡担保等，是指以买卖方式移转标的物的所有权，而以价金名义通融金钱，并约定日后将该标的物买回的制度。狭义让与担保，仅指让与式担保，又称为信托让与担保，是指债务（或第三人）为担保债务清偿，将担保标的物之所有权移转给债权人，在债务清偿后，标的物之所有权回归于担保人；在债务届时未能得到清偿时，债权人有就担保物优先受偿的权利。其要点是：第一，在设定这一担保时，担保人需将标的物所有权暂时转让给债权人，债权人成为形式上的所有人；第二，为使担保人保持对担保标的物的使用效益，债权人往往与担保人签订标的物的借用或租赁合同，由担保人使用担保标的物；第三，债务人履行债务后，债权人应返回标的物所有权；第四，在债务人未偿还债务时，债权人并不是当然的取得担保标的物所有权，而是进行清算。清算分为两种：一是归属清算型，对标的物进行评估，超出债务价值部分由债权人偿还给担保人，债权人取得所有权；二是处分清算型，由债权人将标的物予以变卖，将价款用于清偿债权，多余部分归属于担保人。《民法典》虽未明确规定让与担保，但通过第 401 条、第 428 条对流押、流质条款的修改，足以产生让与担保的制度效果。在我国司法实务中，不应简单认定该担保形式无效，尤其不应依据有关流押或流质之禁止规定认定担保合同无效。即使合同未约定债务不能清偿时具体的清算办法，法院亦可基于《民法典》第 401 条、第 428 条的规定，认定债权人对相应标的物的优先受偿权。基于这一理解，本解释分以下三种情形对让与担保作出规定：

其一，让与担保在实践中的典型表现形式为，债务人或者第三人与债权人约定将财产形式上转移至债权人名下，债务人不履行到期债务，债权人有权对财产折价或者以拍卖、变卖该财产所得价款偿还债务。此时，人民法院应当认定该约定有效，且如果当事人已经完成财产权利变动的公示，债务人不履行到期债务，债权人请求参照《民法典》关于担保物权的有关规定就该财产优先受偿的，人民法院应予支持。

其二，债务人或者第三人与债权人约定将财产形式上转移至债权人名下，债务人不履行到期债务，财产归债权人所有的，人民法院应当认定该约定无效，但是不影响当事人有关提供担保的意思表示的效力。如果当事人已经完成财产权利变动的公示，债务人不履行到期债务，债权人请求对该财产享有所有权的，人民法院不予支持；但是，债权人请求参照《民法典》关于担保物权的规定对财产折价或者以拍卖、变卖该财产所得的价款优先受偿的，人民法院应予支持。此外，债务人履行债务后请求返还财产，或者请求对财产折价或者以拍卖、变卖所得的价款清偿债务的，人民法院应予支持。

其三，实践中当事人经常约定将财产转移至债权人名下，一定期间后再由债务人或者第三人溢价回购，如果债务人未履行回购义务，财产归债权人所有。笔者认为此种约定符合让与担保的特征，应当参照本解释关于让与担保的规定处理。但是，如果经审查当事人约定的回购标的自始不存在，由于缺乏担保财产，应当依照《民法典》第一百四十六条第二款的规定，按照实际构成的法律关系处理。

此外，考虑到股权让与担保中，当事人常常就被登记为名义股东的债权人是否须对原股东出资不足或者抽逃出资的行为承担连带责任发生争议，本解释还对股权让与担保作了特别规定。笔者认为，在构成股权让与担保的情形下，债权人虽名义上被登记为股东，但其目的在于担保债权的实现，故即使原股东存在出资不足或者抽逃出资的情况，债权人也不应对此承担连带责任。

5. 关于保证金质押

实践中，存在当事人通过交付保证金或者将保证金存入特定账户来提供担保的情形。归结起来，大体有以下三种情形：一是债务人或者第三人设立专门的保证金账户并由债权人实际控制；二是债务人或者第三人将其资金存入债权人设立的保证金账户；三是在银行账户下设立的保证金分户。笔者认为，只要是设立了专门的保证金账户，并且债权人实际控制该账户，债权人就对账户内的资金享有优先受偿权。当事人以保证金账户内的资金浮动为由，主张实际控制该账户的债权人对账户内的资金不享有优先受偿权的，人民法院不予支持。

此外，如果不满足上述条件，债权人主张就保证金优先受偿的，人民法院不应予以支持，但当事人请求行使合同约定的或者法律规定的权利，人民法院应予支持。

【第 65 条　融资租赁中出租人对租赁物享有的所有权及实现程序】

37

担保物权优先受偿规定的适用

——C 融资租赁公司诉于某融资租赁合同案

【基本信息】

1. 裁判书字号

黑龙江省牡丹江市爱民区人民法院（2021）黑 1004 民初 93 号民事判决书

2. 案由：融资租赁合同纠纷

3. 当事人

原告：C融资租赁公司

被告：于某

【基本案情】

2017年11月23日，原告C融资租赁公司与被告于某签订了车辆融资租赁合同，合同对融资项目的租金和付款方式、车辆的购买、交付、验收、双方的权利义务、违反合同的处理等进行了约定。该合同第10条约定：1. 租赁期内承租人出现如下情形之一的，出租人有权解除合同，采取必要措施取回标的车辆，或者要求承租人、保证人支付全部租金。若承租人在出租人规定的时间内无法一次性支付所有费用赎回标的车辆，则出租人有权自行处理标的车辆，承租人无权对标的车辆提出任何权利主张，承租人有义务配合出租人取回车辆并承担相关费用。（1）承租人未按约定向出租人支付租金或出现影响承租人偿还能力情形的……2. 当承租人未按合同约定支付应付租金时，出租人有权按应付租金1‰每天的标准向承租人收取违约金，直至承租人向出租人付清全部应付租金及违约金为止。3. 出租人因承租人违约而发生的催收费均由承租人承担，包括采取电话催收、信函催收等。因承租人违约导致出租人解除合同并要求承租人保证结清全部租金、罚息外，承租人另须向出租人支付所有逾期未付款项25%的违约金，计算出的违约金不足8000元的按8000元计算。该合同附件载有部分融资车辆的主要信息。融资项目具体体现为购车总额92498元，融资总额74718元，首期租金17780元，留购金1元。原告认可其交付的总金额为74718元，被告认可其交纳了首付款及办理了车辆的保险和缴纳了附加税，原、被告对对方支出的金额在庭审中均表示没有异议，该合同并约定租赁期限为36个月，每期租金金额为2529.08元，承租人委托出租人将剩余购车款项支付至代理商的银行账户里。双方认可每期约定的还款日期为每月的24日，每期还款金额为2529.08元。原告已偿还14期款项，其最后一次还款日为2019年2月15日，至今尚欠22期租金55639.76元，以上租金均逾期未还。2017年11月23日，双方签订了车辆抵押合同，被告将涉案车辆抵押给原告，并于2017年11月27日办理了车辆抵押登记，抵押权人为原告，涉案车辆登记的所有权人为被告，登记编号为黑C00×××，被告认可涉案车辆自2017年11月23日其签署租赁物接收确认函后一直在被告处占有使用。

【案件焦点】

原告主张对被告以其名下的小型轿车的拍卖、变卖、折价所得价款优先清偿的请求是否应予保护。

【裁判要旨】

黑龙江省牡丹江市爱民区人民法院经审理认为：关于租金、违约金是否应予保护的问题。原告与被告之间的融资租赁合同，系双方当事人真实意思表示，不违反法律、行政法规的强制性规定，合法有效，有双方签订的车辆融资租赁合同为凭。原、被告双方在车辆融资租赁合同中约定租赁期为 36 个月，每期还款为 2529.08 元，原、被告双方均认可被告已偿还 14 期，自 2019 年 2 月 15 日起至今剩余租金 55639.76 元逾期。该合同第 10 条约定："租赁期内承租人出现如下情形之一的，出租人有权解除合同，采取必要措施取回标的车辆，或者要求承租人、保证人支付全部租金……（1）承租人未按约定向出租人支付租金或出现影响承租人偿还能力情形的……"因此，原告按合同约定主张被告偿还剩余租金 55639.76 元，符合合同约定，不违反法律规定，本院予以支持。

原告主张按剩余租金 55639.76 元的 25%计算违约金为 13909.94 元 。原、被告双方在租赁合同中第 10 条第 3 点中约定："……因承租人违约导致出租人解除合同并要求承租人保证结清全部租金、罚息外，承租人另须向出租人支付所有逾期未付款项 25%的违约金，计算出的违约金不足 8000 元的按 8000 元计算。"因此，原告根据合同的约定主张违约金部分的请求，符合双方当事人的约定，亦不违反法律规定，本院予以支持。

关于原告要求作为抵押权人，对被告以其名下的涉案车辆的拍卖、变卖、折价所得价款优先清偿上述债务的问题。《中华人民共和国民法典》第 386 条规定："担保物权人在债务人不履行到期债务或者发生当事人约定的实现担保物权的情形，依法享有就担保财产优先受偿的权利，但是法律另有规定的除外。"被告以其名下涉案车辆抵押担保，抵押担保范围包括：主合同约定应由抵押人支付的全部租金、抵押人违约情况下需要支付的违约金、抵押权人为确保其合同约定的权益实现需要发生的其他费用（包括但不限于收车费用，诉讼、保全及执行费用、律师代理费用，维权过程中发生的差旅费、财产评估、处置费等），故原告主张其诉请债务对抵押车辆享有优先受偿权，本院予以支持。综上所述，被告于某应给付原告 C 融资租赁公司租金 55639.76 元，违约金 13909.94 元，共计 69549.7 元。

黑龙江省牡丹江市爱民区人民法院依照《中华人民共和国民法典》第 386 条、第 389 条、第 577 条、第 579 条、第 585 条第 1 款、第 735 条、第 752 条，《中华人民共和国民事诉讼法》第 64 条第 1 款、第 65 条第 1 款，《最高人民法院关于适用〈中华人民共和国民事诉讼法〉的解释》第 90 条规定，判决如下：

一、被告于本判决生效后 10 日内给付原告 C 融资租赁公司租金 55639.76 元，违约金 13909.94 元，共计 69549.7 元；

二、如被告不能清偿上述债务，对其不能清偿部分，原告 C 融资租赁公司依法享有对本案所涉车辆优先受偿的权利。

【适用解析】

《中华人民共和国民法典》（以下简称《民法典》）第 735 条规定："融资租赁合同是出租人根据承租人对出卖人、租赁物的选择，向出卖人购买租赁物，提供给承租人使用，承租人支付租金的合同。"

《最高人民法院关于适用〈中华人民共和国民法典〉有关担保制度的解释》（以下简称《民法典担保制度解释》）第 65 条规定："在融资租赁合同中，承租人未按照约定支付租金，经催告后在合理期限内仍不支付，出租人请求承租人支付全部剩余租金，并以拍卖、变卖租赁物所得的价款受偿的，人民法院应予支持；当事人请求参照民事诉讼法'实现担保物权案件'的有关规定，以拍卖、变卖租赁物所得价款支付租金的，人民法院应予准许。出租人请求解除融资租赁合同并收回租赁物，承租人以抗辩或者反诉的方式主张返还租赁物价值超过欠付租金以及其他费用的，人民法院应当一并处理。当事人对租赁物的价值有争议的，应当按照下列规则确定租赁物的价值：（一）融资租赁合同有约定的，按照其约定；（二）融资租赁合同未约定或者约定不明的，根据约定的租赁物折旧以及合同到期后租赁物的残值来确实；（三）根据前两项规定的方法仍然难以确定，或者当事人认为根据前两项规定的方法确定的价值严重偏离租赁物实际价值的，根据当事人的申请委托有资质的机构评估。"

我国《民法典》是成文法模式。除在担保物权编中明文规定的抵押权、质权和留置权等典型担保物权外，现实生活中其实存在着没有进入物权编之担保物权体系中的非典型担保物权。《民法典》将买卖合同中的所有权保留、融资租赁合同以及保理合同等具有担保功能的合同都纳入扩大意义中的担保合同内。这些形式上并非担保物权但却在实际上行使着担保物权的功能的非典型担保物权实际上更多地体现了一种功能主义立法观念，当事人在平等自愿协商的基础上当然可以通过担保的形式使得标的物的效用得到充分发挥。出租人对标的物的所有权似乎就是被当作了担保物权，因为出租人对租赁物的所有权要进行登记公示，而动产所有权的取得一般只需要转移占有即可，登记对抗主义反倒是动产担保物权所规范的内容。因此，《民法典》融资租赁合同中出租人对租赁物享有的所有权确实有功能主义担保物权的表现。然而在我国长久以来实行物权法定原则的前提下，融资租赁合同虽然是具有担保功能的合同，但是不能就此说租人的所有权就是担保物权。故《民法典》对融资租赁合同中出租人在承租人未按时交付租金或承租人擅自处分租赁物时的法定合同解除权以及租赁物回收权进行了规定。

《民法典担保制度解释》在落实《民法典》第 735 条至第 760 条规定的融资租赁规则的前提下，强调或补充规定："在融资租赁合同中，承租人未按照约定支付租金，经催告后在合理期限内仍不支付，出租人请求承租人支付全部剩余租金，并以拍卖、变卖租赁物所得的价款受偿的，人民法院应予支持；当事人请求参照民事诉讼法'实现担保物权案件'的有关规定，以拍卖、变卖租赁物所得价款支付租金的，人民法院应予准许。"理解该条款，首先，应确定其规范的案型。第一种案型是，承租人违约，但出租人只请求承租人承担违约责任，没有解除合同。第二种案型是，承租人违约，出租人请求出租人承担违约责任并主张解除合同。其次，在第一种案型中，《民法典担保制度解释》第 65 条第 1 款所谓"承租人未按照约定支付租金，经催告后在合理期限内仍不支付"，属于担保权实行的条件成就：所谓"当事人请求参照民事诉讼法'实现担保物权案件'的有关规定，以拍卖、变卖租赁物所得价款支付租金的，人民法院应予准许"，意味着最高人民法院承认出租人于此场合享有担保权，并认可和保护出租人行使权利。

《民法典担保制度解释》第 65 条第 2 款的规定，体现了效益原则、意思自治和公平合理的精神。该条款把本诉和反诉合并处理，是有前提的。即单纯地收回租赁物意味着出租人不当地占有了承租人已付租金的利益，有失权衡，将该利益归还承租人才会使双方的利益得到平衡。此其一。至于承租人不提反诉而是单纯的抗辩时，是否支持承租人关于出租人应归还多取得利益的主张，第 65 条第 2 款前段首取意思自治原则，融资租赁合同有约定的，按照其约定。由于如此不涉及合同到期后根据租赁物的残值来确定，故符合事物的本来面貌。此其二。此条文规定了出租人在承租人就租金（实际上是租赁物的购买价款与出租人合理利润之和）的支付履行问题上未按照约定进行，且经催告依旧消极对待租金支付时，可以请示人民法院参照实现担保物权案件的相关规定，如此融资租赁合同适用担保规则的冲突就得到了相对完满的解决。

编写人：黑龙江省牡丹江市爱民区人民法院　许晓非

【第 67 条　所有权保留】

38

债务人处分所有权保留合同标的物导致出卖人的损失应当作为共益债务清偿

——H 精密机械制造公司诉 A 粉末冶金公司取回权案

【基本信息】

1. 裁判书字号

安徽省滁州市中级人民法院（2020）皖 11 民终 1948 号民事判决书

2. 案由：取回权纠纷

3. 当事人

原告（被上诉人）：H 精密机械制造公司

被告（上诉人）：A 粉末冶金公司

【基本案情】

2013 年 9 月至 2015 年 5 月，H 精密机械制造公司与 A 粉末冶金公司先后签订了五份《工矿产品购销合同》，约定H精密机械制造公司向A粉末冶金公司提供六台全自动粉末成型机，合同总价款为3279075元，合同均约定货款未付清前，设备所有权均归H精密机械制造公司所有。后H精密机械制造公司按约定向A粉末冶金公司供应了六台成型机，但A粉末冶金公司仅支付货款2122312.82元，尚欠货款1156762.18元未付。2017年7月至2018年1月，A粉末冶金公司将从H精密机械制造公司购买的六台全自动粉末成型机先后抵押给W农商行城中支行，并办理了抵押登记。2019年1月29日，安徽省滁州市中级人民法院裁定受理A粉末冶金公司破产清算案，并指定由安徽省滁州市琅琊区人民法院审理。安徽省滁州市琅琊区人民法院指定安徽知秋律师事务所作为A粉末冶金公司管理人。2019年4月，H精密机械制造公司向A粉末冶金公司管理人发出《通知书》，向管理人主张两台全自动粉末成型机的所有权，并征询管理人是否解除或者继续履行合同。管理人向H精密机械制造公司复函称，H精密机械制造公司对其主张的两台全自动粉末成型机不再享有所有权，H精密机械制造公司对A粉末冶金公司仅享有货款普通债权，要求H精密机械制造公司申报债权。2019年5月10日，H精密机械制造公司向A粉末冶金公司管理人提交了申报书，要求将A粉末冶金公司欠付H精密机械制造公司货款本金1156762.18元及利息104108.686元作为共益债务进行清偿。管理人不予认可。H精密机械制造公司遂提起诉讼，请求依法判决A粉末冶金公司欠付H精密机械制造公司的货款1156762.18元及利息72920.22元（自2018年1月1日起按年利率6%计算至2019年1月29日）作为共益债务予以清偿。

【案件焦点】

1. H精密机械制造公司对A粉末冶金公司已抵押给W农商行城中支行的全自动粉末成型机是否保留所有权；2. 双方之间签订的《工矿产品购销合同》是否属于未履行完毕的合同，A粉末冶金公司所欠H精密机械制造公司的货款是否属于A粉末冶金公司的共益债务。

【裁判要旨】

安徽省滁州市琅琊区人民法院经审理认为：

案涉五份合同均约定货款未付清前，设备所有权归H精密机械制造公司所有。该约定对双方当事人均具有拘束力。H精密机械制造公司通过诉讼方式向A粉末冶金公司主张给付欠付货款，是其行使合同债权的法律手段，没有法律规定或合同上约定通过诉讼主张了债权，即视为放弃了所有权保留合同中相应的所有权。所有权的灭失应当由权利人作出明确表示放弃的意思表示或债的清偿、标的物灭失等法律事实的发生完成。H精密机械制造公司向A粉末冶金公司管理人发出《通知书》，依据《工矿产品购销合同》向管理人主张与所欠货款价值相当的两台全自动粉末成型机的所有权，并征询管理人是否解除或者继续履行合同，说明H精密机械制造公司在行使取回权，并未放弃案涉设备的所有权。案涉设备被A粉末冶金公司抵押给W农商行城中支行，对H精密机械制造公司行使取回权有了阻碍，但并不因此当然不再享有设备所有权。

《最高人民法院关于适用〈中华人民共和国企业破产法〉若干问题的规定（二）》（以下简称《企业破产法解释（二）》第34条规定："买卖合同双方当事人在合同中约定标的物所有权保留，在标的物所有权未依法转移给买受人前，一方当事人破产的，该买卖合同属于双方均未履行完毕的合同，管理人有权依据企业破产法第十八条的规定决定解除或者继续履行合同"。案涉五份合同项下债权虽然已由江苏省仪征市人民法院作出判决，判令A粉末冶金公司继续履行给付所欠货款的责任，但在债务人A粉末冶金公司未予给付的情况下，应属双方均未履行完毕的合同，管理人有权决定解除或继续履行。因本案中A粉末冶金公司破产前已将案涉设备全部抵押给W农商行城中支行，恢复不到合同签订前的状态。A粉末冶金公司管理人在收到H精密机械制造公司要求取回两台全自动粉末成型机的所有权并征询是否解除或者继续履行合同的通知书后，虽未明示继续履行案涉合同，但其要求H精密机械制造公司及时申报债权事实上已选择继续履行合同。《企业破产法解释（二）》第37条第3款规定："因本条第二款规定未能取回标的物，出卖人依法主张买受人继续支付价款、履行完毕其他义务，以及承担相应赔偿责任的，人民法院应予支持。对因买受人未支付价款或者未履行完毕其他义务，以及买受人管理人将标的物出卖、出质或者作出其他不当处分导致出卖人损害产生的债务，出卖人主张作为共益债务清偿的，人民法院应予支持。"该条款是就所有权保留买卖合同中共益债务认定的特别规定。现因A粉末冶金公司未支付价款，H精密机械制造公司诉称将货款1156762.18元确认为共益债务清偿，符合该条款关于共益债务认定的条件，予以支持；但利息72920.22元系未按时付款产生的损失并非合同价款，对H

精密机械制造公司要求将利息 72920.22 元确认为共益债务不予支持。

安徽省滁州市琅琊区人民法院依照《中华人民共和国合同法》第 134 条，《中华人民共和国企业破产法》第 42 条、第 43 条，《最高人民法院关于审理买卖合同纠纷案件适用法律问题的解释》第 36 条，《最高人民法院关于适用〈中华人民共和国企业破产法〉若干问题的规定（二）》第 34 条、第 37 条第 2 款和第 3 款规定，作出如下判决：

一、确认 A 粉末冶金公司所欠 H 精密机械制造公司货款 1156762.18 元为共益债务，以 A 粉末冶金公司财产清偿；

二、驳回 H 精密机械制造公司的其他诉讼请求。

A 粉末冶金公司持原审答辩意见提起上诉。

安徽省滁州市中级人民法院审理认为：

《最高人民法院关于审理买卖合同纠纷案件适用法律问题的解释》第 35 条第 1 款规定："当事人约定所有权保留，在标的物所有权转移前，买受人有下列情形之一，对出卖人造成损害，出卖人主张取回标的物的，人民法院应予支持：（一）未按约定支付价款的……（三）将标的物出卖、出质或者作出其他不当处分的。"《企业破产法解释（二）》第 2 条规定："下列财产不应认定为债务人财产……（二）债务人在所有权保留买卖中尚未取得所有权的财产……"H 精密机械制造公司未按约定支付价款，且将标的物抵押给 W 农商行城中支行，根据上述司法解释的规定，债务人 A 粉末冶金公司对 H 精密机械制造公司出售的全自动粉末成型机在未付清货款前尚未取得所有权，该全自动粉末成型机不属于 A 粉末冶金公司财产。虽然 A 粉末冶金公司将案涉机器设备抵押给 W 农商行城中支行，W 农商行城中支行取得抵押物权，但 H 精密机械制造公司并不因此而丧失抵押物所有权。H 精密机械制造公司依据所有权保留买卖合同向江苏省仪征市人民法院提起诉讼，主张 A 粉末冶金公司支付所欠货款，但并未放弃标的物所有权，也并不当然丧失标的物所有权。H 精密机械制造公司向 A 粉末冶金公司管理人主张对所有权保留合同项下的两台全自动粉末成型机享有所有权，具有合同依据和法律依据。

A 粉末冶金公司与 H 精密机械制造公司签订的《工矿产品购销合同》系所有权保留合同，因 A 粉末冶金公司未全面履行《工矿产品购销合同》约定的付款义务，拖欠 H 精密机械制造公司货款，根据合同约定，合同标的物所有权并未发生转移。在标的物所有权尚未转移的情况下，A 粉末冶金公司破产，根据《企业破产法解释（二）》第 34 条规定，案涉《工矿产品购销合同》应属于未履行完毕的合同。根据《企业破产法解释（二）》第 37 条第 2 款规定："买受人管理人无正当理由未及时支付价款或者履行完毕其他义务，或者将标的物出卖、出质或者作出其他不当处分，给出卖人造成损害，出卖人依据合同法第一百三十四条等规定主张取回标的物的，人民法院应予支持。但是，买受人已支付标的物总价款百分之七十五以上或者第三人善意取得标的物所有权或者其他物权的除外。"该条第 3 款规定："因本条第二款规定未能取回标的物，出卖人依法主张买受人继续支付价款、履行完毕其他义务，以及承担相应赔偿责任的，人民法院应予支持。对因买受人未支付价款或者未履行完毕其他义务，以及买受人管理人将标的物出卖、出质或者作出其他不当处分导致出卖人损害产生的债务，出卖人主张作为共益债务清偿的，人民法院应予支持。"A 粉末冶金公司未全面履行《工矿产品购销合同》约定的付款义务，并对标的物作出不当处分，W 农商行城中支行已善意取得合同标的物的抵押物权。因 A 粉末冶金公司的不当处分行为导致 H 精密机械制造公司权益受损。A 粉末冶金公司已进入破产程序，H 精密机械制造公司主张因标的物权益受损产生的债务即所欠货款作为共益债务，符合上述司法解释的规定，原审予以支持并无不当。

安徽省滁州市中级人民法院依照《中华人民共和国民事诉讼法》第 170 条第 1 款第 1 项规定，作出如下判决：

驳回上诉，维持原判。

【适用解析】

所有权保留制度是一项重要的民商事法律制度，也是商事实践中较为常见的一种交易安排，功能在于避免出卖人交货后不能取得全部价款的风险。《中华人民共和国民法典》（以下简称《民法典》）采取功能主义的担保观念，明确所有权保留是实质性的担保交易，在原合同法相关规定的基础上，对所有权保留制度进行了重大修订，使其担保物权功能得到法律明确，《最高人民法院关于适用〈中华人民共和国民法典〉有关担保制度的解释》（以下简称《担保制度解释》）进一步完善了所有权保留制度的相关规则。

一、所有权保留的法律性质及其功能

所有权保留是指在移转财产所有权的商品交易中，根据法律规定或当事人的约定，财产所有人移转标的物的占有予对方当事人，但仍保留其对该财产的所有权，待对方当事人支付部分或全部价款，或者完成特定条件时，该财产的所有权才发生移转的一项法律制度。关于所有权保留条款的性质，应根据《民法典》的相关规定进行体系化理解。《民法典》第 388 条规定“担保合同包括抵押合同、质押合同和其他具有担保功能的合同”。第 414 条第 2 款规定“其他可以登记的担保物权，清偿顺序参照适用前款规定”。第 642 条第 2 款规定“出卖人可以与买受人协商取回标的物；协商不成的，可以参照适用担保物权的实现程序”。从这些规定来看，所有权保留制度适用登记对抗原则，债务清偿参考适用担保物权的规则，因此，所有权保留条款实质上具备了“担保物权”的功能，其性质属于“其他具有担保功能的合同”，是《担保制度解释》所规定的一种非典型担保，其功能是通过延缓所有权移转的方式来担保出卖人货款债权获得清偿。

二、所有权保留的基本法律规则体系

《民法典》第 641 条、第 642 条和第 643 条和《担保制度解释》第 63 条、第 67 条等规范构成所有权保留的基本法律规则体系，其基本内容包括：

1. 适用条件和范围。所有权保留不仅限于未履行价款支付义务，也可以是双方约定的其他义务的履行；《最高人民法院关于审理买卖合同纠纷案件适用法律问题的解释》（以下简称《买卖合同司法解释》）第 25 条规定：“买卖合同当事人主张民法典第六百四十一条关于标的物所有权保留的规定适用于不动产的，人民法院不予支持。”根据该条规定，所有权保留不适用于不动产。

2. 双方的权利义务关系。买受人占有、使用标的物，享有利用标的物收益权，在出卖人取回标的物后，买受人在双方约定或者出卖人指定的合理回赎期限内，享有请求回赎标的物的权利。出卖人对标的物保留所有权，保留的应是所有权中的处分权，在买受人不履行约定义务的情况下，依法享有标的物取回权和再出卖权。

3. 采用登记对抗主义。在所有权保留交易中，标的物所有权人不占有标的物，而买受人占有标的物却不享有所有权，致使标的物的实际权属状态与表象不一致，形成权利分化现象，在缺乏公示的情况下，一旦买受人对标的物进行处分，而第三人对标的物的权属状况不清晰，容易引发权属争议。故《民法典》第641条对所有权保留制度进行了完善，规定采用登记对抗主义，即未经登记，不得对抗善意第三人。

4. 出卖人的取回权。出卖人取回权是指在所有权保留买卖合同履行过程中，当买受人出现未按约定支付价款、未按照约定完成特定条件，将标的物出卖、出质或者作出其他不当处分等情形时，出卖人享有取回标的物的权利。出卖人与买受人约定所有权保留的目的是保证出卖人的价款可以得到全额支付，发挥其担保价款债权实现的功能。《民法典》第642条第1款规定了出卖人可以取回标的物的几种情形，但出卖人取回权的行使也有例外情形。根据《买卖合同司法解释》第26条规定，即使买受人的行为符合《民法典》第642条的规定，但属于下列情形之一的，出卖人不享有取回权：一是买受人已经支付标的物总价款的75%以上的；二是买受人将标的物出卖、出质或者作出其他不当处分，而第三人已经善意取得标的物所有权或者其他物权的。

5. 买受人的回赎权。《民法典》第643条第1款赋予了买受人的回赎权。回赎权是指出卖人对标的物行使取回权后，在一定期限内买受人消除出卖人取回标的物的事由后享有的重新占有标的物的权利。其目的是阻止出卖人为实现债权而对标的物再行出卖，维持交易安全，维护买受人取得标的物所有权的期待利益。买受人行使回赎权的期限有两种，一是双方约定的期限，既可以是当事人事先在买卖合同中约定的期限，也可以是出卖人行使取回权后双方约定的期限；二是出卖人指定的合理期限，一般以不能妨碍买受人回赎标的物为标准。买受人行使回赎权的，应作出行为消除出卖人取回标的物的事由。买受人放弃回赎权的，可以明示，即向出卖人明确作出放弃回赎的意思表示，包括请求出卖人将标的物再次出卖，也可以默示，不作任何意思表示。

6. 债权人担保物权的实现。《民法典》第642条第2款和《担保制度解释》第64条规定了行使取回权、实现担保物权的方式，即在发生出卖人可以取回标的物的情形下，出卖人可以与买受人协商取回标的物，实现担保物权；协商不成的，可以参照适用担保物权的实现程序，请求人民法院参照民事诉讼法“实现担保物权案件”的有关规定，拍卖、变卖标的物的，以实现担保物权。买受人以抗辩或者反诉的方式主张拍卖、变卖标的物，并在扣除买受人未支付的价款以及必要费用后返还剩余款项的，人民法院应当一并处理。当同一标的物上存在数个担保物权（含出卖人保留的所有权）时，应根据《民法典》第414条第2款的规定的清偿顺序处理数个担保物权。

三、所有权保留中出卖人的取回权及其担保物权的实现

本案涉及的主要问题是所有权保留买卖合同的买受人进入破产程序后，在出卖人无法取回合同标的物的情况下，买受人所欠货款能否作为共益债务进行清偿。主要涉及所有权保留中出卖人的取回权及其担保物权的实现。

（一）出卖人的取回权

1. 取回权的法律性质及效果

《民法典》第642条第1款规定，所有权保留买卖中，“在标的物所有权转移前，买受人有下列情形之一，造成出卖人损害的，除当事人另有约定外，出卖人有权取回标的物：（一）未按照约定支付价款，经催告后在合理期限内仍未支付；（二）未按照约定完成特定条件；（三）将标的物出卖、出质或者作出其他不当处分”。根据该条款规定，我国所有权保留中的取回权是法定的，即使交易双方合同中没有明确约定出卖人享有取回权，只要在合同中约定了所有权保留条款，且没有明确约定排除取回权的适用，出卖人就享有取回权。取回权法定主要是为了平衡保护出卖人和买受人双方的权益，维护交易安全：就出卖人一方而言，在所有权保留买卖中由于买受人占有、使用标的物，所有权人与标的物相分离，一旦买受人不依约支付价款或对标的物进行不当处分，将危害到出卖人的利益，因此，法律赋予出卖人取回权以保障其价款债权；就买受人一方而言，取回权的行使关系到买受人的切身利益，由法律对该权利进行原则性规范可以防止出卖人滥用取回权导致买受人利益不当受损。

从法律效果上来看，取回权的行使并不导致买卖合同的解除，出卖人行使取回权的目的是实现剩余的价金债权，并在一定条件下就标的物清偿价款债权，而不是要取消与买受人的合同关系，从《民法典》第643条关于买受人的回赎权以及标的物再次转卖后所得价款的处理所作的规定可以体现。出卖人在合同履行中已收取的价款无须返还，标的物再次转卖后的所得价款应先扣除原买受人未支付的价款及必要费用，仍有剩余的，才返还原买受人，不足部分还要由原买受人清偿。当然，在出卖人行使取回权后，买受人在回赎期限内没有回赎标的物的情况下，《民法典》

并未排除出卖人行使合同解除权。只要符合解除条件，出卖人可以不出卖标的物而采取解除合同的方式留存自己所有的标的物，返还买受人已经支付的价款，同时向买受人主张标的物使用费、价值减损费等。

2. 取回权的行使条件

原《买卖合同司法解释》（2012 年）第 35 条关于取回权行使条件的规定是法定的，即只要符合法定的条件，出卖人即享有取回权，而不论当事人之间曾作何种约定。而《民法典》体现的是当事人约定优先，即出卖人和买受人可以在买卖合同中约定行使取回权的条件，没有约定的才适用《民法典》第 642 条第 1 款规定。即除当事人另有约定外，买受人有下列情形之一，出卖人有权取回标的物：（1）未按照约定支付价款，经催告后在合理期限内仍未支付。《民法典》的这一规定相对于原《买卖合同司法解释》（2012 年）第 35 条的规定，增加了催告的前提，因此条件更为严格。（2）未按照约定完成特定条件。当事人可以约定买受人完成特定条件，如果未完成，出卖人可以行使取回权。这里约定的“特定条件”不仅限于本合同价金债权的支付，也可以扩张到出卖人或其关联方因其他合同或基于其他理由所享有的债权均由标的物的所有权进行担保，当这些债权未按约定获得清偿时，出卖人可以行使取回权。（3）将标的物出卖、出质或者作出其他不当处分。如果所有权保留未登记，买受人将标的物出卖或出质给第三人，第三人善意取得标的物所有权或者质权的，出卖人不得行使取回权。所谓“其他不当处分”既可以是法律上的不当处分，也可以是事实上的不当处分。例如，损害标的物行为、抛弃对标的物的占有、在标的物上设定抵押权等。

出卖人行使取回权的条件除上述三种情形外，尚需给出卖人造成损失，如果买受人擅自处分标的物所获价款用于清偿对出卖人的欠款，并未给出卖人造成损失，则不能行使取回权。

（二）出卖人担保物权的实现

《民法典》第 642 条第 2 款对出卖人取回权的行使方式作出规定：“出卖人可以与买受人协商取回标的物；协商不成的，可以参照适用担保物权的实现程序。”故取回权的行使程序有两种：一是约定的行使程序，即出卖人可以与买受人协商取回标的物；二是法定的行使程序，即协商不成的，可以参照适用担保物权的实现程序。关于担保物权的实现程序，依据我国相关法律的规定分为两种：其一，约定的实现程序，即担保物权的实现条件成就后，担保物权人和担保人协商实现担保物权，如协商将担保财产折价或拍卖、变卖担保财产；其二，法定的实现程序，即担保物权实现的条件成就后，担保物权人与担保人没能就担保物权的实现问题达成一致，担保物权人或担保人请求法院实现担保物权。《民法典》第 642 条第 2 款所规定的“参照适用担保物权的实现程序”，仅指法定的实现程序，即公力救济途径。《民法典》第 410 条第 2 款规定：“抵押权人与抵押人未就抵押权实现方式达成协议的，抵押权人可以请求人民法院拍卖、变卖抵押财产。”我国《民事诉讼法》规定了实现担保物权案件的特别程序，出卖人在向法院请求取回标的物时也应参照适用。

《民法典》第 643 条第 2 款规定：“买受人在回赎期限内没有回赎标的物，出卖人可以以合理价格将标的物出卖给第三人，出卖所得价款扣除买受人未支付的价款以及必要费用后仍有剩余的，应当返还买受人；不足部分由买受人清偿。”根据上述规定，出卖人行使取回权后，买受人在回赎期限内没有回赎标的物的，出卖人可以以合理价格将标的物出卖给第三人以实现原买卖合同中的利益。《民法典》对出卖人处置标的物的方式没有作出规定，但要求以合理的价格处置。因出卖人行使取回权后原买卖合同并不解除，出卖人再次出卖实际上是“就物求偿”，再次出卖所得价款应扣除买受人未支付的价款以及必要费用，仍有剩余的，剩余的部分应当返还买受人。相反，再次出卖所得价款如果不足以覆盖买受人未支付的价款以及必要费用，此时因出卖人在原合同中的利益还未完全实现，故出卖人还可以继续请求买受人清偿。这里的“必要费用”是指因原买卖合同非正常履行必然发生的费用，主要包括取回和保管费用、再交易费用、利息等。

四、所有权保留制度新规则的时间效力

针对实践中买受人处分所有权保留标的物可能引发的权属争议，《担保制度解释》对出卖人取回权行使、“善意第三人”的范围及其效力作了进一步明确规定，更具有可操作性。其中第 64 条第 2 款规定：“出卖人请求取回标的物，符合民法典第六百四十二条规定的，人民法院应予支持；买受人以抗辩或者反诉的方式主张拍卖、变卖标的物，并在扣除买受人未支付的价款以及必要费用后返还剩余款项的，人民法院应当一并处理。”第 67 条规定，在所有权保留买卖、融资租赁等合同中，出卖人、出租人的所有权未经登记不得对抗的“善意第三人”的范围及其效力，参照该解释第54条①的规定处理。

从上述规定来看，动产所有权保留合同签订后，未办理所有权保留登记的，按照动产抵押未办理登记的规定处理。买受人破产的，出卖人主张对所有权保留财产优先受偿的，不予支持。该规定与《企业破产法解释（二）》第37条第3款关于“因本条第二款规定未能取回标的物，出卖人依法主张买受人继续支付价款、履行完毕其他义务，以及承担相应赔偿责任的，人民法院应予支持。对因买受人未支付价款或者未履行完毕其他义务，以及买受人管理人将标的物出卖、出质或者作出其他不当处分导致出卖人损害产生的债务，出卖人主张作为共益债务清偿的，人民法院应予支持”的规定相冲突。《最高人民法院关于适用〈中华人民共和国民法典〉时间效力的若干规定》第1条规定：“民法典施行后的法律事实引起的民事纠纷案件，适用民法典的规定。民法典施行前的法律事实引起的民事纠纷案件，适用当时的法律、司法解释的规定，但是法律、司法解释另有规定的除外……”根据上述规定，在《民法典》和《担保制度解释》施行前签订的所有权保留合同引发的民事纠纷案件，应适用当时的法律、司法解释的规定。虽然未办理所有权保留登记，但在出卖人享有取回权而未能取回标的物的情况下，对因买受人未支付价款导致出卖人损害产生的债务，出卖人主张作为共益债务清偿的，仍应予以支持。对《民法典》施行后签订的所有权保留合同引发的民事纠纷案件，应根据《民法典》及新的司法解释进行处理。未办理所有权保留登记，买受人破产的，出卖人主张对所有权保留财产享有优先受偿权的，不予支持，只能按照普通债权按比例公平受偿。

本案中，A粉末冶金公司在未付清货款前，将H精密机械制造公司保留所有权的六台全自动粉末成型机全部抵押给W农商行城中支行，并办理了抵押登记。因

① 《最高人民法院关于适用〈中华人民共和国民法典〉有关担保制度的解释》第54条：动产抵押合同订立后未办理抵押登记，动产抵押权的效力按照下列情形分别处理：（一）抵押人转让抵押财产，受让人占有抵押财产后，抵押权人向受让人请求行使抵押权的，人民法院不予支持，但是抵押权人能够举证证明受让人知道或者应当知道已经订立抵押合同的除外；（二）抵押人将抵押财产出租给他人并移转占有，抵押权人行使抵押权的，租赁关系不受影响，但是抵押权人能够举证证明承租人知道或者应当知道已经订立抵押合同的除外；（三）抵押人的其他债权人向人民法院申请保全或者执行抵押财产，人民法院已经作出财产保全裁定或者采取执行措施，抵押权人主张对抵押财产优先受偿的，人民法院不予支持；（四）抵押人破产，抵押权人主张对抵押财产优先受偿的，人民法院不予支持。

该机器设备此前并未办理所有权保留登记，W 农商行城中支行作为善意第三人，依法取得了担保物权。在 A 粉末冶金公司进入破产清算程序后，W 农商行城中支行享有的是抵押担保债权，对该抵押物拍卖、变卖价款享有优先受偿权。A 粉末冶金公司处分该标的物导致 H 精密机械制造公司无法取回，由此而产生的损失应当由 A 粉末冶金公司承担。因上述法律事实发生在《民法典》和《担保制度解释》施行前，故在本案作出终审判决时，《民法典》和《担保制度解释》尚未施行。按照当时的司法解释，即根据《企业破产法解释（二）》第 37 条第 3 款的规定，该损失应当作为共益债务清偿。因此，本案一、二审法院判决未付货款作为共益债务清偿符合当时的法律和司法解释规定。

编写人：安徽省滁州市中级人民法院　陶继航

【第 68 条　物权让与担保】

39

浅析以物抵债协议性质与效力

——马某诉陈某、黄某民间借贷案

【基本信息】

1. 裁判书字号

广东省深圳市中级人民法院（2017）粤 03 民终 10737 号民事判决书

2. 案由：民间借贷纠纷

3. 当事人

原告（被上诉人）：马某

被告（上诉人）：陈某、黄某

【基本案情】

被告陈某于2012年至2014年向原告马某借款共计125万元，用于生意资金周转并向马某出具借据、借条。陈某与黄某系夫妻关系，涉案债务发生在两被告夫妻关系存续期间。原告马某通过其银行账户向被告陈某的银行账户转入涉案借款共计125万元。特别约定：马某年事已高，委托其二儿子林某甲处理上述事务。2015年原告马某作为贷款人与被告陈某作为借款人签订一份《借款补充协议》，载明：被告陈某于2010年5月12日至2014年8月1日因经营需要先后向原告马某借款175万元；借款用途用于借方合法的生产或经营活动；借款利息以本金175万元为基数，按月2%支付，即每月3.5万元。被告陈某在上述《借款补充协议》下方备注：还款计划：于2016年4月30日归还原告马某50万元，剩余125万元于2016年12月30日还清。涉案借款利息，两被告付至2016年4月，同年9月原、被告已签订一份《以物抵债协议》，双方确认因被告陈某无力偿还剩余借款125万元，被告黄某同意以其名下的房产过户至林某甲名下，以抵偿给原告马某。同时，两被告还主张：原、被告还在上述《以物抵债协议》中约定：为方便上述房产的过户，被告黄某与林某甲签订《房地产买卖合同》；上述房产尚欠的银行贷款106693.85元由原告马某与被告黄某在银行赎楼当天各承担一半；上述房产过户的相关费用由原告马某承担；被告黄某不得将该房产转让他人，借贷双方应尽快办理过户手续，如因借方的原因造成不能转让该房产的，贷方有权继续追回被告陈某欠款；该房产过户至林某甲名下时，被告陈某与原告马某的上述债权债务关系消灭。后《以物抵债协议》因两被告不配合，未继续履行，《房地产买卖合同》未约定相应的履行时间，实际也未能履行。

【案件焦点】

1. 以物抵债协议属于实践性合同还是诺成性合同；2. 以物抵债协议签订后产生新的债权债务关系，新债与旧债是并存状态，还是新债消灭旧债；3. 以物抵债协议签订后，债权人能否请求继续履行原债务。

【裁判要旨】

广东省深圳市龙岗区人民法院经审理认为：本案的争议焦点主要系原、被告签订的《以物抵债协议》是否有效，原告马某是否应按该协议要求继续履行被告黄某与林某甲签订的《房地产买卖合同》。针对这一争议焦点，虽然原、被告签订的涉案《以物抵债协议》是双方当事人的真实意思表示，但是该协议应属代物清偿协议，为清偿债务的方法之一，并没有产生一种新的债权债务关系来代替原来的合同关系。代物清偿需具备以下四个要件：一是须原有债的关系存在；二是须以他种给付代替原定给付；三是须有当事人的合意；四是须清偿受领人现实受领他种给付。因此，代物清偿协议在合同理论上属于实践性合同，必须有当事人一方实际交付标的物的行为，才能产生法律上的效果。根据本案查明的事实，原、被告因在履行《以物抵债协议》过程中发生争议，原、被告约定的用以抵债的涉案房产至今未实际办理过户登记手续。原告马某在代物清偿协议未生效，其债权未实现的情况下，有权选择要求两被告履行原合同约定的义务。故，两被告要求马某继续履行涉案《房地产买卖合同》的主张，一审法院不予支持。马某要求两被告返还剩余借款125万元的诉讼请求，于法有据，一审法院予以支持。

广东省深圳市中级人民法院经审理认为：本案的争议焦点为双方签订的《以物抵债协议》在未办理物权转移登记的情况下，是否具有实现债务清偿的法律效力。当事人在债务已届清偿期后约定以物抵债，其本质目的为使债权人受领他种给付以代原定给付后，双方之间原有的债权债务关系消灭。在本案中，双方当事人仅达成了以房抵债的合意而未履行房产的物权转移登记。被上诉人并未受领涉案房产，自然没有实现上诉人所主张的使双方借贷关系消灭的法律效果。在此情况下，被上诉人作为债权人有权要求上诉人继续按照原借款合同的约定履行还款义务。

广东省深圳市中级人民法院判决：

驳回上诉，维持原判。

【适用解析】

《中华人民共和国民法典》第401条明确规定了债务履行期限届满前禁止流押，《全国法院民商事审判工作会议纪要》第44条明确规定了债务履行期限届满后签订以物抵债协议的有效性，司法实践与理论中关于以物抵债协议的性质与效力存在争议，笔者以相关案例为切入点分析以物抵债协议的性质与效力。

一、流质条款“软化”助力以物抵债协议效力

（一）流质条款“软化”

《中华人民共和国民法典》第401条通过直接肯定债权人仅对抵押财产享有优

先受偿权，而间接否定债权人获得抵押财产所有权的可能性，故在债务履行期限届满前就约定抵押物所有权归属的条款不能被司法裁判赋予法律效力。与第 428 条流质条款优先受偿效力的规定相似，我国对抵押物或者质押物的所有权进行提前处分的行为持不支持的态度。我国关于流质否定的规定最先见于《中华人民共和国担保法》第 40 条与第 66 条，后在《中华人民共和国物权法》第 186 条、第 211 条进行规定。我国立法之所以采取流质否定的态度，其一，考量对债务人利益的保护，防止债权人利用其优势地位乘债务人紧迫状态下获取不公平利益；其二，为了防止国有资产的流失，在社会主义市场经济快速发展之时，国有资产占有较大比重，实践中不可避免会以国有资产进行抵押。在互联网经济快速发展的 21 世纪，有些学者倾向于将流质条款进行“软化”，认为流质、流押条款可以倾向于“解禁”，在债权人、债务人地位大多趋于平等的当前社会背景下，经过双向选择并进行协商后，无论是订立一般的担保合同，抑或选择流质的担保方式，都是对债权人债权的保障和对债务人如期履行还债义务的督促，法律认可当事人对自身财产的自由自愿处分，对实现经济效益的最大化具有积极的意义。[①] 况且，在商品社会中，当事人大都是理性主体，其作出流质安排通常亦是为了谋取更好的利益，这也符合商品交易的价值追求，法律不应当对此作出过多评判与干涉，否则势必会极大影响商品交易的效率与安全。[②]

（二）以物抵债协议原则有效

以物抵债协议是当事人以他种给付代替原来给付的合意，意在消灭原来的债权债务关系。实践中的以物抵债协议中的“物”包括动产、不动产或者是行为，以他种给付代替原来的债务给付称之为以物抵债，以物抵债协议签订在债务履行期限届满前，可能触及流押或者流质条款为无效协议，签订于债务履行期限届满后原则上具有合同效力，参照适用无名合同。民法体现的基本精神是最大限度地尊重当事人的意思自治，以物抵债协议作为当事人真实意思表示的一种协议，应当认定为有效协议。根据合同法遵循意思自治的基本原则，当事人双方签订的合同系真实意思表示且不存在恶意损害国家利益、他人利益的情况下应当认为有效。本案中，陈某作为债务人、马某作为债权人，当陈某不能完成金钱给付债务时，债权人与债务人达成以他种给付代替金钱给付的合意，即本案的房屋买卖合同的协议，该协议不存在

① 张善斌：《民法典中流质条款解释论研究》，载《河北法学》第 38 卷第 9 期。

② 杨祥：《论我国商事担保制度的困境及建构思路》，载《金陵法律评论》2015 年第 2 期。

损害国家利益、集体或他人利益的主观恶意，且他种给付即不动产并没有发生价值的上涨或者降低。

本案债务人在约定的履行期限届满前，由于金钱履行不能，期望通过不动产转移登记来消灭原有的债权债务关系。根据《中华人民共和国民法典》第 401 条的规定，本案当事人在履行期限届满前达成的以物抵债协议虽然具有抵押的性质，但不等同于民法典规定的否定流质的条款，流质契约（广义的流质契约包含流质与流押）有三个构成要件：一是担保权人和抵押人或质押人之间的担保物权关系已经形成；二是担保物权的约定达成于债务履行期届满之前；三是双方的合意内容为若债务到期未得到清偿，则担保物直接归担保权人所有。本案只有一种债权债务给付关系，且只是债务履行方式发生变化，由金钱给付转变为不动产给付，因此本案的以物抵债协议并不触及履行期限届满前的流质条款。Z 房地产开发公司诉 Y 房地产开发公司、W 建设发展公司合同纠纷案，最高人民法院审查后认为，债务发生之后、清偿期限届满之前以房屋折价抵偿债务条款，并无抵押担保的意思表示，不属于抵押担保条款，不违反法律的禁止性规定，应认定有效。综上，本案以物抵债协议应当属于有效协议。

二、以物抵债协议性质之争及诺成性分析

（一）“诺成”与“实践”之争

J 集团公司与 X 房地产公司建设工程施工合同纠纷案[①]中，终审判决认为，以物抵债协议的效力与履行等问题应当首先尊重当事人的意思自治，只要双方当事人的意思表示真实，合同内容不违反法律、行政法规的强制性规定，合同即为有效，且不以债权人现实地受领抵债物，或取得抵债物所有权、使用权等财产权利，为成立或生效要件。朗某红诉 W 房地产开发公司、Y 电力开发公司房屋买卖合同纠纷案[②]件持上述同样观点。

本案中，终审法院认为，双方当事人仅达成了以房抵债的合意而未履行房产的物权转移登记，被上诉人并未受领涉案房产，自然没有实现上诉人所主张的使双方

① 载《最高人民法院公报》2017 年第 9 期。

② （2016）渝 0240 民初 3200 号，载中国裁判文书网，https：//wenshu. court. gov. cn/website/wenshu/181107ANFZ0BXSK4/index. html？ docId = df2aec433c084b6a968d938b9dc1355b，2022 年 4 月 18 日访问。

借贷关系消灭的法律效果。即以物抵债协议是实践性合同，未实际履行的，不发生消灭原有债权债务的效果。

关于以物抵债协议的效力与性质问题，理论界存在实践合同说和诺成合同说。两种学说的根本区别在于标的物或者担保物的交付，以物抵债协议以抵销债务为目的，但是消灭债权债务并不是其必要构成要件。笔者认为，以物抵债协议属于诺成合同，只要当事人达成以他种给付代替原给付的合意，在不违反法律、行政法规的强制性规定下，不存在恶意串通损害国家、集体、他人利益的情况下，应当认定该协议为有效协议，如此有利于充分尊重当事人意思自治，给予债务人多种债务履行的方式，增加债权实现的可能性，或者给予债权人多种债权实现的方式，使债权得到充分保障。民法应当尊重当事人的意思自治，以物抵债协议的性质在协议签订时就应当是确定的，合同的效力不应当受履行行为的影响，以是否完成履行来确定合同的效力不符合传统的民法理念。在以物抵债协议中，如果将抵债物的交付认定为合同成立的要件，相当于合同的成立与合同的履行同时发生，并非常态。随着民法的不断发展，意思自治原则渐渐地占有主流地位，在不违反法律或行政法规的强制性规定的情况下，当事人根据其意思达成协议，法律不应当过度地干涉当事人的自由意志。诺成性以物抵债协议更加符合民法的意思自治原则。

持以物抵债协议系实践性合同的学者，大多将其等同于代物清偿。目前我国民法体系范围内不存在代物清偿制度，以物抵债协议亦非法律专业术语，关于以物抵债协议的效力也缺乏相应法律规范的指引。我国台湾地区学者王泽鉴认为代物清偿属于要物契约，仅有当事人之间的约定合同并不能成立，必须由债务人实际履行他种给付合同才能成立。① 代物清偿在我国法律体系中可以认为是一种无名合同。以崔建远教授为代表的学者认为代物清偿即债权人与债务人约定，由债权人受领原给付之外的他种给付，使原债关系归于消灭的契约行为。② 因此代物清偿的关键在于已经完成了标的物的交付，仅有代物清偿协议不足以成立有效协议，当他种给付确实已经完成，已经消灭原有的债权债务关系时，代物清偿协议才能认定为有效。

（二）以物抵债协议诺成性分析

《全国法院民商事审判工作会议纪要》第44条规定，当事人在债务履行期限届

---

① 王泽鉴：《民法概要》，北京大学出版社2011年版，第237页。

② 史尚宽：《债法总论》，中国政法大学出版社2000年版，第622页。

满后达成以物抵债协议，抵债物尚未交付债权人，债权人请求债务人交付的，人民法院要着重审查以物抵债协议是否存在恶意损害第三人合法权益等情形，避免虚假诉讼的发生。经审查，不存在以上情况，且无其他无效事由的，人民法院依法予以支持。该条文就履行期限届满后流质的情形进行了限制，法院在审查以物抵债协议不存在恶意侵犯第三人情形时即可认定该协议属于有效协议，由此可见最高人民法院关于履行期限届满后的以物抵债协议的效力采取诺成效力说。

将以物抵债协议定义为诺成合同具有合理性、必要性。其一，有利于维护合同自由原则及意思自治原则。根据该会议纪要精神，以物抵债协议属于诺成合同，只要双方就以物抵债达成合意，以物抵债协议就成立。要物合同说为了偏重保护债务人利益而在标的物未交付前强令以物抵债协议不成立，不仅有违意思自治原则，也与合同自由原则和鼓励交易的司法导向相悖，甚至有司法权过度扩张之嫌疑。① 其二，社会背景发生变化，侧重保护债务人利益的同时应当兼顾保护债权人利益。互联网经济及开放型经济快速发展的时代下，商品交易更加注重效率，处于立法之初假设状态下弱势地位的债务人“角色”发生转变，“假设条件”发生变化时，法律制度应当顺应趋势，即以物抵债协议定义为诺成合同更有助于商品交易效率及债权人利益实现。其三，以物抵债协议以双方真实意思表示达成一致即具有效力，当事人应当坚守诚实守信原则，应当受自己的真实意思表示的约束。意思表示容易达成并不意味着可以随意改变，如果将以物抵债协议以物的交付为要件，那么协议履行的难度将大大增加。

三、法律效果之争：债务更新或新债清偿

D 机床厂诉林某合同纠纷案②中，债务人与债权人达成以房抵债协议，双方没有消灭原有金钱债务的合意，构成新债清偿。此时新债不履行，旧债不消灭，新债若履行，旧债才归于消灭。2015 年，最高人民法院在审理汤某、刘某龙、马某太、王某刚诉 E 房地产开发公司商品房买卖合同纠纷案③时认为，当事人双方签订了以物抵债合同以后，原来双方的借款合同就消灭了，即以物抵债协议签订后构成债务更新。

---

① 周江洪：《债权人代位权与未现实受领之“代物清偿”》，载《交大法学》2013 年第 1 期。

② （2006）沪二中民四（商）终字第 298 号，载《人民法院报》2006 年 11 月 29 日。

③ 最高人民法院指导案例 72 号。

一般情况下，以物抵债发生于债务人无法履行旧债务的情况之下。在当事人签订以物抵债协议后，双方当事人之间实际上存在两种法律关系：旧债权债务和新设立的债权债务。本案中，债的当事人、履行期限没有发生改变，改变的只是债的履行方式。参照《最高人民法院关于执行和解若干问题的规定》第 9 条规定：被执行人一方不履行执行和解协议的，申请执行人可以申请恢复执行原生效法律文书，也可以就履行执行和解协议向执行法院提起诉讼。类比执行和解协议代替原裁决履行方式，当执行和解协议无法履行时，申请执行人享有继续执行原生效法律文书的权利，换言之，执行和解协议的产生并不当然使原法律文书确定的法律关系归于消灭，因此以物抵债协议的产生亦不当然消灭原债权债务关系。

关于以物抵债协议产生的新债与旧债的存在关系，理论上存在债务更新说与债务清偿说。债务更新说也称之为债务更改说，该理论主张构成债务更新具备以下几个要件：第一，以消灭原债权债务关系为目的；第二，原债权债务关系存在且有效；第三，债的要素的变更，即变更债的主体、客体等对债权债务关系有实质影响的因素。债务更新说认为新的债权债务关系的产生会消灭原有的债权债务关系，由于新债务的成立，原债务已经归于消灭，此时新债务是一个完全独立的新合同，并不是旧债务的延续。新债清偿又称间接给付，债务人为清偿原债务负担了新债务，且原债务须通过对新债务的履行来消灭。① 根据《全国法院民商事审判工作会议纪要》精神，纪要采纳债务清偿说，即以物抵债协议有效成立后，同时存在新旧两债，债务人不履行以物抵债协议的，债权人可以请求继续以物抵债协议，也可以请求恢复履行旧债。

四、新债清偿下的债权人享有选择权

由于新债务履行不能且不归因于债权人，债权人有权请求继续履行原债务，债权人享有继续履行原债权的选择权。债权债务人签订的以物抵债协议产生了新的债权债务关系，当新的债权债务关系得到履行时，则旧的债权债务关系因为新债的履行而归于消灭。如果新债履行不能，为了保障债权人的债权得以实现，应当赋予债权人请求继续履行原债权债务关系的权利。以物抵债协议中，债权人享有旧债履行权的前提是新债确已无法实际履行。债权人并不当然享有新旧债任意履行的选择

① 郑玉波：《民法债编总论》，中国政法大学出版社 2004 年版，第 485 页。

权，债权债务人既然以新的合意达成新的债务履行合意，就应当受到自己意思自治的约束，债权人享有债权得以实现的权利，债务人负有积极履行自己债务的义务，双方应当积极促进新的债权债务关系的实现，从而消灭原来的债权债务关系。本案以不动产交付代替原债务履行，新债未得以实现的原因是债务人的不积极配合，不能单一归结于债权人，因此在此种新债履行不能的前提下，债权人应当享有请求债务人继续履行原债务的权利，法院应当支持原债权债务关系继续履行。

综上论述，以物抵债协议在我国民法典中没有明确的制度规定，此种协议可以参照无名合同进行规范，在尊重当事人意思自治的前提下，赋予以物抵债协议的有效性，且新的以物抵债协议并不当然消灭原有的债权债务关系，而是基于新达成的以物抵债协议，债权债务人应当积极履行。就本案而言，债权人马某应当积极配合不动产过户，并遵循协议约定支付部分贷款，债务人陈某、黄某应当积极办理不动产过户手续，非归结于一方的原因导致新债履行不能的，为了保障债权人利益，应当支持债权人请求继续履行原债务。

编写人：河南省中牟县人民法院　李林玉

【第 68 条　物权让与担保】

40

债务未清偿，债权人处分让与担保物的，受让人善意取得的认定及担保物的处理

——薛某诉范某合同案

【基本信息】

1. 裁判书字号

湖北省宜昌市伍家岗区人民法院（2021）鄂 0503 民初 306 号民事判决书

2. 案由：合同纠纷

3. 当事人

原告：薛某

被告：范某

第三人：谭某

【基本案情】

本案所涉房屋原为薛某所有。2016 年 3 月 17 日，薛某与范某签订《协议》一份，约定薛某因资金周转将该房屋以 35 万元价格抵押过户给范某，以每月 3.5%利率支付给范某利息；双方在不违约的情况下，薛某有权以原价 35 万元买回；合同期限为一年，2016 年 3 月 17 日至 2017 年 3 月 17 日，到期后，经过双方同意可以续签；如薛某违约没有支付利息，房子所有权归薛某所有，不管是变卖还是按原价买回，薛某都拥有第一优选权利；薛某本息还清之后范某无条件过户给薛某。《协议》签订后，范某向薛某陆续支付 35 万元。签订《协议》当日，范某与薛某签订《宜昌市存量房屋买卖合同》，约定薛某将案涉房屋以 31.4 万元的价格出售给范某，并办理了过户登记手续。2016 年 3 月 21 日，薛某向范某出具《收条》一份，载明其收到范某支付的款项合计 35 万元，之后薛某向范某陆续付款 6.445 万元。

2019 年 8 月 5 日，范某与谭某签订《宜昌市存量房屋买卖合同》，约定范某将案涉房屋以 50 万元的价格出售给谭某，双方于当日办理过户手续，将房屋过户至谭某名下。

2019 年 11 月 13 日，谭某与薛某签订《房屋租赁合同》一份，约定谭某以每季度 1.05 万元的价格将案涉房屋出租给薛某，租期为 2019 年 11 月 13 日至 2020 年 5 月 13 日。2019 年 12 月 14 日，薛某未再向谭某支付租金，谭某向薛某退还 3500 元押金之后，与薛某解除房屋租赁合同关系，现该房屋由谭某居住。

经薛某委托，宜昌信诚房地产资产评估有限公司作出宜信诚评报（2020）字第 011-028 号《房地产评估报告》，载明价值时点为 2019 年 8 月 5 日的案涉房屋的市场价值为 92.0333 万元。

薛某陈述其曾向范某交付案涉房屋钥匙，且其并未在该房屋居住。

【案件焦点】

1. 薛某与范某之间签订的《协议》是否合法有效、薛某与范某之间签订的

《宜昌市存量房屋买卖合同》是否合法有效、范某与谭某之间的《宜昌市存量房屋买卖合同》是否合法有效；2. 谭某是否构成善意取得；3. 薛某能否请求确认案涉房屋归其所有。

【裁判要旨】

湖北省宜昌市伍家岗区人民法院认为：1. 薛某与范某之间签订的《协议》依法成立。《协议》虽然没有明确约定范某对该房屋享有优先受偿权，但从《协议》的约定可知，无论薛某是按时还款还是未依约偿还借款本息，范某均无法直接取得该房屋所有权，其只对35万元借款本息这一债权享有权利，而该房屋仅为担保薛某债权的实现。故薛某将案涉房屋过户登记至范某名下是为该35万元借款提供担保，薛某与范某之间亦存在让与担保合同关系。依据担保从属性原则可知，薛某与范某之间的主合同为借款合同，从合同为让与担保合同。依据《最高人民法院关于适用〈中华人民共和国民法典〉有关担保制度的解释》第68条第1款之规定，该借款合同及让与担保合同合法有效。2. 薛某与范某之间虽然签订有《宜昌市存量房屋买卖合同》，但双方将房屋过户至范某名下的真实目的是范某向薛某出借的借款提供让与担保，因此，薛某与范某之间签订的《宜昌市存量房屋买卖合同》系虚假意思表示，该合同应为无效合同。3. 薛某与范某之间签订的《协议》实质上系让与担保合同，范某仅有权在其对薛某所享有债权的范围内以该房屋变卖等方式所得的价款优先受偿，并不享有单独处分该房屋的权利，因此，范某的出售房屋行为系无权处分。但因薛某未能尽到证明谭某明知范某无权出售房屋的证明责任，故依据《最高人民法院关于审理买卖合同纠纷案件适用法律问题的解释》第3条之规定，范某与谭某之间签订的《宜昌市存量房屋买卖合同》仍然是有效合同。4. 不动产物权的善意取得需要同时满足受让人善意、以合理价格转让、依法已经登记这三个要件，而经评估，案涉房屋在2019年8月5日转让给谭某时的价值为92.0333万元，而范某与谭某实际交易房屋的价格为50万元，低于该房屋交易时价值的70%，因此，该房屋交易价格为明显不合理低价，故谭某受让房屋的行为因不符合以合理价格转让的要件而不能构成善意取得。5. 薛某与范某签订的《协议》有效，《协议》约定薛某将案涉房屋形式上转移至范某名下，故该房屋登记在范某名下并未违反合同约定，不属于登记错误的情形，因此，薛某要求将该房屋确认归其所有缺乏法律依据，不予支持。对于本案评估费 2200 元，系用于证明本案所涉房屋的市场价格，该评估费应由范某负担。

一审法院作出判决：

一、确认薛某与范某于 2016 年 3 月 17 日签订的《宜昌市存量房屋买卖合同》无效；

二、谭某于本判决书生效之日起十日内协助薛某及范某将案涉房屋过户登记至范某名下；

三、范某于本判决书生效之日起十日内向薛某支付评估费 2200 元；

四、驳回薛某的其他诉讼请求。

【适用解析】

本案涉及不动产让与担保的问题。我国的民商法体系中原本没有以条文的形式明确认可让与担保行为的效力。2019 年 11 月，最高人民法院在其印发的《全国法院民商事审判工作会议纪要》（以下简称《九民会议纪要》）第 71 条[①]的规定中首次认可了让与担保的法律效力。该条采纳了担保权构造说，即认可债权人取得担保物权。[②]《中华人民共和国民法典》（以下简称《民法典》）第 388 条规定："设立担保物权，应当依照本法和其他法律的规定订立担保合同。担保合同包括抵押合同、质押合同和其他具有担保功能的合同……"其中"其他具有担保功能的合同"即包含让与担保合同[③]。《最高人民法院关于适用〈中华人民共和国民法典〉有关担保制度的解释》（以下简称《担保制度解释》）第 68 条从三个方面对让与担保进行了详细规定，一是明确了让与担保的一般情形，即当事人签订合同约定将财产转移至债权人名下，债权人有权就财产折价或者拍卖、变卖所得价款偿还债务的，应认定此类约定合法有效，并视当事人是否已经完成了财产权利的变动公示，赋予

---

① 《全国法院民商事审判工作会议纪要》第 71 条：让与担保合同有效，合同约定债务人到期没有清偿债务，财产归债权人所有的，该部分约定无效，但不影响合同其他部分的效力。当事人已经完成权利变动公示将财产转让至债权人名下，债务人到期没有清偿债务，债权人请求确认财产归其所有的，不予支持，但债权人请求就财产价值优先受偿的，予以支持。

② 余长智：《不动产让与担保法律制度的反思与重塑——基于法律构造说二元融合的视角》，载《法学论坛》2020 年 12 月。

③ 中国审判理论研究会民事审判理论专业委员会编著：《民法典物权编条文理解与司法适用》，法律出版社 2020 年版，第 415 页。

债权人就财产享有优先受偿权；二是明确了当事人约定债务人到期不履行债务财产归债权人所有，应认定为无效，但不影响当事人提供担保意思表示的效力；三是明确了实践中经常出现的溢价回购情形，应当认定其具备让与担保的构成要件，在审查回购对象是否真实存在的情况下，按照不同的规则予以处理。但具体到不动产让与担保中，其担保合同的效力应当如何认定，其与物权公示、公信原则、善意取得制度之间的关系应如何处理，仍是司法实践中的难点，而本案例对上述难点问题均有涉及，并给出了解决方案。

一、不动产让与担保存在两层意思表示

《民法典》第146条规定："行为人与相对人以虚假的意思表示实施的民事法律行为无效。以虚假的意思表示隐藏的民事法律行为的效力，依照有关法律规定处理。"所谓虚假意思表示，是指行为人与相对人都知道自己所表示的意思并非真意，通谋作出与真意不一致的意思表示。而所谓隐藏行为，是指被虚伪的意思表示所隐藏，双方当事人真心所欲达成的民事法律行为。在不动产让与担保合同中，虽然约定一方将其所有的房屋转移到另一方名下，并办理过户登记，但实际上，该房屋的过户登记之目的仅用于担保债权的实现，而非用于实现产权变更，双方为办理产权过户而签订房屋买卖合同的行为，从外观上看属于房屋买卖行为，与当事人以房屋为债务提供担保的真实意思不一致。因此，属于当事人通谋而为的虚伪意思表示，应为无效。而双方当事人之间的真实意思表示，即隐藏行为，是以转让该不动产的形式为债务提供担保，在债务人不履行债务时，债权人能够以该不动产拍卖、变卖所得价款优先清偿债务。由此可知，不动产让与担保存在两层意思表示，第一层是转让不动产的意思表示，这属于通谋的虚伪意思表示，应为无效；第二层是以不动产为债务设立担保的意思表示，这属于真实意思表示，应为有效。本案中，薛某与范某签订的旨在变更房屋产权的《宜昌市存量房屋买卖合同》即为无效合同，而双方之间签订的旨在实现不动产让与担保的《协议》则为有效合同。薛某虽然将房屋过户登记至范某名下，但范某并未真正享有该房屋产权，其出售房屋的行为实际上构成无权处分。

二、不动产让与担保合同效力认定

在《民法典》实施以前，有判例认为不动产让与担保违反物权法定原则，且此种非典型的担保方式规避了法定公示制度，应为无效。此种观点值得商榷。

首先，不动产让与担保并不违反物权法定原则。物权法未规定让与担保不能当然得出让与担保使债权优先受偿就必定违反物权法定的结论。让与担保本身的债权受物权担保保障并非基于其是法定的担保物权，因此其并未创设任何新的物权或担保物权类型，其得以实现优先受偿的权利来源并非创设了新的物权规则，而是在现有的物权法律规则和债权法律规则的前提下，通过合同约定和所有权转移的组合，使债权人的债权实际能够就权利让与的担保物达到优先受偿的目的。

其次，在不动产让与担保中，尽管当事人双方的房屋买卖行为系基于通谋虚伪的意思表示而无效，但是房屋过户行为却并非通谋虚伪的意思表示。本案中，薛某之所以将房屋过户至范某名下，是因为其欲以该房屋为其向范某所借债务提供担保，而过户行为即对薛某的一个制约，在薛某不能偿还债务时，其无法通过转卖房屋的方式转移财产，而范某则可以方便地行使对该房屋拍卖、变卖所得价款优先受偿的权利，因此，房屋过户行为的目的是实现不动产担保物权，过户行为系基于真实的意思表示而非基于虚伪的意思表示，如以物权法定原则为由否定其法律效力，则使得双方当事人基于真实意思表示所作出的法律行为反而无效，这与立法目的不符。《民法典》及《担保制度解释》明确规定了不动产让与担保属于不动产登记生效原则的例外情形，因此，不能再以不动产让与担保合同违反物权法定原则而认定为无效。

再次，不动产让与担保属于不动产登记生效原则的例外情形。在不动产让与担保制度下，债权人虽然经过变更登记取得了不动产名义上的产权，但实际上并未发生物权变动的法律效果。《民法典》第 209 条规定，不动产物权变动采登记生效主义，但同时也规定了“法律另有规定的除外”。依据《担保制度解释》第 68 条的规定，不动产让与担保制度下，对于已经进行物权变动公示的不动产，债务人不履行到期债务，债权人只能请求参照民法典关于担保物权的有关规定就该财产优先受偿，而不能行使所有权。据此，不动产让与担保属于《民法典》第 209 条所载明“法律另有规定”的例外情形。

最后，不动产让与担保制度不违反公示、公信原则。《民法典》第 208 条规定：“不动产物权的设立、变更、转让和消灭，应当依照法律规定登记。动产物权的设立和转让，应当依照法律规定交付。”这一条规定体现了物权的公示原则。所谓公示原则，是指物权内容的变动必须依据法定的公示方法进行方发生物权变动的法律效果，同时，公示方法应当足以使第三人能够了解物权变动的情况[①]。

在不动产让与担保制度下，双方当事人系给不动产办理了过户登记，将不动产过户到了债权人名下，在形式上似乎未对不动产担保物权进行公示，但其实质不然：

第一，债务人将其所有的房屋过户至债权人名下的过户行为就是一种公示行为。该产权变更登记，结合债务人以房屋为其债务提供担保的真实意思表示，即足以公示该物权的变动情况。例如，本案中，薛某将其房屋过户至范某名下，对于知晓薛某以其房屋为其所欠范某债务提供担保的意思表示的案外人，足以理解该过户行为就是为债务提供担保的行为，能够产生担保物权的排他效果。

第二，从实际效果上看，如果债务人的房屋设定抵押权，那么，在该抵押权涤除之前，债务人无法出售该房屋，而不动产让与担保中，房屋从债务人名下转移至债权人名下，债务人更不可能通过出售该房屋来转移财产，因此，不动产让与担保与不动产抵押虽然登记的形式不同，但起到了与抵押物公示相一致的法律效果。

第三，不动产让与担保与不动产抵押的主要区别在于，不动产抵押设立后，该不动产在抵押权涤除前无法转让给案外人，因此，不存在善意取得的问题，而不动产让与担保中，该不动产转移至债权人名下后，债权人有可能将该不动产转卖给案外人，可能会存在善意取得的问题。但是，这并非因为不动产让与担保制度违背了公示原则。前已述及，不动产让与担保中双方当事人的真实意思是以该不动产为债务提供担保，而债权人作为知晓该真实意思表示的一方当事人，在案外人欲购买房屋时应告知该房屋的真实情况，而债权人或未告知真实情况，或与购买人串通出售房屋转移资产，将会导致转卖合同被撤销或者无效，该后果并非因为不动产让与担保违反公示原则，而是因为债权人违背诚实信用原则所导致。

本案中，范某将房屋出售给案外人谭某系无权处分，谭某如不知晓该房屋的真实情况，则是因为范某未如实告知，谭某如知晓该房屋的真实情况，则系与范某恶意串通，损害薛某利益。无论是哪种情况，均系因范某未遵守让与担保合同约定的不诚信行为，而与房屋权利是否公示无关。因此，不能以该房屋存在出售给他人的可能性即认为不动产让与担保制度与物权公示原则相违背，继而认定让与担保无效。

---

① 参见李锡鹤：《物权论稿》，中国政法大学出版社2016年版，第36~37页。

三、不动产让与担保制度不得违反禁止流押规定

禁止流押，是指债权人在债务履行期限届满前，不得与担保人约定债务不能履行时抵押物归债权人所有，以防止债权人利用其优势地位获取暴利①。在不动产让与担保制度下，债权人虽然名义上取得了不动产的物权，但在主债务履行期届满之日前，双方当事人不能直接约定逾期不履行债务不动产归债权人所有。这也是不动产让与担保制度对债务人的保护，防止债权人凭借其优势地位，“巧取豪夺”，侵害债务人的不动产物权。本案中，薛某与范某约定了债务履行完毕后薛某即回购房屋的权利，亦未约定薛某不履行债务房屋所有权归范某，因此，薛某与范某签订的《协议》并无流押条款，《协议》合法有效。值得注意的是，在薛某向范某所借债务到期后，薛某是有权与范某约定以房抵债的，因为在主债务到期不履行之后，如薛某与范某约定房屋归范某所有以抵偿债务，或者约定由范某将房屋出售给第三人以抵偿债务，这实际上是通过事后折价的方式行使抵押权，符合《民法典》有关以折价方式实现抵押权的规定，属于归属型清算，此约定是合法有效的。因此，不能认为让与担保中债权人无权以房抵债或者直接出售房屋，而是让与担保中债权人以房抵债或者直接处分房屋应以当事人之间达成合意为要件。本案中，范某将该房屋出售给第三人谭某，其行为本身并非违反禁止流押的规定而无效，而是因为范某在出售该房屋给第三人谭某时并未征得薛某的同意，其与薛某之间就该房屋实现抵押权的方式并未达成合意，在此种情形下，范某只能就该房屋、拍卖、变卖所得价款优先受偿，而不能直接出售房屋。

四、不动产让与担保制度下债权人擅自转让让与担保的物权应当适用善意取得制度

在不动产让与担保制度下，债权人虽然名义上享有担保不动产的物权，但其实际不享有所有权，仅享有担保物权，因此，其擅自处分该不动产的行为，因缺乏真正所有权人的授权而构成无权处分。尽管如此，从《民法典》第 597 条之规定②可以看出，对于无权处分，其合同效力仍应为有效，只是因出卖人未告知标的物存在

---

① 孙鹏、王勤劳：《流押条约效力论》，载《法学》2008 年第 10 期。

② 《民法典》第 597 条：因出卖人未取得处分权致使标的物所有权不能转移的，买受人可以解除合同并请求出卖人承担违约责任。法律、行政法规禁止或者限制转让的标的物，依照其规定。

权利瑕疵，买受人可以解除合同并追究出卖人的违约责任。基于前述理由，债权人擅自处分担保不动产行为的法律效力应为有效，至于能否产生物权变动的法律效果，则要看受让人是否构成善意取得。依据《民法典》第311条之规定，构成善意取得需要同时具备以下三个要件：一是受让人在受让不动产或动产时是善意。所谓善意，是指受让人在受让时不知道出卖人没有处分权；二是需以合理价格转让；三是转让的不动产或动产应当登记的已登记，不需登记的已经交付受让人。在不动产让与担保中，如受让人明知该不动产系担保财产，而与出卖人即债权人签订买卖合同，则因受让人非善意而导致该不动产不能产生物权变动的法律效果。如受让人不仅明知，还与出卖人恶意串通，则不动产转让合同因恶意串通损害第三人利益而无效。如受让人虽系善意，但无偿受让或者以明显不合理低价受让该不动产，则亦不能产生物权变动的法律效果。本案中，虽然并无证据证明第三人谭某并非善意，但经过鉴定，第三人谭某受让该房屋的对价低于该房屋交易时市场价的70%，该房屋是以明显不合理低价受让的，故而不构成善意取得，该房屋虽然完成了变更登记，亦不能产生物权变动的法律效果，本案最终判决谭某将房屋回转登记到范某名下。因薛某的债务尚未清偿完毕，其与范某之间的借款合同尚未履行完毕，作为从合同的让与担保合同亦未履行完毕，因此，该房屋只能回转至范某名下，而不能直接回转至薛某名下。

不动产让与担保属于《民法典》实施以后的新类型担保制度，在实践中非常复杂，本案例所涉及的不动产让与担保行为与通谋虚伪意思表示、无权处分制度、善意取得制度相互联系，较为典型。尤其是本案例中，在债务人未还清欠款的情况下，基于让与担保约定的有效性，债权人无权处分房屋，受让人又不构成善意取得的情况下，房屋只能从受让人名下回转至债权人名下，而不能直接回转至债务人名下。这一处理方式构成了债务人未清偿债务及受让人不构成善意取得情况下救济债务人权利的标准模型，对类案的审理有积极的借鉴意义。

编写人：湖北省宜昌市伍家岗区人民法院　冯昊

【第 68 条 物权让与担保】

41

让与担保的行为性质与权利行使认定规则

——韩某诉黄某确认合同无效案

【基本信息】

1. 裁判书字号

上海市第一中级人民法院（2020）沪 01 民终 3375 号民事判决书

2. 案由：确认合同无效纠纷

3. 当事人

原告（上诉人）：韩某

被告（被上诉人）：黄某

【基本案情】

韩某系涉案房屋原产权人。2015 年 7 月 21 日，韩某（甲方）与黄某（乙方）签订《上海市房地产买卖合同》，约定甲方将系争房屋出售给乙方，转让价 60 万元，2015 年 10 月 20 日之前完成过户。双方未约定付款时间，也未约定交房时间。上述合同签订后，黄某并未支付韩某 60 万元房价款，后黄某办理了房屋产权登记。韩某与其次子徐某仍居住在涉案房屋内。

2015 年 7 月 23 日、7 月 25 日、8 月 20 日，徐某分别向案外人王某和常某还款 2 万元、1 万元、1 万元。

2015 年 8 月 19 日，徐某还信用卡 2.45 万元。同日，徐某的银行账户存入 2.5 万元，后徐某又取出 1.7 万元。

2019 年 4 月 17 日，黄某与郭某签订《上海市房地产买卖合同》，约定将涉案房屋以122万元的价格出售，2019年6月20日前申请办理过户。5月30日，涉案房屋登记在郭某名下。6月10日，黄某银行转账给韩某20万元。

2019年6月17日，韩某到公安机关报案并陈述：2015年，因为要帮我小儿子还债，所以我把涉案房屋过户给黄某，过户后，他帮小儿子还债40万元，另外还给了小儿子一辆轿车（没过户），今年黄某把那套房子卖了122万元，黄某又给了我20万元。

一审审理中，韩某出示了其与黄某于2015年8月17日签订的《承诺书》之照片，上载：本人韩某将涉案房屋暂时以抵押的形式过户至黄某名下，黄某拿出40.42万元暂借给韩某用于替其子徐某偿还其所欠债务，所借款项黄某按银行利率计息，在所借款项连本带利全额还清之后，黄某将其名下的系争房屋过户归还给韩某。《承诺书》由三方共同签字。黄某对《承诺书》照片真实性不予认可，但在二审中表示：双方在当日确实签署过《承诺书》，内容包括约定韩某借其40.42万元用于替徐某还债，利息按照同期银行利率计算，如果徐某、韩某后续归还了40.42万元及利息，那么系争房屋就应当归还给韩某，恢复过户到韩某名下。双方也没有明确约定还款期间和具体利率。《承诺书》签署后，房屋还是继续由韩某居住。黄某没有就系争房屋另外支付过房款。

【案件焦点】

1. 双方就系争房屋达成的合同关系的法律性质如何认定；2. 系争房屋出售的款项应当如何结算。

【裁判要旨】

上海市闵行区人民法院经审理认为，韩某与黄某签订关于涉案房屋的《上海市房地产买卖合同》系韩某本人前往房地产交易中心签署，内容中虽然未约定交房时间、房款给付等内容，但双方对房屋转让价款60万元是确认的，结合韩某当时家中次子徐某债务缠身，急需还债减轻负担的客观情况，以及韩某本人多次向公安机关陈述，2015年当时要帮次子徐某还债，所以把房子过户给黄某，黄某帮其子还债40万元的情况，以及黄某将房屋出售后又转账给韩某20万元的情况，可见韩某将涉案房屋作价60万元转让过户给黄某系其真实意思表示，其对黄某帮韩某次子徐某还债40万元的事实也已确认。韩某关于以涉案房屋抵押要求黄某帮还债务的诉称，一是依据不足，二是即使《承诺书》客观存在，也形成于韩某与黄某的买卖合同之后，且系韩某、黄某及徐某三人所签，并不能据此推翻《上海市房地产买卖合同》的真实性。另外，韩某与黄某签订房地产买卖合同在先，签订承诺书在后，据其内容也未成立韩某与黄某之间抵押合同关系。韩某自称被“套路贷”报案，但未提供公安机关以“套路贷”立案侦查的依据。故韩某要求以《上海市房地产买卖合同》违反《中华人民共和国物权法》第186条抵押物的流质条款之规定，确认该合同无效，不符合法律规定。韩某要求赔偿102万元，更无合同依据，故韩某的诉讼请求应予驳回。

一审法院依照《中华人民共和国合同法》第52条第5项，《中华人民共和国物权法》第185条、第186条规定，判决如下：

驳回韩某的全部诉讼请求。

韩某不服一审判决，提起上诉。上海市第一中级人民法院经审理认为，关于双方就系争房屋达成的合同关系的法律性质如何认定。双方当事人在2015年7月21日签订的《上海市房地产买卖合同》没有约定交房与付款时间，而且系争房屋产权虽然形式上过户到黄某名下，但韩某仍继续居住，黄某未实际支付房款。根据双方于2015年8月17日签订的《承诺书》，确认韩某向黄某借款40.42万元用于替徐某还债，按银行利率计息，如果韩某后续能够归还该笔借款本金及相应利息，则黄某应当将系争房屋归还过户给韩某。由此可见，双方并非真正的房屋产权交易行为，而是以借款合同关系为基础，约定将系争房屋形式上转让至债权人名下作为债务履行的担保物，债务人到期清偿债务，则债权人应当将系争房屋返还给债务人的让与担保行为。由于双方在签约时并不存在真实的房屋买卖合同意思表示，《上海市房地产买卖合同》应属无效。双方已经完成了系争房屋的形式过户，也并不存在违反法律禁止性规定的“流押”条款，韩某亦表示认可双方达成的让与担保合意效力，故双方隐藏的让与担保行为应属有效。

关于系争房屋出售的款项应当如何结算。根据韩某在公安机关的陈述，其确认黄某已经实际履行了《承诺书》约定的款项交付义务，其与黄某之间就40.42万元的借款合同关系已经生效。韩某对于系争房屋在2019年对外出售的情况是知晓的，对于售房价格也是认可的。黄某可以根据《承诺书》的约定，就122万元的售房款项主张对其担保债权进行优先受偿，但对于超出债务本息范围的剩余款项，黄某应予返还。双方并未就售房款项与担保债权的结算达成一致，现在应当根据《承诺书》约定进行结算。双方虽未明确约定还款期限，但已经达成了支付利息的合意，仅是利率标准约定不明确。鉴于系争房屋在 2019 年 5 月 30 日过户至案外人名下，黄某已经可以实际通过售房款项受偿，故认定韩某应当支付自 2015 年 8 月 17 日起至 2019 年 5 月 30 日止的利息，并参考 2015 年至 2019 年的同期银行贷款基准利率，酌情认定按照年利率 5%的标准支付利息。黄某可以在 122 万元售房款中扣除 40.42 万元本金、7.6466 万元利息及已经支付的 20 万元。因此，黄某应当向韩某返还 53.9334 万元。

二审法院依照《中华人民共和国民法总则》第 146 条，《中华人民共和国合同法》第 61 条，《最高人民法院关于审理民间借贷案件适用法律若干问题的规定》第 25 条第 2 款，《中华人民共和国民事诉讼法》第 170 条第 1 款第 2 项规定，判决如下：

一、撤销上海市闵行区人民法院民事判决；

二、确认韩某与黄某于 2015 年 7 月 21 日签订的《上海市房地产买卖合同》无效；

三、黄某于本判决生效之日起十五日内返还韩某 53.9334 万元；

四、驳回韩某的其余诉讼请求。

【适用解析】

让与担保是指债务人或者第三人为担保债务的履行，将标的物转移给债权人，债务清偿后，标的物应返还给债务人或第三人，债务不履行时，债权人可就标的物受偿的一种担保形式①。房屋的价值稳定，有登记公示作为安全保障，是最常见的担保物，由此衍生出的让与担保形态也是司法实践的重点领域。与典型担保物权相比，让与担保具有便捷、充分保障债权人利益等优势，但也存在侵害第三人利益和突破禁止流押规定的风险可能。因此，司法审判应当在促进非典型担保正常融资功能与防止真实财产权被侵害之间把握价值平衡。

一、让与担保行为性质识别的三项特征

让与担保不存在法定的构成要件，但应当以当事人的真实意思作为基础，只有准确识别其行为性质，才能正确认定行为后果。根据《最高人民法院关于适用〈中

---

① 高圣平：《动产让与担保的立法论》，载《中外法学》2017 年第 5 期。

华人民共和国民法典〉有关担保制度的解释》（以下简称《担保制度解释》）第86条[①]的表述，可以将此类行为的主要特征归纳为三项：（1）债权人与债务人的主债务履行期尚未届满。担保合同是主债务的从合同，只有分离出独立的主债务合意，且债务履行期未届满，才有可能同时存在担保行为。（2）债务人或第三人约定以虚假交易行为将财产在形式上转让给债权人。双方的财产转让合同仅是一种表面行为，缺乏真实意思，后续既可能已经完成了财产变动的形式要件，也可能没有办理形式手续。（3）真实合意包括如果债务人到期清偿主债务，债权人应当返还财产的内容。任何担保权利都会因主债务清偿而消灭，此项内容是让与担保合意的核心，这也是认定表面行为虚假性与非独立性的重要依据。

现实交易并没有统一步骤，当事人的陈述也可能前后矛盾。因此，司法实践对行为性质的识别应当是基于证据事实进行意思表示的整体解释，上述特征既可能在多份合同的关联中综合呈现，也可能需要通过当事人的履行行为进行规范审查。在（2015）民申字第2128号案件中，最高人民法院认定，J房地产公司在签订《商品房买卖合同》的同时签订回购协议，约定出售价为2000万元，但6个月内支付2600万元给康某敏等回购所售房产，其真实目的是从康某敏等处借贷2000万元，而非出售商品房。在J房地产公司屡次不能按回购协议约定回购房屋的情况下，康某敏等并未要求J房地产公司恢复履行《商品房买卖合同》，而是继续同意J房地产公司进行回购，说明其签订《商品房买卖合同》的真实目的不是获得房屋，而是

---

① 《最高人民法院关于适用〈中华人民共和国民法典〉有关担保制度的解释》第68条：债务人或者第三人与债权人约定将财产形式上转移至债权人名下，债务人不履行到期债务，债权人有权对财产折价或者以拍卖、变卖该财产所得价款偿还债务的，人民法院应当认定该约定有效。当事人已经完成财产权利变动的公示，债务人不履行到期债务，债权人请求参照民法典关于担保物权的有关规定就该财产优先受偿的，人民法院应予支持。债务人或者第三人与债权人约定将财产形式上转移至债权人名下，债务人不履行到期债务，财产归债权人所有的，人民法院应当认定该约定无效，但是不影响当事人有关提供担保的意思表示的效力。当事人已经完成财产权利变动的公示，债务人不履行到期债务，债权人请求对该财产享有所有权的，人民法院不予支持；债权人请求参照民法典关于担保物权的规定对财产折价或者以拍卖、变卖该财产所得的价款优先受偿的，人民法院应予支持；债务人履行债务后请求返还财产，或者请求对财产折价或者以拍卖、变卖所得的价款清偿债务的，人民法院应予支持……

为双方之间的借贷行为提供房屋担保①。该案中，双方并没有签订借款协议，也没有明确以房屋作为担保，但法院通过综合审查发现，虽然“购房者”支付了“房款”，但却没有获得房屋的真实意思，“售房者”又承诺在一定期间内以超出“房款”的价格进行“回购”房屋，双方实际上是同时建立了借贷债务关系与让与担保关系，实质上也符合前述三项特征。

本案中，双方签订了《上海市房地产买卖合同》，黄某曾经取得房屋登记，并坚持主张双方存在真实的房屋买卖。双方均认可在《上海市房地产买卖合同》签订后一月内又签订了《承诺书》，并约定韩某向黄某借款40余万元，如果后续该笔借款能够归还，则系争房屋应当返还给韩某。《上海市房地产买卖合同》的签订时间虽然早于《承诺书》，但房屋过户至黄某名下后的三年间，韩某依然实际居住在系争房屋，黄某也并未支付过约定的房款，且《承诺书》已经明确了借款关系的主合同地位。上述事实足以说明，双方虽然达成了形式上的房屋买卖合同关系，但不存在房屋买卖的真实意思，房屋过户是为了给尚未届满的借款关系提供担保，双方存在真实的让与担保合意。

值得注意的是，让与担保与以物抵债在实践中容易混淆，二者重要的差别就在于表面交易行为时间与主债务履行期的关系。所谓担保，必定是在主债务尚未届满时成立的，是为债权人未来利益的不确定性提供预期保障。而如果履行期已经届满，债务人未能清偿的事实已经确定，就没有必要再设定担保，而是应当确定清偿方案。根据《全国法院民商事审判工作会议纪要》第44条、第45条的表述②，债务履行期届满是认定真正以物抵债协议的核心要件，而届满前的以物抵债协议只能

① （2015）民申字第2128号，载中国裁判文书网，https：//wenshu. court. gov. cn/website/wenshu/181107ANFZ0BXSK4/index. html? docId = d368ee16206a434691016ccb65e95b23，2022年4月20日访问。

② 《全国法院民商事审判工作会议纪要》第44条：当事人在债务履行期限届满后达成以物抵债协议，抵债物尚未交付债权人，债权人请求债务人交付的，人民法院要着重审查以物抵债协议是否存在恶意损害第三人合法权益等情形，避免虚假诉讼的发生。经审查，不存在以上情况，且无其他无效事由的，人民法院依法予以支持……第45条：当事人在债务履行期届满前达成以物抵债协议，抵债物尚未交付债权人，债权人请求债务人交付的，因此种情况不同于本纪要第71条规定的让与担保，人民法院应当向其释明，其应当根据原债权债务关系提起诉讼……

认定为让与担保行为[①]，不能根据表面行为支持财产交付诉请。本案中，《承诺书》虽然并未约定具体还款日期，但也很明显是给予了借款人一定履行期限，双方签订《上海市房地产买卖合同》时，《承诺书》也尚未签署，借款债务履行期当然没有届满，并不存在以房抵债合意。

二、让与担保行为效力认定的双重维度

司法实践对于让与担保的效力认定经历了不同阶段的探索，《最高人民法院关于审理民间借贷案件适用法律若干问题的规定》（以下简称《民间借贷司法解释》）第 23 条[②]规定了应当识别虚假买卖，以主债务关系作为基础的审理思路，但并未明确隐藏担保行为的效力问题。《中华人民共和国民法典》（以下简称《民法典》）第 146 条[③]提供了将虚假行为与隐藏行为效力进行独立评价的规则。《担保制度解释》第 68 条进一步明确，根据《民法典》第 146 条之规定，表面行为因缺乏真实意思而无效，而隐藏的让与担保行为则是有效的。这就防止了因无明确法律规定就将此类行为认定为整体无效，过度抑制市场交易需要的情况，体现出充分发挥非典型担保的融资功能，促进商事交易健康发展的司法态度。

在让与担保行为有效的前提下，还应当对其法律效果予以具体明确。按照传统的物权法定原则，当事人不能通过合同自由创设法律不承认的物权类型，也不能改变法定物权的内容。但是，物权法定原则对于私法自治的限制，可经由债权契约自由而获得缓和或补充[④]。有代表性的理论观点认为，习惯法形成的物权如果类型固定、明确合理、不违反物权法定主义存在的旨趣，且有公示之可能，社会上确有其

---

① “本条实际上是将此种以物抵债作为履行原债权债务关系的担保来对待的。”最高人民法院民事审判第二庭编著：《〈全国法院民商事审判工作会议纪要〉理解与适用》，人民法院出版社 2019 年版，第 307~308 页。

② 《最高人民法院关于审理民间借贷案件适用法律若干问题的规定》第 23 条：当事人以订立买卖合同作为民间借贷合同的担保，借款到期后借款人不能还款，出借人请求履行买卖合同的，人民法院应当按照民间借贷法律关系审理。当事人根据法庭审理情况变更诉讼请求的，人民法院应当准许。按照民间借贷法律关系审理作出的判决生效后，借款人不履行生效判决确定的金钱债务，出借人可以申请拍卖买卖合同标的物，以偿还债务。就拍卖所得的价款与应偿还借款本息之间的差额，借款人或者出借人有权主张返还或者补偿。

③ 《民法典》第 146 条：行为人与相对人以虚假的意思表示实施的民事法律行为无效。以虚假的意思表示隐藏的民事法律行为的效力，依照有关法律规定处理。

④ 王泽鉴：《民法物权（一）通则·所有权》，中国政法大学出版社 2001 年版，第 46 页。

实益及需要，并且通过上述物权法定缓和的运用，又超过了解释的界限，有于习惯法的物权加以承认的余地[①]。如果将让与担保的法律效果限定在合理范围内，既满足了市场需求，又不损害交易安全，则能够在现有物权秩序中取得合理的类推适用空间。具体而言，以房屋让与担保为例，第一，由于作为登记变动原因的表面行为无效，即使债权人在债务届满前获得了所有权登记，也不能获得所有权，而仅仅是形式上的登记人，物权依然属于担保人。第二，让与担保不能发生事先确认所有权归属的效果。根据约定内容，让与担保可分为清算型和归属型，前者是指债务人不履行到期债务时，债权人可就担保物拍卖、变卖后的价值优先受偿，此类约定符合民法典物权编的基本价值，为确定有效；后者是指债务人不履行到期债务时，担保物直接归债权人所有。由于流质（或流押）是民法典物权编所明确禁止的行为，容易产生不平等的暴利行为，此类约定应认定为无效。同时，基于法律行为的效力转换理论，法律行为无效时，不发生当事人所欲实现的法律效果，为贯彻私法自治原则，应在一定条件下使该法律行为得转换为其他行为，使之生效[②]。因此，为了充分保障当事人约定中的合法部分，《担保制度解释》第 68 条也明确了归属型让与担保可自动转化为清算型，而非简单地将无效作为终局效果。第三，完成了登记公示的让与担保才能类推认定优先受偿权。清算型让与担保虽然有效，但不必然产生物权效力。物权效力具有对抗性，对于第三人的交易安全有直接影响。完成了形式上的物权变动公示程序，便足以保障第三人的信赖利益，为优先权的对抗性奠定了正当性。因此，《担保制度解释》第 68 条明确，只有完成了财产权利变动公示，才能赋予让与担保物权效力，而这种效力实际上就是可以对抗其他债权人的优先受偿权，未完成公示手续则只能与其他债权人平等受偿[③]。本案中，系争《上海市房地产买卖合同》因意思表示虚假而被二审法院认定为无效，但隐藏的让与担保行为有效，双方并没有明确约定归属型让与担保，对其担保属性应当认定为清算型，黄某已经取得了房屋所有权登记，可以就系争房屋享有优先受偿权。

---

① 谢在全：《民法物权论（上册）》，中国政法大学出版社 2011 年版，第 37~38 页。

② 王泽鉴：《民法总则》，中国政法大学出版社 2001 年版，第 490 页。

③ 参见最高人民法院民事审判第二庭编著：《〈全国法院民商事审判工作会议纪要〉理解与适用》，人民法院出版社 2019 年版，第 405 页。

三、让与担保权利行使的正当程序规则

让与担保权人不是真正的所有权人，让与担保权利的行使应当遵循正当程序规则。在实践中，可参照适用与其最相似的担保物权规定，动产、不动产以及股权让与担保分别参照适用动产质押、不动产抵押以及股权质押的规定[①]。尤其是已经取得房屋产权登记的担保权人，在债务到期前，不得利用其名义所有权人的地位损害真实所有权人的合法利益，在最终实现优先受偿权时，也应当履行清算义务，尊重担保人对剩余财产的取回权。

（一）对所有权人的使用保障义务

让与担保实践中，动产担保物可能实际转移占有，这就类似于动产质权，债权人在保管担保物时应尽到善良管理人的义务[②]。但一般而言，房屋让与担保类似于不动产抵押，其功能实现并不需要转移占有，担保人作为真实的所有权人依然可以在债务到期前，正常行使对担保物的占有 、使用、收益权，债权人不得以名义所有权人的身份妨害担保人的上述权利。本案中，从系争房屋过户到黄某名下，到最终出售给第三人的三年多期间，韩某依然正常使用系争房屋，这就说明黄某没有在债务到期前干涉真正所有权人的使用。

（二）对担保物的对外处分限制义务

与典型担保物权不同，从形式上来看，担保物的所有权已经转移登记至债权人名下，债权人拥有所有权的权利外观，对外任意处分担保物的风险较大。第一，债务履行期届满前，担保物的真正所有权人仍为担保人，债权人的权利行使只能限于维持担保物的正常价值与权属安全，而不能擅自处分担保物，提前受偿。未经真正所有权人同意而擅自处分担保物，属于无权处分，符合民法典物权编善意取得条件的第三人可以取得所有权[③]，但债权人的行为造成担保人损失的，也应当承担赔偿责任。第二，债务履行期届满后，债务人不能清偿债务，让与担保就进入了最终实现的阶段，但债权人依然不能任意处分担保物。因为，让与担保权的实现程

① 最高人民法院民事审判第二庭编著：《〈全国法院民商事审判工作会议纪要〉理解与适用》，人民法院出版社2019年版，第405页。

② 曹士兵：《中国担保制度与担保方法》，中国法制出版社2015年版，第344页。

③ 参见最高人民法院民事审判第二庭编著：《〈全国法院民商事审判工作会议纪要〉理解与适用》，人民法院出版社2019年版，第402页。

序也应当参照担保物权规则，以合理的程序、公开的价格进行折价、变卖或者拍卖，防止单方低价处分损害担保人的利益，这也是《担保制度解释》第68条确定的思路。本案中，根据韩某在公安机关的陈述，由于其没有偿还约定的借款本息，系争房屋最终在2019年对外出售，其对于出售的原因、过程是清楚的，其配合第三人完成了房屋交接，也没有对出售价格提出异议。因此，双方实际上属于在债务到期后合意变卖了系争房屋，这一过程本身没有违背让与担保权利实现的正当程序。

（三）优先受偿权实现的清算义务规则

1. 优先受偿权应以履行清算义务为前提

让与担保可以充分保障债权人的担保权益，所有权形式转移保证了担保权人的优先受偿，担保权人获得所有权的外观，第三人阻碍债权实现的风险相对较小①。但是，债权人享有优先受偿权必须以履行清算义务为前提。《民法典》第413条、第438条②均明确了担保物处分后，超出债权数额的款项归担保人所有。同样，在让与担保权利实现的过程中，债权人并不当然取得标的物的所有权，实现其权利时仍然负有清算义务，债权人可以请求参照法律关于担保物权的规定对财产拍卖、变卖、折价优先偿还债权，就标的物价值超过担保债务的部分，债权人应当返还担保人。

本案中，双方并非以折价抵债的方式实现担保权利，韩某同意在2019年出售房屋，但担保人同意变卖的意思表示，并不意味着双方就债权债务的清算达成了一致。根据韩某在公安机关的陈述，其认为黄某支付给她的购房款过少，可见双方清算范围存有争议。而黄某在房屋出售后主动支付给韩某20万元，实际上也是部分履行了清算义务，但清算义务是否履行完毕，应当由债权人举证证明其已经全额返还了超出担保债权范围的款项。

---

① 王闯：《关于让与担保的司法态度及实务问题之解决》，载《人民司法》2014年第16期。

② 《民法典》第413条：抵押财产折价或者拍卖、变卖后，其价款超过债权数额的部分归抵押人所有，不足部分由债务人清偿。

第438条：质押财产折价或者拍卖、变卖后，其价款超过债权数额的部分归出质人所有，不足部分由债务人清偿。

2. 清算债权范围应以隐藏担保约定为限

让与担保无法进行担保范围的公示登记，故清算债权范围应当以当事人达成让与担保合意时真实意思为限。本案中，系争房屋变卖所得价款为 122 万元，根据双方确认的《承诺书》，双方就 40.42 万元的借款关系已经生效。因此，清算债权的本金是明确的，即为 40.42 万元。关于利息部分，虽然双方没有约定具体的利率标准，但应当支付利息的合意是明确的，鉴于系争房屋在 2019 年 5 月 30 日过户至案外人名下，黄某已经可以实际通过售房款项受偿，故二审法院认定韩某应当支付自 2015 年 8 月 17 日起至 2019 年 5 月 30 日止的利息，并参考同期银行贷款基准利率，酌情认定按照年利率标准。由此计算，清算债权总额为 40.42 万元本金与 7.6466 万元利息，以 122 万元售房款扣除上述金额及黄某已经支付的 20 万元，黄某尚未完全履行清算义务，其应当向韩某返还剩余的 53.9334 万元。

需要说明的是，黄某主张其替韩某之子徐某偿还的债务超出了 40.42 万元，但本案的主债务关系人是韩某与黄某，黄某即使对徐某享有超出 40.42 万元的债权金额，也不能将该部分超出金额认定为韩某对黄某的借款，更不能纳入本案的清算债权范围。

编写人：上海市第一中级人民法院　李兴　肖伽琦

【第 68 条　物权让与担保】

42

以订立买卖合同作为民间借贷担保如何处理

——李某锁诉申某平等民间借贷案

【基本信息】

1. 裁判书字号

河南省安阳市中级人民法院（2020）豫 05 民终 1732 号民事判决书

2. 案由：民间借贷

3. 当事人

原告（上诉人）：李某锁

被告（被上诉人）：申某平、程某香、程某青

【基本案情】

2015年3月至2016年2月，被告程某香分四笔向原告李某锁借款共计80万元。其中，2015年3月17日，借款两笔金额分别为10万元和20万元，由程某香、程某青共同签名向原告出具借条，2015年5月10日，借款一笔30万元，由被告程某香签名出具借条，该三笔借款，口头约定利息为月息3分，借款时原告预先扣除了3个月的利息，之后被告又偿还3个月的利息；2016年2月23日，借款20万元，由被告程某香向原告出具借条一张，未约定利息。被告程某香向原告借款时，程某香与程某青系夫妻关系，被告申某平以其小区房产（1号楼东1单元202、302、402、502房号，1号楼集房部1层、2层连层）为上述借款提供担保，被告申某平给原告出具房产买卖合同，申某平向李某锁出具房款收据并交付钥匙，李某锁未实际占有使用该房屋，没有办理房屋过户登记，也未进行抵押登记。另查明，原告诉请的另一笔借款36.9万元，该借款实为案外人高某梅与被告程某香之间的借款。原告请求被告程某香、程某青偿还借款2030872元（其中本金116.9万元、利息107.5万元，原告仅主张2030872元）；被告申某平对上述借款本息以其提供担保的小区四套房屋及两个门面房价值范围内向原告承担连带清偿责任。

【案件焦点】

涉案房产买卖合同的性质、效力认定及如何处理。

【裁判要旨】

河南省林州市人民法院经审理认为：被告程某香向原告借款四笔，双方之间形成民间借贷关系。原告在借款时预先扣除利息，应按照实际借款数额返还借款本金并计算利息。利息应按月息2分计算。被告程某香、程某青在前两笔借款借据上共同签名，应承担共同还款责任。另外两笔借款的借据上被告程某青未签字，原告也未提供证据证明该借款用于夫妻共同生活或经营，故被告程某青不应承担责任。原

告与被告之间的基础法律关系是民间借贷关系，被告申某平给原告出具的房产买卖合同，是对借款的抵押担保，因房产抵押并未进行登记，抵押权未设立，故原告诉请被告申某平在相应的房产价值范围内履行担保责任，证据不足，本院不予支持。

河南省林州市人民法院依照《中华人民共和国合同法》第 107 条、第 196 条、第 200 条、第 205 条、第 211 条，《最高人民法院关于审理民间借贷案件适用法律若干问题的规定》第 26 条，《中华人民共和国民事诉讼法》第 64 条之规定，判决如下：

一、被告程某香、程某青于本判决生效后十日内偿还原告李某锁借款 273000 元及利息（利息自 2015 年 6 月 17 日起计算至还清之日止，按月息 2 分计算）；

二、被告程某香于本判决生效后十日内偿还原告李某锁借款 273000 元及利息（利息自 2015 年 8 月 10 日起计算至还清之日止，按月息 2 分计算）；

三、被告程某香于本判决生效后十日内偿还原告李某锁借款 200000 元；

四、驳回原告的其他诉求。

一审宣判后，李某锁不服提起上诉。河南省安阳市中级人民法院经审理认为：程某香向李某锁借款四笔并出具借据，双方对借款事实、预先扣除利息及偿还部分利息均无异议，程某香应按照实际借款偿还本金及利息。后两笔借款的借条虽无程某青的签字，但借款发生在程某青与程某香夫妻婚姻关系存续期间，且用于双方在外承建工程，属于夫妻共同债务，双方应共同承担还款责任。2016 年 2 月 23 日借款 200000 元，未约定利息及借款期限，应自起诉之日即 2019 年 3 月 13 日起至借款清偿完毕之日止，按年利率 6%计算资金占用期间的利息。《最高人民法院关于审理民间借贷案件适用法律若干问题的规定》第 24 条规定，当事人以签订买卖合同作为民间借贷合同的担保，人民法院按照民间借贷法律关系审理作出的判决生效后，借款人不履行生效判决确定的金钱债务，出借人可以申请拍卖买卖合同标的物，以偿还债务。就拍卖所得的价款与应偿还借款本息之间的差额，借款人或者出借人有权主张返还或补偿。程某香、程某青向李某锁借款并出具借据，李某锁与申某平签订房产买卖合同，系名为买卖实为借贷提供担保，双方形成让与担保法律关系。申某平应当以提供担保的房产价值为限承担责任，在借款人不能清偿债务时，李某锁可申请拍卖该房产买卖合同标的物，以偿还本案债务。综上，李某锁上诉请求理由部分成立，予以支持。

河南省安阳市中级人民法院依照《中华人民共和国合同法》第 107 条、第 196

条、第200条、第205条、第210条，《最高人民法院关于审理民间借贷案件适用法律若干问题的规定》第24条、第26条、第29条，《中华人民共和国民事诉讼法》第64条第1款、第170条第1款第2项之规定，判决如下：

一、撤销河南省林州市人民法院民事判决；

二、程某香、程某青于判决生效后十日内偿还李某锁借款273000元及利息（自2015年6月17日起至借款清偿完毕之日止按月息2分计算）；

三、程某香、程某青于判决生效后十日内偿还李某锁借款273000元及利息（自2015年8月10日起至借款清偿完毕之日止按月息2分计算）；

四、程某香、程某青于判决生效后十日内偿还李某锁借款200000元及利息（自2019年3月13日起至借款清偿完毕之日止按年利率6%计算）；

五、程某香、程某青不履行本判决第二、三、四项所确定的债务时，李某锁可申请拍卖申某平小区1号楼东1单元202、302、402、502号，1号楼售房部1层、2层连层的房产，以偿还上述债务；

六、驳回李某锁的其他诉讼请求。

【适用解析】

本案争议焦点为涉案房产买卖合同的性质、效力如何认定及如何处理。一审判决认定因房产抵押并未进行登记，抵押权未设立，而二审认定为双方签订的房产买卖合同系名为买卖实为借贷提供担保，双方形成让与担保法律关系。该认定差异在司法实务中具有一定的代表性。理论上有关让与担保的研究已经相当透彻，但在实践中，就让与担保的识别、效力认定以及权利实现程序尚存争议。在《中华人民共和国民法典》（以下简称《民法典》）颁布之前，让与担保一直没有被纳入担保体系，但已在理论和实务界得到广泛认可。《全国法院民商事审判工作会议纪要》（以下简称《九民会议纪要》）第66规定，当事人订立的具有担保功能的合同，不存在法定无效情形的，应当认定有效；虽然合同约定的权利义务关系不属于物权法规定的典型担保类型，但是其担保功能应予肯定。《民法典》对动产和权利担保制度进行了“实质大修”，第388条第1款规定，“设立担保物权，应当依照本法和其他法律的规定订立担保合同。担保合同包括抵押合同、质押合同和其他具有担保功能的合同。”据此，抵押合同、质押合同作为设立典型担保的合同，属于物权合同；该款同时在法律上确立了“具有担保功能的合同”的概念，所指向的是合同编规定的能够发挥担保作用的债权合同。从体系解释的角度，第 388 条位于物权编，所以，该条款搭建了物权编和合同编的联系。《最高人民法院关于适用〈中华人民共和国民法典〉有关担保制度的解释》（以下简称《担保制度解释》）明确将所有权保留买卖、融资租赁、保理、让与担保等合同纳入“具有担保功能合同”的范畴，“具有担保功能的合同”是物权合同，让与担保合同被纳入“具有担保功能的合同”，即应认为将让与担保纳入担保物权体系。打破了严格物权法定桎梏，基于现有法律规定结合司法实践进一步细化让与担保的地位及其效力是必要的。

《担保制度解释》第 68 条对让与担保的认定及权利实现作出了详细规定。但由于实务中承诺担保责任的情形众多，提供担保表现形式多样，担保标的物种类复杂，在个案中如何准确识别让与担保、判断其效力、规范权利实现程序依旧是司法实践的难题。其中，让与担保识别是前提，效力判断直接关系买卖合同等能否起到担保作用，权利实现程序关涉债权人债权的顺利实现。因此，有必要根据《担保制度解释》第 68 条规范，结合司法实践，探索让与担保识别、效力认定以及权利实现程序的思路，形成对实务有指导意义、可操作性较强方法和规则指引。

一、让与担保的内涵和识别

让与担保是指，债务人或者第三人为担保债务的履行，将标的物转移给他人，于债务不履行时，该他人可就标的物受偿的一种非典型担保。不同于典型担保中当事人对担保方式与责任范围的明确表达，让与担保从形式上通常表现为财产转让，与买卖合同极易混淆，对二者进行性质上的区分是必要的①。

《担保制度解释》第 68 条规定了“买卖转移标的物”和“本金加溢价款回购”两种具体表现形式，前者是指债务人不履行到期债务时，债权人有权对财产折价或者以拍卖、变卖该财产所得价款偿还债务的；后者是指财产转移至债权人名下的一定期间后再由债务人或者其指定的第三人以交易本金加上溢价款回购担保债权实现。

对让与担保合同的识别，以商品房买卖合同为例，从目的上来说，商品房买卖合同系以取得商品房所有权为目的，让与担保是以保障还款为目的；从金额上来

---

① 参见最高人民法院民事审判第二庭：《最高人民法院民法典担保制度司法解释理解与适用》，人民法院出版社 2021 年版。

说，商品房买卖合同所约定的价款为房屋售价，以让与担保为目的的商品房买卖合同所约定的价款通常为借款本金（或借款本息）；从合同权利义务上来说，商品房买卖合同买受人的权利为请求出卖人交付房屋、办理产权变更登记，让与担保合同出借人的权利为在借款人未按期偿还借款时以房屋价值清算受偿；从房屋是否交付使用来说，商品房买卖合同买受人以占有使用房屋为常态，让与担保合同借款人通常不实际占有使用房屋；从合同履行形态上来说，商品房买卖合同一般以房屋办理产权登记为履行完毕，让与担保合同一般以借款清偿完毕为合同终止的表现形式。因此，应结合合同目的、合同内容、合同履行情况等来识别是买卖合同还是让与担保，其中，订立合同的目的是判断双方法律关系性质的关键。如（2016）最高法民终52号案①认为，应当甄别王某平与B投资咨询有限公司之间签订房屋认购协议是否具有担保的意思，即考察双方签订房屋认购协议的真实意思是为借款行为提供担保，还是通过支付对价获得房屋的所有权。双方当事人在发生借款关系之后，为保证借款的偿还又订立了房屋抵顶及认购协议。能够证明双方当事人在签订房屋认购协议时并无真正转移涉案房产所有权的意思，其真实目的是给借款提供担保，当事人之间成立让与担保法律关系。

在本案李某锁与申某平的法律关系中，从时间上看，买卖关系的成立与李某锁向程某香提供借款的时间一致；从金额来看，房屋售价与借款本息基本一致；从合同履行来看，申某平向李某锁出具房款收据并交付钥匙，但李某锁并未向申某平交付房款，也未实际占有使用该房屋、没有办理房屋过户登记。结合借据、房产买卖合同等证据综合分析，不能证明双方具有通过商品房买卖取得房屋所有权的目的，以买卖担保债权才是双方当事人的真实目的。

二、让与担保的效力认定

（一）关于让与担保效力认定的不同观点

在民间借贷的实践中，当事人通过签订房产买卖合同来担保债权实现，已比较常见。针对此类让与担保的效力问题，司法实务中较为常见的观点大致有三种：

第一种观点：全盘否定，既不承认买卖合同的效力也不承认让与担保的效力。

---

① （2016）最高法民终52号，载中国裁判文书网，https：//wenshu.court.gov.cn/website/wenshu/181107ANFZ0BXSK4/index.html？docId = 2bec3a7350874506be0ab1b19a8a848d，2022年3月12日访问。

虽然双方签订了房屋买卖合同，但实际上是以买卖合同为民间借贷提供担保。合同中有关于“借款人如不偿还到期借款的，则该房屋归出借人所有”的约定，应认定为“流押条款”，因违反法律的强制性规定而无效；① 合同当事人以买卖形式担保债务，法院认为合同内容不能反映当事人之间真实的意思表示，进而认定房屋买卖合同无效；② 合同以担保债权实现的目的，担保权人占有担保标的物的行为符合让与担保的特征，但因违反物权法定原则，该行为不产生物权转移效力，房屋买卖合同无效。③ 目前，持此种观点的法院较少，尤其是在《九民会议纪要》实施后，肯定了让与担保的债权效力。

第二种观点：全面肯定，不仅肯定了让与担保的债权效力，还肯定担保权人的优先受偿权。④ 实践中，法院往往参照抵押进行处理。虽然让与担保不是典型担保物权，债权人不享有担保物所有权，但进行了相应财产权转移公示，基于买卖合同对标的物享有的物权登记请求权等债权符合物权期待权的保护条件，将其纳入抵押权的范畴有一定的合理性。且《担保制度解释》第 68 条规定为担保权人取得优先受偿权提供了规范支持。

第三种观点：具有让与担保形式的合同的债权效力与物权效力分别判断。⑤ 根据原物权法所确立的合同效力和物权效力相区分的原则及契约自由原则，当事人通过合同设定担保时，在合同不存在其他无效事由的情况下，肯定让与担保合同的债

① “H 地产公司、任某等确认合同效力纠纷案”［（2018）内 01 民终 844 号］，载中国裁判文书网，https：//wenshu. court. gov. cn/website/wenshu/181107ANFZ0BXSK4/index. html？ docId＝52322d11c9ed4ed199bba8f10033250a，2022 年 5 月 3 日访问。

② “王某等诉上 L 实业公司房屋买卖合同纠纷案”［（2014）宝民三（民）初字第 573 号］，载中国裁判文书网，https：//wenshu. court. gov. cn/website/wenshu/181107ANFZ0BXSK4/index. html？ docId＝f76c3541bc6648758849146c816c8059，2022 年 5 月 3 日访问。

③ “张某诉陈某等房屋买卖合同纠纷案”［（2014）淮法民初字第 1114 号］，载中国裁判文书网，https：//wenshu. court. gov. cn/website/wenshu/181107ANFZ0BXSK4/index. html？ docId＝1c8fb29f6e1146ba8b181e9f4cd0a166，2022 年 5 月 3 日访问。

④ “李某诉王某间借贷纠纷案”［（2014）沈高开民初字第 00003 号］，载中国裁判文书网，https：//wenshu. court. gov. cn/website/wenshu/181107ANFZ0BXSK4/index. html？ docId＝6617da22164a4f489425a80a010c18be，2022 年 5 月 12 日访问。

⑤ “陈某、G 钢铁实业公司民间借贷纠纷案”［（2017）最高法民终 940 号］，载中国裁判文书网，https：//wenshu. court. gov. cn/website/wenshu/181107ANFZ0BXSK4/index. html？ docId＝7853d9db1f0e4c889b63a966014f998b，2022 年 5 月 12 日访问。

权效力。在法律法规没有禁止让与担保的情况下，应承认其合同的有效性。在物权效力与债权效力二分体系下，合同无效，让与担保物权必然不能设立；反之，让与担保合同有效，并不一定意味着让与担保物权能够设立。让与担保合同的有效性与让与担保合同能否设定担保物权应当作出不同认识。让与担保的物权效力主要表现为优先授权，担保权人是否享有优先受偿权应做单独判断。《九民会议纪要》首次为担保权人享有优先受偿权提供了依据，后续《担保制度解释》予以延续。本案二审法院基于不告不理原则，仅对让与担保的合同效力作出判决。

显然，第三种观点符合《担保制度解释》第68条的立法目的。贯通了以买卖合同担保债务履行的适用规则，即在债务人不能还款的情形下债权人不能直接依据房屋买卖合同取得房屋所有权，区分两种情况，对于没有完成财产所有权变动公示的，则债权人只能请求对财产折价或者以拍卖、变卖所得的价款清偿债务；对于完成财产所有权变动公示的，债权人可以请求参照民法典关于担保物权的有关规定就该财产享有优先受偿权。

（二）让与担保公示后的优先受偿效力

为了消灭隐形担保，《民法典》第641条、第745条、第768条均规定未经登记不得对抗善意第三人的规则，使所有权保留等担保事实显形于外，保护交易安全以及避免倒签等欺诈行为。[①] 延续担保事实显形于外的思路，《担保制度解释》第68条第1款规定，当事人已经完成财产权利变动的公示，债务人不履行到期债务，债权人请求参照民法典关于担保物权的有关规定就该财产优先受偿的，人民法院应予支持。也就是说，只有在当事人完成了财产权利的变动公示的情况下，债权人才能就财产享有优先受偿的权利。[②]

三、本案让与担保的权利实现程序

仅签订让与担保合同而未按上述说明完成权利变动公示的不具有物权效力，在没有约定具体清偿方式的前提下，债权人可以请求参照《民法典》关于担保物权的规定对财产折价或者拍卖、变卖该财产所得的价款内清偿债务；当事人根据合同约定完成相应财产权利变动公示的，形式上已经将财产转让至债权人名下，债权人可

① 参见龙俊：《民法典中的动产和权利担保体系》，载《法学研究》2020年第6期。

② 参见最高人民法院民事审判第二庭：《最高人民法院民法典担保制度司法解释理解与适用》，人民法院出版社2021年版。

以请求参照《民法典》关于担保物权的规定对财产折价或者拍卖、变卖该财产所得的价款优先受偿清偿债务。

反观本案，当事人以签订商品房买卖合同担保债权，但没有办理不动产变更登记，未完成权利变动公示。因此，买卖合同不具有物权效力，债权人不享有优先受偿权。在处理上，一审法院认为该担保未经抵押登记，不产生抵押担保的效力，从而驳回了原告关于实现担保物权的诉讼请求。二审法院则认定构成让与担保，在债务人不能履行还款义务时，债权人要进行清算，即对担保房屋进行拍卖折价后从价款中受偿，因此，判决申某平应当以提供担保的房产价值为限承担责任，在借款人不能清偿债务时，李某锁可申请拍卖该房产买卖合同标的物，以偿还本案债务。该案审理时，《民法典》及《担保制度司法解释》尚未施行，但二审法院对该案的处理符合《民法典》及《担保制度司法解释》关于让与担保的相关规定精神，可供理解、适用让与担保规则参考。

编写人：河南省林州市人民法院 邓海青 申一博

【第 69 条 股权让与担保】

43

让与担保情形下名义股东不承担出资责任

——J 食品公司诉余某、潘某追收未缴出资案

【基本信息】

1. 裁判书字号

湖北省襄阳市中级人民法院（2021）鄂 06 民终 1664 号民事判决书

2. 案由：追收未缴出资纠纷

3. 当事人

原告（被上诉人）：J 食品公司

被告（上诉人）：余某

被告：潘某

第三人：杨某某

【基本案情】

J食品公司于2010年3月2日登记成立，公司注册资本为200万元。2013年10月24日，该公司注册资本变更登记为500万元，股东为杨某某一人，持股比例100%。2015年2月至2017年11月，杨某某、J食品公司多次向余某借款、还款，在多份借款合同中均约定杨某某、J食品公司如不能如期偿还借款，杨某某自愿以J食品公司30%的股份偿还余某借款，并配合办理股权变更的内容。2015年4月3日，杨某某将其所持有公司100%股权中的30%转让给余某，4月7日，公司股东变更登记杨某某占70%、余某占30%。2015年11月25日，公司注册资本由500万元变更为2000万元，其中杨某某认缴1050万元、余某认缴450万元。2016年3月17日，公司注册资本由2000万元增加至3500万元，增加的1500万元由潘某认缴，潘某任公司执行董事及法定代表人。2017年2月20日，J食品公司召开由潘某、杨某某、余某参加的股东会，全体股东均同意杨某某将其在J食品公司40%的股权1400万元（实缴出资350万元）转让给潘某。同日，潘某、余某召开股东会并通过了修改公司章程的决议，新的公司章程第七条载明：股东潘某认缴出资额2900万元，已经缴付350万元，欠缴2550万元，股东余某认缴出资额600万元，已经缴付150万元，欠缴450万元，缴付时间为2018年10月23日前。2017年2月21日，工商部门办理了J食品公司股权变更登记手续，余某名下股权比例为17.14%。2019年5月，余某及其妻王某因民间借贷纠纷起诉J食品公司、杨某某，杨某某在该案中认可登记在余某名下股权系用于担保，双方达成调解协议：确认J食品公司、杨某某尚欠余某、王某借款金额为18.915万元，从2017年1月1日起按照年利率24%支付利息，于2019年6月15日前还清；余某所持J食品公司17.14%股权已经转让给杨某某，且转让价款已结清。

2019年12月20日，J食品公司因资不抵债经债权人申请进入破产清算程序，破产管理人查明J食品公司登记股东潘某、余某未出资到位，遂提起追收未缴出资诉讼。杨某某当庭认可向余某借的所有款项都是用30%股份担保，公司为了贷款将注册资本从500万元增加至3500万元，登记在余某名下的股份虽然变成17.14%，但仍然是担保欠余某的所有借款，如果有出资不实的责任则由杨某某本人承担。

【案件焦点】

1. 杨某某将其部分股权变更登记至余某名下，是股权转让还是让与担保；2. 如果让与担保关系成立，余某作为名义股东应否承担缴纳出资的民事责任。

【裁判要旨】

湖北省南漳县人民法院经审理认为，认缴出资的股东应当向J食品公司履行出资义务，J食品公司股东认缴出资额为货币出资3500万元，至破产清算时股东潘某、余某仍然未足额缴纳出资款，其中潘某欠缴2550万元、余某欠缴450万元，应当按照认缴的出资额立即向J食品公司缴纳出资。杨某某与潘某、余某之间的权利义务关系非本案的审理范围，依照《中华人民共和国公司法》第28条，《中华人民共和国企业破产法》第35条规定，判决：

一、潘某于判决生效之日起三十日内向J食品公司缴付出资2550万元；

二、余某于判决生效之日起三十日内向J食品公司缴付出资450万元。

余某不服一审判决，提起上诉。湖北省襄阳市中级人民法院认为，余某与J食品公司、杨某某之间是民间借贷关系，多笔借款均约定以同一股份偿付借款，双方关于股权变动的约定具有提供物的担保的意思表示，故杨某某与余某之间成立让与担保关系，17.14%股权系让与担保财产，余某并不具有真实的股东身份，在J食品公司破产清算前该股权已经通过人民法院生效民事调解书确认回转给杨某某，余某仅是名义股东。关于名义股东是否负有出资义务，因本案法律事实发生在《中华人民共和国民法典》施行前，当时的法律、司法解释对股权让与担保情形下名义股东的出资义务没有明确规定，依据《最高人民法院关于适用〈中华人民共和国民法典〉时间效力的若干规定》第3条“民法典施行前的法律事实引起的民事纠纷案件，当时的法律、司法解释没有规定而民法典有规定的，可以适用民法典的规定，但是明显减损当事人合法权益、增加当事人法定义务或背离当事人合理预期的除外”的规定，本案不存在明显减损当事人合法权益、增加当事人法定义务或背离当事人合理预期的情形，故可以适用《中华人民共和国民法典》及《最高人民法院关于适用〈中华人民共和国民法典〉有关担保制度的解释》的规定。依据《中华人民共和国民法典》第388条第1款“设立担保物权，应当依照本法和其他法律的规定订立担保合同。担保合同包括抵押合同、质押合同和其他具有担保功能的合同”、《最高人民法院关于适用〈中华人民共和国民法典〉有关担保制度的解释》第68条第2款“债务人或者第三人与债权人约定将财产形式上转移至债权人名下，债务人不履行到期债务，财产归债权人所有的，人民法院应当认定该约定无效，但是不影响当事人有关提供担保的意思表示的效力”、《最高人民法院关于适用〈中华人民共和国民法典〉有关担保制度的解释》第69条“股东以将其股权转移至债权人名下的方式为债务履行提供担保，公司或者公司的债权人以股东未履行或者未全面履行出资义务、抽逃出资等为由，请求作为名义股东的债权人与股东承担连带责任的，人民法院不予支持”的规定，余某作为名义股东，并不具有真实的股东身份，也不享有相应的股东的权利，依法不应承担《中华人民共和国公司法》第28条规定的有限责任公司的股东出资义务，欠缴出资的法律责任应当由实际股东杨某某承担。依照《中华人民共和国民法典》第388条第1款，《最高人民法院关于适用〈中华人民共和国民法典〉有关担保制度的解释》第68条第2款、第69条，《最高人民法院关于适用〈中华人民共和国民法典〉时间效力的若干规定》第3条，《中华人民共和国民事诉讼法》第170条第1款第2项规定，判决：

一、维持湖北省南漳县人民法院（2020）鄂0624民初1845号判决第一项，即潘某于判决生效之日起三十日内向J食品公司缴付出资2550万元；

二、撤销湖北省南漳县人民法院（2020）鄂0624民初1845号判决第二项，即余某于判决生效之日起三十日内向J食品公司缴付出资450万元；

三、驳回J食品公司要求余某缴付出资450万元的诉讼请求。

【适用解析】

让与担保是指债务人或者第三人为担保债务的履行，将担保物的所有权转移至债权人，债务清偿后，担保物应返还债务人或者第三人；债务不获清偿时，债权人得就该担保物受偿的一种担保形式。本案所涉及的股权让与担保，一般是指股东以股权担保对外借款，将股权让与债权人并办理股权变更登记的行为，相比股权质权，股权让与担保更能限制股权流动，对债权人方起着更强的风险防范作用，成为商事领域常见的融资途径，同时也引发了股权让与行为的性质判断、名义股东的优先受偿权和瑕疵出资责任、第三方的善意受让等一系列问题，需要从根本上明确股权让与担保的构成认定与外部效力。

在规范基础方面，原《中华人民共和国担保法》和《中华人民共和国物权法》并未对让与担保等非典型担保作出规定，为统一其裁判和法律适用，2019 年《全国法院民商事审判工作会议纪要》（以下简称《九民会议纪要》）规定了非典型担保合同的效力，明确让与担保合同有效的条件及归属性清算条款无效，为让与担保纠纷案件提供了裁判指引。《中华人民共和国民法典》（以下简称《民法典》）对担保制度进行了重大完善和发展，其第 388 条第 1 款扩大了担保合同的范围，规定了其他具有担保功能合同的效力，从而使让与担保等在交易实践中产生的新类型担保具有了法律地位，为统一担保交易规则、非典型担保的物权化提供了规范基础和论研讨空间，使让与担保纠纷案件的审理有了明确的法典依据。《最高人民法院继关于适用〈中华人民共和国民法典〉有关担保制度的解释》（以下简称《担保制度解释》）第 68 条进一步将《九民会议纪要》关于让与担保的规定以司法解释的形式确立下来，既解决了此类案件无法律、司法解释条款援引的问题，又保证了法律适用和裁判尺度的统一。

在规范适用方面，判断何种情况下可以认定为股权让与担保，股权让与担保具有何种外部效力，就需要探究当事人的真实意思表示，厘清实际股东、名义股东、公司、公司债权人等多方法律关系，总结以往司法实践经验，明确其法理上的价值基础，对股权让与担保规则作进一步的补充完善。

一、股权让与担保之实质认定

认识对于股权让与担保，应当在实质层面明晰其与股权让与的区别，探究当事人的真实意思表示，以及转让合同的具体标的。

首先，担保为隐藏的真实意思表示。在股权让与担保行为中，一般存在一个显现的意思表示——股权转让，和一个隐藏的意思表示——股权担保，根据《民法典》第 146 条规定："行为人与相对人以虚假的意思表示实施的民事法律行为无效。以虚假的意思表示隐藏的民事法律行为的效力，依照有关法律规定处理。"股权转让系其虚假的意思表示而无效，股权担保的效力认定则需要考察其是否违反了法律、行政法规的强制性规定。此处的争议主要体现在股权让与担保是否设立了新的物权，从而违反了物权法定原则而无效。实际上，从严格的物权法定角度，股权让与担保以担保为真实意图实现了股权的外观转移，或可以解释为固定性更强的股权质押；从物权法定缓和的角度，习惯法属于民法法源之一，由此认为让与担保作为普遍接受且不违反公序良俗的交易习惯，属于习惯法上的物权；从物债两分角度分析，当事人利用担保物权以外的现有法律制度，实现担保债务清偿之目的，据此取得与担保物权相同的法律利益，成为非典型担保合同的一种，并非创设法律所谓之担保物权，不涉及违反物权法定主义的问题，也不影响股权让与担保所涉合同本身的效力①。

其次，转让的仅是股权的交换价值。传统公司理论将股权分为财产权和成员权，财产权包括对股权占有、使用、收益和处分的权利，具体而言则是分红权、新股优先认购权、剩余财产分配权、股权转让权等，成员权即参与公司经营事务的权利，如表决权、召开临时股东会议请求权、股东知情权等。相比股权转让，股权担保以确保债权实现为目的，通过变更股权登记来占有、支配股权的交换价值，真实目的并不在于对股权的直接支配，故而并未转让交换价值以外的其他权利，如股权处分权、成员权等。

本案中，在余某与杨某某、J 食品公司签订的多份借款合同中，均有“如不能如期偿还借款，杨某某自愿以 J 食品公司 30%的股份偿还余某借款，并配合办理股权变更”的内容，可得出二者的真实意思表示为以股权担保债务偿还，以债务不能偿还为股权转让的前提条件，并未即刻就实质上的股权转让达成合意，将股权变更登记至余某名下则意在将股权置于余某控制之下，转让其交换价值以限制该担保股权的交易。

二、股权让与担保之形式认定

股权让与担保与股权转让的实质区别，在形式上表现为股权让与往往存在主债权债务合同、存在回购条款和名义股东的限权条款，以及所得款项用于公司经营等。

（一）存在主债权债务合同

股权让与担保旨在担保债务的偿还，故通常存在相应的债权债务合同，但也有借款合同隐藏在让与合同之中，以让与对价为借款标的，用显现的“让与”来隐藏

---

① 司伟、陈泫华：《股权让与担保效力及内外部关系辨析——兼议〈民法典担保制度解释〉第 68 条、第 69 条》，载《法律适用》2021 年第 4 期。

“借款”和“担保”双重真意，此时应结合其他要素谨慎识别。本案中，杨某某为担保 150 万元的借款，将 30%的股份让与余某作为担保，其后借款数额增至 600 万元，在多次借款合同中均约定若到期不能还款则以 30%的股份偿付，可见该股权让与担保了余某和杨某某之间的多份债权债务合同。

（二）存在股权回购条款以及权利限制条款

在股权让与担保模式下，让与人与受让人签订股权转让合同时，通常会在股权让与合同中设置股权回购条款。学者通过实证分析发现，在债务人清偿债务后，债务人通常可以无偿或以很低价格回购让与股权，或当事人在股权转让协议中约定以与主债务数额大致相同（或附加利息）的价格回购股权的条款，以便清偿债务后回转股权登记[①]。《担保制度解释》第 68 条第 3 款也规定，债务人与债权人约定将财产转移至债权人名下，在一定期间后再由债务人或者其指定的第三人以交易本金加上溢价款回购的，符合让与担保的特征，应参照第 2 款关于让与担保的规定处理。值得注意的是，若债务人如约履行还款义务，在回购股权时，依据担保合同的约定支付零对价或低对价，一般不会面临股权转让需要进行交易、评估作价的问题。

同时，该模式下名义股东的权利往往受到让与担保合同的约束，应当按照实际股东的意志参与公司管理或决策；再者，《公司法》第 71 条第 2 款规定，“股东向股东以外的人转让股权，应当经其他股东过半数同意”，且股权转让过程中还涉及其他股东优先购买权的问题，需要其他股东表示放弃优先购买权，故而公司内部对该股权让与担保关系一般而言是知情的。此时相当于股权让与担保双方和公司之间达成了三方协议，名义股东行使股东权利因此受到担保合同和公司意志的双重制约。本案中，杨某某与余某之间股权让与担保的约定较为简洁，未设置明确的回购条款和权利限制条款，不利于股权让与担保与股权转让关系的辨明。

（三）让与股权所得款项用于公司经营

在一般的股权转让中，若股东将股权全部或大部分转出，则转让合同履行完毕后即退出股权关系或丧失决策地位，减少对公司经营的干预；但在股权让与担保关系中，即使办理了股权变更登记，原股东仍然实际履行着经营管理的义务，主要表现在将让与股权所得的对价全部用于公司的经营。在（2020）最高法民申 460 号

---

① 高圣平、曹明哲：《股权让与担保效力的解释论——基于裁判的分析与展开》，载《人民司法（应用）》2018 年 28 期。

“房地产开发公司与企业管理咨询公司等破产债权确认纠纷”① 一案中，最高法院主要是基于转让方将所得的股权转让款用于目标公司缴纳土地出让金，经综合判断认定各方的法律关系是股权让与担保。

本案中，湖北省南漳县人民法院于2019年5月就该案作出民事调解书，确认J食品公司、杨某某因需要资金多次向余某借款，另在此期间余某代J食品公司偿还了多笔债务，可见让与股权所得款项实际上用于公司的资金周转，符合股权让与担保的特征。

三、股权让与担保的外部效力

（一）名义股东优先受偿权的取得与实现

在股权质押中，质权人可就已办理出质登记的股权优先受偿。举轻以明重，在股权让与担保中，作为担保财产的股权已变更登记到受让人名下的，相比股权质权的出质登记，具有更强的对外公示力，因此受让人理应享有对抗第三人的物权效力——优先受偿权。由此亦可知，名义股东的优先受偿权来源于对外公示力，因此让与担保取得优先受偿权的前提是，当事人已经根据合同约定在工商登记机关完成过户登记。《九民会议纪要》与《担保制度解释》对此均规定，只有当事人已经完成财产变动的公示，债务人不履行到期债务时，债权人才有权参照关于担保物权的有关规定就该财产优先受偿。

与普通担保一致，债务人未能履行债务，债权人要求实现担保物权时应遵守禁止流质（或流押）原则，对担保物清算后才得以优先受偿，以避免债权人乘债务人之急迫而滥用其优势地位，压低担保物价值以获取暴利。此原则在股权让与担保中同样适用。根据当事人的约定不同，股权让与担保的实行方式可分为“清算型股权让与担保”和“归属型股权让与担保”，前者是指当事人约定实现担保权时先清算后受偿，后者则是指无须进行清算，标的股权直接归属于债权人用于偿债。《担保制度解释》第68条第2款规定，“清算型股权让与担保”约定有效，“归属型股权让与担保”约定无效，但是不影响当事人有关提供担保的意思表示的效力。

本案中，双方的意思表示是“若不能到期还款则以30%的股份偿付并办理股权

---

① （2020）最高法民申460号，载中国裁判文书网，https：//wenshu. court. gov. cn/website/wenshu/181107ANFZ0BXSK4/index. html？ docId = 75a559d850ad43d8a4d6abde01272edd，2022年3月12日访问。

变更”，实为约定了绕过清算程序将股权直接转移至余某名下，属于“归属型股权让与担保”，该约定无效，若杨某某到期不能还款，余某只能就30%的股权优先受偿而非直接所有。

（二）名义股东的出资责任的承担

实践中，股权让与担保变更权利人后，经常出现原股东出资瑕疵被披露或者公司为融资而新增注册资本的情况，此时名义股东是否应在股权份额范围内承担出资责任成为争议焦点。

从股权让与担保之实质出发，该约定以担保债权实现为真实的意思表示，让与的仅仅是担保股权的交换价值，因此名义股东并未对担保股权享有分红、处分、表决等完整的财产权和成员权，原股东亦未因此丧失股东资格和股东权利。根据权利义务相一致原则，名义股东便无义务对公司的前续资本缺失以及后续资本变动承担相应的出资责任。从股权让与担保之形式出发，股权变更登记手续的办理主体是公司而非股东，需要经过其他股东过半数同意，在此过程中，股东一般会将股权变更登记的真实目的告知公司及其他股东，故而其担保意思在公司内部具有公示力，因此不涉及损害善意第三人利益之情形。故而《担保制度解释》第69条规定，股权让与担保情形下，公司或者公司的债权人以股东未履行或者未全面履行出资义务、抽逃出资等为由，请求作为名义股东的债权人与股东承担连带责任的，人民法院不予支持。本案中，一审法院以股权登记具有公示力为由，认定名义股东余某不得对抗公司的出资请求，原因在于忽略了该担保关系于公司内部而言有一定公开性这一事实。

同时，还要注意区分让与担保之名义股东与代持股之名义股东。根据《最高人民法院关于适用〈中华人民共和国公司法〉若干问题的规定（三）》的相关规定，公司债权人有权要求对出资瑕疵知情的或协助的名义股东承担补充责任或连带责任，但该规则的设置未虑及让与担保情景，在股权让与担保中，名义股东仅具有债权人地位，不负担公司方给予的任何义务，与代持股中的名义股东存在本质区别。本案中，一审法院认为杨某某与余某之间的权利义务关系非本案的审理范围，实质上是没有认识到股权让与担保与股权代持两种情形下名义股东的权利义务的区别。

（三）公司外部人员的善意取得

与股权让与担保关系对公司内部具有公示力，名义股东可以据此对抗公司和其他股东的出资请求不同，该担保关系对于公司外部人员并无公示，外部人员只能据工商部门登记簿判断权利归属，因此若名义股东擅自处分股权则构成无权处分，符合善意取得条件的，善意第三人可取得股权，实际股东有权向无权处分人追偿。

综上，在以融资为目的的股权让与情境中，应从实质以及形式上谨慎识别该让与行为的本质，考察双方真实意思、转让条款设置、转让对价用途等，对股权转让和股权让与担保作出准确认定；在此基础上，应明确其担保关系的外部效力，肯定名义股东的优先受偿权并排除名义股东之出资义务，将股权让与担保关系纳入与担保物权相同的规范框架之中。

编写人：湖北省襄阳市中级人民法院　周桂荣

【第 69 条　股权让与担保】

44

股权让与担保合同中的受让人不应对转让人未缴纳的出资承担连带责任

——E 包装公司诉 T 肥业公司等追收未缴出资案

【基本信息】

1. 裁判书字号

安徽省滁州市中级人民法院（2019）皖 11 民终 3138 号民事判决书

2. 案由：追收未缴出资纠纷

3. 当事人

原告（被上诉人）：E 包装公司

被告（上诉人）：T 肥业公司

被告（被上诉人）：赵某猛、郑某忠

被告：张某祥、S 小贷公司

【基本案情】

E包装公司于2014年1月15日登记成立，注册资本为3000万元，赵某猛、郑某忠分别认缴出资为1650万元、1350万元。章程规定全体股东于2034年11月12日前缴足出资。因E包装公司对S小贷公司和T肥业公司负有债务，2014年11月17日、12月17日，赵某猛、郑某忠分别与张某祥（S小贷公司指定的股权代持人）、T肥业公司签订《股权转让协议》，约定将其持有的E包装公司股权全部转让给张某祥（占股55%）、T肥业公司（占股45%）作为E包装公司所负债务的担保，并办理了股权变更登记。2017年9月19日，安徽省滁州市南谯区人民法院裁定受理E包装公司破产清算案，指定安徽苏滁律师事务所作为管理人。经审计，E包装公司实缴注册资本为0元。管理人遂代表E包装公司提起诉讼，请求判令：1. 赵某猛、郑某忠分别补缴出资1650万元、1350万元，并互负连带责任；2. 张某祥、S小贷公司对第一项诉讼请求中的1650万元承担连带责任；3. T肥业公司对第一项诉讼请求中的1350万元承担连带责任。

T肥业公司辩称：赵某猛、郑某忠将部分股权转让给T肥业公司，实质是对其债权的担保，与股权受让人的出资义务无关，T肥业公司不应与赵某猛、郑某忠承担连带补缴出资的责任。

张某祥辩称：其虽然从工商登记的形式上持有E包装公司股权，但实质上仅是一名挂名股东，是对S小贷公司债权的保全，其不参与E包装公司的经营管理，也不享受收益。

S小贷公司辩称：其不是E包装公司股东，其不应对赵某猛、郑某忠出资不足的部分承担连带责任。张某祥持有E包装公司55%股权仅是对S小贷公司的债权担保。

【案件焦点】

1. T肥业公司、张某祥与赵某猛、郑某忠签订的《股权转让协议》的法律关系性质是股权转让还是股权让与担保；2. T肥业公司、张某祥、S小贷公司是否应当对赵某猛、郑某忠出资不足的部分承担连带责任。

【裁判要旨】

安徽省滁州市南谯区人民法院经审理认为：股东应当按期足额缴纳公司章程中规定的各自所认缴的出资额。E包装公司各股东均未履行出资义务。现E包装公司已进行破产清算，认缴出资应加速到期。赵某猛、郑某忠在未履行出资义务的情况下即将其各自持有的E包装公司股权转让给张某祥、T肥业公司，张某祥、T肥业公司对此应当知情。故，张某祥、T肥业公司应当按照其受让股权比例，与赵某猛、郑某忠对出资不足的部分承担连带责任。S小贷公司并非E包装公司的股东，不应承担责任。

安徽省滁州市南谯区人民法院依照《中华人民共和国公司法》第28条第1款，《最高人民法院关于适用〈中华人民共和国公司法〉若干问题的规定（三）》第13条第1款和第3款、第18条第1款、第20条，《中华人民共和国民事诉讼法》第64条规定，作出如下判决：

一、赵某猛于本判决生效后十日内向E包装公司支付出资1650万元；张某祥对其中907.5万元承担连带清偿责任、T肥业公司对其中742.5万元承担连带清偿责任；

二、郑某忠于本判决生效后十日内向E包装公司支付出资1350万元；张某祥对其中742.5万元承担连带清偿责任，T肥业公司对其中607.5万元承担连带清偿责任；

三、驳回E包装公司的其他诉讼请求。

T肥业公司持原审答辩意见提起上诉。

安徽省滁州市中级人民法院经审理认为：

一、关于案涉《股权转让协议》的法律关系性质是股权转让还是股权让与担保问题。股权转让是当事人以转让股权为目的而达成的关于出让方交付股权并收取价金，受让人支付价金获得股权的意思表示。股权转让后，受让人成为公司股东，取得股东权。而股权让与担保是指债务人或者第三人与债权人订立合同，约定将股权形式上转让至债权人名下，债务人到期清偿债务，债权人将该股权返还给债务人或第三人，债务人到期没有清偿债务，债权人可以对股权进行拍卖、变卖、折价偿还债权的一种非典型担保。《中华人民共和国民法总则》第146条规定："……以虚假的意思表示隐藏的民事法律行为的效力，依照有关法律规定处理。"E包装公司对S小贷公司、T肥业公司负有债务，赵某猛、郑某忠与S小贷公司、张某祥、T肥业公司签订《内部股权转让协议》《股权转让协议》，约定将其持有的E包装公司的股权转让，股权受让人不用支付股权转让金，不参与公司收益分配，且承诺在还清借款后，将股权全部归还给赵某猛、郑某忠。其中，股权转让是当事人虚假的意思表示，而隐藏的民事法律行为则是以股权转让的方式为S小贷公司、T肥业公司与

E 包装公司之间的债权债务设定担保。因此，应当以当事人的真实意思表示确定双方之间的权利义务关系。案涉《股权转让协议》，名为股权转让，实为股权让与担保。

二、关于 T 肥业公司、张某祥、S 小贷公司是否应当对赵某猛、郑某忠出资不足的部分承担连带责任问题。出资是股东的基本义务，维持公司资本是公司从事经营活动和对外承担民事责任的基本保证。赵某猛、郑某忠作为 E 包装公司发起人，分别认缴出资额 1650 万元、1350 万元。虽然 E 包装公司章程将认缴资本的期限确定为 2034 年 11 月 12 日前缴足。然而，至一审法院裁定受理 E 包装公司破产清算案时，赵某猛、郑某忠作为 E 包装公司原始股东均未履行出资义务。根据《中华人民共和国企业破产法》第 35 条的规定，其二人认缴资本的期限依法应加速到期。《最高人民法院关于适用〈中华人民共和国公司法〉若干问题的规定（三）》第 13 条第 1 款规定："股东未履行或者未全面履行出资义务，公司或者其他股东请求其向公司依法全面履行出资义务的，人民法院应予支持"；第 13 条第 3 款规定："股东在公司设立时未履行或者未全面履行出资义务，依照本条第一款或者第二款提起诉讼的原告，请求公司的发起人与被告股东承担连带责任的，人民法院应予支持；公司的发起人承担责任后，可以向被告股东追偿。"赵某猛、郑某忠认缴出资总额为 3000 万元，而实缴出资额却为 0 元，其二人应当缴纳所认缴的出资额，并应负连带责任。因张某祥、S 小贷公司、T 肥业公司的真实意思并不是受让赵某猛、郑某忠的股权，而是以受让股权的方式为其债权设定担保，应当以股权让与担保确定双方的权利义务关系。张某祥、T 肥业公司不是真正意义上的股权受让人，不享有股东权利，故其不应承担股东责任。

安徽省滁州市中级人民法院依照《中华人民共和国民法总则》第 146 条，《中华人民共和国公司法》第 28 条第 1 款，《中华人民共和国企业破产法》第 35 条，《最高人民法院关于适用〈中华人民共和国公司法〉若干问题的规定（三）》第 13 条第 1 款、第 3 款，《中华人民共和国民事诉讼法》第 64 条第 1 款、第 170 条第 1 款第 2 项规定，作出如下判决：

一、撤销安徽省滁州市南谯区人民法院（2018）皖 1103 民初 2331 号民事判决；

二、赵某猛于本判决生效后十日内向 E 包装公司补缴出资 1650 万元，郑某忠于本判决生效后十日内向 E 包装公司补缴出资 1350 万元；赵某猛、郑某忠对上述

3000万元出资款互负连带责任；

三、驳回E包装公司的其他诉讼请求。

【适用解析】

担保制度是我国民法的一项重要法律制度。《中华人民共和国民法典》（以下简称《民法典》）确立了保证、抵押、质押等典型担保类型，并对以上类型担保的设立、标的、效力以及实现方式等作了具体规定。但随着经济社会的发展，实践中出现了不能为前述担保形态所涵盖的新的担保形态，如让与担保、所有权保留、融资租赁、保理均以转移所有权或金钱给付请求权等方式直接发挥担保作用，具有事实上的担保功能，《最高人民法院关于适用〈中华人民共和国民法典〉有关担保制度的解释》（以下简称《担保制度解释》）第68条称之为非典型担保。让与担保作为一种非典型担保方式，它以灵活方便的特点活跃于融资市场、消费市场等多个经济领域，在担保债权受偿和融通资金方面具有独特的功能作用，对于促进市场经济繁荣和发展具有十分重要的意义。

一、让与担保的性质特征及其价值功能

让与担保是指债务人（或第三人）为担保债务清偿，将担保标的物之所有权移转给债权人，在债务清偿后，标的物之所有权回归于担保人；在债务届时未能得到清偿时，债权人有就担保物优先受偿的权利。让与担保的设立系基于当事人的约定，其主要特点是：第一，担保人需将标的物所有权暂时转让给债权人，债权人成为标的物形式上的所有人；第二，担保人为保持对担保标的物的使用效益，往往与债权人签订标的物的借用或租赁合同；第三，债务人履行债务后，债权人应返回标的物所有权；第四，在债务人未偿还债务时，债权人并不当然取得担保标的物所有权，而是进行清算。清算分为两种：一是归属清算型，即对标的物进行评估，以物抵债，超出债务价值部分由债权人偿还给担保人，债权人取得所有权；二是处分清算型，由债权人将标的物予以变卖，将价款用于清偿债权，多余部分归属于担保人，不足部分由债务人补足。

让与担保的价值主要体现在以下三个方面：一是扩大了融资担保交易的方式。让与担保的标的十分广泛，既可以是动产，也可以是不动产；既可以是现实之财产，也可以是财产性权利，如股权。二是节约交易成本。标的物设定担保之后，设定人仍可占有担保物，保留其对担保物的使用收益权，既能发挥担保债权、融通资金的功效，又能发挥物的使用效益，且实行方法简便灵活。三是阻却或削减交易第三人出现的可能性。因让与担保标的物所有权形式上已转移到担保权人名下，具有公示效果，担保人再转让担保物的可能性降低，有利于保障担保权人的合法权益。

二、让与担保的效力认定

关于让与担保制度，2019 年《全国法院民商事审判工作会议纪要》即作出规制，其中第 66 条规定："当事人订立的具有担保功能的合同，不存在法定无效情形的，应当认定有效。虽然合同约定的权利义务关系不属于物权法规定的典型担保类型，但是其担保功能应予肯定。"第 71 条第 1 款规定："债务人或者第三人与债权人订立合同，约定将财产形式上转让至债权人名下，债务人到期清偿债务，债权人将该财产返还给债务人或第三人，债务人到期没有清偿债务，债权人可以对财产拍卖、变卖、折价偿还债权的，人民法院应当认定合同有效。合同如果约定债务人到期没有清偿债务，财产归债权人所有的，人民法院应当认定该部分约定无效，但不影响合同其他部分的效力。"

《民法典》虽未明确规定让与担保，但却通过规定担保合同的范围，为让与担保留下了空间。《民法典》第 388 条第 1 款规定："设立担保物权，应当依照本法和其他法律的规定订立担保合同。担保合同包括抵押合同、质押合同和其他具有担保功能的合同……"此处"其他具有担保功能的合同"即包括让与担保合同等。另外，《民法典》通过对原物权法第 186 条和第 211 条关于禁止流押、流质条款的调整，足以产生让与担保的制度效果。根据《民法典》第 401 条、第 428 条规定，抵（质）押权人在债务履行期限届满前，与抵押（出质）人约定债务人不履行到期债务时抵（质）押财产归债权人所有的，只能依法就抵（质）押财产优先受偿。

《担保制度解释》第 68 条分以下三种情形对让与担保作出规定：

第一，债务人或者第三人与债权人约定将财产形式上转移至债权人名下，债务人不履行到期债务，债权人有权对财产折价或者以拍卖、变卖该财产所得价款偿还债务。这是让与担保在实践中的典型表现形式。该情形下，法院应当认定约定有效，且如果当事人已经完成财产权利变动的公示，债务人不履行到期债务，债权人请求参照《民法典》关于担保物权的有关规定就该财产优先受偿的，法院应予支持。

第二，债务人或者第三人与债权人约定将财产形式上转移至债权人名下，债务人不履行到期债务，财产归债权人所有的，法院应当认定该约定无效，但是不影响当事人有关提供担保的意思表示的效力。如果当事人已经完成财产权利变动的公示，债务人不履行到期债务，债权人请求对该财产享有所有权的，法院不予支持；但是，债权人请求参照《民法典》关于担保物权的规定对财产折价或者以拍卖、变卖该财产所得的价款优先受偿的，人民法院应予支持。此外，债务人履行债务后请求返还财产，或者请求对财产折价或者以拍卖、变卖所得的价款清偿债务的，法院应予支持。

第三，债务人与债权人约定将财产转移至债权人名下，在一定期间后再由债务人或者其指定的第三人以交易本金加上溢价款回购，债务人到期不履行回购义务，财产归债权人所有。此种约定符合让与担保的特征，应当参照《担保制度解释》关于让与担保的规定处理。但是，如果经审查当事人约定的回购标的自始不存在，由于缺乏担保财产，应当依照《民法典》第 146 条第 2 款的规定，按照实际构成的法律关系处理。

根据上述规定，关于让与担保的合同效力的认定，不能仅因《民法典》物权编上没有明确规定让与担保这一交易类型而认定合同无效，尤其不应依据原《物权法》有关流押或流质之禁止规定认定担保合同无效，而应适用《民法典》总则编所规定的民事法律行为效力规则进行判断，让与担保合同只要不违反导致合同无效的强制性规定，也不违背公序良俗，应属有效。

关于让与担保物权效力的判断，因让与担保合同有效，仅对合同缔约当事人有约束力，让与担保权人能否享有优先受偿权，还要评判其是否取得物权效力。在认定让与担保合同有效的情况下，应进一步查明缔约当事人是否基于让与担保合同完成了权利变动公示，即动产以交付为要件，不动产、股权以登记为要件。如未办理登记，让与担保合同的效力仅在缔约当事人之间发生；如已办理登记，应认定担保权人对标的物拍卖、变卖、折价所得价款具有优先受偿权，该优先受偿权可以对抗一般债权人和非“善意第三人”。完成交付的动产受让人也可以对抗设立在先但未办理抵押登记的动产抵押权人。

三、审理股权让与担保纠纷需注意的几个问题

股权让与担保是股东以将其股权转移至债权人名下的方式为自己或第三人的债务履行提供担保，若债务不履行时，债权人可就标的物受偿的一种非典型担保。股权让与担保作为让与担保制度中常见的一种形式，由于其具有融资灵活、交易成本较低、第三人阻碍债权实现的可能性小等优势，在担保实践中被广泛应用，由此产生的纠纷较多，争议也较大。

（一）关于股权的形式受让人是股东还是债权人的问题

股权兼具财产权和成员权的双重属性。认定名义股东是债权人还是股东，对当事人影响巨大。如果是股东，则其既可以参与经营管理，也可以享有资产收益权。另外，股东也可能需要承担抽逃出资责任；在公司进行破产清算、和解和重整程序中，其权利要劣后于其他债权人。

股权让与担保形式上要办理过户登记，这涉及其他股东是否需要放弃优先购买权问题。如果转让人将让与担保的真实意思告知公司及其他股东，即便受让人在公司的股东名册上进行了记载，也仅是名义股东，不得对抗公司及其他股东。此时，作为名义股东，其并不享有股东权利，即不享有资产收益、参与重大决策和选择管理者等权利。反之，如果转让人并未告知公司及其他股东实情，而是告知他们是股权转让，在此情况下，一旦受让人在公司的股东名册上进行了记载，即便真实的意思是股权让与担保，受让人仍然可以行使股东权利。即原则上应推定受让人具有股东资格，除非公司或其他股东举证股东会或董事会有关让与担保的决议、转让人向其他股东发送的关于股权让与担保的通知等证据予以推翻。如果股东名册未作记载，即便已经完成了工商变更，也应当推定受让人并无股东资格，除非其他股东予以认可。

（二）关于股权的形式受让人应否承担瑕疵出资责任的问题

根据《担保制度解释》第69条规定："股东以将其股权转移至债权人名下的方式为债务履行提供担保，公司或者公司的债权人以股东未履行或者未全面履行出资义务、抽逃出资等为由，请求作为名义股东的债权人与股东承担连带责任的，人民法院不予支持。"登记为名义股东的受让人，本质上是有担保的债权人而非股东，不享有股东权利，因此，其不负有股东应当全面履行出资的义务，不应对股东的瑕疵出资承担连带责任。鉴于登记为名义股东的受让人属于有担保的债权人而非股东，其取得债权往往是支付对价的，在公司不能清偿债务的情况下，其他债权人不能根据上述规定请求名义股东对公司债务不能清偿的部分承担补充赔偿责任。

（三）关于股权让与担保权的实现问题

《民法典》第428条规定："质权人在债务履行期限届满前，与出质人约定债务人不履行到期债务时质押财产归债权人所有的，只能依法就质押财产优先受偿。"

该规定的目的是避免债权人乘债务人之急迫而滥用其优势地位，通过压低担保物价值的方式获取暴利。质押权人在债务履行期限届满前与出质人约定债务人不履行到期债务时质押财产归债权人享有，属于流质，依法不具有法律效力。在履行期限届满后，债务人未履行债务的，参照适用股权质押实现的有关规定处理。双方可以就股权价格进行协商，在征得其他股东同意或其他股东放弃优先购买权的情况下，以债转股的形式实现担保权。如果双方不能就股权价格达成合意，可以通过变卖、拍卖、折价等方式确定股权的价格清偿债务。

（四）关于股权的形式受让人擅自处分股权的问题

股权让与担保的受让人作为名义股东，如在债务履行期限尚未届满，未经出质人同意的情况下，其以股东身份对登记在其名下的股权进行处分，将股权转让或向第三人设定质押，第三人基于对公示登记的信赖支付了对价，构成股权或股权质押权的善意取得。此时，应适用善意取得原理，转让人（实际股东）无权向该善意第三人主张返还股权或解除质押，只能请求名义受让人承担侵权责任。

四、本案的处理分析

本案系因债务人企业进入破产程序后，管理人向未履行出资义务的股东追缴出资而引起的纠纷。争议的主要问题是未履行出资义务的股东将其股权在形式上转让给债权人，名义上的股权受让人是否应当与出资不到位的股东对未缴纳的出资额承担连带责任。

根据《中华人民共和国公司法》第 28 条规定，股东应当按期足额缴纳公司章程中规定的各自所认缴的出资额。本案中，赵某猛、郑某忠系公司的发起人股东，其二人未履行出资义务，现公司已进入破产程序，虽然其认缴出资的期限未届至，但根据《中华人民共和国企业破产法》第 35 条关于“人民法院受理破产申请后，债务人的出资人尚未完全履行出资义务的，管理人应当要求该出资人缴纳所认缴的出资，而不受出资期限的限制”的规定，其二人的出资应加速到期。根据《最高人民法院关于适用〈中华人民共和国公司法〉若干问题的规定（三）》第 13 条第 1 款、第 3 款的规定，管理人代表公司提起诉讼，请求其二人支付公司章程规定的认缴出资款并承担连带责任，符合法律规定，应予以支持。

关于张某祥、T 肥业公司作为股权的名义受让人是否应当对赵某猛、郑某忠未缴纳的出资承担连带责任，厘清该问题，首先应当正确界定双方签订的《股权转让协议》的法律性质是股权转让还是股权让与担保。股权转让，是股东与受让人意思表示一致，依照法律或者公司章程的规定将自己的股权让与受让人，使受让人继受取得股权成为公司股东。有限责任公司股权转让自股东名册记载变更生效，股东名册的变更是受让人取得股权的标志。受让人只有在公司股东名册上记载了自己的姓名或者名称后，才能以股东身份参与公司事务，对公司主张行使股东权利。认定协议的法律关系属性，不能仅仅看合同的形式或名称，而要透过表象探究当事人的真实意思表示。《民法典》第146条第2款规定："以虚假的意思表示隐藏的民事法律行为的效力，依照有关法律规定处理。"就本案而言，案涉《股权转让协议》当事人的真实意思是通过转让股权的方式为债务的履行提供担保，因此，该协议的法律关系性质是股权让与担保，应当以股权让与担保法律关系处理。张某祥、T肥业公司作为名义股东并不享有资产收益、参与重大决策和选择管理者等股东权利，而仅居于担保权人地位，享有的是有担保的债权，而非股权。因此，其不应当对赵某猛、郑某忠未缴纳的出资承担连带责任。虽然本案二审法院作出终审判决时《担保制度解释》尚未出台，但该判决符合《全国法院民商事审判工作会议纪要》精神和《担保制度解释》第69条的规定。

编写人：安徽省滁州市中级人民法院　陶继航

【第70条第1款　保证金担保的设立】

45

保证金担保的性质认定与设立条件

——A银行诉B混凝土公司案外人执行异议案

【基本信息】

1. 裁判书字号

河北省石家庄市中级人民法院（2021）冀01民终234号民事判决书

2. 案由：案外人执行异议之诉

3. 当事人

原告（上诉人、案外人）：A 银行

被告（被上诉人、申请执行人）：B 混凝土公司（以下简称 B 公司）

第三人（被执行人）：C 房地产开发有限公司（以下简称 C 公司）

【基本案情】

2014 年 10 月 21 日，A 银行与 C 公司签订《个人购房按揭贷款开发商合作协议》，第一段载明“开发商同意为借款人在贷款行的购房按揭贷款提供阶段性连带担保”。第 3 条“合作项目”约定“项目名称”为“某国际商贸城”。第 5.1 条、第 5.2 条约定：开发商应在贷款行开立保证金账户；保证金账户内的全部款项质押给贷款行，用于担保借款人对债务的履行及开发商履行其保证责任，未经贷款行同意，开发商不得支取也不得在其上设定任何第三方权利且不得要求清户，该账户在贷款行的所有被担保债权完全清偿后方可销户。第 8.3 条、第 8.4 条、第 8.5 约定：贷款行经审查同意向借款人提供购房按揭贷款的，开发商应作为借款人的保证人为借款人提供阶段性连带保证责任担保；在保证责任解除之前，一般情况下，借款人逾期还款达到或超过三个月的，贷款行将从开发商保证金账户中扣划相应的款项用于清偿借款人的逾期款项，如开发商保证金账户中资金不足以清偿借款人所欠贷款本息，贷款行将向开发商发出书面催收通知书，开发商应在收到该通知书七日内偿还借款人所欠贷款本息；贷款行收到房屋所有权证原件和他项权证原件后，开发商的担保责任自行解除。第 15.9 条约定“保证金比例按贷款额 10% 留存保证金账户 31×××49”。

2014 年 12 月 22 日，C 公司在 A 银行处开立了保证金账户，A 银行出具《存款账户开户通知单（回单）》，记载开立账户户名为“C 公司”，账号为 31×××49，账户性质为“保证金”，计息种类为“活期普通存款”，计息方式为“按季结息”。

2018 年 10 月 22 日，河北省石家庄市新华区人民法院（以下简称新华法院）对申请执行人 B 公司与被执行人 C 公司等买卖合同纠纷一案作出（2017）冀 0105 民初 2545 号民事判决。2019 年 3 月 31 日，河北省石家庄市中级人民法院对该案作出（2019）冀 01 民终 606 号民事判决，依据判决第一、二、四项，D 建筑装饰工程有限公司（以下简称D公司）应当于判决生效之日起十日内给付B公司货款20587212.50元，并支付违约金；C公司对上述款项承担在与黄某某以E建设集团有限公司（以下简称E公司）的名义承建的某国际商贸城项目的工程款中予以扣付的给付责任；E公司对判决第一项承担清偿责任。

2019年3月4日，B公司向新华法院申请强制执行。3月19日，新华法院作出（2019）冀0105执668号执行裁定，裁定冻结、扣划、提取被执行人C公司、D公司、E公司名下钱款26237320元及迟延履行利息或查封其他同等价值财产。4月16日，新华法院向A银行出具（2019）冀0105执668号协助扣划存款通知书，将C公司在A银行的账户31×××49内的存款8950000元扣划至新华法院，后划转给B公司。

另，案涉31×××49账户自2014年12月22日开户后至新华法院2019年4月18日扣划8950000元期间，共发生74笔业务：其中53笔为按放款比例缴存的保证金；17笔为保证金账户中款项按季度结付的活期利息；3笔为借款人（房屋买受人）发生逾期还款后的扣划；1笔为新华法院扣划。

【案件焦点】

A银行对案涉31×××49账户内资金是否享有质权。

【裁判要旨】

河北省石家庄市新华区人民法院认为，根据A银行与C公司于2014年10月21日签订的《个人购房按揭贷款开发商合作协议》，对于诸如被担保债权的数额，债务人履行债务的期限、质押财产的给付时间等质押合同应当包括的条款并不具体明确。故A银行请求确认与C公司就我院扣划的8950000元保证金形成按揭贷款金钱质押，A银行质押权合法有效，法院不得执行该笔保证金的理由不成立，应予驳回。故判决驳回A银行的诉讼请求。

A银行不服一审判决，提起上诉。

河北省石家庄市中级人民法院认为，关于案涉31×××49账户的性质。该账户内资金随着所担保业务情况而浮动，但均与约定的保证金业务相对应，存入的均为按比例缴存的保证金或保证金款项产生的活期利息，支出的均为保证金扣划还款，未用作日常结算使用。

关于A银行与C公司是否存在质押关系。虽然A银行与C公司没有单独订立带有“质押”字样的合同，但依据双方签订的《个人购房按揭贷款开发商合作协议》第4条、第5.1条、第5.2条、第8.4条、第15.9条的条款内容，A银行与C公司就成立质押关系形成合意，明确约定了所担保债权的种类和数额、债务履行期限、质押财产的数量及移交时间和方式、担保范围、质权行使条件，具备《中华人民共和国物权法》第210条规定的质押合同一般条款，应认定A银行与C公司订立了书面质押合同。质押合同一般条款的具体内容可以是固定化的数字表示，也可以是概括性的文字描述，只要通过条款表述能够确定最终实际数额、时间期限等内容的均应认定为合同约定明确。保证金的数额是按照贷款额的固定比例10%留存，故保证金所担保的债权数额也就是贷款额根据所留存的保证金数额而确定，因留存的保证金数额是确定的，故其所担保的债权数额也是确定的。A银行根据对不同借款人的资料审核结果分别确定贷款期限和贷款金额，借款人根据借款合同约定的期限、金额履行还款义务。因保证金账户的担保性质，保证金账户自开立之日起，该账户内的款项即质押财产由A银行控制，故保证金账户的开立时间即是质押财产的给付时间。

关于质权是否设立。金钱属于种类物，作为特殊的质押财产，是否成立金钱质押应当从金钱特定化和移交债权人占有两个关键要件进行判断。首先，涉案金钱以保证金形式特定化，且该账户内资金只用作与保证金业务及保证金款项相关的缴存、结息、扣划，未用作日常结算。其次，移交债权人占有是指转移金钱的占有权但不转移所有权。C公司是案涉账户内资金的所有权人，但根据《个人购房按揭贷款开发商合作协议》约定，C公司未经A银行同意不得支取、不得要求清户，同时约定借款人逾期还款达到或超过三个月的，A银行将从该保证金账户中扣划相应的款项用于清偿借款人的逾期款项，由此证明作为所有权人的C公司不能控制、支配案涉账户内资金，作为债权人的A银行取得案涉账户的实际控制权，控制权的移交符合移交债权人占有的要求。由此，应当认定A银行与C公司就案涉保证金账户内的资金设立质权。

关于保证金账户内资金的变动是否影响保证金性质。保证金账户形式特定化并不等于固定化。保证金账户内资金的变动是随着担保业务的办理、不动产权证和他项权证的办理、借款人还款而变动，该变动均与保证金业务相对应，未用于非保证金业务的日常结算，不影响保证金账户及其账户内资金的金钱质押性质。A 银行不因保证金账户内资金的变动而丧失对涉案账户的控制，C 公司对涉案账户的使用依然受到限制。

另外，依据《最高人民法院关于适用〈中华人民共和国民法典〉时间效力的若干规定》第 4 条的规定，民法典施行前的法律事实引起的民事纠纷案件，当时的法律、司法解释仅有原则性规定而民法典有具体规定的，适用当时的法律、司法解释的规定，但是可以依据民法典具体规定进行裁判说理。依据《最高人民法院关于适用〈中华人民共和国民法典〉有关担保制度的解释》第 70 条的规定“债务人或者第三人为担保债务的履行，设立专门的保证金账户并由债权人实际控制，或者将其资金存入债权人设立的保证金账户，债权人主张就账户内的款项优先受偿的，人民法院应予支持。当事人以保证金账户内的款项浮动为由，主张实际控制该账户的债权人对账户内的款项不享有优先受偿权的，人民法院不予支持。”C 公司为担保债务履行，在 A 银行设立专门的保证金账户，并由 A 银行实际控制该账户，符合《最高人民法院关于适用〈中华人民共和国民法典〉有关担保制度的解释》第 70 条的规定，A 银行就涉案保证金账户内的资金享有优先受偿权。保证金账户内的款项浮动不影响 A 银行对该账户内资金的优先受偿权。河北省石家庄市新华区人民法院扣划涉案保证金账户内资金妨害了 A 银行对该保证金账户内资金的优先权利。

综上所述，A 银行的上诉请求成立，予以支持。判决如下：

一、撤销河北省石家庄市新华区人民法院一审判决；

二、A 银行对 31×××49 保证金账户内资金在保证范围内享有优先受偿权，在该账户内资金丧失保证金功能前不得执行该账户项下资金（包括河北省石家庄市新华区人民法院扣划给 B 公司的 8950000 元）。

【适用解析】

实践中，当事人通过交付保证金或者将保证金存入特定账户来提供担保的情形十分常见，与之相关的制度规范与司法实务随时间不断完善，1995 年我国出台的原《中华人民共和国担保法》（以下简称原《担保法》）中并没有与保证金担保相关的规定，随后 2000 年最高院出台的原《最高人民法院关于适用〈中华人民共和国担保法〉若干问题的解释》（以下简称原《担保法解释》）对原《担保法》进行了修正和补充，其第 85 条规定，“债务人或者第三人将其金钱以特户、封金、保证金等形式特定化后，移交债权人占有作为债权的担保，债务人不履行债务时，债权人可以以该金钱优先受偿。”随后，法官在审理保证金担保引起的纠纷时通常援引该条判断保证金担保是否成立。2015 年最高院发布指导案例 54 号“N 银行安徽省分行诉张某、C 融资担保公司执行异议之诉纠纷案”，该案例明确了“特定化”的具体要求并强调特定化金钱必须移交债权人占有即由债权人取得保证金账户的控制权，同时回答了账户资金浮动是否影响金钱特定化的问题，对审理类似案件具有普遍指导意义。2020 年最高院发布了《最高人民法院关于适用〈中华人民共和国民法典〉有关担保制度的解释》（以下简称《担保制度解释》），该解释对上述条款进行了修改、完善，其第 70 条第 1 款规定，“债务人或者第三人为担保债务的履行，设立专门的保证金账户并由债权人实际控制，或者将其资金存入债权人设立的保证金账户，债权人主张就账户内的款项优先受偿的，人民法院应予支持。当事人以保证金账户内的款项浮动为由，主张实际控制该账户的债权人对账户内的款项不享有优先受偿权的，人民法院不予支持。”该条款吸收了指导案例 54 号的内容明确规定了保证金账户须由债权人实际控制，并且将司法实践中形成并由指导案例 54 号所确认的“特定化并不等同于固定化”规则纳入条文中。

前述司法解释均肯定了保证金担保的担保属性，并且规定债权人在满足一定条件下享有就保证金优先受偿的权利，该种担保形式因此往往被称为“保证金质押”，但实践中对其性质认定仍然存在争议。以下结合本案对保证金担保的性质认定及其设立条件进行分析。

一、保证金担保的性质认定

保证金担保有广义与狭义之分。广义的保证金担保体现于原《担保法解释》第 85 条，其规定了现金货币和存款货币两种保证金形式。其中，现金货币是指表现为纸币或硬币形式的现钞，存款货币是指能够发挥货币作用的银行存款。狭义的保证金担保体现于《担保制度解释》第 70 条，仅指存款货币，即保证金账户担保。由于司法实践中保证金担保绝大多数表现为保证金账户形式，故“保证金担保”通常指狭义的保证金担保（下文所指保证金担保亦作狭义解释）。

保证金担保是指担保人与债权人签订担保合同，由担保人将特定银行账户内的资金作为担保标的，将账户实际控制权移交给债权人，在债务履行不能时，债权人可通过直接扣划账户内保证金来实现其债权的担保方式。

关于保证金担保的性质，实践中存在不同的认识，主要有动产质押说、债权质押说、账户质押说、特殊动产质押说、非典型担保等。其中，动产质押说将保证金账户存款理解为动产物权，但该观点忽略了金钱作为动产的特殊性；债权质押说基于金钱的占有即所有的原则，认为保证金账户实际上是存款人与银行之间的债权债务关系，在性质上属于应收账款；账户质押说的基础是账户为财产权客体，但保证金质押的标的物是账户中的金钱而非账户本身；特殊动产质押说则主张保证金担保是金钱的占有即所有原则的例外，认为占有即所有原则仅适用于金钱的流通领域，而在金钱质押的场合，设质金钱经过特定化后退出市场的流通，当事人之间也并无转移金钱所有权的意思，因此，金钱质押是占有即所有原则的例外；非典型担保说认为，保证金担保属于新型的担保方式，在性质上应为非典型担保。

原《担保法解释》和《担保制度解释》均没有对保证金担保进行直接定性，但可以基于体系解释的方法对此问题进行分析，原《担保法解释》关于保证金担保规定的第85条被置于“关于质押部分的解释”的“动产质押”项下，因为此前长期的理论和实务中均认为保证金质押亦为质押的一种。《司法解释理解与适用全集·物权卷3》中对原《担保法解释》第85条的释义解释了这种结构安排并更为明确地指出，“以押金、保证金等形式的交付可以确认为质押，但是，属于债权质权还是动产质权，取决于其是否特定化。如果金钱特定化，属于动产质；如果金钱非特定化，属于债权质。”[①] 据此，可以较为明确地得出原《担保法解释》认为特定化的保证金担保属于动产质押的结论。《担保制度解释》并未沿用原《担保法解释》将其划归到“动产质押”的结构安排，即没有将其放入第三部分“关于担保物权”的“动产与权利担保”之中，而是将其置于第四部分“关于非典型担保”项下。《最高人民法院民法典担保制度司法解释理解与适用》对《担保制度解释》第70条的释义中亦未对保证金担保进行直接定性，但其主张“该种担保方式并不能用动产质押的规则解决，而是应该用本条规定的规则解决。”[②] 可见，新旧解释

① 人民法院出版社编：《司法解释理解与适用全集·物权卷3》，人民法院出版社2018年版，第2089页。

② 最高人民法院民事审判第二庭：《最高人民法院民法典担保制度司法解释理解与适用》，人民法院出版社2021年版，第580页。

相关条文内容实际上存在实质性差别，原《担保法解释》第 85 条规定的是现金货币和存款货币两种保证金形式，而《担保制度解释》第 70 条仅指存款货币一种形式，即保证金账户。因此，从体系解释的角度分析，原《担保法解释》认为表现为现金货币形式和保证金账户形式的保证金担保属于动产质押，而《担保制度解释》认为保证金账户形式的保证金担保属于非典型担保，至于现金货币形式的保证金担保，《担保制度解释》未作规定，这主要是由于随着现金使用场景的减少与银行账户使用便利度的提高，在实践中，保证金担保的形式逐渐仅表现为保证金账户担保这一种形式。

二、保证金担保的设立条件

根据原《担保法解释》，保证金担保属于动产质押，普通动产质权的设立有两个要件：1. 当事人之间达成书面的质押合意；2. 将质物移交质权人占有。金钱作为一种特殊动产，亦可以被设立动产质权，但与普通动产质权不同的是，金钱只有经过特定化，才能在仅转移占有不转移所有权的情况下成为质物。结合原《担保法解释》第 85 条①规定，以金钱设立质权需满足三个要件：1. 当事人之间达成书面的质押合意；2. 金钱需以特户、封金、保证金等形式特定化，其中，若体现为保证金账户形式，则保证金账户需专门化；3. 金钱质物移交占有，即若体现为保证金账户形式，则保证金账户必须由债权人实际控制。根据《担保制度解释》第 70 条②规定，设定有效的保证金账户担保亦需满足三个要件：1. 当事人之间达成担保合意；2. 保证金账户需专门化；3. 保证金账户由债权人实际控制或者将其资金存

---

① 《最高人民法院关于适用〈中华人民共和国担保法〉若干问题的解释》第 85 条：债务人或者第三人将其金钱以特户、封金、保证金等形式特定化后，移交债权人占有作为债权的担保，债务人不履行债务时，债权人可以以该金钱优先受偿。

② 《最高人民法院关于适用〈中华人民共和国民法典〉有关担保制度的解释》第 70 条：债务人或者第三人为担保债务的履行，设立专门的保证金账户并由债权人实际控制，或者将其资金存入债权人设立的保证金账户，债权人主张就账户内的款项优先受偿的，人民法院应予支持。当事人以保证金账户内的款项浮动为由，主张实际控制该账户的债权人对账户内的款项不享有优先受偿权的，人民法院不予支持。

在银行账户下设立的保证金分户，参照前款规定处理。

当事人约定的保证金并非为担保债务的履行设立，或者不符合前两款规定的情形，债权人主张就保证金优先受偿的，人民法院不予支持，但是不影响当事人依照法律的规定或者按照当事人的约定主张权利。

入债权人设立的保证金账户。可见，与原《担保法解释》第85条的规定相比，《担保制度解释》第70条关于保证金账户担保的设立要件实质内容是一致的。

（一）当事人之间达成担保合意

司法实践中，法院对是否达成担保合意的判断更加注重实质上的而非形式上的判断，并不要求必须具备带有“保证金”字样的合同。《中华人民共和国民法典》（以下简称《民法典》）第388条规定，“担保合同包括抵押合同、质押合同和其他具有担保功能的合同。”但《民法典》并未规定“其他具有担保功能的合同”应当具备的一般条款，对此可以参考关于抵押合同和质押合同的规定。《民法典》第400条①和第427条②分别规定了抵押合同和质押合同应当具备的一般条款，根据这些规定，抵押权、质权的设立需要订立书面的抵押、质押合同并具备一般条款，但《民法典》并未要求该类合同必须带有“抵押”或“质押”字样，只要当事人实质上达成了抵押合意或质押合意即可，因此，同理，保证金担保的成立亦非必须具备带有“保证金”字样的合同。实践中对该要件的审查较为宽松，即使当事人之间的合同未带有“保证金”字样，法院也会根据合同具体约定事项或者约定于贷款协议中的相应担保事项，结合在案证据如银行的审批材料、保证金账户相关情况等来认定是否满足该要件。

（二）保证金账户特定化

1. 特定化要求账户专门化和资金特定化

保证金账户的特定化是为了明确担保财产的对象，确认担保合同的标的物，即使特定数额金钱从担保人财产中划分出来，成为一种独立存在，使其不与担保人其

---

① 《民法典》第400条：设立抵押权，当事人应当采用书面形式订立抵押合同。
抵押合同一般包括下列条款：
（一）被担保债权的种类和数额；
（二）债务人履行债务的期限；
（三）抵押财产的名称、数量等情况；
（四）担保的范围。

② 《民法典》第427条：设立质权，当事人应当采用书面形式订立质押合同。
质押合同一般包括下列条款：
（一）被担保债权的种类和数额；
（二）债务人履行债务的期限；
（三）质押财产的名称、数量等情况；
（四）担保的范围；
（五）质押财产交付的时间、方式。

他财产相混同，同时使转移占有后的金钱亦能独立于担保权人财产，避免特定数额金钱因占有即所有的特征混同于担保人和担保权人一般财产中，其具体要求是账户专门化和资金特定化。账户专门化是指通过开立专门的保证金账户或者在银行账户下设立保证金分户的特定形式，使该账户具有外部的识别性，以实现将保证金与担保人的其他财产予以区分的目的。资金特定化是指保证金账户内的资金需做到专款专用，即保证金账户内的资金出入须仅用于保证金存入、保证金扣划等与保证金担保相关的业务，而不能用于其他结算支出。

2. 特定化并非资金数额的固定化

保证金账户金额的浮动是否会影响特定化的认定，原《担保法解释》并未对该问题作出直接规定。但是司法实践中根据立法原意逐渐确立了“特定化并不等同于固定化”的规则，即保证金账户特定化是要求账户专门化和货币特定化，目的是使保证金与其他财产相区分，而不是要求账户资金数额固定不变。实践中，保证金账户金额浮动很常见，保证金账户除按照合同约定存入保证金之外，利息增加、保证金的分批存入以及在债务到期未获清偿时从中扣划相应款项等，都会导致保证金账户余额浮动，但该种浮动均系保证金担保业务所引起的正常浮动，不属于保证金担保业务以外的其他结算业务，故不能以账户内资金不固定为由否定该账户的特定化。同时，《担保制度解释》第 70 条进一步明确规定了“特定化并不等同于固定化”规则，其中第 1 款规定，“……当事人以保证金账户内的款项浮动为由，主张实际控制该账户的债权人对账户内的款项不享有优先受偿权的，人民法院不予支持。”

（三）保证金账户须由债权人实际控制

根据原《担保法解释》的观点，保证金担保属于动产质押，应当满足交付质物的要件，作为质物的账户内的资金，是以移交债权人占有的方式体现债权人对于保证金账户的实际控制。实践中，主要表现为两种情形：一是保证金账户由债务人或担保人以其名义开立于债权人银行或其他银行，并移交债权人实际控制，为实现该目的，当事人一般会约定未经质权人同意，出质人不得使用保证金账户下的任何资金，即债权人事实上必须形成对账户的实际控制，否则，保证金不算完成交付；二是保证金账户由债权人以其名义开立，此时债权人是账户所有人，能够实际控制账户内的资金出入，故从防范风险的角度出发，该种方式更有利于保障债权人质权的行使和优先受偿权的实现。

《担保制度解释》第70条进一步明确了“设立专门的保证金账户并由债权人实际控制，或者将其资金存入债权人设立的保证金账户”这一规则。

三、本案保证金担保效力分析

本案中，A银行起诉请求法院确认其对31×××49保证金账户内资金享有质权，法院不得执行该账户下资金，争议焦点之一是A银行对案涉31×××49账户内资金是否享有担保权利。对此，《民法典》施行前的法律、司法解释的规定，但是其审理思路也符合《担保制度解释》第70条关于判断保证金担保是否成立的规定精神。

（一）A银行与C公司达成担保合意

虽然A银行与C公司没有单独订立“保证金”担保的合同，但依据双方签订的《个人购房按揭贷款开发商合作协议》相关条款内容可知，双方已然就成立保证金担保关系在实质上达成合意，包括：协议第一段表明双方存在概括性的担保合意；第5.1条、第5.2条表明双方达成成立专门的保证金账户并由A银行对账户内全部款项享有担保权的合意；第8.4条约定了债务履行期限、担保权行使条件；第8.5条约定了担保责任解除条件；第15.9条约定了保证金留存数额的计算方式等。也就是说上述协议条款明确约定了被担保债权的种类和数额、债务履行期限、担保权行使条件、担保责任解除条件、保证金数额等，具备《民法典》所规定的抵押合同或质押合同的一般条款，应当认定A银行与C公司之间订立了书面担保合同，并在实质上达成了担保合意。

（二）涉案保证金账户满足特定化要件

本案中，31×××49保证金账户实现了账户专门化和资金特定化。首先，该账户是根据协议约定由借款人在贷款行开立的保证金账户，其性质为A银行出具的《存款账户开户通知单（回单）》所确认，即该保证金账户实现了形式上的专门性。其次，该账户开立后的全部业务均用作保证金相关的缴存、结息、扣划，未用作日常结算，即从实际履行的角度考察，该保证金账户内的资金做到了专款专用，实现了货币特定化。最后，本案中每笔保证金的存入、借款人逾期还款导致的扣划、利息结算等都会导致保证金账户内的资金变动，但这些变动均与保证金担保业务相对应，所以并不影响将保证金账户内资金与担保人其他财产相区分。《最高人民法院关于适用〈中华人民共和国民法典〉时间效力的若干规定》第4条明确了

《民法典》细化规定的适用规则，即在《民法典》对原有法律、司法解释有更加具体、细化规定的情况下，对《民法典》施行前的法律事实引起的民事纠纷案件，人民法院可以依据《民法典》的细化规定进行裁判说理，增加裁判的正当性、合理性。但是，不能将民法典的细化规定作为裁判依据进行援引。[①] 故二审法院以《担保制度解释》第70条相关规定进行进一步论证，认定该账户的资金浮动不影响保证金担保的认定，不影响A银行对该账户内资金享有优先受偿权。

（三）A银行对案涉保证金账户具有实际控制权

根据A银行与C公司签订的《个人购房按揭贷款开发商合作协议》第5.2条和第8.4条，作为涉案保证金账户所有权人的C公司不得支配、不能控制该账户内的资金，作为债权人的A银行享有该账户的实际控制权，而且案涉账户开立在A银行，该行实际控制和管理该账户，通过扣划款项实现担保权，这也表明A银行对案涉账户资金享有处置权，即事实上A银行对该账户也实现了实际控制。

综上所述，本案中A银行满足了《担保制度解释》中设立保证金担保的三个要件，即达成担保合意、保证金账户专门化、保证金账户由债权人实际控制或者将其资金存入债权人设立的保证金账户，故A银行对涉案账户内保证金具有优先受偿的权利，在该账户内资金丧失保证金功能前不得执行该账户项下资金。

编写人：最高人民法院司法案例研究院与复旦大学联合培养实习生　杨赓

① 郭锋、陈龙业等：《〈关于适用时间效力的若干规定〉的理解与适用》，载《人民司法》2021年第10期。

附 录

《最高人民法院关于适用〈中华人民共和国民法典〉有关担保制度的解释》的相关规定沿革

编者按:《中华人民共和国民法典》(以下简称《民法典》)生效前,有关担保制度的规定散见于《中华人民共和国担保法》[①](以下简称《担保法》)《中华人民共和国物权法》(以下简称《物权法》)及《最高人民法院关于适用〈中华人民共和国担保法〉若干问题的解释》(以下简称《担保法解释》)等法律和司法解释中。为贯彻实施《民法典》担保制度的有关内容,最高人民法院于2020年12月31日发布《最高人民法院关于适用〈中华人民共和国民法典〉有关担保制度的解释》(以下简称《担保制度解释》),共计71个条文,包括一般规定、保证、担保物权和非典型担保四个部分。本文对《担保制度解释》的相关规定沿革进行梳理,供各位读者参考借鉴。

---

① 《中华人民共和国民法典》于2021年1月1日起实施,《中华人民共和国婚姻法》《中华人民共和国继承法》《中华人民共和国民法通则》《中华人民共和国收养法》《中华人民共和国担保法》《中华人民共和国合同法》《中华人民共和国物权法》《中华人民共和国侵权责任法》《中华人民共和国民法总则》同时废止。最高人民法院对相关司法解释也进行了废止或修改,如《最高人民法院关于适用〈中华人民共和国担保法〉若干问题的解释》(已废止),下文不再对上述法律规范的效力进行特别提示。

第一部分　一般规定

1. 适用范围中增加非典型担保的表述

典型担保是由法律明确规定的典型化的担保类型，包括保证、定金、抵押权、质押权、留置权五类。非典型担保是指法律未明确规定，在交易中自发产生的担保形式，或法律虽有规定，但未典型化的担保形式。非典型担保中的部分合同并非担保合同，故此类合同并不在《担保制度解释》的适用范围内。

《担保法》	《民法典》	《担保制度解释》
第二条　在借贷、买卖、货物运输、加工承揽等经济活动中，债权人需要以担保方式保障其债权实现的，可以依照本法规定设定担保。 本法规定的担保方式为保证、抵押、质押、留置和定金。 《物权法》 **第一百七十一条**　债权人在借贷、买卖等民事活动中，为保障实现其债权，需要担保的，可以依照本法和其他法律的规定设立担保物权。 第三人为债务人向债权人提供担保的，可以要求债务人提供反担保。反担保适用本法和其他法律的规定。	**第三百八十七条**　债权人在借贷、买卖等民事活动中，为保障实现其债权，需要担保的，可以依照本法和其他法律的规定设立担保物权。 第三人为债务人向债权人提供担保的，可以要求债务人提供反担保。反担保适用本法和其他法律的规定。 **第六百八十一条**　保证合同是为保障债权的实现，保证人和债权人约定，当债务人不履行到期债务或者发生当事人约定的情形时，保证人履行债务或者承担责任的合同。	**第一条**　因抵押、质押、留置、保证等担保发生的纠纷，适用本解释。所有权保留买卖、融资租赁、保理等涉及担保功能发生的纠纷，适用本解释的有关规定。

2. 担保效力从属性中增加独立保函的表述

在一般情况下，担保具有从属性，从属于主债合同而存在。但商事交往对效率的要求催生了独立担保。我国曾对独立保函保持谨慎态度，仅承认涉外案件中独立保函的效力，但国内商事交易中亦有独立保函之需求，为了弥合现实需求与法律规定之间的张力，最高人民法院在《全国法院民商事审判工作会议纪要》（以下简称《九民纪要》）第 54 条中明确，从属性是担保的基本属性，但由银行或者非银行金融机构开立的独立保函除外。独立保函纠纷案件依据《最高人民法院关于审理独立保函纠纷案件若干问题的规定》处理。《担保制度解释》继续沿用该规定。

需要进一步明确的是：凡是由银行或者非银行金融机构开立的符合《最高人民法院关于审理独立保函纠纷案件若干问题的规定》第 1 条、第 3 条规定情形的保函，无论是用于国际商事交易还是用于国内商事交易，均不影响保函的效力。银行或者非银行金融机构之外的当事人开立的独立保函，以及当事人有关排除担保从属性的约定，应当认定为无效。但是，根据“无效法律行为的转换”原理，在否定其独立担保效力的同时，应当将其认定为从属性担保。此时，如果主合同有效，则担保合同有效，担保人与主债务人承担连带保证责任。主合同无效，则该所谓的“独立担保”也随之无效，担保人无过错的，不承担责任；担保人有过错的，其承担民事责任的部分，不应超过债务人不能清偿部分的三分之一。

《担保法》	《民法典》	《担保制度解释》
第五条 担保合同是主合同的从合同，主合同无效，担保合同无效。担保合同另有约定的，按照约定。 担保合同被确认无效后，债务人、担保人、债权人有过错的，应当根据其过错各自承担相应的民事责任。 **《物权法》** **第一百七十二条** 设立担保物权，应当依照本法和其他法律的规定订立担保合同。担保合同是主债权债务合同的从合同。主债权债务合同无效，担保合同无效，但法律另有规定的除外。 担保合同被确认无效后，债务人、担保人、债权人有过错的，应当根据其过错各自承担相应的民事责任。	**第三百八十八条** 设立担保物权，应当依照本法和其他法律的规定订立担保合同。担保合同包括抵押合同、质押合同和其他具有担保功能的合同。担保合同是主债权债务合同的从合同。主债权债务合同无效的，担保合同无效，但是法律另有规定的除外。 担保合同被确认无效后，债务人、担保人、债权人有过错的，应当根据其过错各自承担相应的民事责任。 **第六百八十二条** 保证合同是主债权债务合同的从合同。主债权债务合同无效的，保证合同无效，但是法律另有规定的除外。 保证合同被确认无效后，债务人、保证人、债权人有过错的，应当根据其过错各自承担相应的民事责任。	**第二条** 当事人在担保合同中约定担保合同的效力独立于主合同，或者约定担保人对主合同无效的法律后果承担担保责任，该有关担保独立性的约定无效。主合同有效的，有关担保独立性的约定无效不影响担保合同的效力；主合同无效的，人民法院应当认定担保合同无效，但是法律另有规定的除外。 因金融机构开立的独立保函发生的纠纷，适用《最高人民法院关于审理独立保函纠纷案件若干问题的规定》。

3. 明确约定担保责任超出主债务范围的处理

基于担保的从属性，担保人承担的担保责任范围不应当大于主债务。《九民纪要》第 55 条规定，“……当事人约定的担保责任的范围大于主债务的，如针对担保责任约定专门的违约责任、担保责任的数额高于主债务、担保责任约定的利息高于主债务利息、担保责任的履行期先于主债务履行期届满，等等，均应当认定大于主债务部分的约定无效，从而使担保责任缩减至主债务的范围。”《担保制度解释》亦严格遵守担保的从属性，但在表述上与《九民纪要》中约定范围“大于主债务部分的约定无效”的表述有所差别，而采用了“担保人主张仅在债务人应当承担的责任范围内承担责任的，人民法院应予支持”的表述。

《担保法》	《民法典》	《担保制度解释》
第二十一条　保证担保的范围包括主债权及利息、违约金、损害赔偿金和实现债权的费用。保证合同另有约定的，按照约定。 当事人对保证担保的范围没有约定或者约定不明确的，保证人应当对全部债务承担责任。 **第四十六条**　抵押担保的范围包括主债权及利息、违约金、损害赔偿金和实现抵押权的费用。抵押合同另有约定的，按照约定。 **第六十七条**　质押担保的范围包括主债权及利息、违约金、损害赔偿金、质物保管费用和实现质权的费用。质押合同另有约定的，按照约定。 **第八十三条**　留置担保的范围包括主债权及利息、违约金、损害赔偿金、留置物保管费用和实现留置权的费用。 **《担保法解释》** **第四十三条**　保证人自行履行保证责任时，其实际清偿额大于主债权范围的，保证人只能在主债权范围内对债务人行使追偿权。	**第三百八十九条**　担保物权的担保范围包括主债权及其利息、违约金、损害赔偿金、保管担保财产和实现担保物权的费用。当事人另有约定的，按照其约定。 **第六百九十一条**　保证的范围包括主债权及其利息、违约金、损害赔偿金和实现债权的费用。当事人另有约定的，按照其约定。	**第三条**　当事人对担保责任的承担约定专门的违约责任，或者约定的担保责任范围超出债务人应当承担的责任范围，担保人主张仅在债务人应当承担的责任范围内承担责任的，人民法院应予支持。 担保人承担的责任超出债务人应当承担的责任范围，担保人向债务人追偿，债务人主张仅在其应当承担的责任范围内承担责任的，人民法院应予支持；担保人请求债权人返还超出部分的，人民法院依法予以支持。

续表

《物权法》 **第一百七十三条**　担保物权的担保范围包括主债权及其利息、违约金、损害赔偿金、保管担保财产和实现担保物权的费用。当事人另有约定的，按照约定。		

4. 新增担保物权受托持有的处理

在担保物权被受托持有时，担保物权人与实际的债权人分立。由于担保物权的成立以主债权存在为前提，此时被委托“代持”的担保物权在权利外观上缺乏债权基础，存在潜在的纠纷风险。对此，《全国法院审理债券纠纷案件座谈会纪要》第18条规定：“……为债券设定的担保物权可登记在受托管理人名下，受托管理人根据民事诉讼法第一百九十六条、第一百九十七条的规定或者通过普通程序主张担保物权的，人民法院应当予以支持，但应在裁判文书主文中明确由此所得权益归属于全体债券持有人……”《担保制度解释》进一步明确了此类商业模式必须受到保护，列举了委托贷款、债券受托管理两种常见的担保物权受托持有情形，并设置了兜底条款加以保护。

《担保制度解释》 **第四条**　有下列情形之一，当事人将担保物权登记在他人名下，债务人不履行到期债务或者发生当事人约定的实现担保物权的情形，债权人或者其受托人主张就该财产优先受偿的，人民法院依法予以支持： （一）为债券持有人提供的担保物权登记在债券受托管理人名下； （二）为委托贷款人提供的担保物权登记在受托人名下； （三）担保人知道债权人与他人之间存在委托关系的其他情形。

5. 明确不同情形下担保人的主体资格

《担保制度解释》新增了居民委员会、村民委员会提供担保原则上无效与例外情形的规定，并将学校、幼儿园、医疗机构、养老机构区分为营利法人和非营利法人，进而规定营利法人提供的担保有效，非营利法人提供的担保原则上无效，但存在两种例外情形。

《担保法》	《民法典》	《担保制度解释》
第八条 国家机关不得为保证人，但经国务院批准为使用外国政府或者国际经济组织贷款进行转贷的除外。 **第九条** 学校、幼儿园、医院等以公益为目的的事业单位、社会团体不得为保证人。 **《担保法解释》** **第三条** 国家机关和以公益为目的的事业单位、社会团体违反法律规定提供担保的，担保合同无效。因此给债权人造成损失的，应当根据担保法第五条第二款的规定处理。 **第十六条** 从事经营活动的事业单位、社会团体为保证人的，如无其他导致保证合同无效的情况，其所签订的保证合同应当认定为有效。 **第五十三条** 学校、幼儿园、医院等以公益为目的的事业单位、社会团体，以其教育设施、医疗卫生设施和其他社会公益设施以外的财产为自身债务设定抵押的，人民法院可以认定抵押有效。	**第六百八十三条** 机关法人不得为保证人，但是经国务院批准为使用外国政府或者国际经济组织贷款进行转贷的除外。 以公益为目的的非营利法人、非法人组织不得为保证人。	**第五条** 机关法人提供担保的，人民法院应当认定担保合同无效，但是经国务院批准为使用外国政府或者国际经济组织贷款进行转贷的除外。 居民委员会、村民委员会提供担保的，人民法院应当认定担保合同无效，但是依法代行村集体经济组织职能的村民委员会，依照村民委员会组织法规定的讨论决定程序对外提供担保的除外。 **第六条** 以公益为目的的非营利性学校、幼儿园、医疗机构、养老机构等提供担保的，人民法院应当认定担保合同无效，但是有下列情形之一的除外： （一）在购入或者以融资租赁方式承租教育设施、医疗卫生设施、养老服务设施和其他公益设施时，出卖人、出租人为担保价款或者租金实现而在该公益设施上保留所有权； （二）以教育设施、医疗卫生设施、养老服务设施和其他公益设施以外的不动产、动产或者财产权利设立担保物权。 登记为营利法人的学校、幼儿园、医疗机构、养老机构等提供担保，当事人以其不具有担保资格为由主张担保合同无效的，人民法院不予支持。

6. 明确法定代表人越权担保的效力

就越权代表行为效力的判断，《九民纪要》第 17 条、第 18 条规定，区分订立合同时债权人是否善意分别认定合同效力：债权人善意的，合同有效；反之，合同无效。善意，是指债权人不知道或者不应当知道法定代表人超越权限订立担保合同。与《九民纪要》不同的是，《担保制度解释》对相对人善意的定义更为严格，将"不知道或者不应当知道"改为"不知道且不应当知道"。

就司法实践中应如何具体判断相对人是否为"善意"，《九民纪要》第 18 条进一步规定，《中华人民共和国公司法》（以下简称《公司法》）第 16 条对关联担保和非关联担保的决议机关作出了区别规定，相应地，在善意的判断标准上也应当有所区别。一种情形是，为公司股东或者实际控制人提供关联担保，《公司法》第 16 条明确规定必须由股东（大）会决议，未经股东（大）会决议，构成越权代表。在此种情况下，债权人主张担保合同有效，应当提供证据证明其在订立合同时对股东（大）会决议进行了审查，决议的表决程序符合《公司法》第 16 条的规定。另一种情形是，公司为公司股东或者实际控制人以外的人提供非关联担保，根据《公司法》第 16 条的规定，此时由公司章程规定是由董事会决议还是股东（大）会决议。只要债权人能够证明其在订立担保合同时对董事会决议或者股东（大）会决议进行了审查，同意决议的人数及签字人员符合公司章程的规定，就应当认定其构成善意，但公司能够证明债权人明知公司章程对决议机关有明确规定的除外。债权人对公司机关决议内容的审查一般限于形式审查，只要求尽到必要的注意义务即可，标准不宜太过严苛。

《担保法解释》	**《民法典》**	**《担保制度解释》**
第四条　董事、经理违反《中华人民共和国公司法》第六十条的规定，以公司资产为本公司的股东或者其他个人债务提供担保的，担保合同无效。除债权人知道或者应当知道的外，债务人、担保人应当对债权人的损失承担连带赔偿责任。 **第十一条**　法人或者其他组织的法定代表人、负责人超越权限订立的担保合同，除相对人知道或者应当知道其超越权限的以外，该代表行为有效。	**第六十一条**　依照法律或者法人章程的规定，代表法人从事民事活动的负责人，为法人的法定代表人。 法定代表人以法人名义从事的民事活动，其法律后果由法人承受。 法人章程或者法人权力机构对法定代表人代表权的限制，不得对抗善意相对人。 **第五百零四条**　法人的法定代表人或者非法人组织的负责人超越权限订立的合同，除相对人知道或者应当知道其超越权限外，该代表行为有效，订立的合同对法人或者非法人组织发生效力。	**第七条**　公司的法定代表人违反公司法关于公司对外担保决议程序的规定，超越权限代表公司与相对人订立担保合同，人民法院应当依照民法典第六十一条和第五百零四条等规定处理： （一）相对人善意的，担保合同对公司发生效力；相对人请求公司承担担保责任的，人民法院应予支持。 （二）相对人非善意的，担保合同对公司不发生效力；相对人请求公司承担赔偿责任的，参照适用本解释第十七条的有关规定。 法定代表人超越权限提供

续表

		担保造成公司损失，公司请求法定代表人承担赔偿责任的，人民法院应予支持。 第一款所称善意，是指相对人在订立担保合同时不知道且不应当知道法定代表人超越权限。相对人有证据证明已对公司决议进行了合理审查，人民法院应当认定其构成善意，但是公司有证据证明相对人知道或者应当知道决议系伪造、变造的除外。

7. **明确公司对外担保决议例外情形**

《九民纪要》第19条就对外担保决议的例外情形作出规定，与之不同的是，《担保制度解释》删去了“公司与主债务人之间存在相互担保等商业合作关系”情形，并新增了上市公司对外提供担保豁免的例外规定。

《担保法解释》	《民法典》	《担保制度解释》
第四条 董事、经理违反《中华人民共和国公司法》第六十条的规定，以公司资产为本公司的股东或者其他个人债务提供担保的，担保合同无效。除债权人知道或者应当知道的外，债务人、担保人应当对债权人的损失承担连带赔偿责任。 **第十一条** 法人或者其他组织的法定代表人、负责人超越权限订立的担保合同，除相对人知道或者应当知道其超越权限的以外，该代表行为有效。	**第六十一条** 依照法律或者法人章程的规定，代表法人从事民事活动的负责人，为法人的法定代表人。 法定代表人以法人名义从事的民事活动，其法律后果由法人承受。 法人章程或者法人权力机构对法定代表人代表权的限制，不得对抗善意相对人。 **第五百零四条** 法人的法定代表人或者非法人组织的负责人超越权限订立的合同，除相对人知道或者应当知道其超越权限外，该代表行为有效，订立的合同对法人或者非法人组织发生效力。	**第八条** 有下列情形之一，公司以其未依照公司法关于公司对外担保的规定作出决议为由主张不承担担保责任的，人民法院不予支持： （一）金融机构开立保函或者担保公司提供担保； （二）公司为其全资子公司开展经营活动提供担保； （三）担保合同系由单独或者共同持有公司三分之二以上对担保事项有表决权的股东签字同意。 上市公司对外提供担保，不适用前款第二项、第三项的规定。

8. 明确上市公司为他人提供担保的效力

> **《担保制度解释》**
>
> **第九条** 相对人根据上市公司公开披露的关于担保事项已经董事会或者股东大会决议通过的信息，与上市公司订立担保合同，相对人主张担保合同对上市公司发生效力，并由上市公司承担担保责任的，人民法院应予支持。
>
> 相对人未根据上市公司公开披露的关于担保事项已经董事会或者股东大会决议通过的信息，与上市公司订立担保合同，上市公司主张担保合同对其不发生效力，且不承担担保责任或者赔偿责任的，人民法院应予支持。
>
> 相对人与上市公司已公开披露的控股子公司订立的担保合同，或者相对人与股票在国务院批准的其他全国性证券交易场所交易的公司订立的担保合同，适用前两款规定。

9. 明确一人有限公司为股东提供担保的效力

> **《担保制度解释》**
>
> **第十条** 一人有限责任公司为其股东提供担保，公司以违反公司法关于公司对外担保决议程序的规定为由主张不承担担保责任的，人民法院不予支持。公司因承担担保责任导致无法清偿其他债务，提供担保时的股东不能证明公司财产独立于自己的财产，其他债权人请求该股东承担连带责任的，人民法院应予支持。

10. 明确公司分支机构提供担保的效力

《担保制度解释》虽然不再禁止公司的分支机构对外提供担保，但是明确分支机构对外提供担保时必须经过公司相关决议程序。出于保护交易安全的需要，相对人不知道且不应当知道分支机构未经相关决议程序的，亦认可担保的效力。同时，《担保制度解释》对金融机构和担保公司的分支机构对外提供担保作出特殊规定。

《担保法》 **第十条** 企业法人的分支机构、职能部门不得为保证人。 企业法人的分支机构有法人书面授权的，可以在授权范围内提供保证。 **《担保法解释》** **第十七条** 企业法人的分支机构未经法人书面授权提供保证的，保证合同无效。因此给债权人造成损失的，应当根据担保法第五条第二款的规定处理。 企业法人的分支机构经法人书面授权提供保证的，如果法人的书面授权范围不明，	**《担保制度解释》** **第十一条** 公司的分支机构未经公司股东（大）会或者董事会决议以自己的名义对外提供担保，相对人请求公司或者其分支机构承担担保责任的，人民法院不予支持，但是相对人不知道且不应当知道分支机构对外提供担保未经公司决议程序的除外。 金融机构的分支机构在其营业执照记载的经营范围内开立保函，或者经有权从事担保业务的上级机构授权开立保函，金融机构或者其分支机构以违反公司法关于公司对外担保决议程序的规定为由主张不承担担保责

续表

法人的分支机构应当对保证合同约定的全部债务承担保证责任。 企业法人的分支机构经营管理的财产不足以承担保证责任的，由企业法人承担民事责任。 企业法人的分支机构提供的保证无效后应当承担赔偿责任的，由分支机构经营管理的财产承担。企业法人有过错的，按照担保法第二十九条的规定处理。 **第十八条** 企业法人的职能部门提供保证的，保证合同无效。债权人知道或者应当知道保证人为企业法人的职能部门的，因此造成的损失由债权人自行承担。 债权人不知保证人为企业法人的职能部门，因此造成的损失，可以参照担保法第五条第二款的规定和第二十九条的规定处理。	任的，人民法院不予支持。金融机构的分支机构未经金融机构授权提供保函之外的担保，金融机构或者其分支机构主张不承担担保责任的，人民法院应予支持，但是相对人不知道且不应当知道分支机构对外提供担保未经金融机构授权的除外。 担保公司的分支机构未经担保公司授权对外提供担保，担保公司或者其分支机构主张不承担担保责任的，人民法院应予支持，但是相对人不知道且不应当知道分支机构对外提供担保未经担保公司授权的除外。 公司的分支机构对外提供担保，相对人非善意，请求公司承担赔偿责任的，参照本解释第十七条的有关规定处理。

11. **明确公司债务加入准用担保规则**

《民法典》	《担保制度解释》
第五百五十二条 第三人与债务人约定加入债务并通知债权人，或者第三人向债权人表示愿意加入债务，债权人未在合理期限内明确拒绝的，债权人可以请求第三人在其愿意承担的债务范围内和债务人承担连带债务。	**第十二条** 法定代表人依照民法典第五百五十二条的规定以公司名义加入债务的，人民法院在认定该行为的效力时，可以参照本解释关于公司为他人提供担保的有关规则处理。

12. **明确共同担保中担保人之间的相互追偿问题**

对于共同担保中担保人之间是否可以相互追偿，原《担保法》及原《担保法解释》均明确在未约定担保份额的情况下，担保人承担连带责任，各担保人之间可以相互追偿。原《物权法》则删去了担保人之间可以相互追偿的规定。《九民纪要》第 56 条就共同担保中担保人之间是否可以相互追偿予以明确，即根据原《物权法》第 178 条关于“担保法与本法的规定不一致的，适用本法”的规定，承担了担保责任的担保人向其他担保人追偿的，人民法院不予支持，但担保人在担保合同中约定可以相互追偿的除外。《担保制度解释》进一步明确，在共同担保的情况下，担保人之间原则上不享有相互追偿权，但下述情形除外：（1）担保人之间约定相互追偿；（2）担保人之间约定承担连带共同担保；（3）各担保人在同一份合同书上签字、盖章或按指印。

《担保法》	《民法典》	《担保制度解释》
第十二条　同一债务有两个以上保证人的，保证人应当按照保证合同约定的保证份额，承担保证责任。没有约定保证份额的，保证人承担连带责任，债权人可以要求任何一个保证人承担全部保证责任，保证人都负有担保全部债权实现的义务。已经承担保证责任的保证人，有权向债务人追偿，或者要求承担连带责任的其他保证人清偿其应当承担的份额。 **《担保法解释》** **第十九条**　两个以上保证人对同一债务同时或者分别提供保证时，各保证人与债权人没有约定保证份额的，应当认定为连带共同保证。 连带共同保证的保证人以其相互之间约定各自承担的份额对抗债权人的，人民法院不予支持。 **第二十条**　连带共同保证的债务人在主合同规定的债务履行期届满没有履行债务的，债权人可以要求债务人履行债务，也可以要求任何一个保证人承担全部保证责任。 连带共同保证的保证人承担保证责任后，向债务人不能追偿的部分，由各连带保证人按其内部约定的比例分担。没有约定的，平均分担。 **第二十一条**　按份共同保证的保证人按照保证合同约定	**第三百九十二条**　被担保的债权既有物的担保又有人的担保的，债务人不履行到期债务或者发生当事人约定的实现担保物权的情形，债权人应当按照约定实现债权；没有约定或者约定不明确，债务人自己提供物的担保的，债权人应当先就该物的担保实现债权；第三人提供物的担保的，债权人可以就物的担保实现债权，也可以请求保证人承担保证责任。提供担保的第三人承担担保责任后，有权向债务人追偿。 **第五百一十九条**　连带债务人之间的份额难以确定的，视为份额相同。 实际承担债务超过自己份额的连带债务人，有权就超出部分在其他连带债务人未履行的份额范围内向其追偿，并相应地享有债权人的权利，但是不得损害债权人的利益。其他连带债务人对债权人的抗辩，可以向该债务人主张。 被追偿的连带债务人不能履行其应分担份额的，其他连带债务人应当在相应范围内按比例分担。 **第六百九十九条**　同一债务有两个以上保证人的，保证人应当按照保证合同约定的保证份额，承担保证责任；没有约定保证份额的，债权人可以请求任何一个保证人在其保证范围内承担保证责任。	**第十三条**　同一债务有两个以上第三人提供担保，担保人之间约定相互追偿及分担份额，承担了担保责任的担保人请求其他担保人按照约定分担份额的，人民法院应予支持；担保人之间约定承担连带共同担保，或者约定相互追偿但是未约定分担份额的，各担保人按照比例分担向债务人不能追偿的部分。 同一债务有两个以上第三人提供担保，担保人之间未对相互追偿作出约定且未约定承担连带共同担保，但是各担保人在同一份合同书上签字、盖章或者按指印，承担了担保责任的担保人请求其他担保人按照比例分担向债务人不能追偿部分的，人民法院应予支持。 除前两款规定的情形外，承担了担保责任的担保人请求其他担保人分担向债务人不能追偿部分的，人民法院不予支持。

续表

的保证份额承担保证责任后，在其履行保证责任的范围内对债务人行使追偿权。 **第三十八条第一款** 同一债权既有保证又有第三人提供物的担保的，债权人可以请求保证人或者物的担保人承担担保责任。当事人对保证担保的范围或者物的担保的范围没有约定或者约定不明的，承担了担保责任的担保人，可以向债务人追偿，也可以要求其他担保人清偿其应当分担的份额。 **《物权法》** **第一百七十六条** 被担保的债权既有物的担保又有人的担保的，债务人不履行到期债务或者发生当事人约定的实现担保物权的情形，债权人应当按照约定实现债权；没有约定或者约定不明确，债务人自己提供物的担保的，债权人应当先就该物的担保实现债权；第三人提供物的担保的，债权人可以就物的担保实现债权，也可以要求保证人承担保证责任。提供担保的第三人承担担保责任后，有权向债务人追偿。	**第七百条** 保证人承担保证责任后，除当事人另有约定外，有权在其承担保证责任的范围内向债务人追偿，享有债权人对债务人的权利，但是不得损害债权人的利益。	

13. **新增担保人的代位权利及其限制**

《民法典》第524条规定第三人代为履行债务后，即取得债权人享有的主、从权利，《担保制度解释》则明确了担保人受让担保债权后行使追偿权的限制，即不能代位取得债权人对其他担保人享有的权利，若该担保人请求其他担保人分担相应份额，应符合担保人相互追偿之条件。

《民法典》	《担保制度解释》
第五百二十四条　债务人不履行债务，第三人对履行该债务具有合法利益的，第三人有权向债权人代为履行；但是，根据债务性质、按照当事人约定或者依照法律规定只能由债务人履行的除外。 债权人接受第三人履行后，其对债务人的债权转让给第三人，但是债务人和第三人另有约定的除外。	**第十四条**　同一债务有两个以上第三人提供担保，担保人受让债权的，人民法院应当认定该行为系承担担保责任。受让债权的担保人作为债权人请求其他担保人承担担保责任的，人民法院不予支持；该担保人请求其他担保人分担相应份额的，依照本解释第十三条的规定处理。

14. **明确最高额担保中最高债权额的确定及其范围**

《担保法》	《民法典》	《担保制度解释》
第十四条　保证人与债权人可以就单个主合同分别订立保证合同，也可以协议在最高债权额限度内就一定期间连续发生的借款合同或者某项商品交易合同订立一个保证合同。 **第五十九条**　本法所称最高额抵押，是指抵押人与抵押权人协议，在最高债权额限度内，以抵押物对一定期间内连续发生的债权作担保。 **《担保法解释》** **第二十三条**　最高额保证合同的不特定债权确定后，保证人应当对在最高债权额限度内就一定期间连续发生的债权余额承担保证责任。 **第八十一条**　最高额抵押权所担保的债权范围，不包括抵押物因财产保全或者执行程序被查封后或债务人、抵押人破产后发生的债权。 **第八十三条**　最高额抵押权所担保的不特定债权，在特定后，债权已届清偿期的，最高额抵押权人可以根据普通抵押权的规定行使其抵押权。	**第四百二十条**　为担保债务的履行，债务人或者第三人对一定期间内将要连续发生的债权提供担保财产的，债务人不履行到期债务或者发生当事人约定的实现抵押权的情形，抵押权人有权在最高债权额限度内就该担保财产优先受偿。 最高额抵押权设立前已经存在的债权，经当事人同意，可以转入最高额抵押担保的债权范围。 **第六百九十条**　保证人与债权人可以协商订立最高额保证的合同，约定在最高债权额限度内就一定期间连续发生的债权提供保证。 最高额保证除适用本章规定外，参照适用本法第二编最高额抵押权的有关规定。	**第十五条**　最高额担保中的最高债权额，是指包括主债权及其利息、违约金、损害赔偿金、保管担保财产的费用、实现债权或者实现担保物权的费用等在内的全部债权，但是当事人另有约定的除外。 登记的最高债权额与当事人约定的最高债权额不一致的，人民法院应当依据登记的最高债权额确定债权人优先受偿的范围。

续表

抵押权人实现最高额抵押权时，如果实际发生的债权余额高于最高限额的，以最高限额为限，超过部分不具有优先受偿的效力；如果实际发生的债权余额低于最高限额的，以实际发生的债权余额为限对抵押物优先受偿。 **《物权法》** **第二百零三条** 为担保债务的履行，债务人或者第三人对一定期间内将要连续发生的债权提供担保财产的，债务人不履行到期债务或者发生当事人约定的实现抵押权的情形，抵押权人有权在最高债权额限度内就该担保财产优先受偿。 最高额抵押权设立前已经存在的债权，经当事人同意，可以转入最高额抵押担保的债权范围。 **第二百二十二条** 出质人与质权人可以协议设立最高额质权。 最高额质权除适用本节有关规定外，参照本法第十六章第二节最高额抵押权的规定。		

15. **明确借新还旧情形下的担保效力**

《九民纪要》第57条规定，贷款到期后，借款人与贷款人订立新的借款合同，将新贷用于归还旧贷，旧贷因清偿而消灭，为旧贷设立的担保物权也随之消灭。贷款人以旧贷上的担保物权尚未进行涂销登记为由，主张对新贷行使担保物权的，人民法院不予支持，但当事人约定继续为新贷提供担保的除外。

《担保制度解释》融合原《担保法解释》第39条及《九民纪要》第57条之规定，明确旧贷的担保人原则上不承担担保责任，新贷的担保人仅在知道或应当知道借新还旧事实时承担担保责任，并进一步确认，担保人在旧贷的物保登记尚未注销的情形下同意继续为新贷提供担保时，新贷债权优先受偿的顺位以旧贷物保登记为准。

《担保法解释》	《担保制度解释》
第三十九条　主合同当事人双方协议以新贷偿还旧贷，除保证人知道或者应当知道的外，保证人不承担民事责任。 新贷与旧贷系同一保证人的，不适用前款的规定。	**第十六条**　主合同当事人协议以新贷偿还旧贷，债权人请求旧贷的担保人承担担保责任的，人民法院不予支持；债权人请求新贷的担保人承担担保责任的，按照下列情形处理： （一）新贷与旧贷的担保人相同的，人民法院应予支持； （二）新贷与旧贷的担保人不同，或者旧贷无担保新贷有担保的，人民法院不予支持，但是债权人有证据证明新贷的担保人提供担保时对以新贷偿还旧贷的事实知道或者应当知道的除外。 主合同当事人协议以新贷偿还旧贷，旧贷的物的担保人在登记尚未注销的情形下同意继续为新贷提供担保，在订立新的贷款合同前又以该担保财产为其他债权人设立担保物权，其他债权人主张其担保物权顺位优先于新贷债权人的，人民法院不予支持。

16. 修改担保合同无效情形下的责任承担

《担保制度解释》在沿用原《担保法解释》关于在担保合同无效情形下，各方当事人责任承担的基础上，修改担保人有过错而债权人无过错的责任承担，由担保人对债务人不能清偿的部分承担赔偿责任，而非与债务人承担连带赔偿责任，并增加了债权人有过错而担保人无过错时不承担责任的规定，以期更好地保护担保人利益。

《担保法》	《民法典》	《担保制度解释》
第五条　担保合同是主合同的从合同，主合同无效，担保合同无效。担保合同另有约定的，按照约定。 担保合同被确认无效后，债务人、担保人、债权人有过错的，应当根据其过错各自承担相应的民事责任。 **《担保法解释》** **第七条**　主合同有效而担保合同无效，债权人无过错的，	**第三百八十八条**　设立担保物权，应当依照本法和其他法律的规定订立担保合同。担保合同包括抵押合同、质押合同和其他具有担保功能的合同。担保合同是主债权债务合同的从合同。主债权债务合同无效的，担保合同无效，但是法律另有规定的除外。	**第十七条**　主合同有效而第三人提供的担保合同无效，人民法院应当区分不同情形确定担保人的赔偿责任： （一）债权人与担保人均有过错的，担保人承担的赔偿责任不应超过债务人不能清偿部分的二分之一； （二）担保人有过错而债权人无过错的，担保人对债务人不能清偿的部分承担赔偿责任；

续表

担保人与债务人对主合同债权人的经济损失，承担连带赔偿责任；债权人、担保人有过错的，担保人承担民事责任的部分，不应超过债务人不能清偿部分的1/2。 **第八条**　主合同无效而导致担保合同无效，担保人无过错的，担保人不承担民事责任；担保人有过错的，担保人承担民事责任的部分，不应超过债务人不能清偿部分的1/3。 **《物权法》** **第一百七十二条**　设立担保物权，应当依照本法和其他法律的规定订立担保合同。担保合同是主债权债务合同的从合同。主债权债务合同无效，担保合同无效，但法律另有规定的除外。 担保合同被确认无效后，债务人、担保人、债权人有过错的，应当根据其过错各自承担相应的民事责任。	担保合同被确认无效后，债务人、担保人、债权人有过错的，应当根据其过错各自承担相应的民事责任。	（三）债权人有过错而担保人无过错的，担保人不承担赔偿责任。 主合同无效导致第三人提供的担保合同无效，担保人无过错的，不承担赔偿责任；担保人有过错的，其承担的赔偿责任不应超过债务人不能清偿部分的三分之一。

17. **增加债务人提供物保时担保人的追偿权**

《担保法》 **第三十一条**　保证人承担保证责任后，有权向债务人追偿。 **第五十七条**　为债务人抵押担保的第三人，在抵押权人实现抵押权后，有权向债务人追偿。 **第七十二条**　为债务人质押担保的第三人，在质权人实现质权后，有权向债务人追偿。	**《民法典》** **第三百九十二条**　被担保的债权既有物的担保又有人的担保的，债务人不履行到期债务或者发生当事人约定的实现担保物权的情形，债权人应当按照约定实现债权；没有约定或者约定不明确，债务人自己提供物的担保的，债权人应当先就该物的担保实现债权；第三人提供	**《担保制度解释》** **第十八条**　承担了担保责任或者赔偿责任的担保人，在其承担责任的范围内向债务人追偿的，人民法院应予支持。 同一债权既有债务人自己提供的物的担保，又有第三人提供的担保，承担了担保责任或者赔偿责任的第三人，主张行使债权人对债务人享有的担保物权的，人民法院应予支持。

续表

《担保法解释》 **第二十条**　连带共同保证的债务人在主合同规定的债务履行期届满没有履行债务的，债权人可以要求债务人履行债务，也可以要求任何一个保证人承担全部保证责任。 连带共同保证的保证人承担保证责任后，向债务人不能追偿的部分，由各连带保证人按其内部约定的比例分担。没有约定的，平均分担。 **第二十一条**　按份共同保证的保证人按照保证合同约定的保证份额承担保证责任后，在其履行保证责任的范围内对债务人行使追偿权。 **《物权法》** **第一百七十六条**　被担保的债权既有物的担保又有人的担保的，债务人不履行到期债务或者发生当事人约定的实现担保物权的情形，债权人应当按照约定实现债权；没有约定或者约定不明确，债务人自己提供物的担保的，债权人应当先就该物的担保实现债权；第三人提供物的担保的，债权人可以就物的担保实现债权，也可以要求保证人承担保证责任。提供担保的第三人承担担保责任后，有权向债务人追偿。	物的担保的，债权人可以就物的担保实现债权，也可以请求保证人承担保证责任。提供担保的第三人承担担保责任后，有权向债务人追偿。	

18. **明确反担保人的责任**

《担保制度解释》明确反担保合同不因担保合同无效而无效，并删去原《担保法解释》中反担保人有过错才承担赔偿责任的规定。

《担保法解释》 **第九条** 担保人因无效担保合同向债权人承担赔偿责任后，可以向债务人追偿，或者在承担赔偿责任的范围内，要求有过错的反担保人承担赔偿责任。 担保人可以根据承担赔偿责任的事实对债务人或者反担保人另行提起诉讼。	《担保制度解释》 **第十九条** 担保合同无效，承担了赔偿责任的担保人按照反担保合同的约定，在其承担赔偿责任的范围内请求反担保人承担担保责任的，人民法院应予支持。 反担保合同无效的，依照本解释第十七条的有关规定处理。当事人仅以担保合同无效为由主张反担保合同无效的，人民法院不予支持。

19. 明确保证人权利保护规则的参照适用

《民法典》 **第六百九十五条第一款** 债权人和债务人未经保证人书面同意，协商变更主债权债务合同内容，减轻债务的，保证人仍对变更后的债务承担保证责任；加重债务的，保证人对加重的部分不承担保证责任。 **第六百九十六条第一款** 债权人转让全部或者部分债权，未通知保证人的，该转让对保证人不发生效力。 **第六百九十七条第二款** 第三人加入债务的，保证人的保证责任不受影响。 **第六百九十九条** 同一债务有两个以上保证人的，保证人应当按照保证合同约定的保证份额，承担保证责任；没有约定保证份额的，债权人可以请求任何一个保证人在其保证范围内承担保证责任。 **第七百条** 保证人承担保证责任后，除当事人另有约定外，有权在其承担保证责任的范围内向债务人追偿，享有债权人对债务人的权利，但是不得损害债权人的利益。 **第七百零一条** 保证人可以主张债务人对债权人的抗辩。债务人放弃抗辩的，保证人仍有权向债权人主张抗辩。 **第七百零二条** 债务人对债权人享有抵销权或者撤销权的，保证人可以在相应范围内拒绝承担保证责任。	《担保制度解释》 **第二十条** 人民法院在审理第三人提供的物的担保纠纷案件时，可以适用民法典第六百九十五条第一款、第六百九十六条第一款、第六百九十七条第二款、第六百九十九条、第七百条、第七百零一条、第七百零二条等关于保证合同的规定。

20. 关于管辖法院的确定

《担保法解释》	《担保制度解释》
第一百二十九条　主合同和担保合同发生纠纷提起诉讼的，应当根据主合同确定案件管辖。担保人承担连带责任的担保合同发生纠纷，债权人向担保人主张权利的，应当由担保人住所地的法院管辖。 主合同和担保合同选择管辖的法院不一致的，应当根据主合同确定案件管辖。	**第二十一条**　主合同或者担保合同约定了仲裁条款的，人民法院对约定仲裁条款的合同当事人之间的纠纷无管辖权。 债权人一并起诉债务人和担保人的，应当根据主合同确定管辖法院。 债权人依法可以单独起诉担保人且仅起诉担保人的，应当根据担保合同确定管辖法院。

21. 新增债务人破产时担保债务停止计息

《中华人民共和国企业破产法》（以下简称《破产法》）	《担保制度解释》
第四十六条　未到期的债权，在破产申请受理时视为到期。 附利息的债权自破产申请受理时起停止计息。	**第二十二条**　人民法院受理债务人破产案件后，债权人请求担保人承担担保责任，担保人主张担保债务自人民法院受理破产申请之日起停止计息的，人民法院对担保人的主张应予支持。

22. 明确担保责任与破产程序的衔接

《担保制度解释》将原《担保法解释》中保证责任与破产程序的衔接扩展到所有担保责任，并删除了债权人需在破产程序终结后六个月内向保证人就仍未清偿部分主张责任的期限限制的规定，并进一步明确债权人在破产程序中申报债权不影响其向担保人主张担保责任。

《担保法解释》	《破产法》	《担保制度解释》
第四十四条　保证期间，人民法院受理债务人破产案件的，债权人既可以向人民法院申报债权，也可以向保证人主张权利。 债权人申报债权后在破产程序中未受清偿的部分，保证人仍应当承担保证责任。债权人要求保证	**第五十一条**　债务人的保证人或者其他连带债务人已经代替债务人清偿债务的，以其对债务人的求偿权申报债权。 债务人的保证人或者其他连带债务人尚未代替债务人清偿债务的，以其对债务人的将来求偿权申报债权。但是，债权人已经向管理人申报全部债	**第二十三条**　人民法院受理债务人破产案件，债权人在破产程序中申报债权后又向人民法院提起诉讼，请求担保人承担担保责任的，人民法院依法予以支持。 担保人清偿债权人的全部债权后，可以代替债权人在破产程序中受偿；在债权人的债

续表

人承担保证责任的，应当在破产程序终结后6个月内提出。	权的除外。 **第九十四条** 按照重整计划减免的债务，自重整计划执行完毕时起，债务人不再承担清偿责任。 **第一百零六条** 按照和解协议减免的债务，自和解协议执行完毕时起，债务人不再承担清偿责任。 **第一百二十四条** 破产人的保证人和其他连带债务人，在破产程序终结后，对债权人依照破产清算程序未受清偿的债权，依法继续承担清偿责任。	权未获全部清偿前，担保人不得代替债权人在破产程序中受偿，但是有权就债权人通过破产分配和实现担保债权等方式获得清偿总额中超出债权的部分，在其承担担保责任的范围内请求债权人返还。 债权人在债务人破产程序中未获全部清偿，请求担保人继续承担担保责任的，人民法院应予支持；担保人承担担保责任后，向和解协议或者重整计划执行完毕后的债务人追偿的，人民法院不予支持。

23. **明确因债权人原因导致担保人未能预先行使追偿权的后果**

《担保法》 **第三十二条** 人民法院受理债务人破产案件后，债权人未申报债权的，保证人可以参加破产财产分配，预先行使追偿权。 **《担保法解释》** **第四十五条** 债权人知道或者应当知道债务人破产，既未申报债权也未通知保证人，致使保证人不能预先行使追偿权的，保证人在该债权在破产程序中可能受偿的范围内免除保证责任。 **第四十六条** 人民法院受理债务人破产案件后，债权人未申报债权的，各连带共同保证的保证人应当作为一个主体申报债权，预先行使追偿权。	**《担保制度解释》** **第二十四条** 债权人知道或者应当知道债务人破产，既未申报债权也未通知担保人，致使担保人不能预先行使追偿权的，担保人就该债权在破产程序中可能受偿的范围内免除担保责任，但是担保人因自身过错未行使追偿权的除外。

第二部分　保证合同

24. 明确一般保证与连带保证的识别标准

《民法典》第686条对《担保法》第19条保证方式的推定作出重大调整，当事人对保证方式没有约定或者约定不明确的，按一般保证承担保证责任。《担保制度解释》对《民法典》规定进一步细化，即具有债务人应当先承担责任的意思表示的，认定为一般保证，不具有债务人应当先承担责任的意思表示的，认定为连带保证。

《担保法》	《民法典》	《担保制度解释》
第十七条第一款　当事人在保证合同中约定，债务人不能履行债务时，由保证人承担保证责任的，为一般保证。 **第十八条第一款**　当事人在保证合同中约定保证人与债务人对债务承担连带责任的，为连带责任保证。 **第十九条**　当事人对保证方式没有约定或者约定不明确的，按照连带责任保证承担保证责任。	**第六百八十六条第二款**　当事人在保证合同中对保证方式没有约定或者约定不明确的，按照一般保证承担保证责任。 **第六百八十七条第一款**　当事人在保证合同中约定，债务人不能履行债务时，由保证人承担保证责任的，为一般保证。 **第六百八十八条第一款**　当事人在保证合同中约定保证人和债务人对债务承担连带责任的，为连带责任保证。	**第二十五条**　当事人在保证合同中约定了保证人在债务人不能履行债务或者无力偿还债务时才承担保证责任等类似内容，具有债务人应当先承担责任的意思表示的，人民法院应当将其认定为一般保证。 当事人在保证合同中约定了保证人在债务人不履行债务或者未偿还债务时即承担保证责任、无条件承担保证责任等类似内容，不具有债务人应当先承担责任的意思表示的，人民法院应当将其认定为连带责任保证。

25. 细化一般保证人先诉抗辩权的规定

《担保法》	《民法典》	《担保制度解释》
第十七条　当事人在保证合同中约定，债务人不能履行债务时，由保证人承担保证责任的，为一般保证。 一般保证的保证人在	**第六百八十七条**　当事人在保证合同中约定，债务人不能履行债务时，由保证人承担保证责任的，为一般保证。 一般保证的保证人在主合同纠纷未经审判或者仲裁，并	**第二十六条**　一般保证中，债权人以债务人为被告提起诉讼的，人民法院应予受理。债权人未就主合同纠纷提起诉讼或者申请仲裁，仅起诉一般保证人的，人民法院应当

续表

主合同纠纷未经审判或者仲裁，并就债务人财产依法强制执行仍不能履行债务前，对债权人可以拒绝承担保证责任。 有下列情形之一的，保证人不得行使前款规定的权利： （一）债务人住所变更，致使债权人要求其履行债务发生重大困难的； （二）人民法院受理债务人破产案件，中止执行程序的； （三）保证人以书面形式放弃前款规定的权利的。 **《担保法解释》** **第二十五条** 担保法第十七条第三款第（一）项规定的债权人要求债务人履行债务发生的重大困难情形，包括债务人下落不明、移居境外，且无财产可供执行。 **第一百二十五条** 一般保证的债权人向债务人和保证人一并提起诉讼的，人民法院可以将债务人和保证人列为共同被告参加诉讼。但是，应当在判决书中明确在对债务人财产依法强制执行后仍不能履行债务时，由保证人承担保证责任。	就债务人财产依法强制执行仍不能履行债务前，有权拒绝向债权人承担保证责任，但是有下列情形之一的除外： （一）债务人下落不明，且无财产可供执行； （二）人民法院已经受理债务人破产案件； （三）债权人有证据证明债务人的财产不足以履行全部债务或者丧失履行债务能力； （四）保证人书面表示放弃本款规定的权利。	驳回起诉。 一般保证中，债权人一并起诉债务人和保证人的，人民法院可以受理，但是在作出判决时，除有民法典第六百八十七条第二款但书规定的情形外，应当在判决书主文中明确，保证人仅对债务人财产依法强制执行后仍不能履行的部分承担保证责任。 债权人未对债务人的财产申请保全，或者保全的债务人的财产足以清偿债务，债权人申请对一般保证人的财产进行保全的，人民法院不予准许。

26. 新增赋予强制执行效力的公证债权文书的规定

《担保制度解释》 **第二十七条** 一般保证的债权人取得对债务人赋予强制执行效力的公证债权文书后，在保证期间内向人民法院申请强制执行，保证人以债权人未在保证期间内对债务人提起诉讼或者申请仲裁为由主张不承担保证责任的，人民法院不予支持。

27. 修改一般保证中诉讼时效起算时间

《担保法解释》	《民法典》	《担保制度解释》
第三十四条 一般保证的债权人在保证期间届满前对债务人提起诉讼或者申请仲裁的，从判决或者仲裁裁决生效之日起，开始计算保证合同的诉讼时效。 连带责任保证的债权人在保证期间届满前要求保证人承担保证责任的，从债权人要求保证人承担保证责任之日起，开始计算保证合同的诉讼时效。 **第三十六条** 一般保证中，主债务诉讼时效中断，保证债务诉讼时效中断；连带责任保证中，主债务诉讼时效中断，保证债务诉讼时效不中断。 一般保证和连带责任保证中，主债务诉讼时效中止的，保证债务的诉讼时效同时中止。	**第六百九十四条** 一般保证的债权人在保证期间届满前对债务人提起诉讼或者申请仲裁的，从保证人拒绝承担保证责任的权利消灭之日起，开始计算保证债务的诉讼时效。 连带责任保证的债权人在保证期间届满前请求保证人承担保证责任的，从债权人请求保证人承担保证责任之日起，开始计算保证债务的诉讼时效。	**第二十八条** 一般保证中，债权人依据生效法律文书对债务人的财产依法申请强制执行，保证债务诉讼时效的起算时间按照下列规则确定： （一）人民法院作出终结本次执行程序裁定，或者依照民事诉讼法第二百五十七条第三项、第五项的规定作出终结执行裁定的，自裁定送达债权人之日起开始计算； （二）人民法院自收到申请执行书之日起一年内未作出前项裁定的，自人民法院收到申请执行书满一年之日起开始计算，但是保证人有证据证明债务人仍有财产可供执行的除外。 一般保证的债权人在保证期间届满前对债务人提起诉讼或者申请仲裁，债权人举证证明存在民法典第六百八十七条第二款但书规定情形的，保证债务的诉讼时效自债权人知道或者应当知道该情形之日起开始计算。

28. 明确共同保证中债权人行使权力的相对效力

《担保制度解释》

第二十九条 同一债务有两个以上保证人，债权人以其已经在保证期间内依法向部分保证人行使权利为由，主张已经在保证期间内向其他保证人行使权利的，人民法院不予支持。

同一债务有两个以上保证人，保证人之间相互有追偿权，债权人未在保证期间内依法向部分保证人行使权利，导致其他保证人在承担保证责任后丧失追偿权，其他保证人主张在其不能追偿的范围内免除保证责任的，人民法院应予支持。

29. 明确最高额保证保证期间的计算方式与起算时间

《担保法》	《担保制度解释》
第二十七条 保证人依照本法第十四条规定就连续发生的债权作保证，未约定保证期间的，保证人可以随时书面通知债权人终止保证合同，但保证人对于通知到债权人前所发生的债权，承担保证责任。 **《担保法解释》** **第三十七条** 最高额保证合同对保证期间没有约定或者约定不明的，如最高额保证合同约定有保证人清偿债务期限的，保证期间为清偿期限届满之日起6个月。没有约定债务清偿期限的，保证期间自最高额保证终止之日或自债权人收到保证人终止保证合同的书面通知到达之日起6个月。	**第三十条** 最高额保证合同对保证期间的计算方式、起算时间等有约定的，按照其约定。 最高额保证合同对保证期间的计算方式、起算时间等没有约定或者约定不明，被担保债权的履行期限均已届满的，保证期间自债权确定之日起开始计算；被担保债权的履行期限尚未届满的，保证期间自最后到期债权的履行期限届满之日起开始计算。 前款所称债权确定之日，依照民法典第四百二十三条的规定认定。

30. 新增撤诉对保证期间的影响

《担保制度解释》

第三十一条 一般保证的债权人在保证期间内对债务人提起诉讼或者申请仲裁后，又撤回起诉或者仲裁申请，债权人在保证期间届满前未再行提起诉讼或者申请仲裁，保证人主张不再承担保证责任的，人民法院应予支持。

连带责任保证的债权人在保证期间内对保证人提起诉讼或者申请仲裁后，又撤回起诉或者仲裁申请，起诉状副本或者仲裁申请书副本已经送达保证人的，人民法院应当认定债权人已经在保证期间内向保证人行使了权利。

31. **修改保证期间约定不明的处理**

《担保法解释》	《民法典》	《担保制度解释》
第三十二条 保证合同约定的保证期间早于或者等于主债务履行期限的，视为没有约定，保证期间为主债务履行期届满之日起 6 个月。 保证合同约定保证人承担保证责任直至主债务本息还清时为止等类似内容的，视为约定不明，保证期间为主债务履行期届满之日起 2 年。	**第六百九十二条** 保证期间是确定保证人承担保证责任的期间，不发生中止、中断和延长。 债权人与保证人可以约定保证期间，但是约定的保证期间早于主债务履行期限或者与主债务履行期限同时届满的，视为没有约定；没有约定或者约定不明确的，保证期间为主债务履行期限届满之日起六个月。 债权人与债务人对主债务履行期限没有约定或者约定不明确的，保证期间自债权人请求债务人履行债务的宽限期届满之日起计算。	**第三十二条** 保证合同约定保证人承担保证责任直至主债务本息还清时为止等类似内容的，视为约定不明，保证期间为主债务履行期限届满之日起六个月。

32. **新增保证合同无效时保证期间的适用**

《担保制度解释》

第三十三条 保证合同无效，债权人未在约定或者法定的保证期间内依法行使权利，保证人主张不承担赔偿责任的，人民法院应予支持。

33. **新增人民法院对保证期间的主动审查**

《担保制度解释》

第三十四条 人民法院在审理保证合同纠纷案件时，应当将保证期间是否届满、债权人是否在保证期间内依法行使权利等事实作为案件基本事实予以查明。

债权人在保证期间内未依法行使权利的，保证责任消灭。保证责任消灭后，债权人书面通知保证人要求承担保证责任，保证人在通知书上签字、盖章或者按指印，债权人请求保证人继续承担保证责任的，人民法院不予支持，但是债权人有证据证明成立了新的保证合同的除外。

34. **明确保证人对超过诉讼时效的主债权承担保证责任后不能向债务人追偿**

保证人承担保证责任后对债务人享有债权人的权利，自然也应受到债务人对债权人抗辩权的限制。当保证人放弃诉讼时效抗辩而承担保证责任时，债权人仍可主张自己的诉讼时效抗辩，拒绝保证人的追偿请求。

《担保法解释》	《担保制度解释》
第三十五条 保证人对已经超过诉讼时效期间的债务承担保证责任或者提供保证的，又以超过诉讼时效为由抗辩的，人民法院不予支持。	**第三十五条** 保证人知道或者应当知道主债权诉讼时效期间届满仍然提供保证或者承担保证责任，又以诉讼时效期间届满为由拒绝承担保证责任或者请求返还财产的，人民法院不予支持；保证人承担保证责任后向债务人追偿的，人民法院不予支持，但是债务人放弃诉讼时效抗辩的除外。

35. **明确债务加入与保证的区分**

《九民纪要》第 91 条规定："信托合同之外的当事人提供第三方差额补足、代为履行到期回购义务、流动性支持等类似承诺文件作为增信措施，其内容符合法律关于保证的规定的，人民法院应当认定当事人之间成立保证合同关系。其内容不符合法律关于保证的规定的，依据承诺文件的具体内容确定相应的权利义务关系，并根据案件事实情况确定相应的民事责任。"本条是对上述规定的进一步完善，以当事人的真实意思表示为基础，判断第三人提供的增信文件是保证还是债务加入；当无法判断其真实意思表示时，应将第三人提供的增信文件认定为保证。

> **《担保制度解释》**
>
> **第三十六条** 第三人向债权人提供差额补足、流动性支持等类似承诺文件作为增信措施，具有提供担保的意思表示，债权人请求第三人承担保证责任的，人民法院应当依照保证的有关规定处理。
>
> 第三人向债权人提供的承诺文件，具有加入债务或者与债务人共同承担债务等意思表示的，人民法院应当认定为民法典第五百五十二条规定的债务加入。
>
> 前两款中第三人提供的承诺文件难以确定是保证还是债务加入的，人民法院应当将其认定为保证。
>
> 第三人向债权人提供的承诺文件不符合前三款规定的情形，债权人请求第三人承担保证责任或者连带责任的，人民法院不予支持，但是不影响其依据承诺文件请求第三人履行约定的义务或者承担相应的民事责任。

第三部分 担保物权

36. 明确以权属不明的财产或被依法查封、扣押、监管的特定财产设定抵押权时的处理规则

《担保制度解释》 **第三十七条** 当事人以所有权、使用权不明或者有争议的财产抵押，经审查构成无权处分的，人民法院应当依照民法典第三百一十一条的规定处理。 当事人以依法被查封或者扣押的财产抵押，抵押权人请求行使抵押权，经审查查封或者扣押措施已经解除的，人民法院应予支持。抵押人以抵押权设立时财产被查封或者扣押为由主张抵押合同无效的，人民法院不予支持。 以依法被监管的财产抵押的，适用前款规定。

37. 明确担保物权的不可分性，新增留置权的除外规定

《担保法解释》	《担保制度解释》
第七十一条 主债权未受全部清偿的，抵押权人可以就抵押物的全部行使其抵押权。 抵押物被分割或者部分转让的，抵押权人可以就分割或者转让后的抵押物行使抵押权。	**第三十八条** 主债权未受全部清偿，担保物权人主张就担保财产的全部行使担保物权的，人民法院应予支持，但是留置权人行使留置权的，应当依照民法典第四百五十条的规定处理。 担保财产被分割或者部分转让，担保物权人主张就分割或者转让后的担保财产行使担保物权的，人民法院应予支持，但是法律或者司法解释另有规定的除外。

38. 明确主债权的不可分性，并将适用范围扩大到整个担保物权

《担保法解释》	《担保制度解释》
第七十二条 主债权被分割或者部分转让的，各债权人可以就其享有的债权份额行使抵押权。 主债务被分割或者部分转让的，抵押人仍以其抵押物担保数个债务人履行债务。但是，第三人提供抵押的，债权人许可债务人转让债务未经抵押人书面同意的，抵押人对	**第三十九条** 主债权被分割或者部分转让，各债权人主张就其享有的债权份额行使担保物权的，人民法院应予支持，但是法律另有规定或者当事人另有约定的除外。 主债务被分割或者部分转移，债务人自己提供物的担保，债权人请求以该担保财产担保全部债务履行的，人民法院应予支持；

续表

未经其同意转让的债务，不再承担担保责任。	第三人提供物的担保，主张对未经其书面同意转移的债务不再承担担保责任的，人民法院应予支持。

39. **修改抵押权及于他物的效力规则**

就从物而言，《担保制度解释》删除了原《担保法解释》中“抵押财产与其从物为两个以上的人分别所有时，抵押权的效力不及于抵押物的从物”的规定，代之以根据从物产生时抵押权是否依法设立来认定抵押权的效力是否及于从物。这意味着根据修改后的规定，抵押权的效力可能及于他人所有的从物。

就添附物而言，《担保制度解释》基本延续了原《担保法解释》的规定，但新增了一句“添附导致抵押财产价值增加的，抵押权的效力不及于增加的价值部分”，意在将抵押权效力限制在抵押财产原有的价值范围内，避免抵押权人因他人的劳动而不当得利，使抵押人和其他债权人遭受损失。

就代位物而言，《担保制度解释》新增了抵押权人直接要求代位物的给付义务人向其给付的处理规则，即原则上禁止双重给付，但在抵押权人书面通知给付义务人向其给付后，给付义务人仍然向抵押人给付的除外。

《担保法解释》 **第六十三条** 抵押权设定前为抵押物的从物的，抵押权的效力及于抵押物的从物。但是，抵押物与其从物为两个以上的人分别所有时，抵押权的效力不及于抵押物的从物。		**《担保制度解释》** **第四十条** 从物产生于抵押权依法设立前，抵押权人主张抵押权的效力及于从物的，人民法院应予支持，但是当事人另有约定的除外。 从物产生于抵押权依法设立后，抵押权人主张抵押权的效力及于从物的，人民法院不予支持，但是在抵押权实现时可以一并处分。
《担保法解释》 **第六十二条** 抵押物因附合、混合或者加工使抵押物的所有权为第三人所有的，抵押权的效力及于补偿金；抵押物所有人为附合物、混合物或者加工物的所有人的，抵押权的		**《担保制度解释》** **第四十一条** 抵押权依法设立后，抵押财产被添附，添附物归第三人所有，抵押权人主张抵押权效力及于补偿金的，人民法院应予支持。 抵押权依法设立后，抵押财

续表

效力及于附合物、混合物或者加工物；第三人与抵押物所有人为附合物、混合物或者加工物的共有人的，抵押权的效力及于抵押人对共有物享有的份额。		产被添附，抵押人对添附物享有所有权，抵押权人主张抵押权的效力及于添附物的，人民法院应予支持，但是添附导致抵押财产价值增加的，抵押权的效力不及于增加的价值部分。 抵押权依法设立后，抵押人与第三人因添附成为添附物的共有人，抵押权人主张抵押权的效力及于抵押人对共有物享有的份额的，人民法院应予支持。 本条所称添附，包括附合、混合与加工。
《担保法》 **第五十八条** 抵押权因抵押物灭失而消灭。因灭失所得的赔偿金，应当作为抵押财产。 **《担保法解释》** **第八十条** 在抵押物灭失、毁损或者被征用的情况下，抵押权人可以就该抵押物的保险金、赔偿金或者补偿金优先受偿。 抵押物灭失、毁损或者被征用的情况下，抵押权所担保的债权未届清偿期的，抵押权人可以请求人民法院对保险金、赔偿金或补偿金等采取保全措施。 **《物权法》** **第一百七十四条** 担保期间，担保财产毁损、灭失或者被征收等，担保物权人可以就获得的保险金、赔偿金或者补偿金等优先受偿。被担保债权的履行期未届满的，也可以提存该保险金、赔偿金或者补偿金等。	**《民法典》** **第三百九十条** 担保期间，担保财产毁损、灭失或者被征收等，担保物权人可以就获得的保险金、赔偿金或者补偿金等优先受偿。被担保债权的履行期限未届满的，也可以提存该保险金、赔偿金或者补偿金等。	**《担保制度解释》** **第四十二条** 抵押权依法设立后，抵押财产毁损、灭失或者被征收等，抵押权人请求按照原抵押权的顺位就保险金、赔偿金或者补偿金等优先受偿的，人民法院应予支持。 给付义务人已经向抵押人给付了保险金、赔偿金或者补偿金，抵押权人请求给付义务人向其给付保险金、赔偿金或者补偿金的，人民法院不予支持，但是给付义务人接到抵押权人要求向其给付的通知后仍然向抵押人给付的除外。 抵押权人请求给付义务人向其给付保险金、赔偿金或者补偿金的，人民法院可以通知抵押人作为第三人参加诉讼。

40. 明确当事人禁止或者限制转让抵押财产的约定在不同情况下处理规则

《担保法》 **第四十九条** 抵押期间，抵押人转让已办理登记的抵押物的，应当通知抵押权人并告知受让人转让物已经抵押的情况；抵押人未通知抵押权人或者未告知受让人的，转让行为无效。 转让抵押物的价款明显低于其价值的，抵押权人可以要求抵押人提供相应的担保；抵押人不提供的，不得转让抵押物。 抵押人转让抵押物所得的价款，应当向抵押权人提前清偿所担保的债权或者向与抵押权人约定的第三人提存。超过债权数额的部分，归抵押人所有，不足部分由债务人清偿。 **《担保法解释》** **第六十七条** 抵押权存续期间，抵押人转让抵押物未通知抵押权人或者未告知受让人的，如果抵押物已经登记的，抵押权人仍可以行使抵押权；取得抵押物所有权的受让人，可以代替债务人清偿其全部债务，使抵押权消灭。受让人清偿债务后可以向抵押人追偿。 如果抵押物未经登记的，抵押权不得对抗受让人，因此给抵押权人造成损失的，由抵押人承担赔偿责任。 **《物权法》** **第一百九十一条** 抵押期间，抵押人经抵押权人同意转让抵押财产的，应当将转让所得的价款向抵押权人提前清偿债务或者提存。转让的价款超过债权数额的部分归抵押人所有，不足部	**《民法典》** **第四百零六条** 抵押期间，抵押人可以转让抵押财产。当事人另有约定的，按照其约定。抵押财产转让的，抵押权不受影响。 抵押人转让抵押财产的，应当及时通知抵押权人。抵押权人能够证明抵押财产转让可能损害抵押权的，可以请求抵押人将转让所得的价款向抵押权人提前清偿债务或者提存。转让的价款超过债权数额的部分归抵押人所有，不足部分由债务人清偿。	**《担保制度解释》** **第四十三条** 当事人约定禁止或者限制转让抵押财产但是未将约定登记，抵押人违反约定转让抵押财产，抵押权人请求确认转让合同无效的，人民法院不予支持；抵押财产已经交付或者登记，抵押权人请求确认转让不发生物权效力的，人民法院不予支持，但是抵押权人有证据证明受让人知道的除外；抵押权人请求抵押人承担违约责任的，人民法院依法予以支持。 当事人约定禁止或者限制转让抵押财产且已经将约定登记，抵押人违反约定转让抵押财产，抵押权人请求确认转让合同无效的，人民法院不予支持；抵押财产已经交付或者登记，抵押权人主张转让不发生物权效力的，人民法院应予支持，但是因受让人代替债务人清偿债务导致抵押权消灭的除外。

续表

分由债务人清偿。 抵押期间，抵押人未经抵押权人同意，不得转让抵押财产，但受让人代为清偿债务消灭抵押权的除外。		

41. **明确主债权诉讼时效届满的法律后果**

《担保法解释》 **第十二条**　当事人约定的或者登记部门要求登记的担保期间，对担保物权的存续不具有法律约束力。 担保物权所担保的债权的诉讼时效结束后，担保权人在诉讼时效结束后的2年内行使担保物权的，人民法院应当予以支持。 **《物权法》** **第二百零二条**　抵押权人应当在主债权诉讼时效期间行使抵押权；未行使的，人民法院不予保护。	**《民法典》** **第四百一十九条**　抵押权人应当在主债权诉讼时效期间行使抵押权；未行使的，人民法院不予保护。	**《担保制度解释》** **第四十四条**　主债权诉讼时效期间届满后，抵押权人主张行使抵押权的，人民法院不予支持；抵押人以主债权诉讼时效期间届满为由，主张不承担担保责任的，人民法院应予支持。主债权诉讼时效期间届满前，债权人仅对债务人提起诉讼，经人民法院判决或者调解后未在民事诉讼法规定的申请执行时效期间内对债务人申请强制执行，其向抵押人主张行使抵押权的，人民法院不予支持。 主债权诉讼时效期间届满后，财产被留置的债务人或者对留置财产享有所有权的第三人请求债权人返还留置财产的，人民法院不予支持；债务人或者第三人请求拍卖、变卖留置财产并以所得价款清偿债务的，人民法院应予支持。 主债权诉讼时效期间届满的法律后果，以登记作为公示方式的权利质权，参照适用第一款的规定；动产质权、以交付权利凭证作为公示方式的权利质权，参照适用第二款的规定。

42. **新增当事人约定自行实现担保物权的条款有效，明确担保合同仲裁条款仅对实体纠纷有约束力**

《担保法》	《民法典》	《担保制度解释》
第五十三条　债务履行期届满抵押权人未受清偿的，可以与抵押人协议以抵押物折价或者以拍卖、变卖该抵押物所得的价款受偿；协议不成的，抵押权人可以向人民法院提起诉讼。 抵押物折价或者拍卖、变卖后，其价款超过债权数额的部分归抵押人所有，不足部分由债务人清偿。 **《担保法解释》** **第七十三条**　抵押物折价或者拍卖、变卖该抵押物的价款低于抵押权设定时约定价值的，应当按照抵押物实现的价值进行清偿。不足清偿的剩余部分，由债务人清偿。 **《物权法》** **第一百九十五条**　债务人不履行到期债务或者发生当事人约定的实现抵押权的情形，抵押权人可以与抵押人协议以抵押财产折价或者以拍卖、变卖该抵押财产所得的价款优先受偿。协议损害其他债权人利益的，其他债权人可以在知道或者应当知道撤销事由之日起一年内请求人民法院撤销该协议。 抵押权人与抵押人未就抵押权实现方式达成协议的，抵押权人可以请求人民法院拍卖、变卖抵押财产。 抵押财产折价或者变卖的，应当参照市场价格。	**第四百一十条**　债务人不履行到期债务或者发生当事人约定的实现抵押权的情形，抵押权人可以与抵押人协议以抵押财产折价或者以拍卖、变卖该抵押财产所得的价款优先受偿。协议损害其他债权人利益的，其他债权人可以请求人民法院撤销该协议。 抵押权人与抵押人未就抵押权实现方式达成协议的，抵押权人可以请求人民法院拍卖、变卖抵押财产。 抵押财产折价或者变卖的，应当参照市场价格。	**第四十五条**　当事人约定当债务人不履行到期债务或者发生当事人约定的实现担保物权的情形，担保物权人有权将担保财产自行拍卖、变卖并就所得的价款优先受偿的，该约定有效。因担保人的原因导致担保物权人无法自行对担保财产进行拍卖、变卖，担保物权人请求担保人承担因此增加的费用的，人民法院应予支持。 当事人依照民事诉讼法有关“实现担保物权案件”的规定，申请拍卖、变卖担保财产，被申请人以担保合同约定仲裁条款为由主张驳回申请的，人民法院经审查后，应当按照以下情形分别处理： （一）当事人对担保物权无实质性争议且实现担保物权条件已经成就的，应当裁定准许拍卖、变卖担保财产； （二）当事人对实现担保物权有部分实质性争议的，可以就无争议的部分裁定准许拍卖、变卖担保财产，并告知可以就有争议的部分申请仲裁； （三）当事人对实现担保物权有实质性争议的，裁定驳回申请，并告知可以向仲裁机构申请仲裁。 债权人以诉讼方式行使担保物权的，应当以债务人和担保人作为共同被告。

43. 新增不能办理抵押登记情形下抵押人的责任

《担保法》	《民法典》	《担保制度解释》
第四十一条　当事人以本法第四十二条规定的财产抵押的，应当办理抵押物登记，抵押合同自登记之日起生效。 **《物权法》** **第一百八十七条**　以本法第一百八十条第一款第一项至第三项规定的财产或者第五项规定的正在建造的建筑物抵押的，应当办理抵押登记。抵押权自登记时设立。	**第四百零二条**　以本法第三百九十五条第一款第一项至第三项规定的财产或者第五项规定的正在建造的建筑物抵押的，应当办理抵押登记。抵押权自登记时设立。	**第四十六条**　不动产抵押合同生效后未办理抵押登记手续，债权人请求抵押人办理抵押登记手续的，人民法院应予支持。 抵押财产因不可归责于抵押人自身的原因灭失或者被征收等导致不能办理抵押登记，债权人请求抵押人在约定的担保范围内承担责任的，人民法院不予支持；但是抵押人已经获得保险金、赔偿金或者补偿金等，债权人请求抵押人在其所获金额范围内承担赔偿责任的，人民法院依法予以支持。 因抵押人转让抵押财产或者其他可归责于抵押人自身的原因导致不能办理抵押登记，债权人请求抵押人在约定的担保范围内承担责任的，人民法院依法予以支持，但是不得超过抵押权能够设立时抵押人应当承担的责任范围。

44. 明确不动产登记簿的效力

《担保法解释》	《民法典》	《担保制度解释》
第六十一条　抵押物登记记载的内容与抵押合同约定的内容不一致的，以登记记载的内容为准。 **《物权法》** **第十六条**　不动产登记簿是物权归属和内容的根据。 不动产登记簿由登记机构管理。	**第二百一十七条**　不动产权属证书是权利人享有该不动产物权的证明。不动产权属证书记载的事项，应当与不动产登记簿一致；记载不一致的，除有证据证明不动产登记簿确有错误外，以不动产登记簿为准。	**第四十七条**　不动产登记簿就抵押财产、被担保的债权范围等所作的记载与抵押合同约定不一致的，人民法院应当根据登记簿的记载确定抵押财产、被担保的债权范围等事项。

续表

第一百八十七条 以本法第一百八十条第一款第一项至第三项规定的财产或者第五项规定的正在建造的建筑物抵押的，应当办理抵押登记。抵押权自登记时设立。		

45. **明确登记机构有过错时的赔偿责任**

《担保法解释》 **第五十九条** 当事人办理抵押物登记手续时，因登记部门的原因致使其无法办理抵押物登记，抵押人向债权人交付权利凭证的，可以认定债权人对该财产有优先受偿权。但是，未办理抵押物登记的，不得对抗第三人。 **《物权法》** **第二十一条** 当事人提供虚假材料申请登记，给他人造成损害的，应当承担赔偿责任。 因登记错误，给他人造成损害的，登记机构应当承担赔偿责任。登记机构赔偿后，可以向造成登记错误的人追偿。	**《民法典》** **第二百二十二条** 当事人提供虚假材料申请登记，造成他人损害的，应当承担赔偿责任。 因登记错误，造成他人损害的，登记机构应当承担赔偿责任。登记机构赔偿后，可以向造成登记错误的人追偿。	**《担保制度解释》** **第四十八条** 当事人申请办理抵押登记手续时，因登记机构的过错致使其不能办理抵押登记，当事人请求登记机构承担赔偿责任的，人民法院依法予以支持。

46. **明确以违法建筑物抵押的抵押合同无效**

《担保法解释》 **第四十八条** 以法定程序确认为违法、违章的建筑物抵押的，抵押无效。	**《担保制度解释》** **第四十九条** 以违法的建筑物抵押的，抵押合同无效，但是一审法庭辩论终结前已经办理合法手续的除外。抵押合同无效的法律后果，依照本解释第十七条的有关规定处理。 当事人以建设用地使用权依法设立抵押，抵押人以土地上存在违法的建筑物为由主张抵押合同无效的，人民法院不予支持。

47. 明确抵押人以划拨建设用地或其上建筑物抵押的抵押合同有效

《担保法》	《担保制度解释》
第五十六条　拍卖划拨的国有土地使用权所得的价款，在依法缴纳相当于应缴纳的土地使用权出让金的款额后，抵押权人有优先受偿权。	**第五十条**　抵押人以划拨建设用地上的建筑物抵押，当事人以该建设用地使用权不能抵押或者未办理批准手续为由主张抵押合同无效或者不生效的，人民法院不予支持。抵押权依法实现时，拍卖、变卖建筑物所得的价款，应当优先用于补缴建设用地使用权出让金。 当事人以划拨方式取得的建设用地使用权抵押，抵押人以未办理批准手续为由主张抵押合同无效或者不生效的，人民法院不予支持。已经依法办理抵押登记，抵押权人主张行使抵押权的，人民法院应予支持。抵押权依法实现时所得的价款，参照前款有关规定处理。

48. 进一步细化“房地一体”抵押原则的适用

《担保法》	《民法典》	《担保制度解释》
第三十六条　以依法取得的国有土地上的房屋抵押的，该房屋占用范围内的国有土地使用权同时抵押。 以出让方式取得的国有土地使用权抵押的，应当将抵押时该国有土地上的房屋同时抵押。 乡（镇）、村企业的土地使用权不得单独抵押。以乡（镇）、村企业的厂房等建筑物抵押的，其占用范围内的土地使用权同时抵押。 **《物权法》** **第一百八十二条**　以建筑物抵押的，该建筑物占用范围内的建设用地使用权一并抵押。以建设用地使用权抵押的，该土地上的建筑物一并抵押。	**第三百九十七条**　以建筑物抵押的，该建筑物占用范围内的建设用地使用权一并抵押。以建设用地使用权抵押的，该土地上的建筑物一并抵押。 抵押人未依据前款规定一并抵押的，未抵押的财产视为一并抵押。	**第五十一条**　当事人仅以建设用地使用权抵押，债权人主张抵押权的效力及于土地上已有的建筑物以及正在建造的建筑物已完成部分的，人民法院应予支持。债权人主张抵押权的效力及于正在建造的建筑物的续建部分以及新增建筑物的，人民法院不予支持。 当事人以正在建造的建筑物抵押，抵押权的效力范围限于已办理抵押登记的部分。当事人按照担保合同的约定，主张抵押权的效力及于续建部分、新增建筑物以及规划中尚未建造的建筑物的，人民法院不予支持。 抵押人将建设用地使用权、土地上的建筑物或者正在建造的建筑物分别抵押给不同

续表

抵押人未依照前款规定一并抵押的，未抵押的财产视为一并抵押。		债权人的，人民法院应当根据抵押登记的时间先后确定清偿顺序。

49. **明确抵押权预告登记的效力**

《物权法》	《民法典》	《担保制度解释》
第二十条 当事人签订买卖房屋或者其他不动产物权的协议，为保障将来实现物权，按照约定可以向登记机构申请预告登记。预告登记后，未经预告登记的权利人同意，处分该不动产的，不发生物权效力。 预告登记后，债权消灭或者自能够进行不动产登记之日起三个月内未申请登记的，预告登记失效。	**第二百二十一条** 当事人签订买卖房屋的协议或者签订其他不动产物权的协议，为保障将来实现物权，按照约定可以向登记机构申请预告登记。预告登记后，未经预告登记的权利人同意，处分该不动产的，不发生物权效力。 预告登记后，债权消灭或者自能够进行不动产登记之日起九十日内未申请登记的，预告登记失效。	**第五十二条** 当事人办理抵押预告登记后，预告登记权利人请求就抵押财产优先受偿，经审查存在尚未办理建筑物所有权首次登记、预告登记的财产与办理建筑物所有权首次登记时的财产不一致、抵押预告登记已经失效等情形，导致不具备办理抵押登记条件的，人民法院不予支持；经审查已经办理建筑物所有权首次登记，且不存在预告登记失效等情形的，人民法院应予支持，并应当认定抵押权自预告登记之日起设立。 当事人办理了抵押预告登记，抵押人破产，经审查抵押财产属于破产财产，预告登记权利人主张就抵押财产优先受偿的，人民法院应当在受理破产申请时抵押财产的价值范围内予以支持，但是在人民法院受理破产申请前一年内，债务人对没有财产担保的债务设立抵押预告登记的除外。

50. 新增担保财产的概括描述

《担保法解释》	《担保制度解释》
第五十六条 抵押合同对被担保的主债权种类、抵押财产没有约定或者约定不明，根据主合同和抵押合同不能补正或者无法推定的，抵押不成立。 法律规定登记生效的抵押合同签订后，抵押人违背诚实信用原则拒绝办理抵押登记致使债权人受到损失的，抵押人应当承担赔偿责任。	**第五十三条** 当事人在动产和权利担保合同中对担保财产进行概括描述，该描述能够合理识别担保财产的，人民法院应当认定担保成立。

51. 明确动产抵押未登记时的效力认定

《担保法》	《民法典》	《担保制度解释》
第四十三条 当事人以其他财产抵押的，可以自愿办理抵押物登记，抵押合同自签订之日起生效。 当事人未办理抵押物登记的，不得对抗第三人。当事人办理抵押物登记的，登记部门为抵押人所在地的公证部门。 《物权法》 **第一百八十八条** 以本法第一百八十条第一款第四项、第六项规定的财产或者第五项规定的正在建造的船舶、航空器抵押的，抵押权自抵押合同生效时设立；未经登记，不得对抗善意第三人。	**第四百零三条** 以动产抵押的，抵押权自抵押合同生效时设立；未经登记，不得对抗善意第三人。	**第五十四条** 动产抵押合同订立后未办理抵押登记，动产抵押权的效力按照下列情形分别处理： （一）抵押人转让抵押财产，受让人占有抵押财产后，抵押权人向受让人请求行使抵押权的，人民法院不予支持，但是抵押权人能够举证证明受让人知道或者应当知道已经订立抵押合同的除外； （二）抵押人将抵押财产出租给他人并移转占有，抵押权人行使抵押权的，租赁关系不受影响，但是抵押权人能够举证证明承租人知道或者应当知道已经订立抵押合同的除外； （三）抵押人的其他债权人向人民法院申请保全或者执行抵押财产，人民法院已经作出财产保全裁定或者采取执行措施，抵押权人主张对抵押财产优先受偿的，人民法院不予支持； （四）抵押人破产，抵押权人主张对抵押财产优先受偿的，人民法院不予支持。

52. 新增财产处于第三方监管的质押

在商事实践中出现了质押物未交付质押人，由第三人代为占有的流动质押方式。《九民纪要》第63条对此作出了规定，明确了流动质押的设立与监管人的责任。本条实际上是对《九民纪要》第63条的进一步细化，其核心在于明确了质押财产处于第三人监管下时，判断质押财产是否交付的核心在于质权人是否取得对质押财产的控制权，若出质人仍可控制质押财产，则视为质押财产未交付，质权未设立。

《担保法解释》	《担保制度解释》
第八十七条 出质人代质权人占有质物的，质押合同不生效；质权人将质物返还于出质人后，以其质权对抗第三人的，人民法院不予支持。 因不可归责于质权人的事由而丧失对质物的占有，质权人可以向不当占有人请求停止侵害、恢复原状、返还质物。	**第五十五条** 债权人、出质人与监管人订立三方协议，出质人以通过一定数量、品种等概括描述能够确定范围的货物为债务的履行提供担保，当事人有证据证明监管人系受债权人的委托监管并实际控制该货物的，人民法院应当认定质权于监管人实际控制货物之日起设立。监管人违反约定向出质人或者其他人放货、因保管不善导致货物毁损灭失，债权人请求监管人承担违约责任的，人民法院依法予以支持。 在前款规定情形下，当事人有证据证明监管人系受出质人委托监管该货物，或者虽然受债权人委托但是未实际履行监管职责，导致货物仍由出质人实际控制的，人民法院应当认定质权未设立。债权人可以基于质押合同的约定请求出质人承担违约责任，但是不得超过质权有效设立时出质人应当承担的责任范围。监管人未履行监管职责，债权人请求监管人承担责任的，人民法院依法予以支持。

53. **细化出卖人正常经营活动的判断标准，扩大适用范围到抵押权、所有权保留买卖和融资租赁**

《物权法》	《民法典》	《担保制度解释》
第一百八十九条 企业、个体工商户、农业生产经营者以本法第一百八十一条规定的动产抵押的，应当向抵押人住所地的工商行政管理部门办理登记。抵押权自抵押合同生效时设立；未经登记，不得对抗善意第三人。 依照本法第一百八十一条规定抵押的，不得对抗正常经营活动中已支付合理价款并取得抵押财产的买受人。	**第四百零四条** 以动产抵押的，不得对抗正常经营活动中已经支付合理价款并取得抵押财产的买受人。	**第五十六条** 买受人在出卖人正常经营活动中通过支付合理对价取得已被设立担保物权的动产，担保物权人请求就该动产优先受偿的，人民法院不予支持，但是有下列情形之一的除外： （一）购买商品的数量明显超过一般买受人； （二）购买出卖人的生产设备； （三）订立买卖合同的目的在于担保出卖人或者第三人履行债务； （四）买受人与出卖人存在直接或者间接的控制关系； （五）买受人应当查询抵押登记而未查询的其他情形。 前款所称出卖人正常经营活动，是指出卖人的经营活动属于其营业执照明确记载的经营范围，且出卖人持续销售同类商品。前款所称担保物权人，是指已经办理登记的抵押权人、所有权保留买卖的出卖人、融资租赁合同的出租人。

54. **明确“动产抵押价款超级优先权”可适用于动产浮动抵押，并规定了价款优先权的顺位**

《民法典》	《担保制度解释》
第四百一十六条 动产抵押担保的主债权是抵押物的价款，标的物交付后十日内办理抵押登记的，该抵押权人优先于抵押物买受人的其他担保物权人受偿，但是留置权人除外。	**第五十七条** 担保人在设立动产浮动抵押并办理抵押登记后又购入或者以融资租赁方式承租新的动产，下列权利人为担保价款债权或者租金的实现而订立担保合同，并在该动产交付后十日内办理登记，主张其权利优先于在先设立的浮动抵押权的，人民法院应予支持： （一）在该动产上设立抵押权或者保留所有权的出卖人；

续表

	（二）为价款支付提供融资而在该动产上设立抵押权的债权人； （三）以融资租赁方式出租该动产的出租人。 买受人取得动产但未付清价款或者承租人以融资租赁方式占有租赁物但是未付清全部租金，又以标的物为他人设立担保物权，前款所列权利人为担保价款债权或者租金的实现而订立担保合同，并在该动产交付后十日内办理登记，主张其权利优先于买受人为他人设立的担保物权的，人民法院应予支持。 同一动产上存在多个价款优先权的，人民法院应当按照登记的时间先后确定清偿顺序。

55. **明确汇票质押应背书“出质”字样**

《担保法》 **第七十六条** 以汇票、支票、本票、债券、存款单、仓单、提单出质的，应当在合同约定的期限内将权利凭证交付质权人。质押合同自权利凭证交付之日起生效。 **《担保法解释》** **第九十八条** 以汇票、支票、本票出质，出质人与质权人没有背书记载“质押”字样，以票据出质对抗善意第三人的，人民法院不予支持。 **《票据法》** **第三十五条** 背书记载“委托收款”字样的，被背书人有权代背书人行使被委托的汇票权利。但是，被背书人不得再以背书转让汇票权利。 汇票可以设定质押；质押时应当以背书记载“质押”字样。被背书人依法实现其质权时，可以行使汇票权利。 **《物权法》** **第二百二十四条** 以汇票、支票、本票、债券、存款单、仓单、提单出质的，当事人应当订立书面合同。质权自权利凭证交付质权人时设立；没有权利凭证的，质权自有关部门办理出质登记时设立。	**《民法典》** **第四百四十一条** 以汇票、本票、支票、债券、存款单、仓单、提单出质的，质权自权利凭证交付质权人时设立；没有权利凭证的，质权自办理出质登记时设立。法律另有规定的，依照其规定。	**《担保制度解释》** **第五十八条** 以汇票出质，当事人以背书记载“质押”字样并在汇票上签章，汇票已经交付质权人的，人民法院应当认定质权自汇票交付质权人时设立。

56. **细化仓单质押的效力认定**

《担保法》	《民法典》	《担保制度解释》
第七十六条　以汇票、支票、本票、债券、存款单、仓单、提单出质的，应当在合同约定的期限内将权利凭证交付质权人。质押合同自权利凭证交付之日起生效。 **《担保法解释》** **第一百零一条**　以票据、债券、存款单、仓单、提单出质的，质权人再转让或者质押的无效。 **《物权法》** **第二百二十四条**　以汇票、支票、本票、债券、存款单、仓单、提单出质的，当事人应当订立书面合同。质权自权利凭证交付质权人时设立；没有权利凭证的，质权自有关部门办理出质登记时设立。	**第四百四十一条**　以汇票、本票、支票、债券、存款单、仓单、提单出质的，质权自权利凭证交付质权人时设立；没有权利凭证的，质权自办理出质登记时设立。法律另有规定的，依照其规定。	**第五十九条**　存货人或者仓单持有人在仓单上以背书记载“质押”字样，并经保管人签章，仓单已经交付质权人的，人民法院应当认定质权自仓单交付质权人时设立。没有权利凭证的仓单，依法可以办理出质登记的，仓单质权自办理出质登记时设立。 出质人既以仓单出质，又以仓储物设立担保，按照公示的先后确定清偿顺序；难以确定先后的，按照债权比例清偿。 保管人为同一货物签发多份仓单，出质人在多份仓单上设立多个质权，按照公示的先后确定清偿顺序；难以确定先后的，按照债权比例受偿。 存在第二款、第三款规定的情形，债权人举证证明其损失系由出质人与保管人的共同行为所致，请求出质人与保管人承担连带赔偿责任的，人民法院应予支持。

57. **新增跟单信用证交易中的提单担保效力**

《担保法》	《民法典》	《担保制度解释》
第七十六条　以汇票、支票、本票、债券、存款单、仓单、提单出质的，应当在合同约定的期限内将权利凭证交付质权人。质押合同自权利凭证交付之日起生效。 **《担保法解释》** **第一百零一条**　以票据、债券、存款单、仓单、	**第四百四十一条**　以汇票、本票、支票、债券、存款单、仓单、提单出质的，质权自权利凭证交付质权人时设立；没有权利凭证的，质权自办理出质登记时设立。法律另有规定的，依照其规定。	**第六十条**　在跟单信用证交易中，开证行与开证申请人之间约定以提单作为担保的，人民法院应当依照民法典关于质权的有关规定处理。 在跟单信用证交易中，开证行依据其与开证申请人之间的约定或者跟单信用证的惯例持有提单，开证申请人未按照约定付款赎单，开证行主张对提单项下货物优先受偿

续表

提单出质的，质权人再转让或者质押的无效。 **第一百零二条** 以载明兑现或者提货日期的汇票、支票、本票、债券、存款单、仓单、提单出质的，其兑现或者提货日期后于债务履行期的，质权人只能在兑现或者提货日期届满时兑现款项或者提取货物。 **《物权法》** **第二百二十四条** 以汇票、支票、本票、债券、存款单、仓单、提单出质的，当事人应当订立书面合同。质权自权利凭证交付质权人时设立；没有权利凭证的，质权自有关部门办理出质登记时设立。		的，人民法院应予支持；开证行主张对提单项下货物享有所有权的，人民法院不予支持。 在跟单信用证交易中，开证行依据其与开证申请人之间的约定或者跟单信用证的惯例，通过转让提单或者提单项下货物取得价款，开证申请人请求返还超出债权部分的，人民法院应予支持。 前三款规定不影响合法持有提单的开证行以提单持有人身份主张运输合同项下的权利。

58. **明确应收账款出质的效力及质权行使方式**

《担保法解释》	《民法典》	《担保制度解释》
第九十七条 以公路桥梁、公路隧道或者公路渡口等不动产收益权出质的，按照担保法第七十五条第（四）项的规定处理。 **《物权法》** **第二百二十八条** 以应收账款出质的，当事人应当订立书面合同。质权自信贷征信机构办理出质登记时设立。 应收账款出质后，不得转让，但经出质人与质权人协商同意的除外。出质人转让应收账款所得的	**第四百四十五条** 以应收账款出质的，质权自办理出质登记时设立。 应收账款出质后，不得转让，但是出质人与质权人协商同意的除外。出质人转让应收账款所得的价款，应当向质权人提前清偿债务或者提存。	**第六十一条** 以现有的应收账款出质，应收账款债务人向质权人确认应收账款的真实性后，又以应收账款不存在或者已经消灭为由主张不承担责任的，人民法院不予支持。 以现有的应收账款出质，应收账款债务人未确认应收账款的真实性，质权人以应收账款债务人为被告，请求就应收账款优先受偿，能够举证证明办理出质登记时应收账款真实存在的，人民法院应予支持；质权人不能举证证明办理出质登记时应收账款真实存在，仅以已经办理出质登记为由，请求就应收

续表

价款，应当向质权人提前清偿债务或者提存。		账款优先受偿的，人民法院不予支持。 以现有的应收账款出质，应收账款债务人已经向应收账款债权人履行了债务，质权人请求应收账款债务人履行债务的，人民法院不予支持，但是应收账款债务人接到质权人要求向其履行的通知后，仍然向应收账款债权人履行的除外。 以基础设施和公用事业项目收益权、提供服务或者劳务产生的债权以及其他将有的应收账款出质，当事人为应收账款设立特定账户，发生法定或者约定的质权实现事由时，质权人请求就该特定账户内的款项优先受偿的，人民法院应予支持；特定账户内的款项不足以清偿债务或者未设立特定账户，质权人请求折价或者拍卖、变卖项目收益权等将有的应收账款，并以所得的价款优先受偿的，人民法院依法予以支持。

59. **细化动产留置的处理规则**

《担保法》	《民法典》	《担保制度解释》
第八十二条　本法所称留置，是指依照本法第八十四条的规定，债权人按照合同约定占有债务人的动产，债务人不按照合同约定的期限履行债务的，债权人有权依照本法规定留置该财产，以该财产折价或者以拍卖、变卖该财产的价款优先受偿。 **《担保法解释》** **第一百零八条**　债权	**第四百四十七条**　债务人不履行到期债务，债权人可以留置已经合法占有的债务人的动产，并有权就该动产优先受偿。 前款规定的债权人为留置权人，占有的动产为留置财产。 **第四百四十八条**　债权人留置的动产，应当与债权属于同一法律关系，但是企业之间留置的除外。	**第六十二条**　债务人不履行到期债务，债权人因同一法律关系留置合法占有的第三人的动产，并主张就该留置财产优先受偿的，人民法院应予支持。第三人以该留置财产并非债务人的财产为由请求返还的，人民法院不予支持。 企业之间留置的动产与债权并非同一法律关系，债务人以该债权不属于企业持续经营中发生的债权为由请求债权人返还留置财产的，人民法院应予支持。

续表

人合法占有债务人交付的动产时，不知债务人无处分该动产的权利，债权人可以按照担保法第八十二条的规定行使留置权。 **第一百零九条** 债权人的债权已届清偿期，债权人对动产的占有与其债权的发生有牵连关系，债权人可以留置其所占有的动产。 **《物权法》** **第二百三十条** 债务人不履行到期债务，债权人可以留置已经合法占有的债务人的动产，并有权就该动产优先受偿。 前款规定的债权人为留置权人，占有的动产为留置财产。 **第二百三十一条** 债权人留置的动产，应当与债权属于同一法律关系，但企业之间留置的除外。		企业之间留置的动产与债权并非同一法律关系，债权人留置第三人的财产，第三人请求债权人返还留置财产的，人民法院应予支持。

第四部分 非典型担保

60. 明确非典型担保的效力问题

《担保制度解释》

第六十三条 债权人与担保人订立担保合同，约定以法律、行政法规尚未规定可以担保的财产权利设立担保，当事人主张合同无效的，人民法院不予支持。当事人未在法定的登记机构依法进行登记，主张该担保具有物权效力的，人民法院不予支持。

61. 细化所有权保留买卖的法律适用规则

《民法典》	《担保制度解释》
第六百四十二条　当事人约定出卖人保留合同标的物的所有权，在标的物所有权转移前，买受人有下列情形之一，造成出卖人损害的，除当事人另有约定外，出卖人有权取回标的物： （一）未按照约定支付价款，经催告后在合理期限内仍未支付； （二）未按照约定完成特定条件； （三）将标的物出卖、出质或者作出其他不当处分。 出卖人可以与买受人协商取回标的物；协商不成的，可以参照适用担保物权的实现程序。	**第六十四条**　在所有权保留买卖中，出卖人依法有权取回标的物，但是与买受人协商不成，当事人请求参照民事诉讼法“实现担保物权案件”的有关规定，拍卖、变卖标的物的，人民法院应予准许。 出卖人请求取回标的物，符合民法典第六百四十二条规定的，人民法院应予支持；买受人以抗辩或者反诉的方式主张拍卖、变卖标的物，并在扣除买受人未支付的价款以及必要费用后返还剩余款项的，人民法院应当一并处理。

62. 完善融资租赁法律适用规则

《民法典》	《担保制度解释》
第七百五十二条　承租人应当按照约定支付租金。承租人经催告后在合理期限内仍不支付租金的，出租人可以请求支付全部租金；也可以解除合同，收回租赁物。 **第七百五十八条**　当事人约定租赁期限届满租赁物归承租人所有，承租人已经支付大部分租金，但是无力支付剩余租金，出租人因此解除合同收回租赁物，收回的租赁物的价值超过承租人欠付的租金以及其他费用的，承租人可以请求相应返还。 当事人约定租赁期限届满租赁物归出租人所有，因租赁物毁损、灭失或者附合、混合于他物致使承租人不能返还的，出租人有权请求承租人给予合理补偿。	**第六十五条**　在融资租赁合同中，承租人未按照约定支付租金，经催告后在合理期限内仍不支付，出租人请求承租人支付全部剩余租金，并以拍卖、变卖租赁物所得的价款受偿的，人民法院应予支持；当事人请求参照民事诉讼法“实现担保物权案件”的有关规定，以拍卖、变卖租赁物所得价款支付租金的，人民法院应予准许。 出租人请求解除融资租赁合同并收回租赁物，承租人以抗辩或者反诉的方式主张返还租赁物价值超过欠付租金以及其他费用的，人民法院应当一并处理。当事人对租赁物的价值有争议的，应当按照下列规则确定租赁物的价值： （一）融资租赁合同有约定的，按照其约定； （二）融资租赁合同未约定或者约定不明的，根据约定的租赁物折旧以及合同到期后租赁物的残值来确定；

续表

	（三）根据前两项规定的方法仍然难以确定，或者当事人认为根据前两项规定的方法确定的价值严重偏离租赁物实际价值的，根据当事人的申请委托有资质的机构评估。

63. **完善保理合同的法律适用规则**

《民法典》 **第七百六十六条** 当事人约定有追索权保理的，保理人可以向应收账款债权人主张返还保理融资款本息或者回购应收账款债权，也可以向应收账款债务人主张应收账款债权。保理人向应收账款债务人主张应收账款债权，在扣除保理融资款本息和相关费用后有剩余的，剩余部分应当返还给应收账款债权人。	**《担保制度解释》** **第六十六条** 同一应收账款同时存在保理、应收账款质押和债权转让，当事人主张参照民法典第七百六十八条的规定确定优先顺序的，人民法院应予支持。 在有追索权的保理中，保理人以应收账款债权人或者应收账款债务人为被告提起诉讼，人民法院应予受理；保理人一并起诉应收账款债权人和应收账款债务人的，人民法院可以受理。 应收账款债权人向保理人返还保理融资款本息或者回购应收账款债权后，请求应收账款债务人向其履行应收账款债务的，人民法院应予支持。

64. **明确在所有权保留买卖、融资租赁等非典型担保中，适用动产抵押未经登记不得对抗善意第三人的规定**

《民法典》 **第六百四十一条** 当事人可以在买卖合同中约定买受人未履行支付价款或者其他义务的，标的物的所有权属于出卖人。 出卖人对标的物保留的所有权，未经登记，不得对抗善意第三人。 **第七百四十五条** 出租人对租赁物享有的所有权，未经登记，不得对抗善意第三人。	**《担保制度解释》** **第六十七条** 在所有权保留买卖、融资租赁等合同中，出卖人、出租人的所有权未经登记不得对抗的"善意第三人"的范围及其效力，参照本解释第五十四条的规定处理。

65. 新增让与担保的效力认定与处理规则

《担保制度解释》

第六十八条　债务人或者第三人与债权人约定将财产形式上转移至债权人名下，债务人不履行到期债务，债权人有权对财产折价或者以拍卖、变卖该财产所得价款偿还债务的，人民法院应当认定该约定有效。当事人已经完成财产权利变动的公示，债务人不履行到期债务，债权人请求参照民法典关于担保物权的有关规定就该财产优先受偿的，人民法院应予支持。

债务人或者第三人与债权人约定将财产形式上转移至债权人名下，债务人不履行到期债务，财产归债权人所有的，人民法院应当认定该约定无效，但是不影响当事人有关提供担保的意思表示的效力。当事人已经完成财产权利变动的公示，债务人不履行到期债务，债权人请求对该财产享有所有权的，人民法院不予支持；债权人请求参照民法典关于担保物权的规定对财产折价或者以拍卖、变卖该财产所得的价款优先受偿的，人民法院应予支持；债务人履行债务后请求返还财产，或者请求对财产折价或者以拍卖、变卖所得的价款清偿债务的，人民法院应予支持。

债务人与债权人约定将财产转移至债权人名下，在一定期间后再由债务人或者其指定的第三人以交易本金加上溢价款回购，债务人到期不履行回购义务，财产归债权人所有的，人民法院应当参照第二款规定处理。回购对象自始不存在的，人民法院应当依照民法典第一百四十六条第二款的规定，按照其实际构成的法律关系处理。

第六十九条　股东以将其股权转移至债权人名下的方式为债务履行提供担保，公司或者公司的债权人以股东未履行或者未全面履行出资义务、抽逃出资等为由，请求作为名义股东的债权人与股东承担连带责任的，人民法院不予支持。

66. 新增保证金质押设立及债权人优先受偿的规定

《担保法解释》	《担保制度解释》
第八十五条　债务人或者第三人将其金钱以特户、封金、保证金等形式特定化后，移交债权人占有作为债权的担保，债务人不履行债务时，债权人可以以该金钱优先受偿。	**第七十条**　债务人或者第三人为担保债务的履行，设立专门的保证金账户并由债权人实际控制，或者将其资金存入债权人设立的保证金账户，债权人主张就账户内的款项优先受偿的，人民法院应予支持。当事人以保证金账户内的款项浮动为由，主张实际控制该账户的债权人对账户内的款项不享有优先受偿权的，人民法院不予支持。 在银行账户下设立的保证金分户，参照前款规定处理。 当事人约定的保证金并非为担保债务的履行设立，或者不符合前两款规定的情形，债权人主张就保证金优先受偿的，人民法院不予支持，但是不影响当事人依照法律的规定或者按照当事人的约定主张权利。

编写人：最高人民法院司法案例研究院与复旦大学法学院联合培养实习生　宋志鹏　刘宇星

图书在版编目（CIP）数据

民法典担保制度新规则案例适用／最高人民法院司法案例研究院编．—北京：中国法制出版社，2022.6

ISBN 978-7-5216-2682-7

Ⅰ.①民… Ⅱ.①最… Ⅲ.①担保法-案例-中国 Ⅳ.①D923.25

中国版本图书馆 CIP 数据核字（2022）第 080641 号

责任编辑：韩璐玮（hanluwei666@163.com）　　封面设计：杨泽江

民法典担保制度新规则案例适用

MINFADIAN DANBAO ZHIDU XIN GUIZE ANLI SHIYONG

编者/最高人民法院司法案例研究院
经销/新华书店
印刷/三河市国英印务有限公司
开本/730 毫米×1030 毫米　16 开　　印张/ 29.5　字数/ 423 千
版次/2022 年 6 月第 1 版　　2022 年 6 月第 1 次印刷

中国法制出版社出版
书号 ISBN 978-7-5216-2682-7　　定价：108.00 元

北京市西城区西便门西里甲 16 号西便门办公区
邮政编码：100053　　传真：010-63141600
网址：http://www.zgfzs.com　　**编辑部电话：010-63141790**
市场营销部电话：010-63141612　　**印务部电话：010-63141606**

（如有印装质量问题，请与本社印务部联系。）